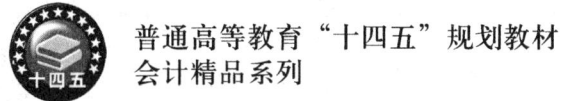

普通高等教育"十四五"规划教材

会计精品系列

U0780366

会计信息系统教程

（用友 ERP–U8V10.1）

（第二版）

徐玮◎主编

韩磊　王新平◎副主编

立信会计出版社

LIXIN ACCOUNTING PUBLISHING HOUSE

图书在版编目(CIP)数据

会计信息系统教程:用友 ERP-U8V10.1/徐玮主编.
—2 版. —上海:立信会计出版社,2022.1(2025.7 重印)
普通高等教育"十三五"规划教材.会计精品系列
ISBN 978-7-5429-6989-7

Ⅰ.①会… Ⅱ.①徐… Ⅲ.①会计信息—财务管理
系统—高等学校—教材 Ⅳ.①F232

中国版本图书馆 CIP 数据核字(2021)第 279947 号

策划编辑　　张巧玲
责任编辑　　张巧玲
助理编辑　　战小雨

会计信息系统教程(用友 ERP-U8V10.1)(第二版)
KUAIJI XINXI XITONG JIAOCHENG

出版发行	立信会计出版社		
地　　址	上海市中山西路 2230 号	邮政编码	200235
电　　话	(021)64411389	传　　真	(021)64411325
网　　址	www.lixinaph.com	电子邮箱	lixinaph2019@126.com
网上书店	http://lixin.jd.com		http://lxkjcbs.tmall.com
经　　销	各地新华书店		
印　　刷	常熟市人民印刷有限公司		
开　　本	787 毫米×1092 毫米	1/16	
印　　张	21.5		
字　　数	462 千字		
版　　次	2022 年 1 月第 2 版		
印　　次	2025 年 7 月第 4 次		
书　　号	ISBN 978-7-5429-6989-7/F		
定　　价	49.00 元		

如有印订差错,请与本社联系调换

前　言

在秉承客观科学特点的基础上,本教材突出了实践应用的鲜明特色,以用友软件 ERP-U8V10.1 为财务应用操作系统,坚持理论知识与实践操作并重的原则,对财务会计模块——账务处理系统、薪酬管理系统、固定资产系统、应收/应付系统、会计报表编制进行了全方位的理论讲解及操作介绍,教学内容实用全面、通俗易懂,完全可以满足"会计信息系统"这门专业课程的教学要求。

本教材给出的实践操作资料不仅仅注重操作,更重要的是教学内容设计客观合理,保证了科目之间、各子系统之间数据的勾稽关系,严格按照企业的实际会计工作流程,利用系统应用程序进行相应的会计操作,最终完成会计核算处理并形成财务报表。本教材"操作步骤"以及"提示"的设计,逻辑清晰,揭示了数据在运行时的勾稽关系,这对学生了解系统之间的数据传递关系,掌握上机操作流程起到了重要作用。本教材配有思考题与同步上机操作练习,有助于学生对相关章节内容的理解和掌握。为了方便教学,本教材还配套相应的 PPT。本教材不仅可以作为高职、本科学生的"会计信息系统"课程教材,还可以满足研究生对会计信息化知识的学习,也可以作为企业财会人员及各类管理人员信息化培训教材。

本教材由西安财经大学徐玮担任主编,韩磊、王新平担任副主编,本教材由徐玮负责拟定大纲、纂稿并审阅、定稿。各章的编写人员为:第一章、第二章、第三章由王新平(西安财经大学商学院)编写,第四章、第五章、第六章、第十章由徐玮(西安财经大学商学院)编写,第七章、第八章、第九章由韩磊(西安财经大学行知学院)编写。原始材料的搜集和原始数据的检测由王芸、张美玲、姚利三位同志完成。各章内容经过上机操作运行,反复审阅,最终由徐玮老师总撰。

本教材的编写和出版得益于立信会计出版社张巧玲编辑的精心组织和大力支持。在此,我们深表谢意!本教材在编写过程中参考和借鉴了同行的相关著作,在此一并表示感谢!

教材的编写及其质量的提高是一个持续不断的过程。由于编者水平有限,难免存在不足之处,我们恳请广大师生及其他读者朋友对本教材给予批评指正,以便我们进一步提高教材的质量,更好地适应教学的需要。

编　者

2021 年 12 月

目　录

第一章　会计信息系统概述

重点提示

通过本章的学习，重点掌握会计信息系统的基本概念，熟知会计信息系统的结构和会计信息系统的发展，熟知会计软件的分类，了解会计软件的安装。

第一节　会计信息系统的基本概念

会计是一个信息系统。会计信息处理从手工发展到电算化，是会计操作技术和信息处理方式的重大变革。它对会计理论和会计方法提出一系列新的课题，使传统会计格局逐渐被打破，新的会计思想和理论逐渐确立，从而在推动会计自身发展和变革的同时，也促进会计信息系统的进一步完善和发展。

一、会计信息系统的基本概念

（一）会计数据和会计信息

会计数据是记录下来的会计业务，是产生会计信息的源泉。在会计工作中，从不同的来源和渠道取得的各种原始会计资料、原始凭证及记账凭证等都称为会计数据。如某日仓库的进货量、金额，某日某产品的产量、费用等。

会计信息是指按照一定的要求或需要进行加工、计算、分类、汇总而形成的有用的会计数据。如原始凭证经过数据处理后变成总账、明细账等。由于会计信息在经济管理中有着极其重要的作用，因此，准确、及时是对会计信息的基本要求。

（二）系统与信息系统

系统是由若干相互联系、相互作用的要素，为实现某一目标而组成的具有一定功能的有机整体。

信息系统是以收集、处理和提供信息为目标的系统，它不仅可以收集、输入和处理数据，而且可以存储、管理及控制信息,还能向信息的使用者报告信息,使其达到预定的目标。

（三）会计信息系统

会计信息系统是一个对会计数据进行采集、存储、加工、传输并输出大量会计信息的系统。它通过输入原始凭证和记账凭证,运用特有的一套计算方法,从价值方面对本单位的生产经营活动以及经营成果进行全面、连续和系统的定量描述,并将账簿、报表、计划分析等输出反馈给各有关部门,为企业的经营和决策活动提供帮助,为投资人、债权人及政府部门提供会计信息,以便更加有效地组织和运用现有资金。

（四）电算化会计信息系统

电算化会计信息系统是一个以计算机为主要工具,运用会计所特有的方法,通过对各种会计数据进行收集或输入,借助特殊的媒介对信息进行存储、加工、传输和输出,并以此对经营活动情况进行反映、监督、控制和管理的会计信息系统。它是一个人机相结合的系统。

二、会计信息系统的特点

由于会计信息系统有手工会计信息系统和基于计算机的会计信息系统之别,这里分别以两者的特点,来比较不同处理手段给会计信息系统带来的区别。

（一）手工会计信息系统的特点

手工会计信息系统主要有以下特点。

1. 数据量大

会计信息系统以货币作为主要计量单位,对生产经营活动进行系统、连续、全面、综合地核算和监督。一个企业的生产经营活动,涉及具体的货币资金、债权债务的收支增减变动。具体品种规格的材料物资和机器设备、工具器具的增减变动,都要归入会计信息系统,经过加工处理,最后得出反映单位财务状况和经营成果的综合性数据。会计数据核算详细,存储时间长,数据量大,占整个企业管理信息量的 70% 左右。

2. 数据结构复杂

会计信息必须反映企业的整体的经济活动,主要从资产、负债、所有者权益、成本费用和损益五个方面进行,核算时表现为五大分支体系。这些数据不仅结构层次较多,而且数据处理流程也比较复杂,一项经济业务的发生,可能引起各个方面的变化,数据处理比其他信息处理系统都要错综复杂。

3. 数据加工处理方法要求严格

会计信息系统对各项经济业务的处理都必须遵守一套严格的准则和方法,如存货计价、成本计算等从内容到范围、方法,在会计法规和财经制度中作了明确的规定,必须严格按规定执行,不得随意更改。

4. 数据的及时性、真实性、准确性、完整性、全面性等要求严格

会计信息的及时性是对经济活动有效核算和监督的基础,会计信息系统应该及时地

向有关部门及个人提供数据,及时将有关资金运动、成本消耗的信息反馈给管理部门,有利于管理者能够及时做出正确的决策。

为全面反映经济活动情况,会计信息系统收集的数据必须齐全,不允许有疏漏,保证资料的连续、完整;数据加工的过程要有高度的准确性,不能有任何差错。只有全面、完整、真实、准确地处理会计数据,才能正确反映单位的经营成果和财务状况,准确处理国家、企业及个人之间的财务关系。

5. 安全可靠性要求高

会计信息系统的有关资料包含了企业单位的财务状况和经营成果的全部信息,是重要的历史档案材料,不能随意泄露、破坏和丢失。应采取有效措施加强管理,保证系统数据的安全可靠。

(二) 计算机方式下会计信息系统的特点

计算机方式下的会计信息系统,不仅具有电子数据处理系统的共性,而且具有以下几个自身特征。

1. 及时性与准确性

计算机方式下会计信息系统,数据处理更及时、准确。计算机运算速度决定了对会计数据的分类、汇总、计算、传递及报告等处理几乎是在瞬时完成的,并且计算机运用正确的处理程序可以避免手工处理出现的错误。计算机可以采用手工条件下不易采用或无法采用的复杂的、精确的计算方法,如材料收发的移动加权平均法等,从而使会计核算工作更细、更深,能更好地发挥其参与管理的职能。

2. 集中化与自动化

计算机方式下会计信息系统,各种核算工作都由计算机集中处理。在网络环境中信息可以被不同的用户分享,数据处理更具有集中化的特点;对于大的系统如大型集团或企业,规模越大,数据越复杂,数据处理就要求更集中。但由于网络中每一个终端只能作为一个用户完成特定的任务,又使数据处理具有相对分散的特点。计算机方式下会计信息系统,在会计信息的处理过程中,人工干预较少,由程序按照指令进行管理,具有自动化的特点。集中化与自动化将会取得更好的效益。

3. 人机结合的系统

会计工作人员是会计信息系统的组成部分,不仅要进行日常的业务处理还要进行计算机软硬件故障的排除。会计数据的输入、处理及输出是手工处理和计算机处理两方面的结合。有关原始资料的收集是计算机化的关键性环节,原始数据必须经过手工收集、处理后才能输入计算机,由计算机按照一定的指令进行数据的加工和处理,将处理的信息通过一定的方式存入磁盘、打印在纸张上或通过显示器显示出来。

4. 内部控制更加严格

计算机方式下会计信息系统,内部控制制度有了明显的变化,新的内部控制制度更强调手工与计算机结合的控制形式,控制要求更严,控制内容更广泛。

第二节　会计信息系统的结构

一、会计信息系统的物理结构

会计信息系统的物理构成有计算机硬件、软件、人员、法规和制度,它们构成了会计信息系统。

（一）计算机硬件

构成会计信息系统的计算机硬件一般包括数据采集设备、存储设备、处理设备、输出设备和网络通信设备等。其中采集设备包括:键盘、各类扫描仪等;处理设备指的是计算机主机设备;存储设备包括:软盘、硬盘、移动硬盘、光盘等;输出设备包括:打印机、显示器等;网络通信设备包括:交换机、服务器、光纤等。

计算机硬件设备可以有不同的组合方式,不同的组合方式构成了不同的硬件体系构成,不同的硬件体系构成也决定了不同的工作方式和功能。综合会计信息系统的发展历程,一般可以分成以下三种结构方式。

1. 单机结构

整个系统由一台微型计算机和相应的外部设备构成,这一般在会计电算化的最早阶段应用较多,属于单一用户、单任务工作方式。这种结构有灵活简便、开发周期短、价格低等优点,但也有输入、输出速度较慢从而导致数据处理的速度过慢的缺点。

2. 多用户结构

整个系统由一台主机和多个终端构成,并由通信线路连接起来,构成一个整体。这时可以由多个用户在多个终端上分散进行输入,由一台主机进行集中处理,处理结果又可以直接返回至各个终端,因此属于多用户、多任务工作方式。这种结构解决了输入、输出的"瓶颈"问题,又能集中进行数据处理,实现数据交互共享,提高了整个系统的运作效率。但它也有一个致命伤,即如果主机发生故障就会造成整个系统的瘫痪。

3. 网络结构

将各个多用户结构或单机结构的计算机系统通过通信设备和线路连接起来,利用功能强大的网络软件实现资源共享,组成一个功能强大的超大型计算机网络系统。这种结构可以实现系统的软件、硬件以及数据资源的共享,利用分布式处理方式,可以将一项极其复杂的任务进行分解处理。在这个网络结构内,各个计算机都可以进行数据的输入、处理和输出,系统的功能和灵活性从理论上说可以达到无限,但这种结构对数据的安全提出了更高的要求。

（二）软件

会计信息系统的软件包括系统软件、常用应用软件和财务软件。财务软件是会计信息系统最重要的部分,没有财务软件,会计信息系统就无法进行处理财务数据。

系统软件指的是操作系统平台,从最初的 DOS 操作系统,发展到 Windows NT,再到 Windows95/98/2000/XP,也有用 Unix 等操作平台。常用应用软件有数据库处理软件、压缩软件等。

财务软件是为完成会计数据处理工作,用计算机语言编制的可以达到指挥计算机完成会计工作的程序代码和有关文档技术资料。财务软件可以分成不同类型:按适用范围可以分为通用财务软件和定点开发财务软件;按提供信息的层次可分为核算型、管理型和决策型财务软件;按硬件结构可分为单用户财务软件和多用户财务软件。

通用财务软件一般指的是商品化财务软件,如目前市场上的用友系列财务软件、金蝶系列财务软件和其他公司开发的各种财务软件。这种财务软件通用性强、适应性广,但用户在使用时有时也会感到有些不便,主要是财务软件的通用性和企业用户的本身特点无法统一所致。定点开发财务软件也称为专用财务软件,指个别企业根据企业自身的特点开发研制的财务软件,以克服通用财务软件的某些不便,但其开发周期长,开发成本也较高,而且也只能在一定的时期内使用,维护升级比较困难,所以目前多数企业采用通用财务软件。

单用户财务软件是指将财务软件安装在一台或几台计算机上,每台计算机的财务软件单独运行,生成的数据只能存储在本台计算机中,各计算机之间不能直接进行数据交换和共享。多用户(网络)财务软件是指将财务软件安装在一个多用户系统的主机(计算机网络服务器)上,系统中各用户终端可以同时运行,不同用户终端的会计人员可以共享会计信息。

(三)人员

从事电算化会计的人员一般可以分为两类:一类称为系统开发人员,包括系统分析员、系统设计员、系统编程人员和测试人员;另一类称为系统的使用操作人员和维护人员。

为使会计电算化能顺利进行,系统开发人员必须掌握一定程度的财会理论知识,对会计工作有一个全面而细致的了解,熟悉会计工作的流程、方法和要求,对相关企业的工艺流程也应有相当的了解。系统的维护操作人员则要熟悉财务软件的基本结构、功能,能熟练操作计算机并运用财务软件完成各项会计工作,因此会计电算化要求相关人员都是复合型人才,应同时具备计算机和财会两方面知识,只是两类人员的侧重点有所不同而已。

这种复合型人才往往需要企业培训,企业购买通用财务软件后,需要培训原有会计人员的计算机方面和财务软件方面的知识或直接引进复合型人才。企业定点开发财务软件,则更是对系统开发人员提出更高的要求,要求系统开发人员在懂得计算机知识的基础上,着重掌握财务会计方面的知识和企业本身的特点,同时企业也要培训原有的会计人员的计算机和财务软件方面的知识。

(四)法规和制度

会计电算化必须有一整套严格的法规和制度。法规指的是政府的法令、条例、规定;制度指的是各企业单位在会计电算化工作中的各项具体规定,如岗位责任制度、软件操作制度、会计档案管理制度等。

我国财政部于是 1994 年 6 月 30 日发布了全国性的会计电算化管理规章《会计电算化管理办法》《商品化会计核算软件评审规则》《会计核算软件基本功能规范》三个规章。为了指导基层单位更好地开展会计电算化工作，1996 年发布了《会计电算化工作规范》。为了进一步促进财务及企业管理软件开发的规范化，1998 年 6 月，由财务软件分会发起，在国内多家著名厂商如用友公司等大力支持下，出台了"中国财务软件数据接口标准"。这些规章、规范都是目前指导我国会计电算化工作最重要的文件。2015 年 12 月 6 日，财政部以财会〔2015〕20 号印发《企业会计信息化工作规范》，该《规范》第 49 条决定，废止 1994 年 6 月 30 日财政部发布的《会计电算化管理办法》。

二、会计信息系统的功能结构

会计信息系统的功能结构，就是从系统的功能这个角度来分析会计信息系统的构成及其内部的相互联系，即一个完整的会计信息系统由哪几个子功能系统组成，各个子功能系统相互之间又有什么关系等。

目前，会计信息系统已从核算型发展成管理型和决策支持型，它涵盖了供、产、销、人、财、物以及决策分析等企业经济活动的各个领域，其功能不断得到完善，子功能系统不断得到扩展，基本上能满足各行各业会计核算、管理和决策支持的需要。但由于企业本身的性质、行业特点以及会计核算和管理及决策需求的不同，各企业会计信息系统所包括的内容不尽相同，其子功能系统的划分也各不相同。

典型的会计信息系统按其业务功能可以划分为财务系统、购销存系统、管理决策系统三大子功能系统。

财务系统主要包括总账子系统、工资子系统、固定资产子系统、成本核算子系统、应收账款子系统、应付账款子系统和报表子系统等模块。用友财务软件将财务系统分为财务会计和管理会计两大层次，财务会计主要完成企业日常的财务核算，并向外界提供财务会计信息；管理会计则灵活运用多种数据组合和方法，收集整理各种信息，围绕成本、利润和资本三个中心，分析过去、控制现在、规划未来，为管理者提供经营管理决策信息，以帮助他们做出科学的决策。

购销存系统主要包括采购计划、采购子系统、库存管理子系统、存货管理、销售子系统等模块。用友财务软件购销存系统面向企业中的操作员层、部门经理层和企业决策层三个层次角色提供了对应的功能模块。决策层需要根据前两个层次不断反馈来的信息进行综合的统计、分析，继而作出相应的经营决策。

管理决策系统主要包括领导信息系统（EIS）、DSS 决策支持系统、财务评价系统等模块。用友财务软件使用户在决策分析过程中把注意力集中在分析的数据上，引导用户对数据从不同角度、不同层次、不同时期进行观察和分析，层次分析和角度分析交互进行，从而得到产生结果的内在原因，提示数据之间隐含的关系，真正做到辅助经营决策。

三、会计信息系统功能子系统的划分及关系图

如图 1-1 所示,会计信息系统按其业务功能可先分为三大系统,即:财务系统、购销存系统和决策支持系统。其中,财务系统中又包含总账子系统、工资子系统、固定资产子系统、成本管理子系统、应收账款子系统、应付账款子系统等模块系统;购销存系统又包含采购子系统、销售子系统、库存管理子系统和存货核算子系统等模块系统。决策支持系统又包含行业报表子系统和决策支持系统等模块系统。整个会计信息系统以购销存业务处理为基础,以总账系统为核心,最后通过核算、分析得到决策支持所需的信息。

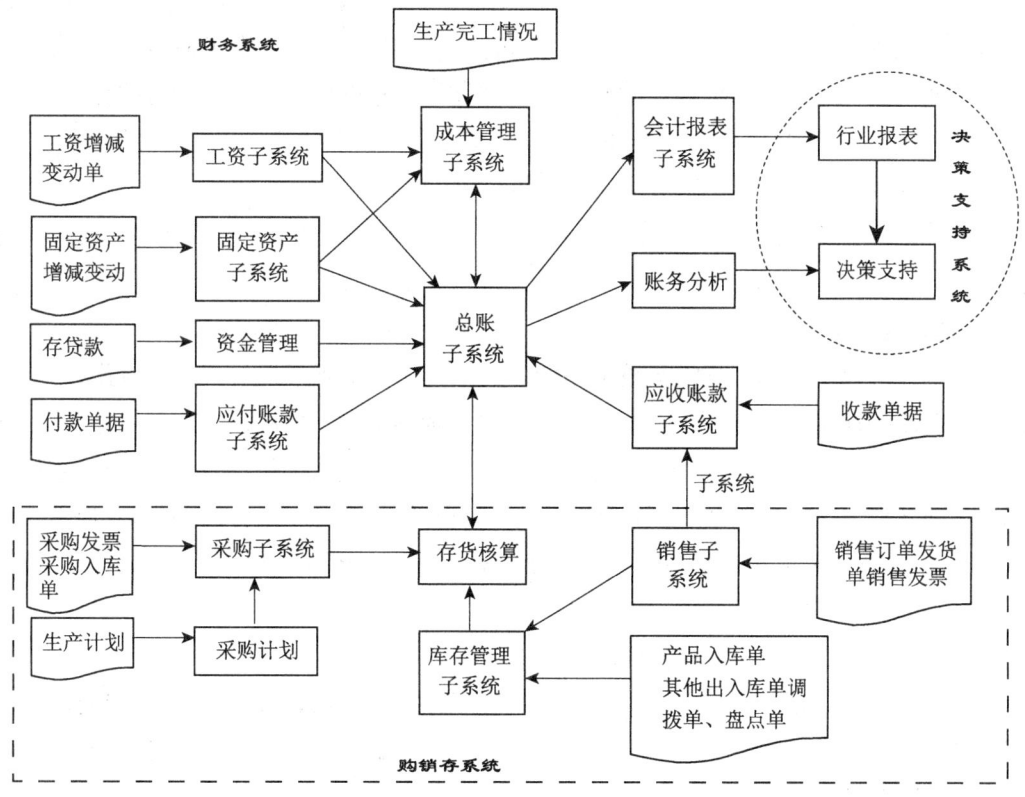

图 1-1　会计信息系统模块组成及关系图

第三节　会计信息系统的发展

管理水平的提高和科学技术的进步对会计理论、会计方法和会计数据处理技术提出了更高的要求,使会计信息系统从简单到复杂、由落后到先进、由手工到机械、由机械到计算机。会计信息系统是不断发展、不断完善的。

一、国外会计信息系统的发展

1954 年 10 月,美国通用电气公司第一次使用 UNIAC－1 型计算机计算职工工资,从而引发了会计数据处理技术的变革,开创了计算机进入会计数据处理领域的先河。随着会计本身和电子计算机硬件、软件技术的不断进步,电子计算机在会计及相关管理领域的应用也逐步普及和深入发展。纵观整个发展过程,国外会计电算化的发展大致经历了三个阶段。

(一) 单项数据处理阶段(20 世纪 50 年代初～60 年代中期)

这一阶段中电子计算机逐步取代了沿用近半个世纪的以穿孔卡片为输入方式的会计机器,成为数据处理的重要工具。电子计算机主要用于数据量大、业务简单、重复次数多的经济业务中,如工资计算、库存材料的收发核算等。它以模拟手工会计的核算方式,替代了部分手工劳动,提高了这些业务的工作效率。限于当时计算机硬、软件的技术水平,这一阶段的数据处理方式一般采用单机的批处理方式。

这一阶段会计信息系统的特点是数据和程序相互不独立,无数据管理,数据不能共享。

(二) 数据处理系统阶段(20 世纪 60 年代中期～70 年代初期)

在这一阶段中采用小规模集成电路的第三代计算机得到了比较广泛的应用;出现了能随机存储的外存储设备——磁盘;操作系统日趋成熟,具有处理机管理、存储管理、设备管理、文件管理、作业管理和信息定时处理功能的通用操作系统问世。计算机软、硬件技术的不断发展为计算机在会计中的应用开辟了广阔的发展空间。会计数据的处理基本实现了自动化,逐步形成了完整的电算化会计核算系统。电子计算机几乎完成了手工簿记系统的全部业务,并打破了手工方式下的一些常规结构,更重视数据的综合加工处理,更好地为分析、预测、决策和日常管理服务。

这一阶段会计信息系统的特点是数据和程序相互独立,以文件来实现一定的数据管理,程序已自成一个系统,但基本以处理为中心,业务数据和处理程序直接对应,属于比较高级、复杂的电子数据处理阶段。

(三) 管理系统阶段(20 世纪 70 年代至今)

20 世纪 70 年代以来,计算机技术发展迅猛,微型计算机出现并迅速得到广泛的应用。计算机网络和远程通信技术的出现以及数据库管理系统的应用,电子计算机的功能大大增强而价格不断降低,这一切为计算机在各个领域广泛应用提供了良好的条件,计算机化的管理信息系统逐步形成和发展。会计信息系统开始从主要处理历史数据的日常业务型发展为能够向各管理层提供各种管理信息,进行财务计划、分析、预测、决策,具有管理信息系统特征的电算化会计信息系统,并在企业的管理信息系统中占据中心和主体的地位。

这一阶段会计信息系统的特点数据可以无限扩张、冗余度小,建立了完整的数据管理系统和数据模拟型库,有分布式终端,构造了网络。

二、我国会计信息系统的发展

我国的第一台电子计算机诞生于 1957 年,此后的半个世纪中我国计算机事业有了突飞猛进的发展。特别是近年来,汉字处理技术取得了突破性的进展,这一切为计算机在各个领域中的应用特别是经济管理领域的应用奠定了坚实的技术基础。我国会计信息系统的发展经历了以下几个阶段。

（一）科研试点阶段（1983 年以前）

在这个阶段,我国的会计电算化工作以理论研究和试验准备为主。该阶段的代表项目是 1979 年财政部直接参与和支持的长春第一汽车制造厂进行的会计电算化试点工作。这个阶段的主要特点是:电算化工作主要是单项会计业务的电算化,最为普遍的是工资核算的电算化。当时我国计算机设备十分缺乏,性能相对较低,价格又十分昂贵,汉化的工具软件很不齐全,既懂计算机又懂会计的人才更是寥寥无几,缺乏会计电算化的物质、技术和人才基础。整个会计电算化工作处于试验探索阶段,发展非常缓慢。

（二）自发发展阶段（1983—1987 年）

1983 年国务院成立了电子振兴领导小组,从此我国电子技术进入了一个新的发展阶段。在这一时期,全国掀起了一个应用计算机的热潮,特别是微型计算机在国民经济各个部门得到广泛的应用。不少单位自主开发一些单项会计电算化软件并应用于具体工作中,取得了一些成就。这一阶段的发展特点是:我国电子计算机尤其是微机数量大幅度增加,计算机硬件软件技术逐渐成熟,性能价格比不断上升;全国掀起的应用计算机热潮,极大地推动了会计电算化的普及过程,各大专院校纷纷开始培养会计电算化专门人才,为今后会计电算化的稳步发展奠定了坚实的基础;会计电算化理论研究受到重视。1987 年 11 月中国会计学会成立了会计电算化研究小组,为有组织地开展理论研究作了准备。

（三）稳步发展阶段（1987—1996 年）

随着会计电算化工作的逐步深入,要求加强组织、规划、管理的呼声越来越高,各级财政部门以及企业管理部门逐步开始对会计电算化工作进行组织和管理,使会计电算化工作走上了有组织、有计划的发展轨道,并得到了蓬勃发展。

在这一阶段,财政部和中国会计学会在全国大力推广会计电算化并加强了会计电算化的管理工作。各地区财政部门以及企业管理部门也逐步开始对会计电算化工作进行组织和管理,使会计电算化工作走上了有组织、有计划的发展轨道,并得到了蓬勃的发展。这个阶段的主要标志是:商品化财务软件市场从幼年已走向成熟,初步形成了财务软件市场和财务软件产业;一部分企事业单位逐步认识到开展会计电算化的重要性,纷纷购买商品化财务软件或自行开发财务软件,甩掉了手工操作,实现了会计核算业务的电算化处理;在会计电算化人才培养方面,许多中等或专科院校开设了会计电算化专业,在大学本科教育中,会计学及相关专业也开设了会计电算化课程,在对在职财会人员的培训中,加大了会计电算化的培训力度;与单位会计电算化工作的开发相配套的各种组织管理制度极其控制措施逐步建立和成熟起来;会计电算化的理论研究工作开始取得成效。

(四) 竞争提高阶段(1996 年至今)

随着会计电算化工作的深入开展,特别是在财政部及各省市财政部门的大力推广下,财务软件市场进一步成熟,并出现激烈竞争的势态,各类财务软件在市场竞争中进一步拓展功能,各专业软件公司进一步发展壮大。这一阶段的主要标志为:国外一些优秀的财务软件进入并开始在国内市场立足;国内老牌专业财务软件公司迅速壮大发展,如用友软件年销售额已突破亿元,并迅速发展壮大一批后起之秀,如深圳金蝶、山东国强、杭州新中大等专业的财务软件公司。管理型财务软件的成功开发及推广应用,进一步拓展了财务软件的功能,提高了计算机在财务会计领域中作用的发挥程度;会计电算化专业人才的培养进一步加快步伐,特别是中高级人才的培养力度加大,使会计电算化研究方向的研究生进一步增加,并开始在会计电算化方向设立博士生。另外,部分专业的财务软件公司在成功推广应用管理型财务软件的基础上,又开始研制并试点推广 MRP II 和 ERP 软件。

三、会计信息系统的发展趋势

(一) 会计电算化进一步得到普及和推广

近几年来,我国财务软件水平提高很快,一些国产软件产品很受欢迎,为基层单位开展会计电算化工作提供了前提条件,尤其在各级政府的支持下,在社会各界的努力下,不断掀起会计电算化知识培训的热潮,为全面普及会计电算化奠定了人才基础,推动会计电算化的普及。到 2012 年年底,80%以上的基层单位基本实现会计电算化,从根本上扭转了会计信息处理手段落后的状况。

(二) 会计电算化的开展与管理将更加规范和标准

为搞好会计电算化管理制度的建设,应不断完善会计电算化管理制度,运用新的管理手段,进一步组织实施已有的管理办法。目前财政部已制定颁发了会计电算化的管理规章,随着这些规章的贯彻实施,将使会计电算化管理工作更加规范。

(三) 会计软件的开发向着工程化和商品化发展

会计软件商品化加速我国商品化会计市场的形成。目前会计软件的开发已从以往的经验开发转向科学化工程化开发,一些会计软件公司集中了各种软件技术专家,来开发通用化、规范化的会计软件,并通过提高软件的实用性、功能性和可靠性以及良好的售后服务进行竞争。随着商品化会计软件的日益增多、日益成熟,我国商品化的会计软件市场将不断成熟和完善。

(四) 会计软件更加注重功能上的综合化和技术上的集成化

企业的生产经营活动是一个相互联系、相互制约的有机整体,会计不仅要综合反映和监督企业的财务状况和经营成果,而且要参与和支持企业的生产经营和管理活动。企业的供、产、销各个环节的经营好坏,人、财、物各项消耗的节约与浪费,都直接影响企业的财务状况和经营成果。因此,要开展预测、决策、控制和分析等工作,不仅需要财会数据,而且还必须有供、产、销等方面的经济信息。这就要求会计电算化系统应首先具备综合组织管理这些数据的能力,并在对这些数据综合处理的基础上,能够进一步利用系统数据进行统计、分析、预测等处理,使原来单一的会计核算发展为集核算、监督、管理、控制、分析、预测和决策支持为一体的综合系统。

（五）会计数据处理的大量化和多维化

预测、决策、控制、管理和分析,不仅需要企业内部数据,也需要企业外部数据,而且需要历史数据;不仅需要反映企业生产经营活动的会计数据,而且需要市场、物价、金融、政策和投资等经济数据,系统数据量明显加大。另外,为了有效支持预测、决策的实施,需要对各项数据进行多维分析与观察。目前新推出的数据仓库、联机分析处理、数据挖掘等技术,将有力地支持大量数据的处理和存储,支持数据的多维分析和多维观察。

（六）会计信息系统的网络化与智能化

计算机网络技术,特别是局域网已广泛应用于会计电算化系统,使会计电算化系统实现了各个工作站的并发操作、统一管理和数据共享。一方面,随着集团公司的发展和全国各地分支机构的建立,一些企业提出了更高的要求,如中远程数据传输、中远程数据查询、中远程维护和合并会计报表的编制等,计算机网络技术的发展,为会计电算化系统满足企业的需求提供了强大的技术支持;另一方面,随着市场经济的发展,影响经济变化的因素越来越复杂,预测、决策、管理、控制和分析的难度越来越大,除了要不断提高工作人员的信息处理水平、加大数据量的采集和运用,还要逐步实现信息系统的智能化,利用人工智能的研究成果,采集专家的经验和智慧,以辅助企业的经营管理决策等,所有这些对软件智能化的要求同样是会计电算化软件今后的努力目标。

（七）会计电算化专门人才队伍的形成

会计电算化人才的培养一直是会计电算化的重点工作之一,在财政部门和有关教育部门的领导支持和大力推动下,目前我国已培养了一部分会计电算化的专业人员,但是与会计信息系统的发展相比,与企业和市场的需求相比,财会人员的会计电算化水平还相差很远,专业的会计电算化人员特别是具有中高级技术水平的人才仍很匮乏,人才的缺乏必定会阻碍会计信息系统的发展。因此,加强对会计电算化专门人才的培养从而形成和壮大会计电算化专门人才队伍是会计信息系统发展的必然趋势。

第四节　会计软件

会计软件是会计电算化的基础,在一定程度上代表了会计电算化的发展水平。没有繁荣的会计软件市场,没有大批功能齐备和技术先进的会计软件,就不可能有真正意义的会计电算化。

一、会计软件的概念

软件是控制计算机运行的程序和文档资料的统称。会计软件是指专门用于完成会计工作的计算机应用软件,它是以会计制度为依据,以会计理论和会计方法为核心,以计算机及其应用技术为基础,以会计数据为处理对象,以提供会计信息为目标,将计算机技术应用于会计工作的软件系统,包括采用各种计算机语言编制的一系列指挥计算机完成会计工作的程序代码和有关的文档技术资料。它用于配合计算机完成记账、算账、报账,以及会计管理和会计辅助决策,是电算化会计信息系统的核心,没有会计软件就无法实施会计电算化工作。

二、会计软件的分类

(一)按软件适用的范围分类

按软件适用的范围可分为通用会计软件和专用会计软件。

通用会计软件一般是指由专业软件公司研制,公开在市场上销售,能适应不同行业、不同单位会计核算和管理基本需要的会计软件。目前我国通用会计软件以商品化软件为主,有用友系列财务软件、金蝶财务软件、安易财务管理软件等。

专用会计软件一般是指由使用单位根据自身会计核算和管理的需要自行开发或委托其他单位开发,供本单位使用的会计软件。专用会计软件适合本单位的核算特点,使用起来比较方便,但因受到适用范围和时间的限制,因此仅适用于个别单位一定时期使用。

(二)按软件提供方式分类

按软件提供方式分类可分为商品化会计软件和非商品化会计软件。

商品化会计软件是指经过认可的,用于在市场上销售的会计软件,它具有通用性、合法性和安全性等特点,是企业实施会计电算化采用最多的一种方式。我国通用会计软件以商品化软件为主。

非商品化会计软件是指用户为满足自己业务处理的需要而开发的会计软件,或由业务主管部门开发后提供给下属单位使用的会计软件。

(三)按硬件结构分类

按硬件结构可分为单用户会计软件和多用户会计软件。

单用户会计软件是指将会计软件安装在一台或多台计算机上,每台计算机中的会计软件单独运行,生成的数据只能存储在各计算机中,各计算机间不能直接进行数据的交换和共享,即通常所说的单机版会计软件。

多用户会计软件是指将会计软件安装在一个多用户系统的主机(服务器)上,系统中各终端可以同时运行,不同终端上的数据可以共享,即通常所说的网络版会计软件。

（四）按提供信息的层次分类

按提供信息的层次可分为核算型会计软件和管理、决策型会计软件。

核算型会计软件是指专门用于完成会计核算工作的应用软件。

管理、决策型会计软件是对核算型会计软件功能的延伸，它是在全面核算的基础上突进或强化了会计在管理中的监督控制、决策支持作用的会计软件。

第五节　用友财务软件的系统安装

用友财务软件在选定具体的版本之后，需要将软件安装在进行会计业务处理的计算机中，软件可以用于单机环境或者局域网环境之下。根据教学的需要，我们选择用友ERP-U8V10.1版本的软件产品，此产品以中小型企业多部门的应用为目标，由财务子系统、购销存子系统和决策支持子系统三个部分组成，它们之间相对独立，又能有机的结合，能够体现会计核算与财务管理的有效结合。

一、对硬件和软件环境的需求

用友软件不论是在单机环境下还是在局域网环境下运行，都必须满足一定的软、硬件的基本要求。

（一）硬件环境要求

主机：256M。

内存：256M。

硬盘：1G。

（二）软件环境要求

操作系统：Windows9x、WindowsNT、Windows2000、WindowsXP。

网络协议：TCP/IP。

网络系统：WindowsNT Server4.0；SQL Server2000。

二、SQL2000 数据库的安装

在安装用友软件之前，必须先退出所有的杀毒软件，安装 SQL2000 数据库，否则将会出现"系统检测到尚未为 ERP-U8V10.1 服务指定关联数据库服务器名和数据管理员密码"，SQL2000 数据库的安装步骤如下。

【操作步骤】

第一步，打开计算机电源，启动 Windows。

第二步，将系统安装盘放入驱动器。

第三步，在桌面上双击"我的电脑"，双击光盘驱动器。

第四步,双击 Setup.exe 文件,进入"会计电算化教学软件安装程序"。如图 1-2 所示。

图 1-2 选择"MSDE2000 安装"程序

第五步,点击"MSDE2000 安装"按照指定的文件路径"安装 MSDE 数据库",如图 1-3 所示。

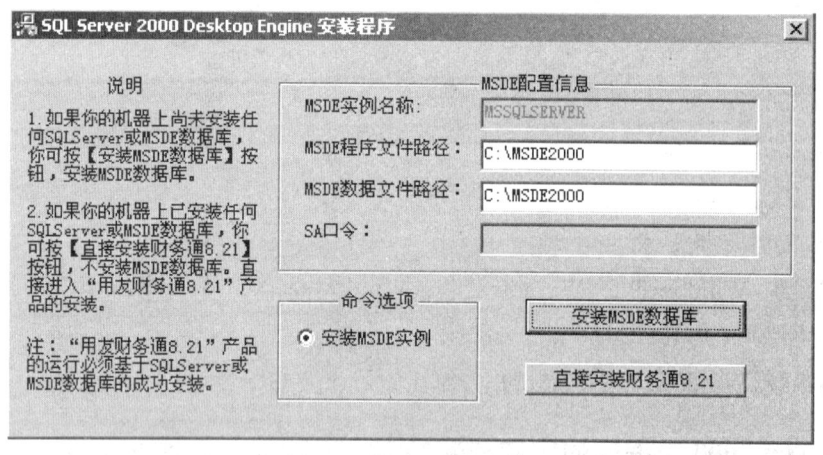

图 1-3 安装 MSDE 数据库

第六步,SQL2000 数据库安装完成后,点击"开始"——"设置"——"控制面板"。

第七步,在"控制面板"中双击"删除或添加程序"在其"当前安装的程序"中可以看到"Microsoft SQL Server Desktop Engine"即 MSDE 程序。

三、用友财务软件的安装

用友 ERP-U8V10.1 的安装和 SQL2000 数据库的安装的前四个步骤都是相同的,接下来的具体安装步骤如下。

【操作步骤】

第一步,从第五步开始进入"用友 ERP-U8V10.1 安装",如图 1-4,点击"下一步"。

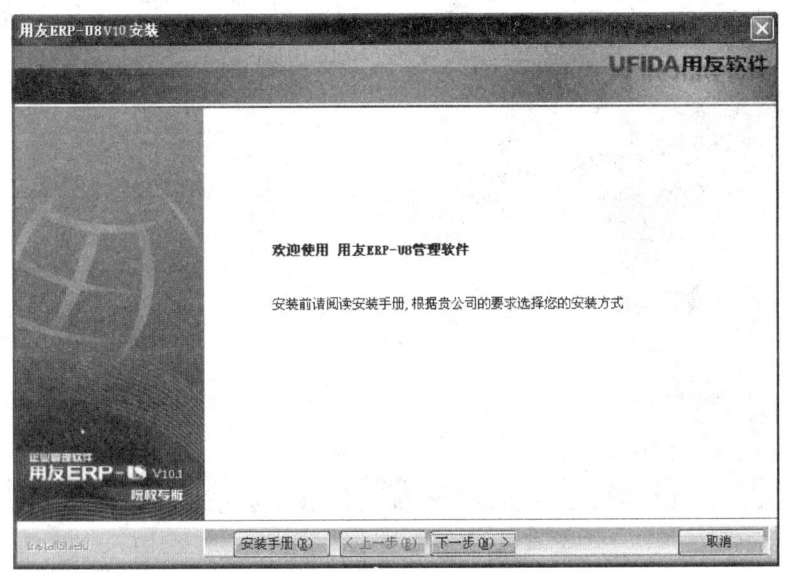

图 1-4 用友 ERP-U8V10.1 安装

第二步,进入到"许可证协议"页面,选择"我接受许可证协议中的条款",如图 1-5,点击"下一步"。

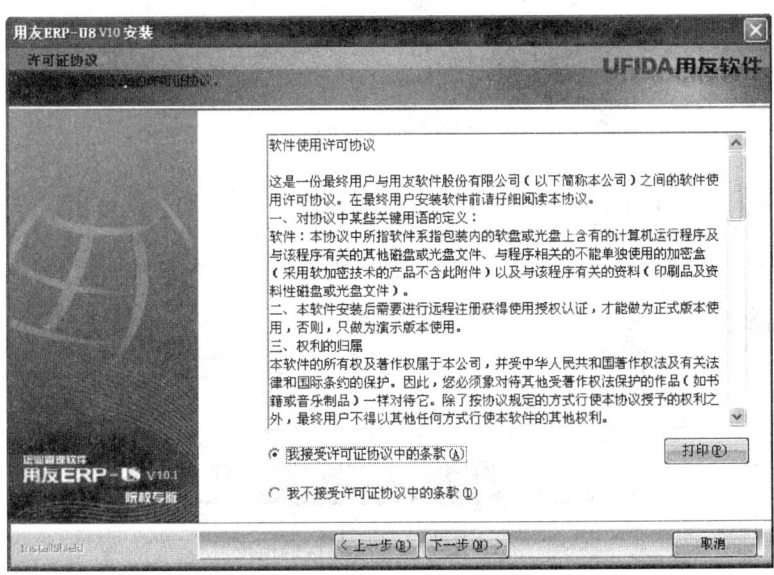

图 1-5 接受许可协议

第三步,进入到"输入客户信息"页面,包括"用户名"和"公司名称",如图 1-6,点击"下一步"。

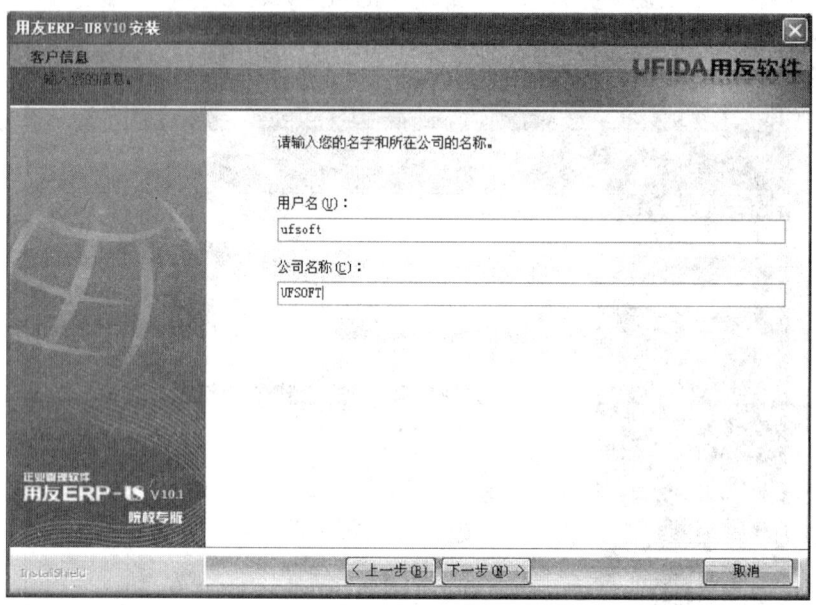

图 1-6　输入客户信息

第四步,进入到"选择目的地位置"页面,如图 1-7,点击"下一步"。

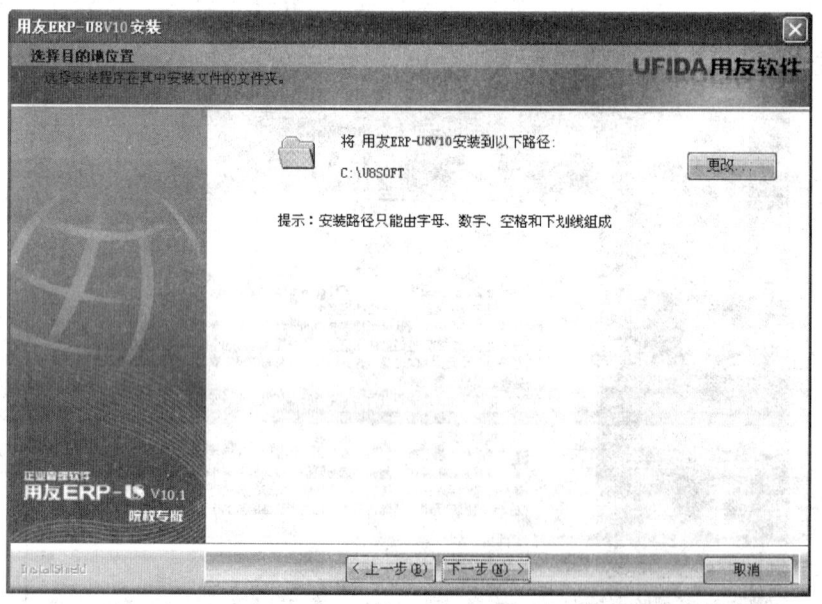

图 1-7　选择安装路径/目的地位置

第五步,进入到"安装类型"页面,包括"标准""全产品""服务器""客户端"和"自定义"，一般情况下选择"全产品"，如图 1-8，点击"下一步"。

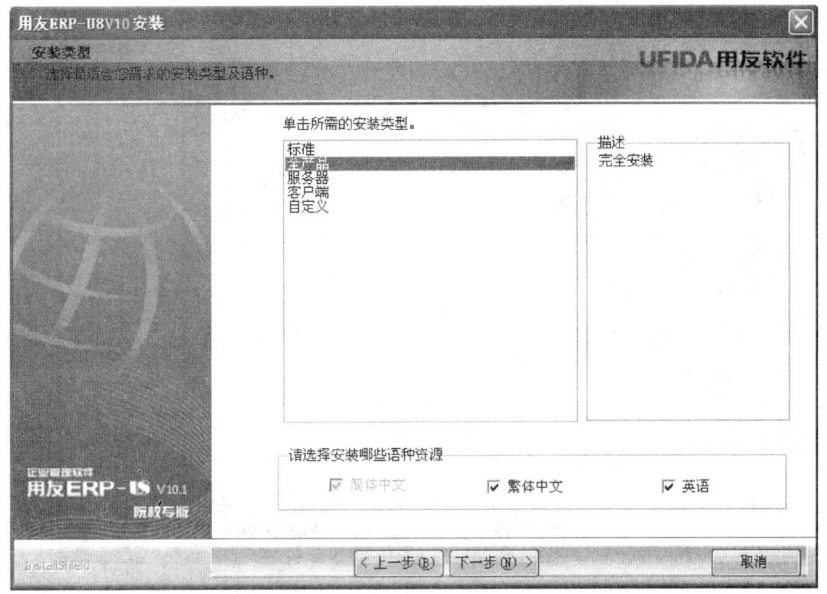

图 1-8　选择安装类型

第六步，进入到"环境检测"页面，点击"检测"后弹出"系统环境"，如图 1-9、图 1-10，点击"确定"。

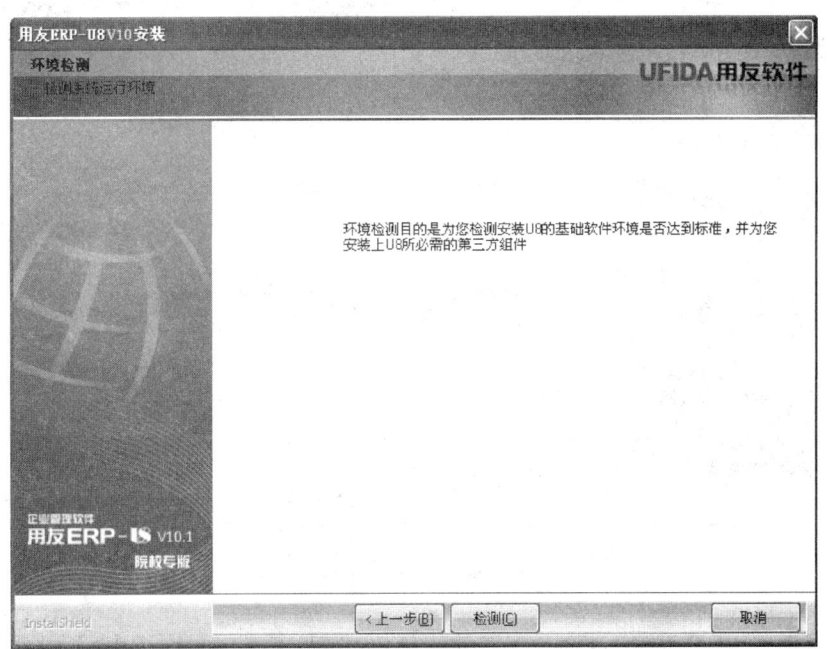

图 1-9　环境检测

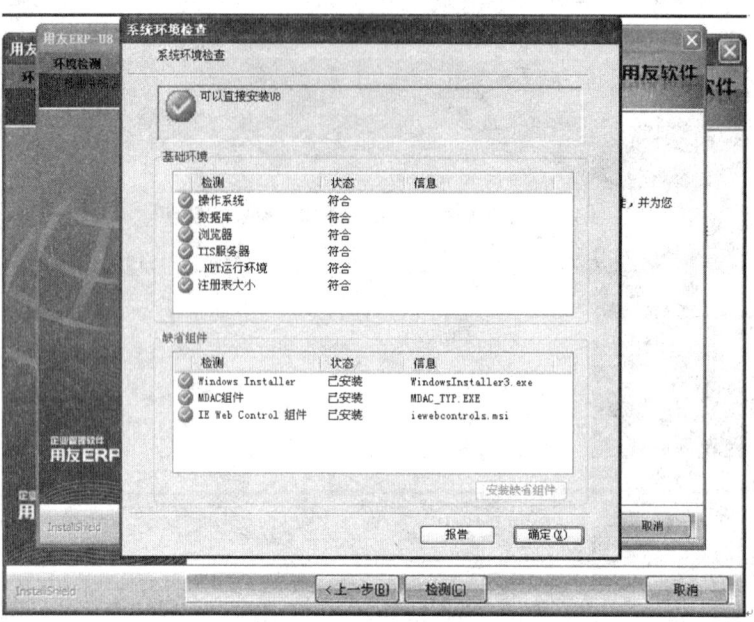

图 1-10　系统环境检查

第七步,进入到"可以安装该程序"页面,如图 1-11,点击"安装"开始安装。

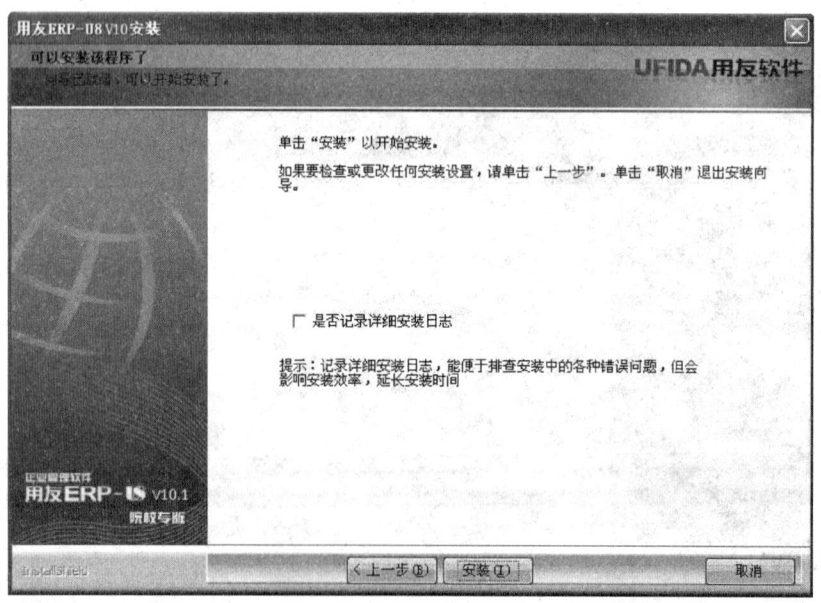

图 1-11　安装程序

第八步,安装结束后,选择重启计算机,如图 1-13,这样 ERP-U8V10.1 系统才能运行。取出磁盘,单击"完成"以完成安装。

第九步,在"开始"菜单的"程序"中将出现 ERP-U8V10.1 程序组。

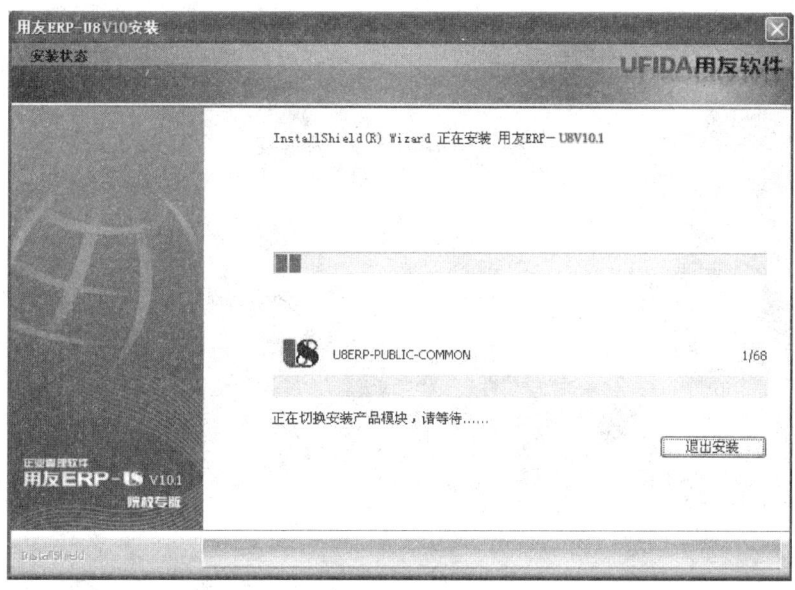

图 1-12　显示安装状态

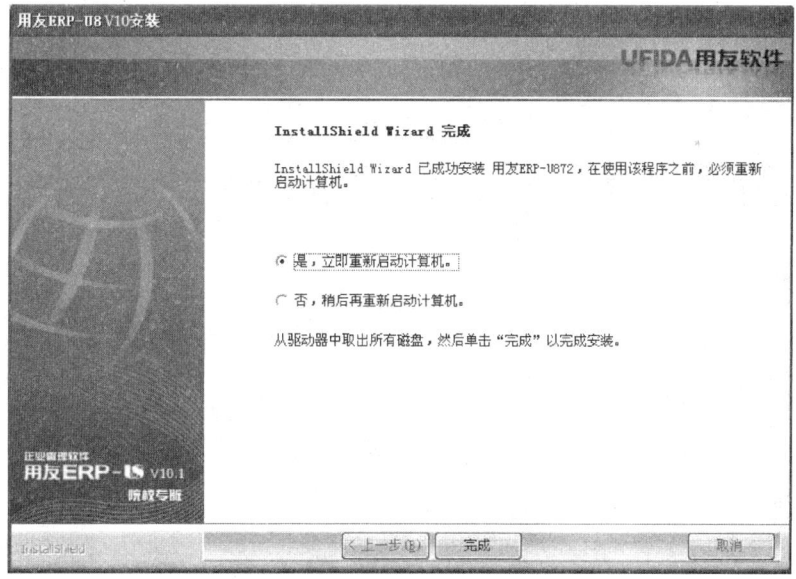

图 1-13　安装完成,重启计算机

四、用友财务软件的卸载

卸载用友财务软件时,首先要保证已退出软件的运行,具体操作步骤如下。

【操作步骤】

第一步,点击"开始"—"设置"—"控制面板",如图 1-14 所示。

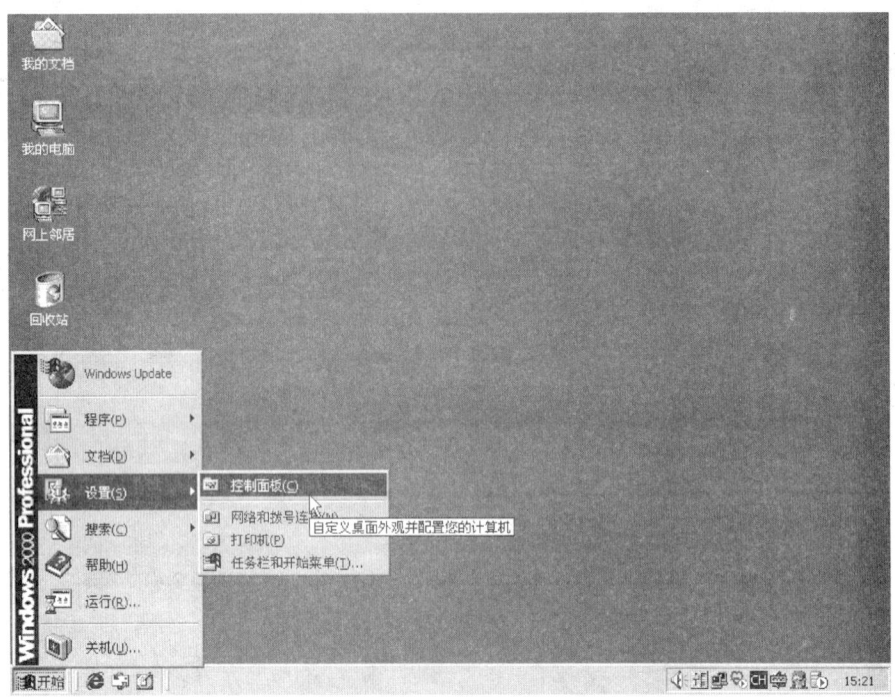

图 1-14　进入控制面板

第二步，点击"添加或删除程序"，如图 1-15 所示。

图 1-15　添加或删除程序

第三步,找到用友 ERP-U8V10.1 程序,点击"更改/删除"按钮,如图 1-16 所示。

图 1-16　删除用友程序

第四步,在其后出现的对话框中点击"确定",用友软件进入卸载进程,如图 1-17 所示。

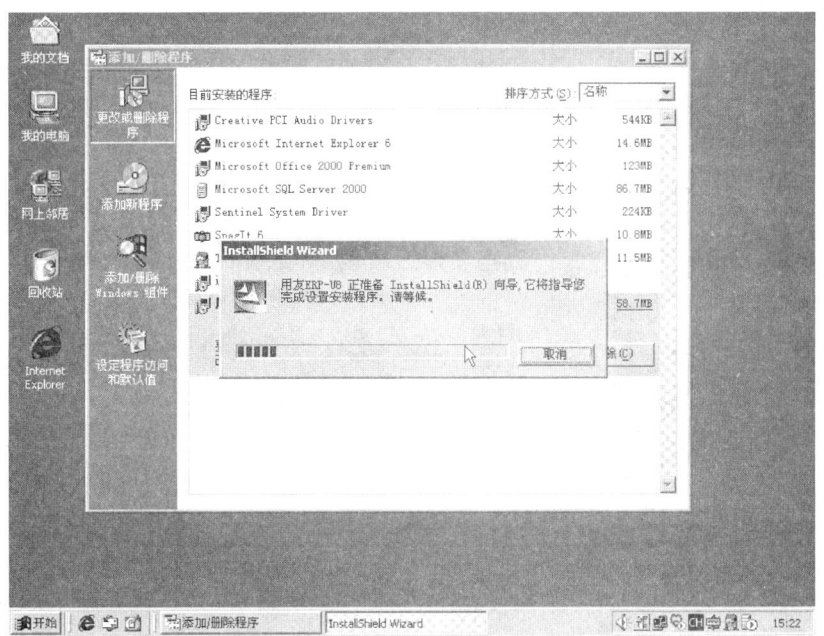

图 1-17　正在删除程序

第五步，点击"确定"，进入"修改当前安装"，如图1-18所示。

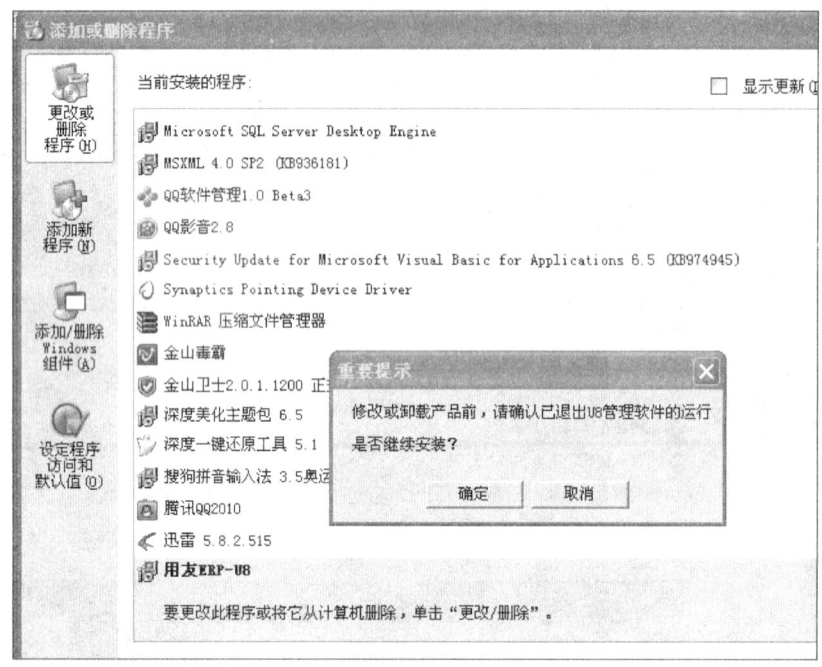

图1-18 修改当前安装

第六步，点击"除去"，除去所有已安装功能，如图1-19所示。

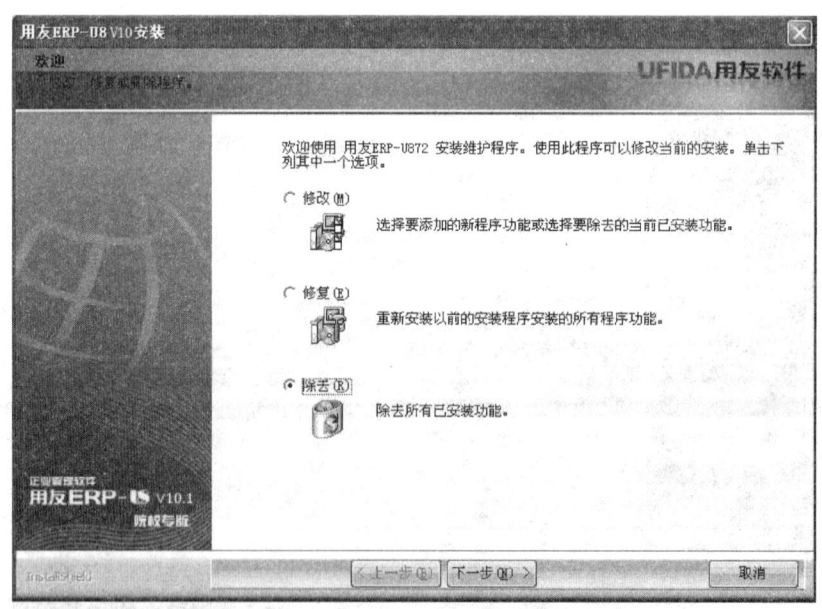

图1-19 除去用友已安装功能

第七步，卸载用友程序，如图1-20所示。

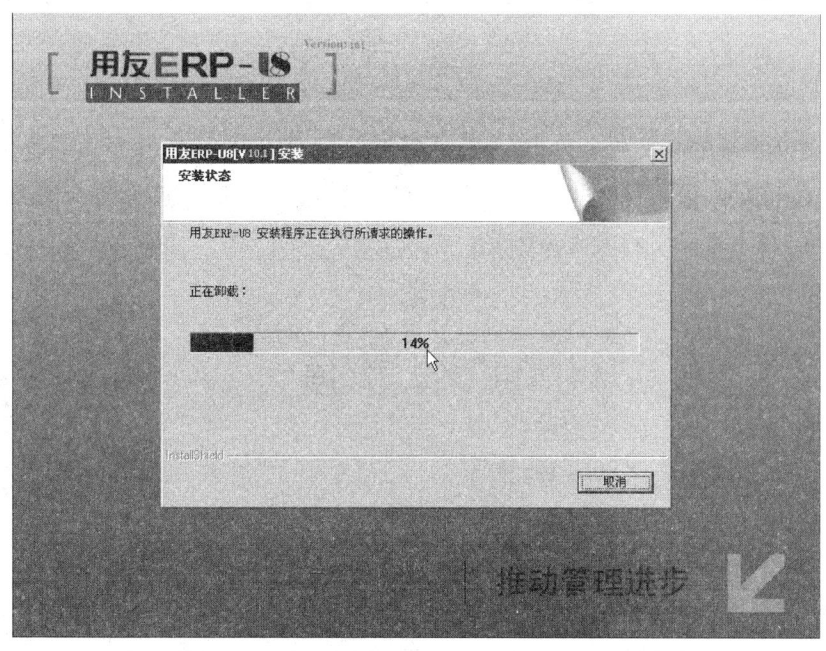

图 1-20　正在卸载程序

第八步，删除完成，点击"重启计算机"，如图 1-21 所示。

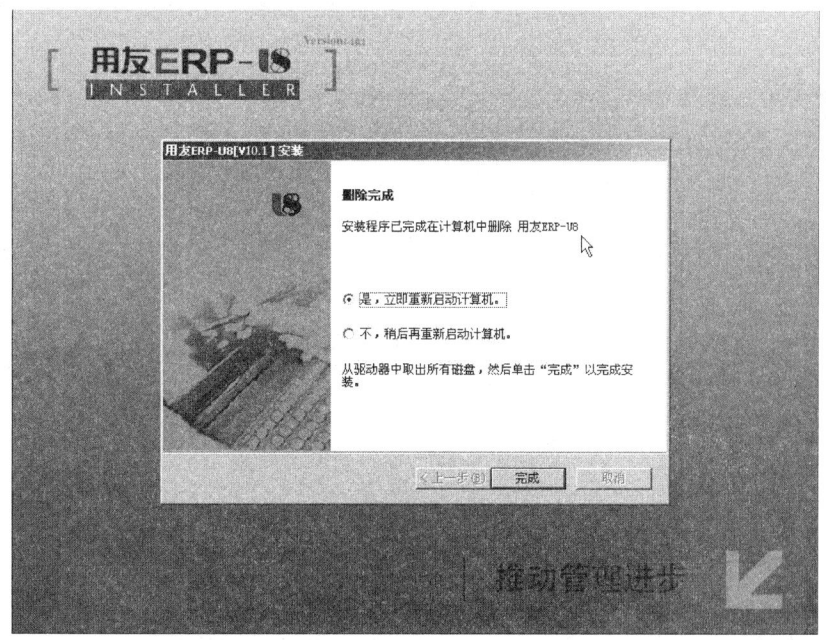

图 1-21　重启计算机

本 章 启 示

会计信息系统不断发展和完善，从简单到复杂、由落后到先进、由手工到机械，会计电算化工作逐步深入，国内知名软件"用友""金蝶"已占据亚洲大半市场，专业财务软件公司的壮大发展，极大增强了我国的品牌荣誉感。

思 维 拓 展

1. 会计信息系统的基本概念有哪些？
2. 会计信息系统有哪些特点？
3. 我国会计信息的发展经历了哪些阶段？
4. 会计信息系统的物理结构包括哪些方面？
5. 什么是会计软件？会计软件如何分类？
6. 简述用友财务软件安装的软、硬件环境。

第二章 系统管理

重点提示

通过本章的学习,重点掌握系统管理中设置操作员、建立账套和设置操作员权限的方法;熟悉账套的备份和引入方法;了解年度账管理的内容和工作原理。

第一节 系统管理概述

企业级会计电算化系统与传统的会计信息系统有着根本的不同,它由三大系列、十几个子系统组成,每个子系统又是由若干个功能模块组成的,这些功能模块是为同一个单位实体不同的管理需要服务的,并且各个模块之间相互联系、数据共享,共同完成财务、业务一体化的需要。为实现财务、业务一体化的管理应用模式,就要求这些模块应具备公用的基础信息,拥有相同的账套和年度账,操作员和操作员权限集中管理,业务数据共用一个数据库等。从系统维护和系统管理的角度出发,应设置一个独立的系统管理模块为各个子系统提供统一的环境,对整个系统进行统一的操作管理和数据维护。

一、系统管理的主要功能

系统管理模块为各个产品进行统一的操作管理和数据维护提供了一个公共平台,各个产品的运行维护均以此为基础,其功能主要体现在以下几个方面。

（一）账套管理

账套是指一组紧密相关的数据,一般来说,我们可以为每一个独立核算的单位或部门在系统中建立一个账套,系统允许最多建立 999 个账套,不同的账套数据之间彼此独立,没有丝毫关联。账套的管理包括账套的建立、修改、引入、输出等。

（二）年度账管理

在会计电算化系统中,用户不仅可以建立多个账套,而且每个账套中还可以存放不同年度的会计数据。这样,对不同核算单位、不同时期的数据只需要设置相应的系统路径,就可以方便地进行操作。不同年度的数据存放在不同的数据表中,称为年度账。年度账管理包括年度账的建立、清空、引入、输出和年度数据结转。

（三）系统操作员及其权限管理

为了保证系统及数据的安全与保密,系统管理提供了系统操作员及操作权限的集中管理功能。通过对系统操作分工和权限的管理,一方面可以避免与业务无关的人员进入系统;另一方面可以对系统所包含的各个子系统的操作进行协调,以保证各负其责,流程顺畅。操作权限的集中管理包括定义角色、设定系统用户和设置功能权限。

（四）设立统一的安全机制

在系统管理中,可以监控并记录整个系统的运行过程,设置数据自动备份,清除系统运行过程中异常任务等。设立统一的安全机制包括数据库的备份、功能列表及上机日志。

二、系统管理操作流程

第一次实现会计电算化的新用户和已在以前年度实现会计电算化的老用户在基本操作流程方面有所区别。

（一）新用户操作流程

新用户操作流程应按图 2-1 所示步骤进行。

（二）老用户操作流程

到了年末,应进行数据结转,以便开始下一年度的工作,所以新年度开始时老用户操作流程应按图 2-2 所示步骤进行。

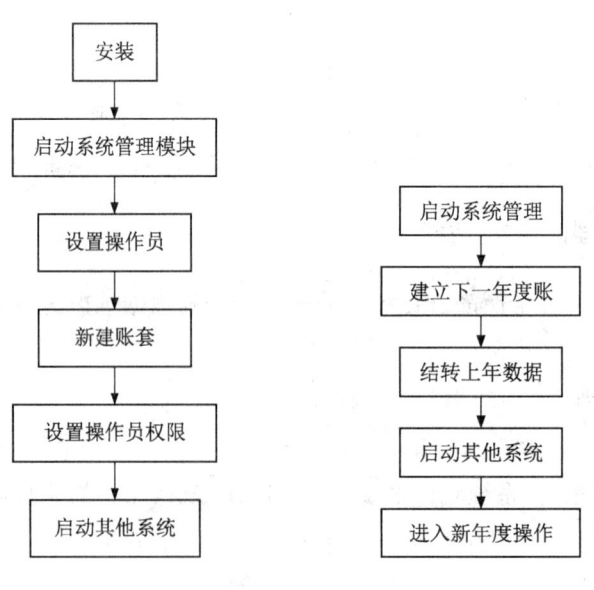

图 2-1　新用户操作流程　　　　图 2-2　老用户操作流程

第二节　系统管理具体操作

用户安装好财务软件后,首先要建立本单位的核算账套,然后才能进行相关业务处理。核算账套的建立需要在系统管理模块中进行。下面我们以用友 ERP-U8V10.1 为例说明系统管理的具体操作。

一、登录注册系统管理

为了加强系统的总体控制,系统增设了一个系统管理员 admin,用于管理该系统中的所有账套。系统允许以两种身份注册进入系统管理模块:一种以系统管理员的身份;另一种是以账套主管的身份。

系统管理员负责整个系统的总体控制和数据维护工作,他可以管理系统中所有的账套。以系统管理员身份注册进入,可以进行账套的建立、引入、输出,设置操作员,指定账套主管,设置和修改操作员的密码及其权限等。系统管理员只能进入系统管理模块,不能进入到建立的具体账套中。

账套主管负责所选账套的维护工作,主要包括对所选账套参数进行修改、对年度账的管理以及该账套操作员权限的设置。以账套主管身份注册进入系统,可以进行年度账的建立、清空、引入、输出和年末结账。账套主管还可以为其主管账套设置操作员权限,既可以登录系统管理模块,也可注册登录所主管的账套进行账务处理。

在单位初次运行财务软件时,由于尚未为单位建立核算账套,因此,在建立账套前只能以系统默认的管理员账号 admin 进行登录,此时管理员账号 admin 没有登录密码,即其密码为空。

【例 2-1】　以系统管理员的身份注册登录系统管理模块。

【操作步骤】

🐾 第一步,执行"开始"——"程序"——"用友 ERP-U8V10.1"——"系统服务"——"系统管理"命令,系统管理启动。

🐾 第二步,在"系统管理"窗口中,执行"系统"——"注册"命令,出现"注册系统管理"对话框,如图 2-3 所示。

🐾 第三步,选择服务器:在客户端登录,则选择服务端的服务器名称;在服务端或单机用户则选择本地服务器。

🐾 第四步,输入操作员注册名称和密码。系统中预先设定了一个系统管理员 Admin,第一次运行时,系统管理员密码为空,单击"确定"密码,以系统管理员身份进入系统管理,如图 2-4 所示。

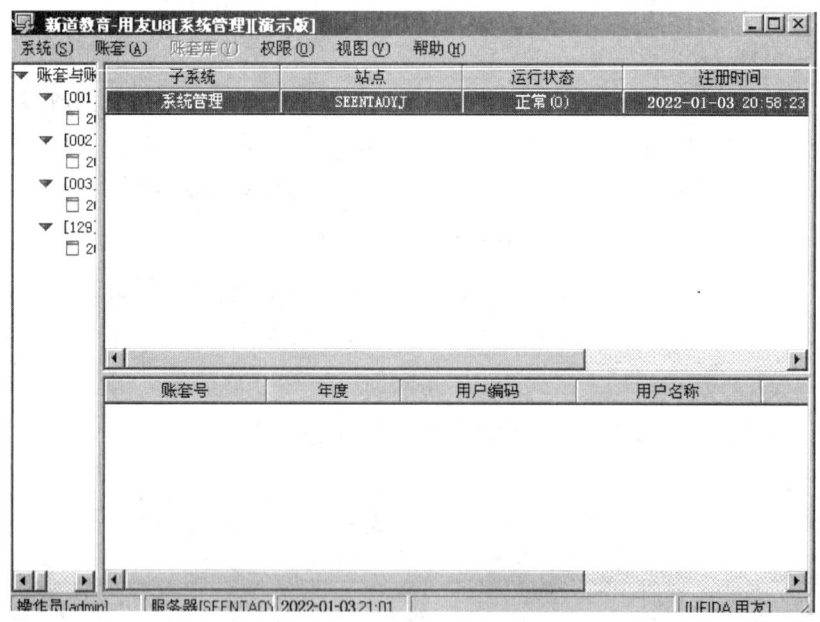

图 2-3　系统管理员注册

图 2-4　"系统管理"窗口

为了保证系统的安全性,在"系统管理员登录"对话框中,可以设置或更改系统管理员密码。

【例 2-2】　设置系统管理员密码为"1"。

【操作步骤】

第一步,首先选中"改密码"复选框,单击"确定"按钮。

第二步，打开"设置操作员口令"对话框，在"新口令"和"确认新口令"后面的输入区中均输入"1"，然后单击"确定"按钮，返回管理系统。

提醒：一定要牢记设置的系统管理员密码，否则无法以系统管理员的身份进入系统管理，也就不能执行账套数据的输出与引入。考虑实际教学环境，建议可不设置系统管理员密码。

【提示】

如果是第一次运行系统，由于未给核算单位建立账套，因此必须以系统管理员身份注册登录系统，新增用户、角色、设置权限，新建账套。

若核算单位已经存在核算账套，则既可以以系统管理员身份注册登录，也可以以账套主管身份注册登录。

以系统管理员身份注册进入，可以进行账套的管理（包括账套的建立、引入、输出），可以设置操作员及其权限。

以账套主管身份登录，需选择会计账套和操作日期。单击"账套"处下拉按钮，选择账套主管所管账套；单击"操作日期"处下拉按钮，选择操作日期，或直接在"操作日期"组合框内输入操作日期，输入格式为"yyyy-mm-dd"。

二、账套管理

每个企业可以为其每一个独立核算的单位建立一个核算账套，即每一个核算单位都有一套完整的账簿体系，核算单位的一套完整的账簿体系就是账套。账套管理包括建立账套、修改账套、输出账套和引入账套等内容。

（一）建立账套

企业单位会计核算在由手工核算方式向电算化核算方式转化时，由于在财务软件系统中无任何本单位的信息资料，企业必须在计算机中建立自己的账套，并将单位的基本信息输入计算机，才能利用财务软件系统进行业务处理。因此，在财务软件系统中建立本单位的核算账套是企业实施计算机核算管理的前提。建立账套就是在企业财务管理中为本企业或本核算单位建立一套符合核算要求的账簿体系。通常，会计电算化软件只要求根据企业的具体情况设置基础参数，软件将按照这些基础参数自动建立一套账，而系统的数据输入、处理、输出的内容和形式就是由账套参数决定的。

1. 账套信息

账套信息主要包括账套代码、账套名称、账套路径、启用会计日期等。

账套代码又称账套号，通常是系统用来区别不同核算账套的编号。账套号不能重复。账套号为3位（001～997），用户必须输入。

账套名称是与账套号有对应关系的核算单位的名称，用户必须输入。一般可以输入核算单位的简称。

账套路径是新建账套所要存放在计算机系统中的位置。系统默认的路径是"C:\

U8SOFT\Admin",用户可以人工更改,也可利用"⋯"按钮进行参照输入。

启用会计期是指新建账套被启用的会计核算日期,一般指定为某一月份。启用日期应在第一次初始设置是设定,而且一旦设定将不能更改,用户必须输入。系统默认为计算机的系统日期,可用鼠标单击"会计期间设置"按钮,设置账套的启用年度和月度。随后系统会自动将启用月份以前的日期的背景色设为蓝色,标识为不可修改的部分;而将启用月份以后的日期的背景色设置为白色,标识为可以修改的部分,可以由用户任意设置。

【例 2-3】 创建账套:创建 001 号核算账套,单位名称为"瑞丽服装有限公司",启用会计期为"2022 年 1 月 1 日"。

【操作步骤】

第一步,执行"账套"—"建立"命令,打开"创建账套"对话框,如图 2-5 所示。

图 2-5 "创建账套"对话框

第二步,输入账套信息。

【提示】

已存账套:系统将已存在的账套以下拉列表框的形式显示,用户只能查看,不能输入或修改,其中的"【999】演示账套"和"【998】演示账套"是系统内置的。

新建账套号不能与已存在的账套号重复,账套号长度为 3 位数字。

账套名称可以是核算单位的简称,将随时显示在所操作的界面上,用户必须输入。

2. 核算单位基本信息

核算单位基本信息用于储存核算单位的常用信息,主要包括单位名称、机构代码、单位简称、单位域名、单位地址、法人代表、邮政编码、电话、传真、电子邮件、税号、备注。单位名称和单位简称是系统必要信息,必须输入。其他栏目都属于任选项,可输可不输。

【例 2-4】 瑞丽服装有限公司主要资料如下:

单位地址:西安市雁塔区雁塔路 5 号。

法定代表人:张路。

邮政编码:710 000。

联系电话及传真:82344567。

纳税人登记号:112148725892314。

【操作步骤】

第一步,在"创建账套—账套信息"对话框中单击"下一步"按钮,打开"创建账套—单位信息"对话框,如图 2-6 所示。

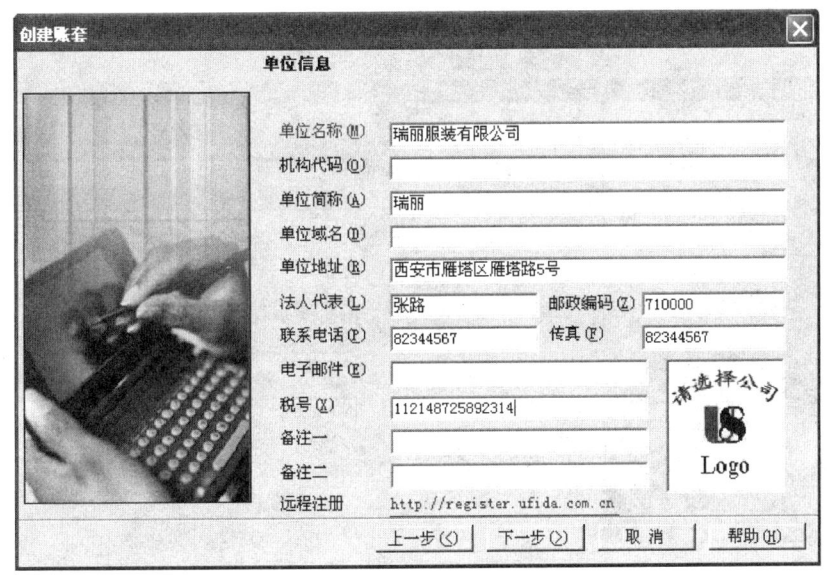

图 2-6 单位信息录入

第二步,输入单位信息的有关内容。

3. 账套核算信息

账套核算信息主要包括:本币代码、本币名称、企业类型、行业性质、账套主管、是否按行业性质预置科目等。界面中的各栏目说明如下:

(1)本币代码,用来输入新建账套所用的本位币的代码。例如,采用系统默认值"RMB"。

(2)本币名称,用来输入新建账套所用的本位币的名称,用户必须输入。例如,采用系统默认值"人民币"。

(3)企业类型,用户必须从下拉列表框中选择输入。系统提供了商业、工业两种类型。如果选择工业模式,则系统不能处理受托代销业务;如果选择商业模式,委托代销和受托代销业务都能处理。例如,这里选择"工业"。

(4) 行业性质,用户必须从下拉列表框中选择输入,系统按照所选定的行业性质预置科目。例如,这里选择行业性质为"新会计制度科目"。

(5) 账套主管,用户必须从下拉列表框中选择输入。例如,选择"demo"。

(6) 是否按行业性质预置科目,如果用户希望预置所属行业的标准一级科目,则选中该复选框。

【例 2-5】 瑞丽服装有限公司的本币名称为人民币(代码:RMB);企业类型:工业;行业性质:新会计制度科目(建账时按行业性质预置科目)。

【操作步骤】

第一步,在"创建账套—单位信息"对话框中单击"下一步"按钮,打开"创建账套—核算类型"对话框,如图 2-7 所示。

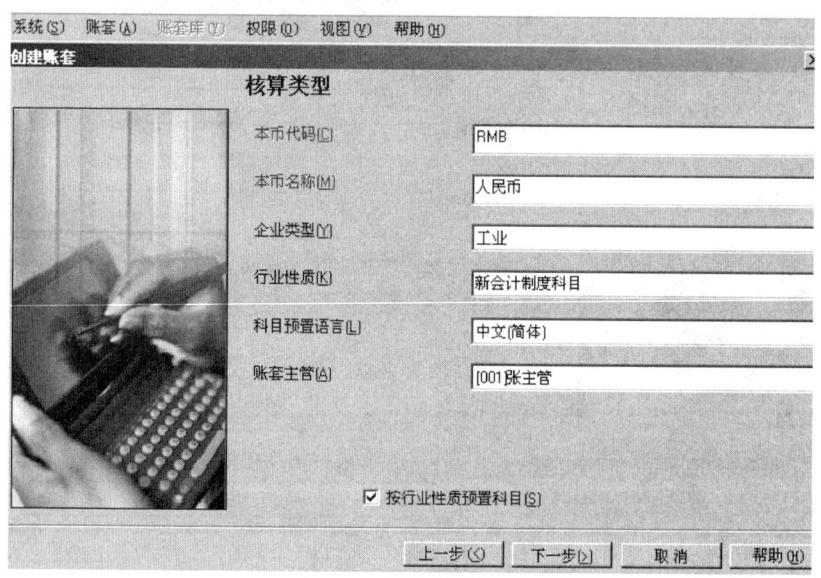

图 2-7 核算类型录入

第二步,输入或选择核算类型的有关内容。

【提示】

账套主管:用来输入新建账套账套主管的姓名,用户必须从下拉列表框中选择输入。

企业类型与行业性质:必须根据企业实际情况进行选择,此项内容在完成账套创建后将不允许进行修改,因此应慎重。

是否按行业性质预置科目:如果用户希望预置所属行业的标准一级科目,则在该选项前打钩;否则可以不进行处理。

4. 设置基础信息

如果单位的存货、客户、供应商相对较多,可以对他们进行分类核算。如果此时不能确定是否进行分类核算,也可以建账完成后,等到业务软件启动时,由账套主管在"修改账套"功能中,再设置分类核算。

【例 2-6】　瑞丽服装有限公司有外币核算;需要对存货、客户、供应商进行分类;分类编码方案采用系统默认设置;数据精度系统默认设置,均为 2。

【操作步骤】

🐾 第一步,在"创建账套—核算类型"对话框中单击"下一步"按钮,打开"创建账套—基础信息"对话框,如图 2-8 所示。

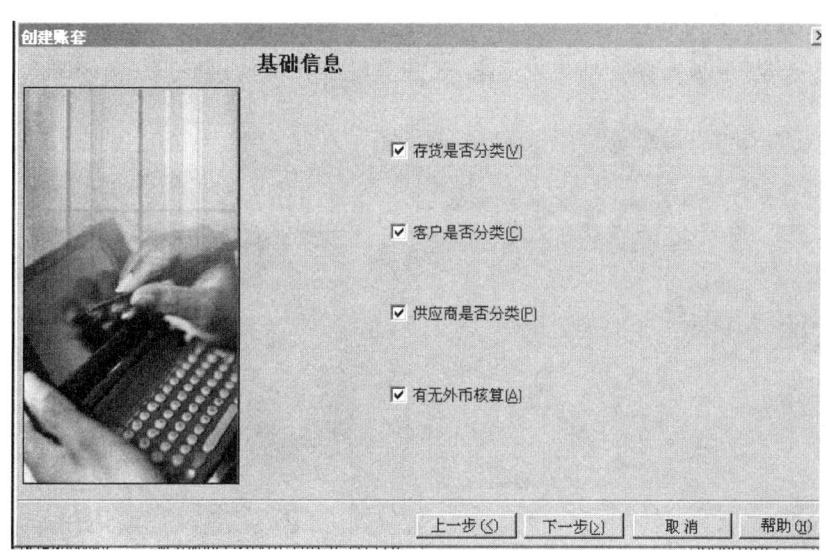

图 2-8　基础信息设置

🐾 第二步,选中"存货是否分类""客户是否分类""供应商是否分类"和"有无外币核算"复选框,再单击"完成"按钮,系统弹出"可以创建账套了吗"提示对话框。

【提示】

🔔 存货是否分类:如果单位的存货较多,且类别繁多,则可以在此选项前打钩,表明要对存货进行分类管理;如果单位的存货较少且类别单一,也可以选择不进行存货分类。注意,如果选择了存货要分类,则在进行基础信息设置时,必须先设置存货分类,然后才能设置存货档案。

🔔 客户是否分类:如果单位的客户较多,且希望进行分类管理,则可以在此选项前打钩,表明要对客户进行分类管理;如果单位的客户较少,也可以选择不进行客户分类。注意,如果选择了客户要分类,则在进行基础信息设置时,必须先设置客户分类,然后才能设置客户档案。

🔔 供应商是否分类:如果单位的供应商较多,且希望进行分类管理,则可以在此选项前打钩,表明要对供应商进行分类管理;如果单位的供应商较少,也可以选择不进行供应商分类。注意,如果选择了供应商要分类,则在进行基础信息设置时,必须先设置供应商分类,然后才能设置供应商档案。

🔔 是否有外币核算:如果单位有外币业务,可以在此选项前打钩。

👣 第三步,单击"是",系统自动创建账套,并弹出"编码方案"设置对话框,如图 2-9所示。

👣 第四步,根据经济业务特点,修改相关项目编码级次方案。设置的编码方案级次不能超过系统最大级数和最大长度限制,只能在最大长度范围内,增加级数,改变级长。

👣 第五步,修改完毕后,单击"确定"按钮,对修改信息进行保存,然后单击"取消"按钮,弹出"数据精度"对话框。

👣 第六步,根据业务数据处理要求,设置数据小数位数,如图 2-10所示。

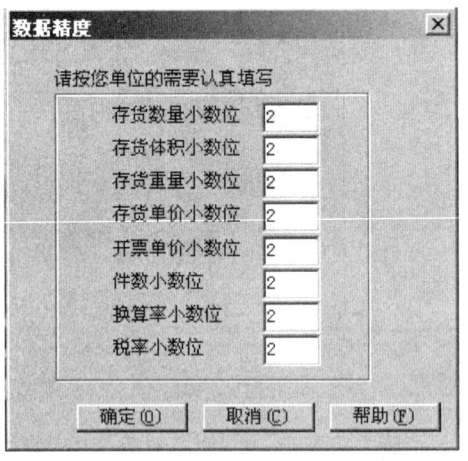

项目	最大级数	最大长度	单级最大长度	第1级	第2级	第3级	第4级	第5级	第6级	第7级	第8级	第9级
科目编码级次	13	40	9	4	2	2						
客户分类编码级次	5	12	9	2	3	4						
供应商分类编码级次	5	12	9	2	3	4						
存货分类编码级次	8	12	9	2	2	2	2	2	3			
部门编码级次	9	12	9	1	2							
地区分类编码级次	5	12	9	1	2							
费用项目分类	5	12	9	1	2							
结算方式编码级次	2	3	9	1	2							
货位编码级次	8	20	9	2	3	4						
收发类别编码级次	3	5	9	1	1	1						
项目设备	8	30	9	2	2							
责任中心分类档案	5	30	9	2	2							
项目要素分类档案	6	30	9	2	2							
客户权限组级次	5	12	9	2	3	4						

图 2-9　编码方案设置　　　　　　　　　图 2-10　数据精度设置

数据精度
请按您单位的需要认真填写

存货数量小数位 2
存货体积小数位 2
存货重量小数位 2
存货单价小数位 2
开票单价小数位 2
件数小数位 2
换算率小数位 2
税率小数位 2

确定(O)　取消(C)　帮助(F)

👣 第七步,设置完毕后,单击"确定"按钮,系统弹出"创建账套—账套启用"对话框。

5. 系统启用

系统启用主要用于对核算单位选择使用的子系统或相应模块,系统启用可以在新账套创建完成后进行,也可以在基础设置中通过系统启用模块进行。"日历"设置窗口主要用于设置子系统或功能模块的启用日期。

【例 2-7】　瑞丽服装有限公司总账系统启用日期为 2022 年 1 月 1 日。

【操作步骤】

👣 第一步,在"创建账套—账套启用"对话框中单击"是"按钮将直接进入"系统启用"窗口;单击"否"将完成账套创建。在此单击"是"按钮,打开"系统启用"窗口进行启用设置,如图 2-11所示。

👣 第二步,在"系统启用"窗口中,选择总账系统,在方框内打钩,系统弹出"日历"设置窗口,如图 2-12 所示。

图 2-11 系统启用

图 2-12 启用总账系统

👣 第三步,将启用日期设置为 2022 年 1 月 1 日。启用日期设置完毕后,单击"确定"按钮,系统弹出"确实要启动当前系统吗"信息框,单击"是"按钮,系统保存此次的启用信息,并将启用信息及当前操作员写入"系统启用"设置窗口的相关栏目中。

👣 第四步,采用同样方式启用其他子系统或功能模块,启用完毕后,单击"系统启用"工具栏上的"退出"按钮,结束系统启用设置,此时系统弹出"请进入企业应用平台进行业务操作!"提示对话框,单击"确定"按钮,完成账套创建操作。

【提示】

🔔 只有系统管理员和账套主管具有系统启用权限。

🔔 各系统的启用会计期间均必须大于或等于账套的启用期间。

🔔 采购计划必须与库存和采购集成使用,及如果未启用采购和库存,则不能单独启用采购计划。采购计划的启用月必须同时大于或等于采购管理和库存管理的启用月。

🔔 采购、销售、库存、存货四个模块中,启用任何一个模块,其启用期间都必须大于或等于其他模块中最大的未结账月。

(二) 修改账套

当系统管理员建完账套和账套主管建完年度账后,在未使用相关信息的基础上,需要对某些信息进行调整以便使信息更真实准确地反映企业的相关内容时,可以进行适当的调整。只有账套主管可以修改其具有权限的年度账套中的信息,系统管理员无权修改。账套参数信息若已被使用,进行修改可能会造成数据库数据的紊乱,因而应慎重对待账套信息的修改操作。

用户以账套主管身份注册,选择相应的账套,进入系统管理界面,选择"账套"菜单中的"修改",则进入修改账套功能,系统自动列示出所选账套的账套信息、单位信息、核算信息、基础设置信息。可以随时修改的建账信息包括：账套名称、所有的单位信息；对于分类设置信息和数据精度信息，在未使用的前提下可以修改他们的全部内容，如图 2-13 所示。

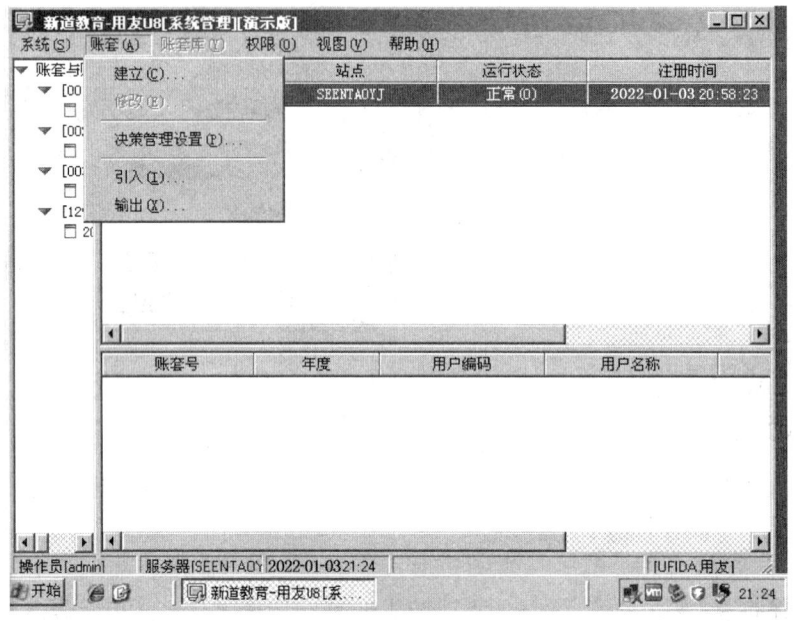

图 2-13　账套修改

（三）输出账套

由于计算机系统在运行过程中经常会受到来自各方面因素的干扰，如人为因素、硬件因素、软件因素或计算机病毒等的影响，有时会造成财务数据被破坏。因此，在财务管理软件系统中需要设置数据备份功能模块，以解决财务数据由于破坏而丢失的问题。

账套的输出，又叫账套的备份，就是将财务软件系统产生的数据备份到硬盘、软盘、光盘及其他存储介质上保存起来，其目的就是要长期保存财务数据，防止恶意篡改和破坏或意外事故造成数据丢失。利用数据备份，可以尽快恢复系统数据，从而保证单位核算业务的正常进行。账套数据输出是保护数据的主要手段，企业必须严格根据会计制度的要求进行会计数据的备份工作，数据备份工作要做到经常化，每天都进行备份操作。

【例 2-8】　将 001 号账套数据备份到 D 盘中的账套备份文件夹中。

【操作步骤】

👣 第一步，在 D 盘中建立"账套备份"文件夹。

👣 第二步，以系统管理员的身份注册进入系统管理。

👣 第三步，执行"账套"—"输出"命令，打开"账套输出"对话框，选择需要输出的账套 001，单击"确认"按钮，弹出系统提示信息"压缩进程，请等待"，如图 2-14。

👣 第四步，如果想删除账套，应选中"删除当前输出账套"复选框，单击"确认"按钮。

👣 第五步，系统压缩完成所选账套数据后，弹出"请选择账套备份路径"对话框。

图 2-14 输出账套

第六步，单击下拉列表框，选择 D 盘中的"账套备份"文件夹，单击"确认"按钮。备份完毕，系统弹出"输出成功"提示对话框，单击"确定"按钮完成账套备份操作。

【提示】

不同时期账套数据内容不同，所需的磁盘空间也不同。如果备份到软盘，就有可能出现第一次备份需要一张软盘，而内容增多后需要备份第二张软盘的情况。系统完成压缩进程后会自动估算需要几张软盘，并一次提示插入第一种软盘、第二张软盘……，最后系统会要求再次插入第一张盘。输出过程依系统提示操作即可。

（四）引入账套

引入账套，又称为"账套恢复"，是指将系统外某账套数据引入本系统中，即将备份到软盘、硬盘或其他存储介质中的备份数据恢复到硬盘上指定的目录中。这项功能既为保证数据的安全提供了另一种工具，又为集团公司的财务管理提供了方便。一旦安装企业财务软件管理系统的计算机出现故障等而使得系统数据破坏或丢失时，就可以利用账套的恢复功能恢复系统数据；同时，集团公司可以将子公司的账套数据定期引入到总公司系统中，以便于进行有关账套数据的分析而后合并工作。

【例 2-9】 将已备份到 D 盘"账套备份"文件夹中的"001"账套数据引入到硬盘中。

【操作步骤】

第一步，以系统管理员身份注册进入系统管理，单击"账套"菜单中的"引入"子菜单，打开"请选择账套备份文件"对话框。

第二步，选择 D 盘"账套备份"文件夹中的数据文件"UfErpAct.Lst"。账套数据备份文件是系统输出的文件，前缀名统一为 UfErpAct。选定引入账套的存放路径后，弹出系统提示信息,如图 2-15 所示。

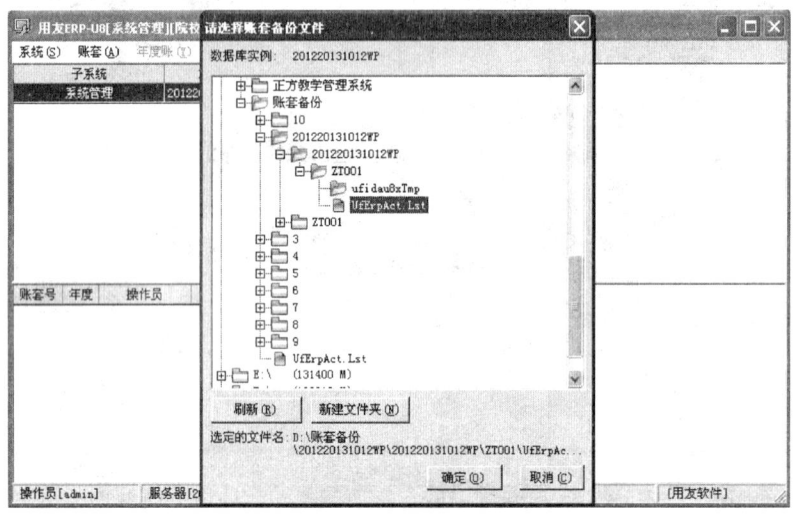

图 2-15　引入账套

第三步,单击"是"将重新指定引入账套的存放路径,单击"否",将引入的数据存放在默认路径下。

第四步,引入完成,系统提示"账套引入成功!"。

三、操作员及权限管理

企业在实施财务管理软件系统时,应首先对操作人员进行岗位分工,对指定的操作人员的操作权限进行明确规定,实施权限控制,以避免无关人员对系统进行错误或恶意操作,同时也可以对系统所包括的各个功能模块的操作进行协调,从而保证整个系统和会计数据的安全性和保密性。

（一）角色管理

操作人员的岗位分工包括设置操作员和为操作员分配操作权限两个部分。操作员的设置分为两个层次:角色和用户。角色可以理解为岗位的名称,如财务总监、财务主管等。在公司日常经营管理活动中,职员之间的岗位变动时常发生。操作员岗位发生变动后,需要重新为其分配不同的操作权限,这样操作很繁琐。用友财务软件系统提出角色这一概念,可以通过预先给角色设置好权限,之后在设置用户时,指定用户归属的角色,这时该用户就自动继承了相应角色的权限。当用户岗位发生变动时只需要调整其角色即可,不必再单独为其重新设置权限。当然,也可以独立为用户赋予权限,用户可以不属于任何角色。

角色的管理是在多数操作员具有相同操作权限的情况下,通过建立角色,并设置角色权限,然后将操作员指定为某一角色。一个角色可以拥有多个用户,一个用户可以分属于不同的角色。用户和角色设置不分先后顺序,用户可以根据自己的需要先后设置。角色管理包括角色的增加、删除、修改等维护工作。

【例2-10】 设置"财务核算"角色,编号为"A001"。

【操作步骤】

第一步,以系统管理员身份注册进入"系统管理"窗口,单击"权限"菜单中"角色"子菜单,进入"角色管理"窗口,如图2-16所示。

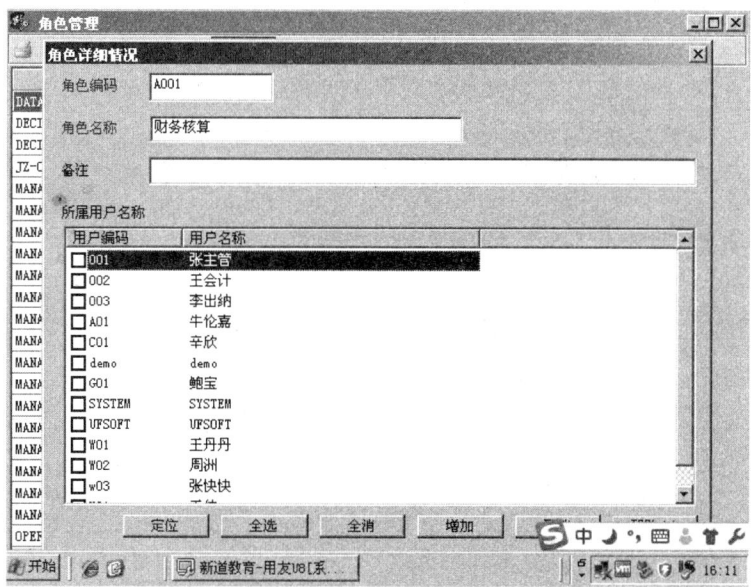

图2-16 角色管理

第二步,在"角色管理"窗口中,单击"增加"按钮,进入"角色详细情况"设置窗口,如图2-17所示。

图2-17 增加角色

第三步,输入角色的相关信息,若已建有用户,可通过选择"用户编码"前方的复选框将其指定为该角色的用户,录入和设置完毕后,单击"增加"按钮对所输入的信息进行保存,同时进入下一个角色录入界面,所有角色信息录入完毕后,单击"取消"按钮,返回到"角色管理"窗口,单击"退出"按钮结束本次角色管理操作。

第四步,在"角色管理"窗口中,单击"修改"按钮可以对当前角色进行编辑,除角色编号不能修改外,其他信息均可以修改;单击"删除"可以对当前角色进行删除,但如果角色已有所属用户,则不允许删除。

(二)用户管理

用户是指有权限登录系统对应用系统进行操作的人员,即通常意义上的"操作员"。可以理解为财务管理软件系统具体的操作人员,如李红,王莉等。系统对用户的设置个数不受限制。每次注册登录应用系统,都要进行相关的合法性检查。只有设置了具体的用户之后,才能进行相关的操作。

用户管理主要完成用户的增加、删除、修改等维护工作。

【例 2-11】 瑞丽服装有限公司财务部人员分工情况如表 2-1 所示。

表 2-1 瑞丽公司财务人员

编　号	姓　名	口　令	所属部门	角　色	主　要　职　责
001	张　明	1	财务部	账套主管	审核、记账
002	李　红	2	财务部	出纳	出纳
003	王　莉	3	财务部	总账会计	制单、报表编制

【操作步骤】

第一步,以系统管理员的身份注册进入"系统管理"窗口,单击"权限"菜单的"用户"子菜单,进入"用户管理"窗口,如图 2-18 所示。

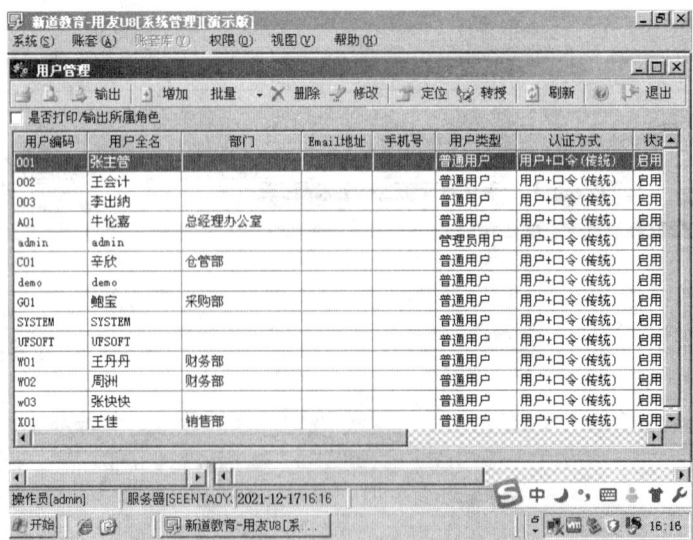

图 2-18　用户管理

第二步，在"用户管理"窗口中，单击"增加"按钮，进入"操作员详细情况"设置窗口，如图 2-19 所示。

第三步，输入用户的编号、姓名、口令、所属部门、Email、手机号等内容，并在所属角色中选择该用户归属的角色，录入和设置完毕后，单击"增加"按钮对所输入的信息进行保存，同时进入下一用户信息录入界面。

第四步，所有用户信息录入完毕后，单击"取消"按钮，返回到"用户管理"窗口，单击工具栏中的"退出"按钮结束本次用户管理操作。

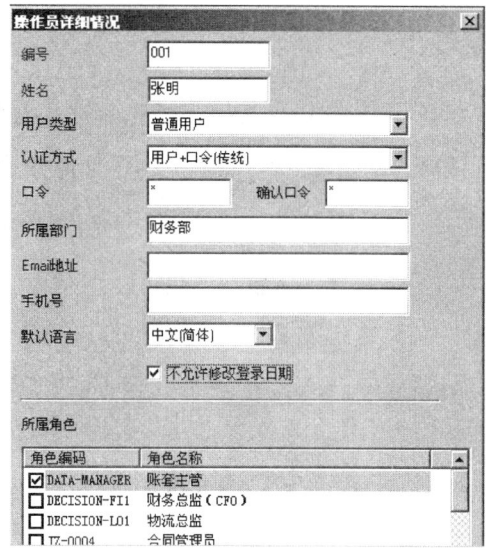

图 2-19　增加用户

第五步，若要对已存用户进行修改或删除，可在"用户管理"窗口中首先选定要修改或删除的用户，然后单击"修改"或"删除"按钮等可对当前用户进行相应操作。

第六步，对于已离开财务管理岗位且已启用的用户，可单击工具栏上的"修改"按钮，进入"操作员详细情况"界面，单击"注销当前用户"按钮取消其登录系统的权限。

【提示】

用户编号不允许进行修改。

若用户已指定角色或已被启用，则该用户不能删除。

只有系统管理员才有权限对用户和角色进行设置。

（三）划分权限

操作员权限管理功能是对已增加的操作员进行赋权或取消赋权。只有系统管理员和账套主管有此权限进行设置，但两者的权限有所区别。系统管理员可以指定或取消各账套的账套主管，还可以对各个账套的操作员进行权限设置，而账套主管只可以对所管辖账套的操作员进行权限管理。

1. 账套主管的设置与取消

一般来讲，只有系统管理员才有权在系统中进行账套主管的设置。如果是以账套主管身份注册登记的，在"操作员权限"窗口中只显示出非账套主管的操作员。在设置账套主管时，应首先选定相应账套，再选择作为账套主管的操作员，然后将其指定为账套主管或取消其账套主管的权限。一个账套可以定义多个账套主管。系统默认账套主管拥有该账套的全部权限，因此对账套主管而言，只有设定或取消其资格的操作，无须进一步明确具体权限。

【例 2-12】　变更"001"账套的账套主管。取消"demo"的账套主管权限，将"001"操作员张明指定为"001"账套的账套主管。

【操作步骤】

👣 第一步,以系统管理员身份注册登录后,单击"系统管理"窗口中"权限"菜单的"权限"子菜单,系统将弹出"操作员权限"窗口,如图 2-20 所示。

图 2-20　设置账套主管

👣 第二步,在操作员列表中选择操作员"demo",在账套下拉列表中选择"001"账套,然后在"账套主管"复选框中单击,弹出"取消用户:「demo」账套主管权限吗?"对话框,单击"是",取消操作员 demo"001"账套主管的权限。

👣 第三步,在账套下拉列表中选择"001"账套,再在操作员列表中选择操作员"001",然后在"账套主管"复选框中单击,弹出"设定用户:「001」账套主管权限吗?"对话框,单击"是",将操作员 001 张明设置为"001"账套的账套主管。

2. 角色操作权限的设置

角色权限设置是在多数操作员具有相同操作权限的情况下,通过建立角色,并设置角色权限,然后将这些操作员指定为该角色成员,这样该角色中操作员将具备该角色的操作权限,无须再单独为这些用户设置操作权限。

【例 2-13】 将"001"账套总账模块的凭证处理权限赋予角色"A001 财务核算"。

【操作步骤】

👣 第一步,以系统管理员或账套主管 001 张明的身份进入"系统管理"窗口,单击"权限"菜单中的"权限"子菜单,打开"操作员权限"设置窗口,如图 2-21 所示。

图 2-21　设置角色权限

👣 第二步,在"操作员权限"窗口,选择"001"账套,再选择"A001"角色,然后单击工具栏上的"修改"按钮,再在权限列表框中进行权限指定。

👣 第三步,在权限列表框中,单击相关权限前方的复选框,然后单击工具栏上的"保存"按钮,将相关权限赋予角色。

3. 用户操作权限的设置

对于不属于任何角色或独立的操作员,以及为角色中的个别成员增加权限,可通过用户权限设置来完成操作员的权限设置。

【例 2-14】 为"003"操作员王莉赋予"001"账套的总账系统、应收款系统、应付款系统、固定资产系统、工资系统的所有操作权限。

【操作步骤】

👣 第一步,以系统管理员或账套主管 001 张明的身份进入"系统管理"窗口,单击"权限"菜单中的"权限"子菜单,打开"操作员权限"设置窗口。

👣 第二步,在"操作员权限"窗口,选择"001"账套,再选择"003"操作员王莉,然后单击工具栏上的"修改"按钮,再在权限列表框中进行权限指定。

👣 第三步,在权限列表框中,单击总账管理、应收款管理、应付款管理、固定资产管理、工资管理功能模块前方的复选框,然后单击工具栏上的"保存"按钮,将相关权限赋予"003"操作员王莉,如图 2-22 所示。

👣 第四步,单击工具栏中的"退出"按钮,返回系统管理。

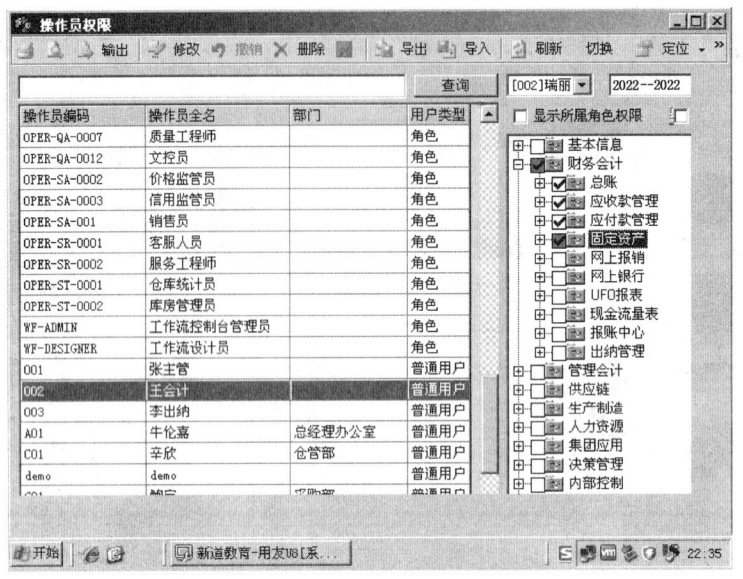

图 2-22　设置用户权限

4. 删除用户、角色权限

系统管理员或账套主管可以对非账套主管的操作员所拥有的权限进行修改和删除。

1）修改权限

【操作步骤】

　第一步,修改权限与删除权限相似,都是在"操作员权限"设置窗口,先选择用户或角色,再单击工具栏上的"修改"按钮,然后在权限列表框中进行权限调整。

　第二步,单击工具栏上的"保存"对权限调整结果进行保存。

2）删除权限

【操作步骤】

　一方面可以通过修改方式进行;也可以在"操作员权限"对话框右边的权限显示区中单击欲被删除的权限,再单击窗口左上角的"删除"按钮,此时系统将自动弹出一对话框供用户对该删除操作进行确认。

5. 集中权限管理

用友 ERP-U8V10.1 提供集中权限管理,除了提供用户对各模块操作的权限之外,还相应提供了金额的权限管理和对于数据的字段级和记录级的控制,可以实现三个层次的权限管理。

1）功能级权限管理

该权限提供划分更为细致的功能级权限管理功能,包括各功能模块相关的查看和分配权限。

2）数据级权限管理

该权限可以通过两个方面进行权限控制,一个是字段级权限控制,另一个是记录级的权限控制。

3）金额级权限管理

该权限主要用于完善内部金额控制,实现对具体金额数量划分级别,对不同岗位和职位的操作员进行金额级别控制,限制他们制单时可以使用的金额数量,例如,设定操作员杨红只能录入金额在 5 000 元以下的凭证。

四、年度账管理

在系统管理软件中,用户不仅可以建立多个账套,而且可以在每个账套中存放每个年度的会计数据。这样一来,对不同核算单位、不同时期数据的操作员只需通过设置相应的系统路径即可进行,而且由于系统自动保存了不同会计年度的历史数据,对利用历史数据的查询和比较分析也显得特别方便。年度账的管理主要包括:建立年度账、年度账的引入和输出、结转上年数据、清空年度账。

年度账的管理工作只能由账套主管进行。

（一）建立年度账

【操作步骤】

👣 第一步,以账套主管的身份注册进入系统管理,选定账套。

👣 第二步,单击"年度账"菜单中的"建立"子菜单,建立新年度账。

系统按年度先后顺序建立,不能修改会计年度。

【提示】

🔔 "建立年度账"界面中,账套和会计年度两个栏目都是系统默认的,不能进行任何操作。

🔔 账套为用户注册进入时所选的账套,会计年度自动显示的是所选会计账套当前年度加 1 的年度。

（二）年度账的引入和输出

年度账操作中的引入与账套操作中的引入含义基本一致,所不同的是年度账操作员的引入不是针对某个账套,而是针对账套中的某一年度的年度账进行的。

如年度账的备份操作输出的是年度账,在备份操作界面上选择的是具体的年度而非账套,而年度账的引入操作恢复的是年度数据备份文件(由系统卸出的年度账的备份文件,前缀名统一为 ufErpyer)。

（三）结转上年数据

一般来讲,企业是持续经营的,因此企业的会计工作是一个连续性的工作。每到年末,启用新账套时,就需要将上年度中的相关账户的余额及其他信息结转到新年度账中。

【操作步骤】

👣 第一步,年度账建立成功后,在"系统管理"窗口中,单击"系统"菜单中的"注销"命令,再以新年度重新注册。

👣 第二步,执行"年度账"菜单中的"结转上年数据"命令进行上年数据结转。

结转上年数据时,必须遵循以下顺序:首先结转购销系统的上年余额,再结转应收应付系统的上年余额,最后结转总账系统的上年余额。各模块的结转顺序,如图 2-23 所示。

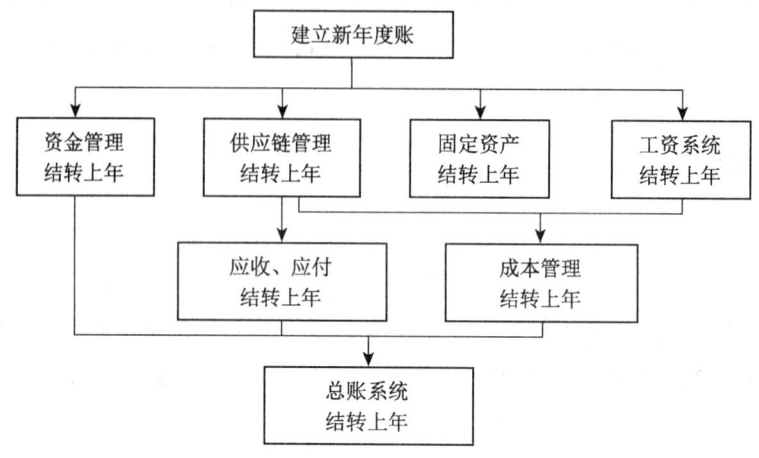

图 2-23　结转上年数据流程图

（四）清空年度数据

若某年度账中错误太多,或不希望将上年度的余额或其他信息全部转到下一年度,可以清空年度数据。

【操作步骤】

第一步,进入"系统管理"界面,单击"年度账"菜单中的"清空年度数据"子菜单

第二步,进入"清空年度数据"功能界面,然后选择要清空的年度账的年度,单击"确定"按钮

第三步,系统弹出一个再次确认对话框,单击"是"即可。

"清空"并不一定是将年度账的数据全部清空,也可以保留一些必要的信息,如基础信息、科目等。保留这些信息主要是为了方便用户使用清空后的年度账重新做账。

五、视图管理

视图主要包括四个部分:刷新、清除异常任务、清除单据锁定和上机日志。

（一）刷新

系统管理一个很重要的用途就是对各个子系统的运行实施进行实时监控。为此,系统将正在登录到系统管理的子系统及其正在执行的功能在界面列示出来,以便于系统管理员用户或账套主管用户进行监控。

系统管理的功能列表分为上下两个部分,上一部分列示的是正登录到系统管理的子系统,下一部分列示的是子系统中正在执行的功能。查看时,用户可在上一部分用鼠标选中一个子系统,下一部分将自动列示出该子系统正在执行的功能。这两部分的内容都是动态的,他们都将根据系统的执行情况而自动变化,用户如果想看到最新的情况,就需要

启用刷新功能来适时刷新功能列表的内容。

（二）清除异常任务

系统管理对每一个登录系统的子系统定时巡回检查，如果发现有死机、网络阻断等异常情况，就在与子系统相对应的任务条的"运行状态"栏内显示"运行不稳定"。这时，如果单击"视图"菜单中的"清除异常任务"子菜单，就会把这些异常任务所申请的系统资源予以释放，并恢复可能被破坏的系统数据库和用户数据库，同时任务栏内也将清除这些异常任务。任务的运行情况都被记录在上机日志中。

【操作步骤】

👣 单击"视图"菜单中的"清除异常任务"子菜单。

（三）清除单据锁定

各子系统在使用过程中由于不可预见的原因可能会造成单据锁定，此时单据的正常操作将不能使用。

【操作步骤】

👣 单击"系统管理"对话框的"视图"菜单的"清除单据锁定"功能，将恢复正常功能的使用。

（四）上机日志

为了保证系统的安全运行，系统随时对各个子系统或模块的每个操作员的上下机实践、操作的具体功能等情况都进行登记，形成上机日志，以便使所有的操作都有所记录、有迹可循。用户可以对上机日志的内容进行删除。

本 章 启 示

通过操作员的增加与设置，了解企业人员分工各有不同，从而建立立足本职岗位，团结合作才能有效完成工作的意识，增强工作责任心和团队合作感。

思 维 拓 展

1. 系统管理模块的主要功能有哪些？

2. 系统管理员和账套主管的区别有哪些？

3. 角色与用户的区别与联系有哪些？

4. 如何为操作员设置操作权限？

5. 为什么要进行账套的引入与输出？如何操作？

知识点应用及实践能力训练

实验一 系统管理

一、实验准备

安装 Microsoft SQL Server2000 和用友 ERP-U8V10.1。

二、实验内容

(1) 建立账套。

(2) 设置操作员(角色用户)。

(3) 设置操作员权限。

(4) 备份账套。

(5) 引入账套。

三、实验资料

1. 建立账套资料

(1) 账套号:班级编号＋学号(如 1 班第 20 号学生的账套号为 120)。

(2) 账套名称:瑞丽服装有限公司(简称:瑞丽)。

(3) 启用日期:2022 年 1 月。

(4) 会计期间:01 月 01 日～12 月 31 日。

(5) 行业类型:工业。

(6) 行业性质:新会计制度科目(建账时按行业性质预留会计科目)。

(7) 账套主管:张明。

(8) 单位地址:西安市雁塔区雁塔路 5 号。

(9) 法定代表人:张路。

(10) 邮政编码:710000。

(11) 联系电话及传真:82344567。

(12) 纳税人登记号:112148725892314。

(13) 进行经济业务处理时:需要对存货、客户、供应商进行分类,需进行外币核算。

(14) 编码方案采用:系统默认设置。

(15) 数据精度:定义的小数位采用系统默认设置,均为 2。

2. 操作员及其权限资料

(1) 账套主管:张明担任该角色,编号为 001。账套主管在财务软件开发运用的前期阶段,负责完成系统的各项初始化工作;在财务软件的运行阶段,负责财务软件运行的管理工作,检查系统操作员的日常工作,保证财务核算管理系统运行的可靠性、安全性。负责对操作员输入的会计数据、输出的凭证、账簿、报表进行审核,检查其数据和凭证的合法性、完整性和准确性。

（2）出纳员：李红，编号002。出纳员负责有关现金、银行存款的收支工作，具有所有出纳权限和凭证处理中的出纳签字权限。

（3）会计：王莉，编号003。会计具有总账系统、应收款系统、应付款系统、固定资产系统、工资系统的所有权限，负责录入凭证、进行应收款、应付款、固定资产和工资系统的日常业务处理。

四、操作步骤

（1）启动注册系统管理。

（2）设置操作员（先设置角色，再设置用户）。

（3）建立账套。

（4）设置操作员权限。

（5）输出备份账套。

第三章 基础设置

重点提示

通过本章的学习,重点掌握会计科目体系的设置原则和方法,熟知基础设置的基本知识和技术方法,为后续功能的应用做好准备。

第一节 注册企业应用平台

用友应用系统包括多个子系统,它们之间存在很多共性,如都需要进行登录注册、都需要设置系统基础档案信息等。为此,用友 ERP-U8V10.1 系统提供了企业应用平台功能,用户可以通过"企业应用平台"注册进入企业应用平台,从而取得无需再次验证而进入任何一个子系统的"通行证",这样可以充分体现数据共享和系统集成的优势;其次,通过企业应用平台,系统使用者能够从单一入口访问其所需的个性化信息,定义自己的业务工作,并设计自己的工作流程。

登录"企业应用平台"界面后,左边显示三个功能页签。

一、设置

设置包括基本信息、基础档案、数据权限、单据设置、工作流设置、快递使用向导。

二、业务

(一) 财务会计

总账、应收款管理、应付款管理、报账中心、薪资管理、固定资产、网上银行、UFO 报表、现金流量表、财务分析、票据通、公司对账。

(二) 管理会计

预算管理、资金管理、成本管理、项目管理、合同管理。

（三）供应链

物料需求计划、合同管理、采购管理、销售管理、库存管理、存货核算、GSP 质量管理、质量管理。

（四）生产制造

生产管理。

（五）人力资源

人事信息管理，考勤管理。

三、工具

系统服务包括升级工具、系统管理、远程配置、总账工具、数据复制、预警设置、科目转换、账务函数转换、数据仓库设置、专家财务数据库维护、数据分析配置。

【例 3-1】 以账套主管 001 张明的身份于 2022 年 1 月 1 日注册进入"企业应用平台"。

【操作步骤】

第一步，单击"开始"菜单，依次指向"程序"—"用友 ERP-U8V10.1"—"企业应用平台"，打开"登录"对话框，如图 3-1 所示。

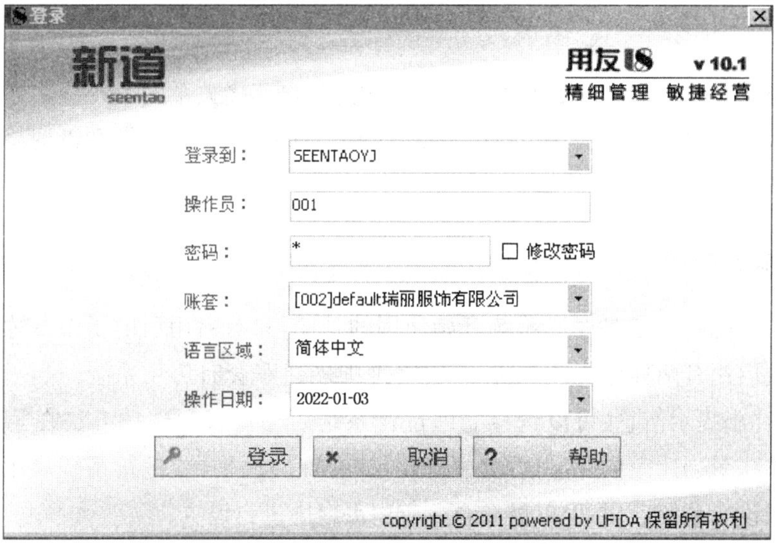

图 3-1 登录企业应用平台

第二步，在"登录"对话框中，首先选择"001"账套的数据服务器，然后在"操作员"文本框中输入"001"，在"密码"文本框中输入"1"，在"账套"的下拉列表框中选择"001"账套，将操作日期调整为"2022 年 1 月 1 日"，最后单击"确定"按钮，进入"用友 ERP-U8V10.1 门户"窗口，如图 3-2 所示。

图 3-2　企业应用平台

第二节　基本信息

　　基本信息设置是系统初始化工作的重要内容,它直接关系到系统应用方案的选择和使用,与企业质量管理息息相关,必须根据管理需要进行恰当的选择和设置。基本信息设置主要包括系统启用、编码方案和数据精度设置等。

一、系统启用

　　系统启用是指设定各个子系统开始使用的日期,只有启用后的子系统才能进行业务处理。系统启用有两种方法:一是在系统管理中创建账套时启用系统。当一个新账套完成后,系统弹出提示信息,可以选择立即进行系统启用设置。这一方法在第二章已经介绍。二是在账套创建完成后,由账套主管登录"企业应用平台"进行系统启用设置。如果在建立时未设置系统启用,也可以在企业应用平台中进行设置。

　　【例 3-2】　以"001"张明身份启用"001"账套的总账系统,启用日期为 2022 年 1 月 1 日。

　　【操作步骤】

　　🐾 第一步,执行"开始"—"程序"—"用友 ERP-U8V10.1"—"企业应用平台",以账套主管"001"的身份注册进入企业应用平台。

　　🐾 第二步,执行"基础设置"—"基本信息"—"系统启用",进入"系统启用"窗口,系统启用界面所列示的子系统全部是已安装的子系统,未安装的不予列示。

第三步,单击总账系统前的复选框,系统自动弹出"日期"对话框,选择系统要启用的年度和日期,单击"确认",系统提示:"确定要启用当前系统吗?",单击"是"完成系统启用,如图 3-3 所示。

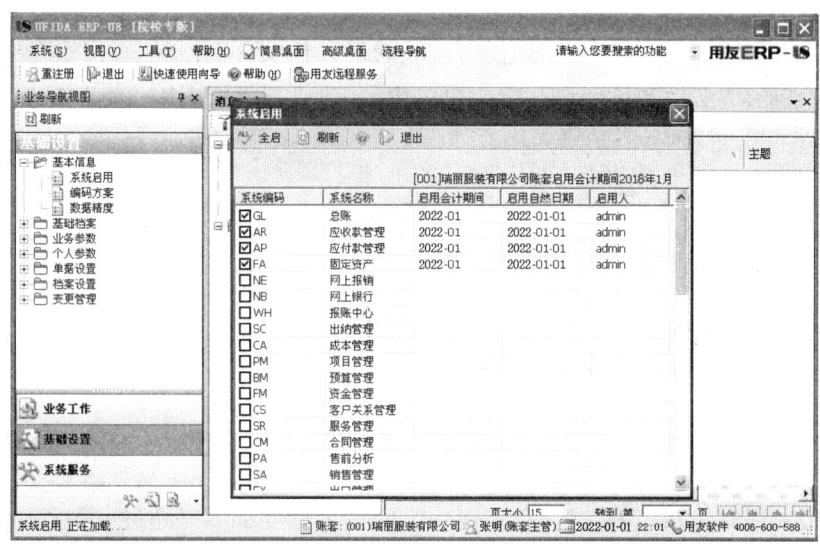

图 3-3 系统启用

【提示】

各系统的启用会计期间均必须大于或等于账套的启用期间。

采购计划必须与库存和采购集成一起使用,如果未启用采购和库存,则不能单独启用采购计划。采购计划的启用月必须同时大于或等于采购管理和库存管理的启用月。

采购、销售、库存、存货四个模块中,启用任何一个模块,其启用期间都必须大于或等于其他模块中最大的未结账月。

二、编码方案

编码方案主要用于设置有编码级次的档案的分级方式和各级编码长度。为了便于对经济业务数据进行分级核算、统计和管理,系统要求预先设置某些基础档案的编码规则,即规定各种编码的级次以及各级的长度。可分级设置的内容有:科目编码、客户分类编码、供应商分类编码、存货分类编码、部门编码、地区分类编码、结算方式编码、货位编码、收发类别编码等。

编码级次和各级编码长度的设置将决定用户如何编制基础数据的编号,进而构成用户分级核算、统计和管理的基础。

编码方案中各栏目说明如下。

(一)科目编码级次

系统最大限制为九级十五位,且任何一级的最大长度都不得超过九位编码,一般用

42222 即可。用户在此设定的科目编码级次和长度将决定用户单位的科目编号如何编制。例如,某单位将科目编码设为 4322,则科目编号时一级科目编码为四位长,二级科目编码为三位长,三级科目编码为四位长,四级科目编码为二位长。

(二) 客户分类编码级次

系统最大限制为五级十二位,且任何一级的最大长度都不得超过九位编码。用户在此设定的科目编码级次和长度将决定用户单位的客户编号如何编制。例如,某单位将客户分类编码设为 234,则科目编号时一级科目编码为二位长,二级科目编码为三位长,三级科目编码为四位长。

(三) 供应商分类编码级次

系统最大限制为五级十二位,且任何一级的最大长度都不得超过九位编码。用户在此设定的供应商编码级次和长度将决定用户单位的供应商编号如何编制。例如,某单位将供应商分类编码设为 234,则科目编号时一级科目编码为二位长,二级科目编码为三位长,三级科目编码为四位长。

(四) 存货分类编码级次

系统最大限制为八级十二位,且任何一级的最大长度都不得超过九位编码。用户在此设定的存货编码级次和长度将决定用户单位的存货编号如何编制。例如,某单位将存货分类编码设为 123,则科目编号时一级科目编码为一位长,二级科目编码为二位长,三级科目编码为三位长。

(五) 部门编码级次

系统最大限制为五级十二位,且任何一级的最大长度都不得超过九位编码。用户在此设定的部门编码级次和长度将决定用户单位的部门编号如何编制。例如,某单位将部门分类编码设为 12,则科目编号时一级科目编码为一位长,二级科目编码为二位长。

(六) 结算方式编码级次

系统将结算方式编码级次固定为二位,总长度都不得超过三位编码。用户在此设定的结算方式编码级次和长度将决定用户单位的结算方式类别编号如何编制,系统默认结算方式类别编码为 12。即编号时一级科目编码为一位长,二级科目编码为二位长。

(七) 地区编码级次

系统最大限制为三级十二位,且任何一级的最大长度都不得超过九位编码。用户在此设定的地区编码级次和长度将决定用户单位的部门地区编号如何编制。例如,某单位将地区分类编码设为 234,则科目编号时一级科目编码为二位长,二级科目编码为三位长,三级科目编码为四位长。

(八) 货位编码级次

系统最大限制为八级二十位,且任何一级的最大长度都不得超过九位编码。用户在此设定的货位编码级次和长度将决定用户单位的货位编号如何编制。例如,某单位将货位编码设为 234,则科目编号时一级科目编码为二位长,二级科目编码为三位长,三级科目编码为四位长。

（九）收发类别编码级次

系统最大限制为三级五位,且任何一级的最大长度都不得超过五位编码。用户在此设定的收发类别编码级次和长度将决定用户单位的货位收发类别编号如何编制。例如,某单位将收发类别编码设为 111,则科目编号时一级科目编码为一位长,二级科目编码为一位长,三级科目编码为一位长。

如果在建账时设置存货（客户、供应商）不需分类,则在此不能进行存货分类（客户、供应商分类）的编码方案设置。

三、数据精度

由于各用户企业对数量、单价的核算精度要求不一致,为了适应各用户企业的不同需求,系统提供了自定义数据精度的功能。数据精度是指定义数据的小数位数,若需要进行数量核算,需要认真填写该项。在系统管理部分需要设置的数据精度主要有:存货数量小数位、存货单价小数位、开票单价小数位、件数小数位、换算率小数位和税率小数位数。

数据精度各栏目说明如下。

（一）存货数量小数位

用户可根据企业的实际情况,输入在进行存货数量核算时所要求的小数位数,只能输入 0~6 之间的整数,系统默认值为 2。

（二）存货单价小数位

用户可根据企业的实际情况,输入在进行存货单价核算时所要求的小数位数,只能输入 0~6 之间的整数,系统默认值为 2。

（三）开票单价小数位

用户可根据企业的实际情况,输入在开票时所要求的单价的小数位数,只能输入 0~6 之间的整数,系统默认值为 2。

（四）件数小数位

用户可根据企业的实际情况,输入在开票时所要求的件数小数位数,只能输入 0~6 之间的整数,系统默认值为 2。

（五）换算率小数位

用户可根据企业的实际情况,输入在进行单位换算时所要求的换算率的小数位数,只能输入 0~6 之间的整数,系统默认值为 2。

（六）税率小数位数

用户可根据企业的实际情况,输入在进行税收计算时所要求的税率的小数位数,只能输入 0~6 之间的整数,系统默认值为 2。

第三节　基础档案

设置基础档案应首先确定基础档案的分类编码方案,在此基础上完成分类体系和档案体系的建立,设置基础档案时,档案编码和名称必须唯一,档案编码必须符合编码方案要求。并且,由于基础数据之间存在前后承接关系,基础档案的设置应遵从一定的顺序,如图 3-4 所示。明确了基础数据之间的关系,可以使得基础档案的设置顺利进行。图中未列出的项目,不存在先后顺序的问题。

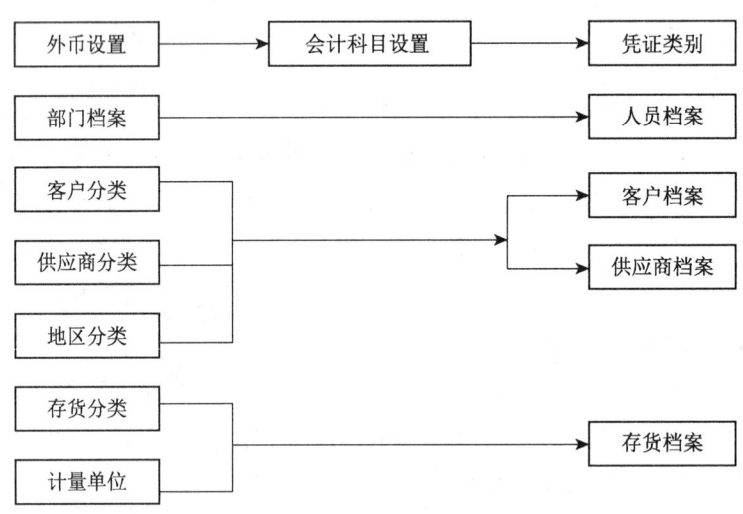

图 3-4　基础档案设置顺序图

一、机构人员

企业组织机构是企业组织内部各个部门要素相互作用的联系方式,是企业资源和权力分配的载体,它在人的能动行为下,通过信息传递,承载着企业的业务流动,推动或阻碍企业使命的进程。企业实施会计电算化必须进行组织机构优化,要结合企业的发展进行组织机构和人员合理配备,机构人员包括部门档案和人员档案等的设置。

(一)部门档案

部门指某使用单位下辖的具有分别进行财务核算或业务管理要求的单元体,不一定与企业实际的职能部门相应。部门档案用于设置部门相关信息,包括部门编码、名称、负责人、部门属性等。部门档案需要按照已经定义好的部门编码级次原则输入部门编号及其信息。最多可分 5 级,编码总长度 12 位。

【例 3-3】　瑞丽服装有限公司的部门档案如表 3-1 所示。

表 3-1		瑞丽公司部门档案		
编 号	名 称	编 号	名 称
1	办公室	4	采购部
2	财务部	5	销售部
3	人力资源部	6	制造部

【操作步骤】

第一步,以"001"张明身份注册进入"企业应用平台"窗口,单击左下角设置页签。

第二步,执行"基础档案"—"机构人员"—"部门档案",进入部门档案窗口。

第三步,单击"增加"按钮,激活部门档案录入界面,如图3-5所示。

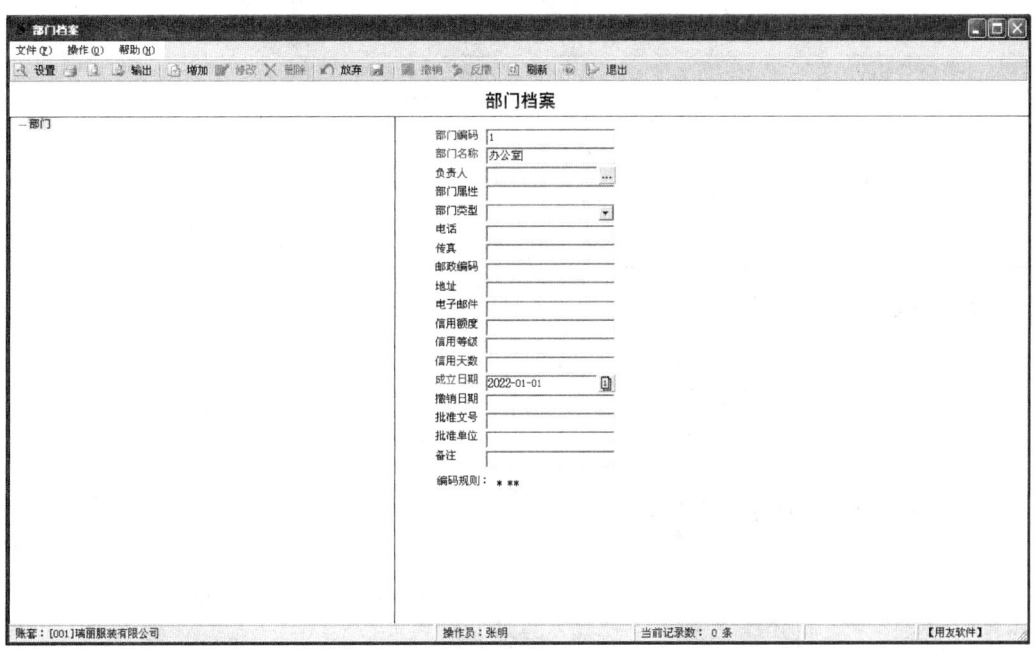

图 3-5 部门档案设置

第四步,依次录入办公室的有关信息,部门编码:1;部门名称:办公室。部门编码、部门名称必须录入,其他信息可以为空。录入完成,单击"保存"按钮保存录入信息。

第五步,重复第三、四步操作继续录入其他部门信息,直到全部录入完毕后,单击"退出"按钮,返回到"用友 ERP-U8V10.1—企业应用平台"窗口。

【提示】

部门编号:必须符合编码级次规则,必须唯一。

部门负责人资料需在人员档案设置完成后,再返回到部门档案中,通过修改功能来补充设置。

部门档案资料一旦被使用将不能被修改或删除。

（二）人员档案

人员档案主要用于设置企业各职能部门中需要进行核算和业务管理的职员信息,包括职员编号、名称、所属部门及职员属性等,必须先设置好部门档案后,才能在这些部门下设置相应的人员档案。设置人员档案可以方便地进行个人往来核算和管理等操作。

【例 3-4】 瑞丽服装有限公司部分人员档案信息资料如表 3-2 所示。

表 3-2　　　　　　　　　　　　　瑞丽公司人员档案

职员编码	职员名称	所属部门
1001	闫　冬	办公室
1002	李　刚	办公室
2001	张　明	财务部
2002	李　红	财务部
2003	王　莉	财务部
3001	夏　雨	人力资源部
4001	陈　旭	采购部
5001	魏　华	销售部
5002	李　静	销售部

【操作步骤】

🐾 第一步,以"001"张明身份注册进入"企业应用平台"窗口,单击左下角设置页签。

🐾 第二步,执行"基础档案"—"机构人员"—"人员档案",进入"人员档案"窗口,如图 3-6 所示。

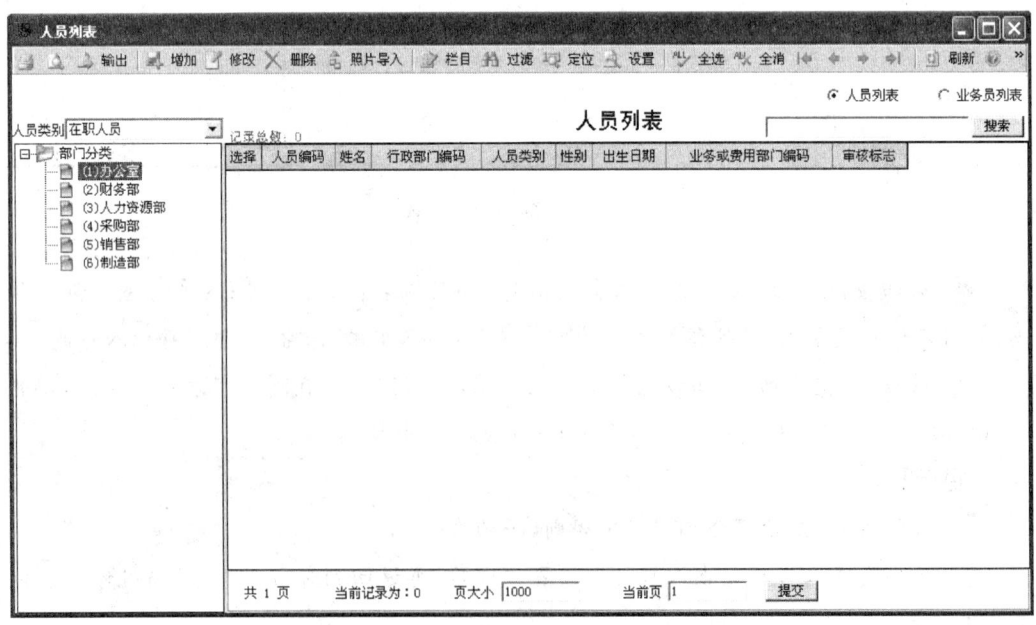

图 3-6　人员档案

第三步,在"人员档案"窗口左侧部门目录中选择要增加人员的末级部门,单击"增加"按钮,进入"人员档案—新增"窗口,如图 3-7 所示。

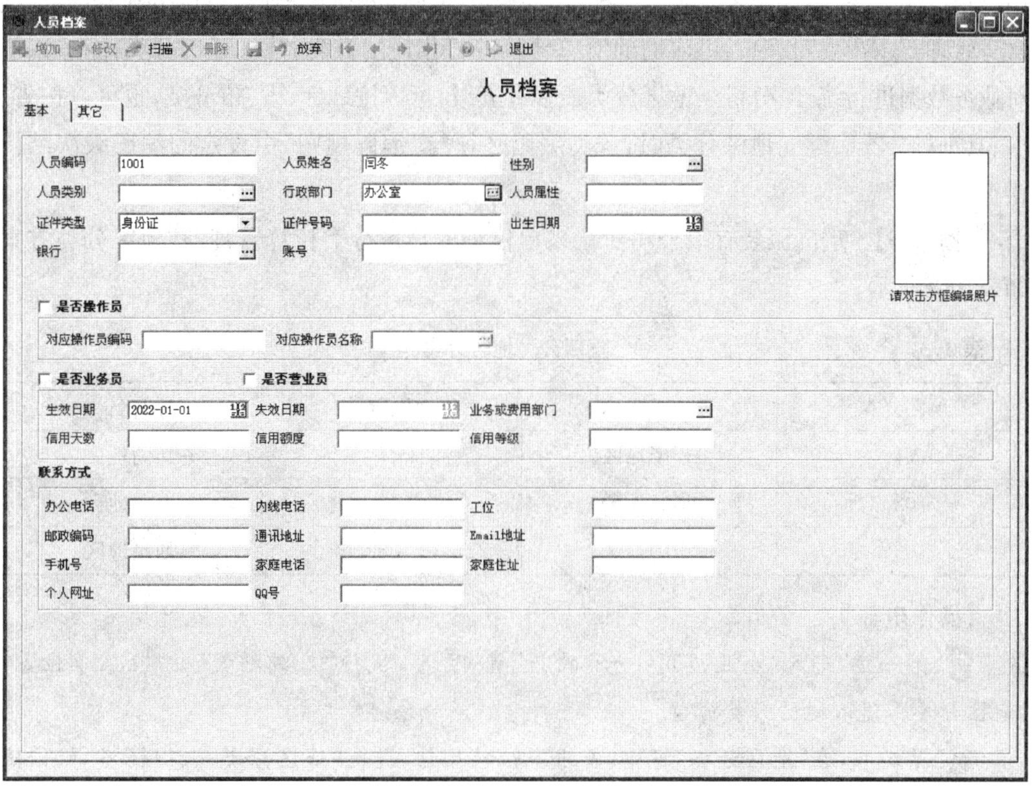

图 3-7　人员档案录入

第四步,依次输入职员编码:1001;职员名称:闫冬;所属部门:办公室。或者单击"所属部门"右侧的参照按钮,在弹出的列表中选择"办公室"。输入完毕后,单击"保存"按钮对所设职员信息进行保存。

第五步,单击工具栏上的"增加"按钮,激活录入窗口。重复第三、四步操作,录入其他职员信息,直到全部录入完毕。单击"增加人员档案"窗口的"退出"按钮返回到"人员档案"窗口,单击"退出"按钮,返回到"用友 ERP-U8V10.1—企业应用平台"窗口。

【提示】

　图中蓝色的字段为必输项,其他为人选项。

　职员编号必须录入,且必须唯一;职员名称必须录入,但可以重复。

二、客商信息设置

往来单位设置就是对与本单位有业务往来核算的客户和供应商进行分类并设置其基本信息,以便对往来单位数据的统计分析。往来单位设置所涉及的内容主要包括客户分类、客户档案、供应商分类、供应商档案、地区分类等。

（一）地区分类

在财务管理软件系统中,采购管理、销售管理、库存管理和应收应付管理系统都会使用到供应商档案、客户档案,而供应商档案、客户档案涉及所属地区信息。企业可以根据自身管理要求出发对客户、供应商的所属地区进行相应的分类,建立地区分类体系,以便对业务数据进行统计、分析。地区分类最多有五级,可以按地区、省、市分类,也可以按省、市、县进行分类。建立地区分类时,分类编码必须与"编码规则"中设定的编码级次结构相符。

【例 3-5】 瑞丽服装有限公司对往来单位采取地区分类核算管理,其地区分类方案如表 3-3 所示。

表 3-3 瑞丽公司地区分类

地区分类	分类名称	地区分类	分类名称
01	东南地区	04	华南地区
02	华北地区	05	西北地区
03	华中地区	06	西南地区

【操作步骤】

第一步,进入"企业应用平台"的"设置"页签,执行"基础档案"—"往来单位"—"地区分类",进入地区分类窗口。

第二步,在"地区分类"窗口,单击"增加"按钮,进入"地区分类—新增"窗口,依次输入分类编码"01",分类名称"东南地区",然后单击"保存"按钮保存所输信息,并进入下一输入界面,如图 3-8 所示。

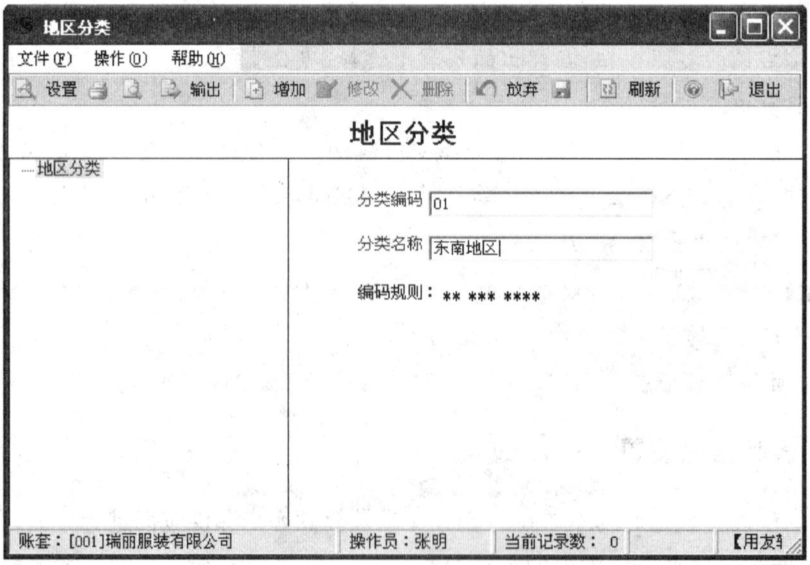

图 3-8 地区分类设置

第三步,重复第2步操作输入其他地区分类信息,录入结束后,单击"退出"按钮返回企业应用平台界面。

(二) 客户分类

企业可以根据自身管理的需要对客户进行分类管理,建立客户分类体系,以便于对业务数据的统计、分析,如可将客户按行业、地区等进行划分。设置客户分类后,必须将客户设置在最末级的客户分类下。如果在建账时选择了客户分类,就必须先建立客户分类,再增加客户档案;若没有对客户进行分类管理需求,可以直接建立客户档案。

【例3-5】 瑞丽服装有限公司对其客户实施分类管理,客户分类采用方案如表3-4所示。

表 3-4 瑞丽公司客户分类

分类编码	分类名称	分类编码	分类名称
01	上海市	03001	苏州市
02	北京市	04	浙江省
03	江苏省	04001	杭州市

【操作步骤】

第一步,进入"企业应用平台"的"设置"页签,执行"基础档案"—"往来单位"—"客户分类",进入客户分类窗口。

第二步,单击"增加"按钮,输入分类编码"01",分类名称"上海市",单击"保存"。

第三步,同理,录入"02 北京市"并保存,录入"03 江苏省"等并保存,全部录入完成后,如图3-9所示,单击"退出"按钮。

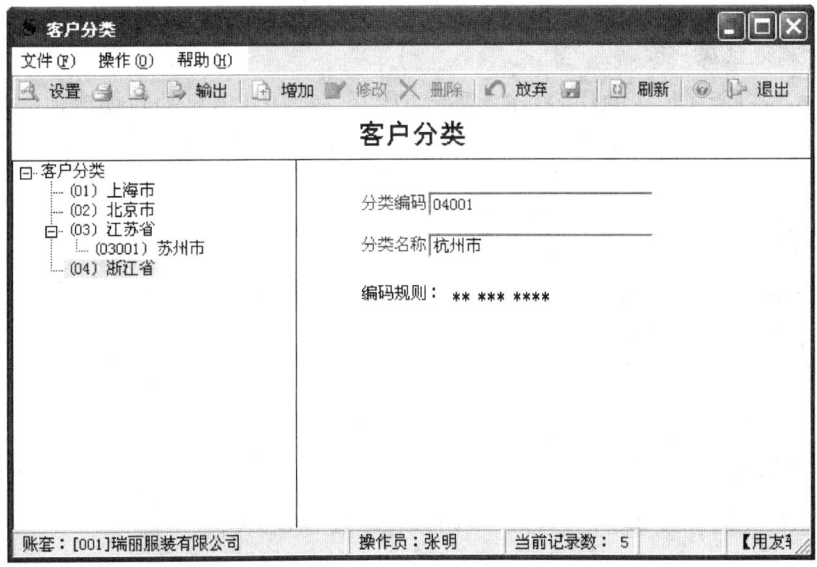

图 3-9 客户分类录入

【提示】

🔔 已被引用的客户分类或非末级分类不能删除。

🔔 在建账是若设置为客户不分类,则不能进行客户分类设置。

(三) 客户档案

建立客户档案可以对客户的数据进行分类、汇总和查询,以便于加强往来管理。使用客户档案管理往来客户时,应首先收集整理与本单位有业务往来关系的客户的基本信息,以便在客户档案设置时将信息准确输入。客户档案所需的基本信息主要包括客户编号、客户名称、客户所属分类、开户银行名称、账号、税号、联系方式等。

主要信息设置要求如下。

1. 客户编码

客户编码必须唯一,客户编码可以用数字或字符表示,最多可输入 20 位数字或字符。

2. 客户名称

可以是汉字或英文字母,客户名称最多可写 49 个汉字或 98 个字符。客户名称用于销售发票的打印。

3. 客户简称

可以是汉字或英文字母,客户简称最多可写 30 个汉字或 60 个字符。客户简称用于业务单据和账表的屏幕显示。

4. 对应供应商编码、简称

在客户档案中输入对应供应商名称时不允许记录重复,即不允许有多个客户对应一个供应商的情况出现。

5. 所属分类

点击参照按钮选择客户所属分类,或者直接输入分类编码。

6. 所属地区码

可输入客户所属地区的代码,输入系统中已存在代码时,自动转换成地区名称,显示在该栏目的右编辑框内。也可以用参照输入法,即在输入所属地区码时,用鼠标单击参照按钮选择。

7. 客户总公司

指当前客户所隶属的最高一级的公司,该公司必须是已经通过客户档案设置功能设定的另一个客户。

8. 所属行业

输入客户所归属的行业,可输入汉字。

9. 开票单位

选择总公司名称或本身的名称录入,必须参照选择输入。

10. 税号

输入客户的工商登记税号,用于销售发票的税号栏内容的屏幕显示和打印输出。

11. 法人

输入客户企业法人代表的姓名,可输入 50 个字符或 25 个汉字。

12. 发展日期

指何时与该客户建立了供货关系。

【例 3-6】 瑞丽服装有限公司客户信息资料如表 3-5 所示。

表 3-5 瑞丽公司客户档案

编 码	简 称	所属分类	信用额度(元)	信用期限(天)
01001	天丽公司	01(上海市)	50 000	60
01002	楚楚公司	01(上海市)	800 000	60
02001	国香公司	02(北京市)	200 000	60
03001001	丽人公司	03001(江苏苏州)	800 000	60
03001002	名达公司	03001(江苏苏州)	——	——
04001001	清雅公司	04001(浙江杭州)	100 000	60

【操作步骤】

第一步,进入“企业应用平台”的“设置”页签,执行“基础档案”—“往来单位”—“客户档案”,进入客户档案窗口,如图 3-10 所示。

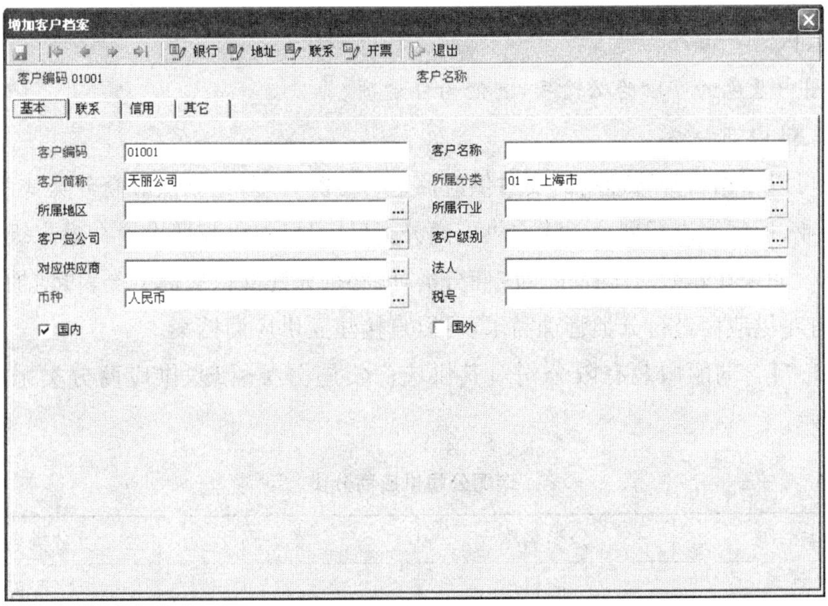

图 3-10 客户档案

第二步,在“客户档案”设置窗口,首先在左侧客户分类目录中选择要增加客户档案的类别,然后单击“增加”按钮,进入“增加客户档案”的窗口。

第三步,选择“基本”信息页,依次输入客户编码“01001”,客户简称“天丽公司”,

所属分类码"01",所属地区码"03"。

第四步,选择"信用"信息页,输入信用额度"50 000"元,信用期限"60"天。

第五步,单击工具栏"保存"按钮对所输信息进行保存,并进入下一客户档案录入界面。

第六步,重复第三至第五步操作依次输入其他客户档案信息,录入完毕后,如图 3-11 所示。单击"退出"按钮返回"客户档案"窗口,单击"退出"按钮返回企业应用平台界面。

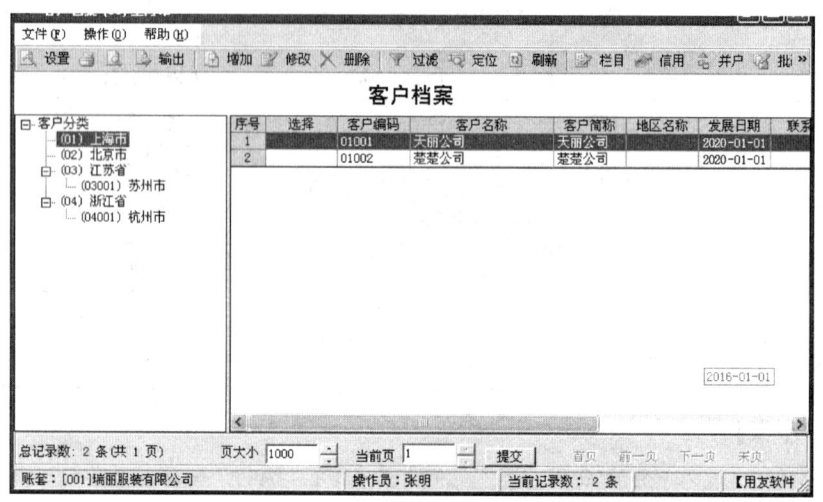

图 3-11　客户档案录入

【提示】

图中蓝色的字段为必输项,其他为任选项。

(四) 供应商分类

企业可以根据自身管理的需要对供应商进行分类管理,建立供应商分类体系,可将供应商按行业、地区等进行划分。建立供应商分类后,可以将供应商设置在最末级的供应商分类之下。如果在建账时选择了供应商分类,就必须先建立供应商分类,再增加供应商档案;若没有对供应商进行分类管理需求,可以直接建立供应商档案。

【例 3-7】　瑞丽服装有限公司对其供应商实施分类管理,供应商分类采用方案如表 3-6 所示。

表 3-6　　　　　　　　　　　瑞丽公司供应商分类

分类编码	分类名称	分类编码	分类名称
01	面料	03	配件
02	辅料	04	其他

【操作步骤】

第一步,进入"企业应用平台"的"设置"页签,执行"基础档案"—"客商信息"—"供应商分类",进入供应商分类窗口。

第二步，单击"增加"按钮，输入分类编码"01"，分类名称"面料"，单击"保存"。

第三步，同理，录入"02 辅料"并保存，录入"03 配件"并保存，录入"04 其他"并保存，全部录入完成后，单击"退出"按钮，如图 3-12 所示。

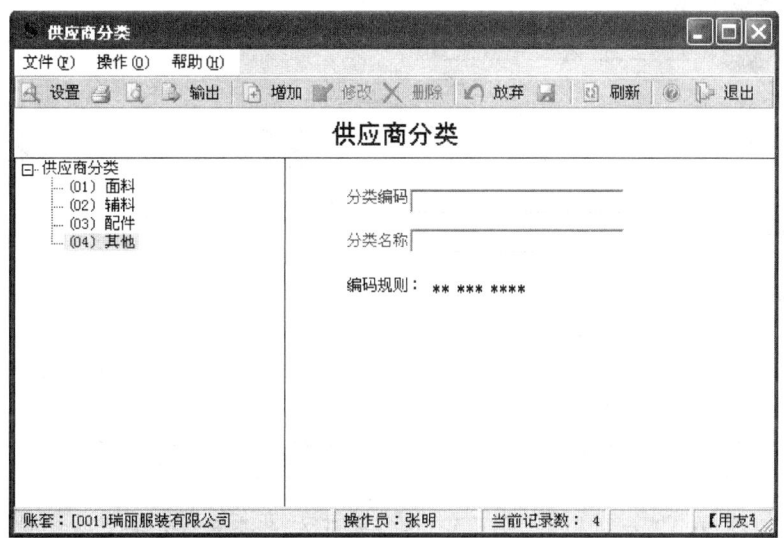

图 3-12　供应商分类录入

【提示】

已被引用的供应商分类或非末级分类不能删除。

在建账时若设置为供应商不分类，则不能进行供应商分类设置。

（五）供应商档案

建立供应商档案主要是为企业的采购管理、库存管理、应付款管理服务的。在填制采购入库单、采购发票和应付款结算等都会用到供货单位档案，因此必须先设立供应商档案，以便减少工作差错。供应商档案设置的内容、基本要求与客户档案相似，此处不再详述。

【例 3-8】　瑞丽服装有限公司供应商信息资料如表 3-7 所示。

表 3-7　　　　　　　　　　　　　瑞丽公司供应商档案

编　码	简　称	所属分类	信用额度（元）	信用期限（天）
0101	兴盛公司	01（面料）	300 000	30
0102	银狐公司	01（面料）	200 000	30
0201	新新公司	02（辅料）	200 000	30
0301	永新公司	03（配件）	—	—
0401	宏发公司	04（其他）	—	—

【操作步骤】

第一步，进入"企业应用平台"的"设置"页签，执行"基础档案"—"往来单位"—"供应商档案"，进入供应商档案窗口，如图 3-13 所示。

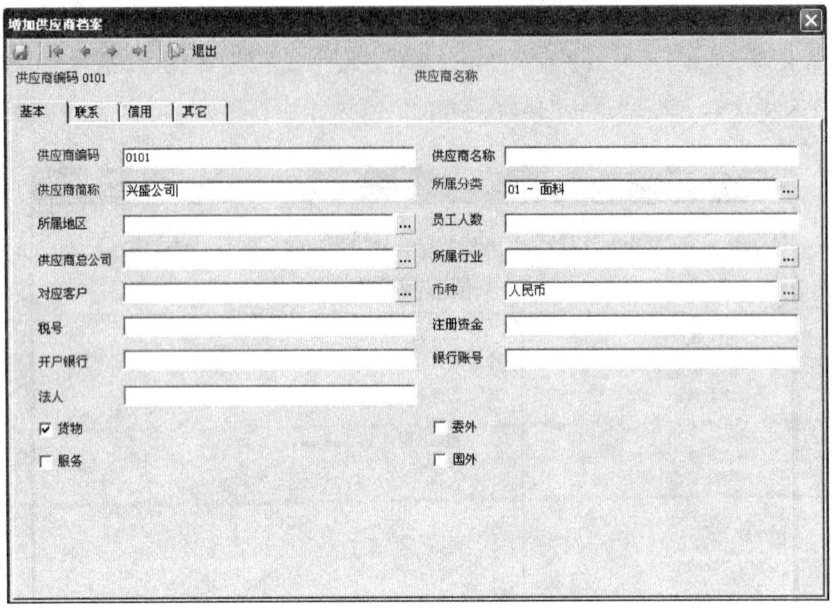

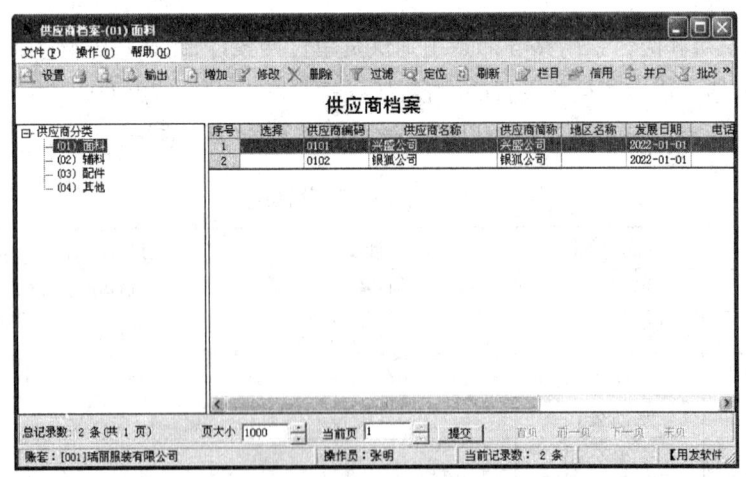

图 3-13　供应商档案

第二步，在"供应商档案"设置窗口，首先在左侧供应商分类目录中选择要增加供应商档案的类别，然后单击"增加"按钮，进入"增加供应商档案"的窗口。

第三步，选择"基本"信息页，依次输入供应商编码"0101"，供应商简称"兴盛公司"，所属分类码"01"，所属地区码"05"。

第四步，选择"信用"信息页，输入信用额度"300 000"元，信用期限"30"天。

第五步，单击工具栏"保存"按钮对所输信息进行保存，如图 3-14 所示。并进入下一个供应商档案录入界面。

图 3-14　供应商档案录入

第六步，重复第三至第五步操作依次输入其他供应商档案信息，录入完毕后，单击"退出"按钮返回"供应商档案"窗口，单击"退出"按钮返回企业应用平台界面。

【提示】

在供应商列表中要修改的供应商,单击"修改"按钮,进入修改状态。

三、存货设置

存货是指企业在日常活动中持有以备出售的产成品或商品、处在生产过程中的在产品、在生产过程或提供劳务过程中耗用的材料和物料等。存货是保证企业生产经营过程顺利进行的必要条件,合理进行存货设置,对于加强存货的核算管理具有重要的意义。存货设置的内容主要包括存货分类和存货档案。

(一)存货分类

如果企业的存货较多时,可以对存货进行分类,以便于核算和管理。存货分类用于设置存货分类编码、名称及所属经济分类。存货分类最多可分 8 级,编码总长度不能超过30 位,每级级长用户可自由定义。通常,存货可以按照性质、用途、产地等进行分类。建立起存货分类体系后,就可以将存货档案设置在最末级分类下。存货分类设置内容主要包括分类编码、名称等信息。

【例 3-9】 瑞丽服装有限公司的存货分类方案如表 3-8 所示。

表 3-8 瑞丽公司存货分类

存货分类编码	存货分类名称	存货分类编码	存货分类名称
01	面料	04	其他原材料
02	辅料	05	产成品
03	配件		

【操作步骤】

第一步,进入"企业应用平台"的"设置"页签,执行"基础档案"—"存货"—"存货分类",进入"存货分类"窗口,如图 3-15 所示。

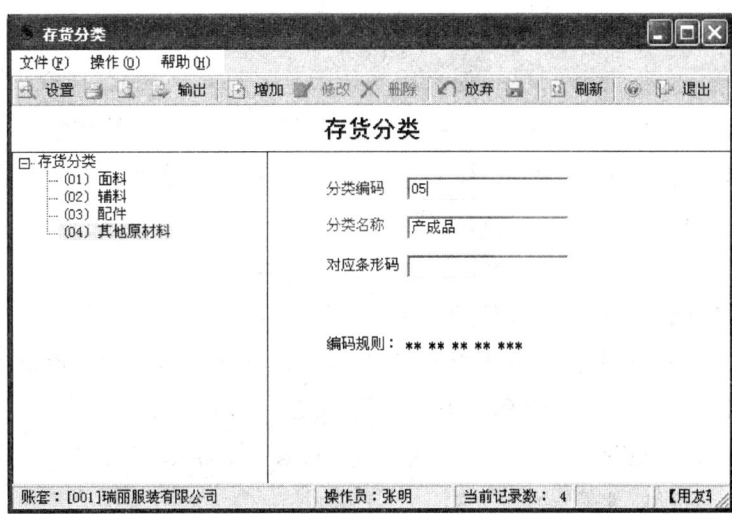

图 3-15 存货分类

第二步,单击"增加"按钮,输入分类编码"01",分类名称"面料",单击"保存"对所输信息进行保存,同时进入下一输入界面。

第三步,依次输入其他存货分类信息,全部录入完成后,单击"退出"按钮返回企业应用平台界面。

(二) 计量单位

为存货设置计量单位,便于对存货的核算和管理。每一存货的计量单位可以设置一个计量单位,也可设为多个计量单位。计量单位的设置可根据企业对存货管理的具体要求而定。在财务软件中设置计量单位时应首先设置计量单位组,然后再进行计量单位的设置。计量单位组的设置分三种应用方案:一是计量单位组设置为固定换算率;二是计量单位组设置为浮动换算;三是计量单位组设置为无换算。

当计量单位组设置为固定换算率时,可以设置两个以上(不包含两个)的计量单位,且每一个辅助计量单位对主计量单位的换算率不能为空,此时需要将该计量单位组中的主计量单位显示在存货卡片界面上;当计量单位组设置为浮动换算率时,计量单位可以设置为一个或两个,此时需要将该计量单位组中的主计量单位、辅计量单位显示在存货卡片界面上;当计量单位组设置为无换算时,此时可以设置多个计量单位,并显示在存货卡片界面上。系统只允许建立一个无换算计量单位组,而固定换算率和浮动换算率计量单位组可以建立多个。

【例 3-10】 瑞丽服装有限公司的存货计量单位相关资料如下:

存货计量单位主要划分为两类:①01,纽扣,固定换算;②02,其他,无换算。

存货计量单位信息为:①纽扣组的主计量单位:0101,粒;换算率,1;②纽扣组的辅计量单位:0102,袋;换算率,100;③其他组的计量单位:01,米;02,套;03,个;04,件。

【操作步骤】

第一步,进入"企业应用平台"的"设置"页签,执行"基础档案"—"存货"—"计量单位",进入"计量单位—计量单位组"窗口。单击"分组"按钮,打开"计量单位组"设置对话框,如图 3-16 所示。

第二步,单击"增加"按钮,依次输入计量单位组编码"01",计量单位组名称"纽扣",选择计量单位组类别"固定换算率",单击"保存"对所输信息进行保存,同时进入下一输入界面。依次输入其他计量单位组的信息资料,所有计量单位组设置完毕后,单击"退出"返回"计量单位—计量单位组"设置窗口。

第三步,在"计量单位—计量单位组"设置窗口,选择"纽扣",再单击工具栏的"单位"按钮,进入"计量单位"设置对话框,如图 3-17 所示。

第四步,在"计量单位"设置对话框中,单击工具栏上的"增加"按钮激活计量单位信息录入界面,依次输入计量单位编码"0101"、计量单位名称"粒"、换算率"1",然后单击"保存"按钮进入"纽扣"的下一计量单位录入界面,录入完毕后,单击"退出"按钮返回"计量单位—计量单位组"设置窗口。

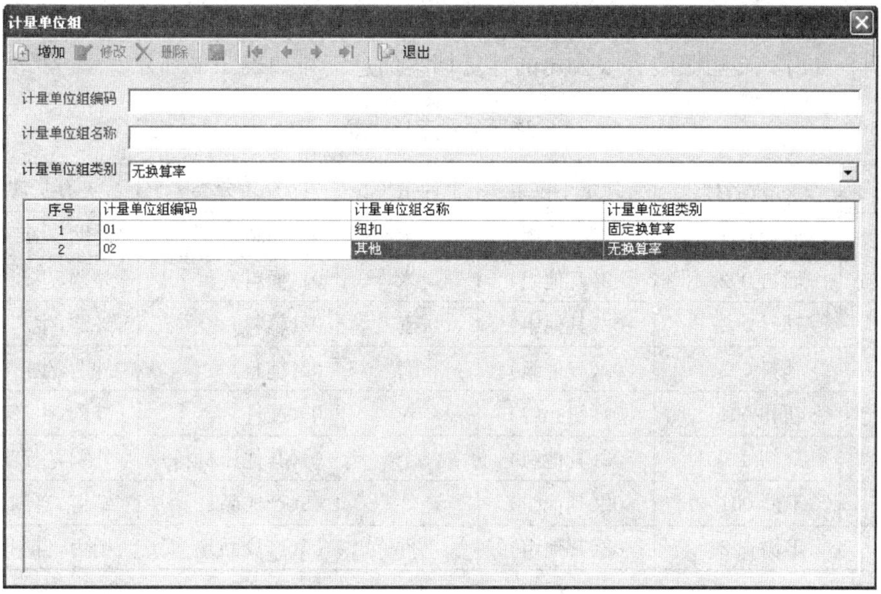

图 3-16 "计量单位组"设置

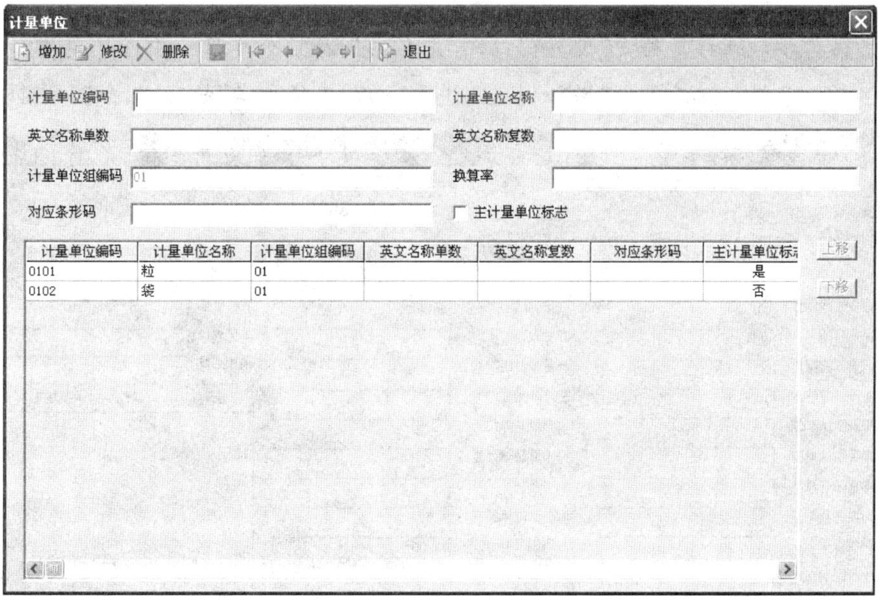

图 3-17 "计量单位"设置

第五步，重复第三、第四步骤，依次录入其他计量单位组的计量单位信息。然后在"计量单位—计量单位组"设置窗口单击"退出"结束本次操作。

（三）存货档案

设置存货档案主要便于进行购销存货管理，加强存货成本核算。存货档案应当按照已经定义好的存货编码规则建立，而且只有在存货分类的最末级才能设置存货档案。一般情况,存货档案信息包括存货编码、存货名称、存货代码、规格型号、存货分类等。

【例 3-11】 瑞丽服装有限公司的存货档案信息资料如表 3-9 所示。

表 3-9 瑞丽公司存货档案

存货编号	存货名称	计量单位组	主计量单位	存货分类	存货属性
001	面料 001	02(其他组)	米	01(面料)	外购,生产耗用
002	面料 002	02(其他组)	米	01(面料)	外购,生产耗用
003	辅料 001	02(其他组)	套	02(辅料)	外购,生产耗用
004	辅料 002	02(其他组)	套	02(辅料)	外购,生产耗用
005	纽扣 001	01(纽扣组)	粒	03(配件)	外购,生产耗用
006	缝纫线 001	02(其他组)	个	04(其他原材料)	外购,生产耗用
007	T 恤 001	02(其他组)	件	05(产成品)	销售,自制
008	T 恤 002	02(其他组)	件	05(产成品)	销售,自制

【操作步骤】

👣 第一步,进入"企业应用平台"的"设置"页签,执行"基础档案"—"存货"—"存货档案",进入"存货档案"窗口。

👣 第二步,在"存货档案"设置窗口,首先在左侧存货分类目录中选择要增加存货档案的类别"01 面料",然后单击"增加"按钮,进入"增加存货档案"的窗口,如图 3-18 所示。

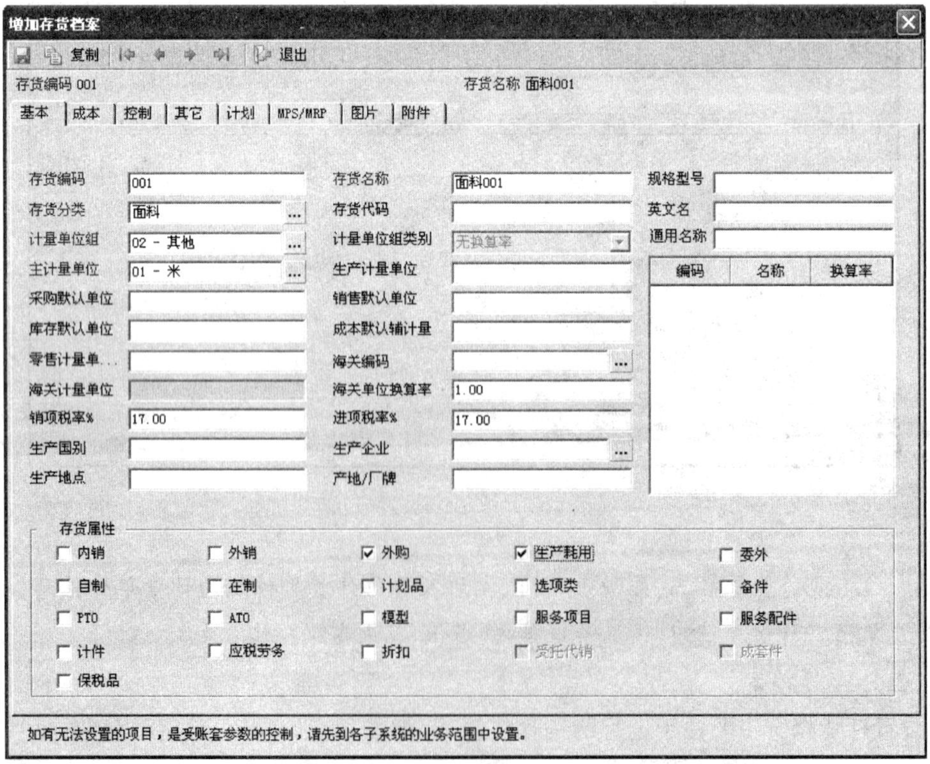

图 3-18 存货档案设置

第三步,在"增加存货档案"窗口,输入"001"存货的信息,输入完毕后,单击工具栏"保存"按钮对所输信息进行保存,并进入下一存货档案录入界面。

第四步,重复第三步操作依次输入其他存货档案信息,录入完毕后,单击"退出"按钮返回"存货档案"窗口,单击"退出"按钮返回企业应用平台界面。

四、财务设置

财务设置是对会计科目体系及会计核算基础的设置,是经济业务会计核算的基础,是使用财务软件系统的基础。财务设置主要包括外币汇率设置、会计科目体系设置、凭证类别设置、项目档案体系设置。

（一）会计科目

会计科目是填制会计凭证、登记会计账簿、编制会计报表的基础,它是对会计对象具体内容分门别类进行核算所规定的项目。会计科目设置的完整性将会影响会计过程的顺利实施,会计科目设置的层次深度直接影响会计核算的详细、准确程度。

1. 设置会计科目的原则

建立会计科目是会计核算方法之一,财务软件一般都提供了符合国家会计制度规定的一级会计科目;明细科目的确定要根据各企业情况自行确定,确定原则如下:

（1）会计科目的设置必须满足会计报表编制的要求,凡是报表所用数据,需从系统取数的,都必须设立相应科目。

（2）会计科目的设置必须保持科目与科目间的协调性和体系完整性。不能只有下级科目而无上级科目;既要设置总账科目,又要设置明细科目,以提供总括和详细的会计核算资料。

（3）会计科目要保持相对稳定,会计年中不能删除;如已经使用,不能增设下一级明细科目。一级科目名称要符合国家标准,明细科目名称要通俗易懂。

（4）设置会计科目要考虑与子系统的衔接。在总账系统中,只有末级会计科目才允许有发生额,才能接收各个子系统转入的数据。

为了满足企业对某些具体会计业务的核算和管理,除了完成一般的总账、明细账设置外,还可以设置辅助核算,以更灵活多变的辅助核算形式,统计方法为管理者提供准确、全面的会计信息。辅助核算主要包括:数量核算、外币核算、个人往来核算、部门核算、客户与供应商往来核算和项目核算等。

2. 会计科目设置的基本内容

会计科目设置的基本内容包括设置会计科目编码、科目名称、科目类型、科目性质、辅助属性等。

1）科目编码

科目编码必须唯一,且必须按其级次的先后次序建立。科目编码只能由数字、英文字母及减号（—）、正斜杠（\）表示,其他字符禁止使用。

2）科目名称

分为科目中文名称和科目英文名称,可以是汉字、英文字母或数字,可以是减号（—）、正斜杠(\),但不能输入其他字符。科目中文名称最多可输入 10 个汉字,科目英文名称最多可输入 100 个英文字母。科目中文名称和科目英文名称不能同时为空。

3）科目类型

行业性质为企业时,科目类型为资产、负债、所有者权益、成本、损益;行业性质为行政事业单位时,按新会计制度科目类型设置。

4）账页格式

它定义该科目在账簿打印时的默认打印格式。系统提供了金额式、外币金额式、数量金额式、外币数量式四种账页格式供选择。一般情况下,有外币核算的科目可设为外币金额式,有数量核算的科目可设为数量金额式,既有外币又有数量核算的科目可设为外币数量式,既无外币又无数量核算的科目可设为金额式。

5）助记码

它用于帮助记忆科目,一般可用科目名称中各个汉字拼音的头一个字母组成,这样在制单或查账时可使用助记码,系统可自动将助记码转换成科目名称。

6）辅助核算

辅助核算也叫辅助账类,用于说明本科目是否有其他核算要求,系统除完成一般的总账、明细账核算外,还提供部门核算、个人往来核算、客户往来核算、供应商往来核算、项目核算五种专项核算功能供选用。一个科目可以同时设置两种专项核算,但是个人往来核算不能与其他专项一同设置,客户往来核算与供应商往来核算不能一同设置。在设置辅助核算时要尽量慎重,如果科目已有数据,要对科目的辅助核算进行修改,很可能会造成总账与辅助账的不平衡。

7）其他核算

它用于说明本科目是否有其他要求。一般情况下,现金科目要设为日记账;银行存款科目要设为银行账和日记账。

8）科目性质

科目性质也就是余额方向。一般情况下,只能在一级科目设置科目性质,下级科目的性质与其一级科目相同。已有数据的科目不能再修改科目性质。

9）外币核算

它用于设定该科目是否有外币核算,以及核算的外币名称。一个科目只能核算一种外币,只有有外币核算要求的科目才允许也必须设定外币币名。

10）数量核算

它用于设定该科目是否有数量核算和数量计量单位。计量单位可以是任何汉字或字符,如千克、件、个等。

11）受控系统

为了各个功能模块、系统间的衔接，在其他功能模块中使用账务系统的会计科目，这些会计科目就是其他系统的受控科目，而其他系统为该科目的受控系统。例如，应收系统的受控科目可以是应收账款科目，应付系统的受控科目可以是应付账款科目。

12）封存

被封存的科目在制单时不可以使用。此项在科目修改时进行设置。

会计科目设置的基本操作包括增加会计科目、修改会计科目、删除会计科目、指定会计科目等。

3．增加会计科目

如果需要建立的会计科目体系与所选行业标准会计科目基本一致，则可在建立账套时选择预置标准会计科目。这样，在会计科目初始设置时只需对不同的会计科目进行修改，对缺少的会计科目进行增加处理即可。

【例3-12】 瑞丽服装有限公司需要在"1002 银行存款"下增加两个下级科目，即"100201 中行人民币户"和"100202 中行美元户"，并设置为银行账、日记账科目。

【操作步骤】

第一步，双击"企业应用平台"—"基础档案"—"财务"—"会计科目"，进入"会计科目"窗口，显示所有"按新会计制度"预置的科目，如图3-19所示。

级次	科目编码	科目名称	外币币种	辅助核算	银行科目	现金科目	计量单位	余额方向	受控系统	是否封存	银行账	日
1	1001	现金						借				
1	1002	银行存款						借				
1	1009	其他货币资金						借				
2	100901	外埠存款						借				
2	100902	银行本票						借				
2	100903	银行汇票						借				
2	100904	信用卡						借				
2	100905	信用证保证金						借				
2	100906	存出投资款						借				
1	1101	短期投资						借				
2	110101	股票						借				
2	110102	债券						借				
2	110103	基金						借				
2	110110	其他						借				
1	1102	短期投资跌价准备						贷				
1	1111	应收票据						借				
1	1121	应收股利						借				
1	1122	应收利息						借				
1	1131	应收账款						借				
1	1133	其他应收款						借				
1	1141	坏账准备						贷				
1	1151	预付账款						借				
1	1161	应收补贴款						借				
1	1201	物资采购						借				
1	1211	原材料						借				
1	1221	包装物						借				
1	1231	低值易耗品						借				
1	1232	材料成本差异						借				

图3-19 "会计科目"窗口

第二步，单击"增加"按钮，进入"会计科目—新增"窗口，如图3-20所示。

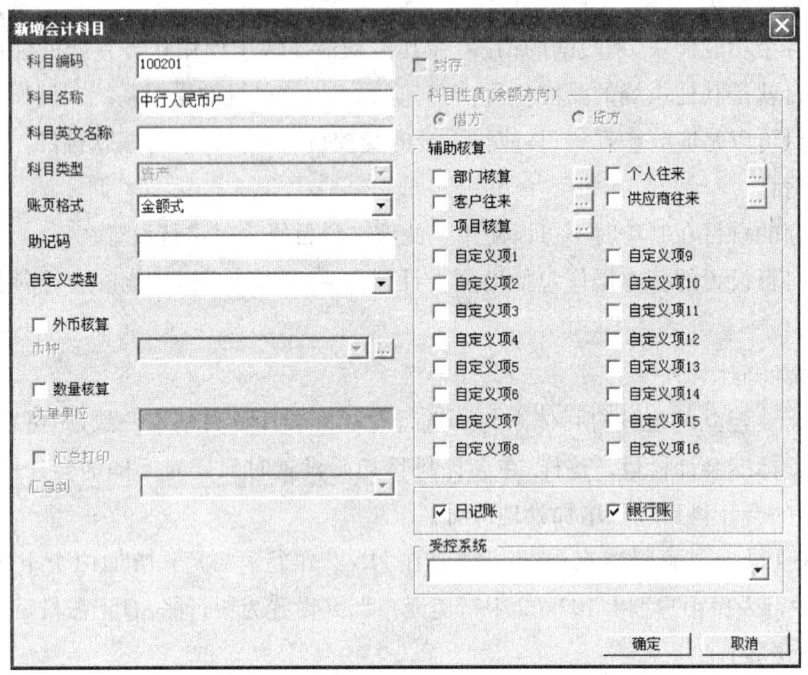

图 3-20　增加会计科目

🦶 第三步,输入明细科目相关内容。输入编码"100201"、科目名称"中行人民币户";选择"日记账""银行账",单击"确定"按钮。

🦶 第四步,重复上述步骤,增加"100202 中行美元户"会计科目,并在"中行美元户(100202)"会计科目的外币核算复选框中打上"√",选择币种为"美元"。

🦶 第五步,所有会计科目录入完毕后,单击下方的"取消"按钮,返回"会计科目"窗口。

【提示】

🔔 增加会计科目时,要遵循先建上级再建下级的原则;增加的会计科目编码长度及每段位数要符合编码规则。

🔔 科目已经使用后再增加明细科目,系统会自动将上级科目的数据自动结转到新增加的第一个明细科目上,以保证账账平衡。

4. 修改会计科目

如果需要对原有会计科目的某些项目进行修改,如科目名称、账页格式、辅助核算汇总打印、封存标识等,可以通过"修改"功能来实现。

【例3-13】 瑞丽服装有限公司现需要将"1111 应收票据"科目修改为核算类型为"客户往来"。

【操作步骤】

🦶 第一步,在"会计科目"窗口中,将光标移到需要修改"1111 应收票据"科目所在行。

第二步,单击"修改"按钮,打开"会计科目—修改"对话框,再单击"修改"按钮进行项目修改,如图3-21所示。

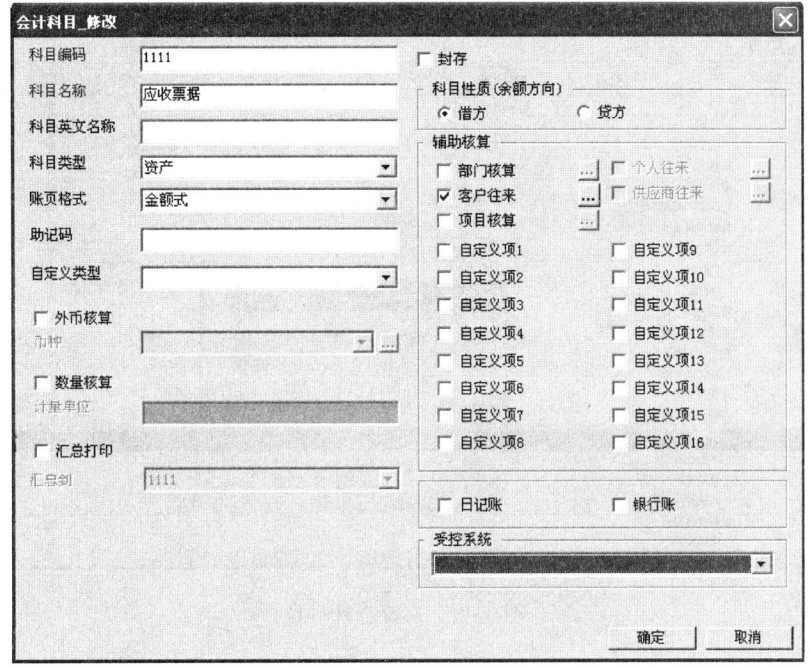

图3-21 修改会计科目

第三步,修改完毕,单击"确认"按钮,退出。

【提示】

已经使用过的末级会计科目不能再修改科目编码。

非末级会计科目的编码不能修改或删除。

已有数据的会计科目,应先将该科目及其下级科目余额清零后再修改。

只有末级科目才能设置汇总打印,且只能汇总到该科目本身或其上级科目。

只有处于修改状态才能设置汇总打印和封存。

被封存的科目在制单时不能使用。

5. 删除会计科目

如果某些会计科目暂时不需要用或者不适合企业科目体系的特点,可以在未使用之前将其删除。

【例3-14】 瑞丽服装有限公司不需要"1301 待摊费用"科目,将其删除。

【操作步骤】

第一步,在"会计科目"窗口中,将光标移到"1301 待摊费用"科目上。

第二步,单击"删除"按钮,系统弹出"记录删除后不能恢复! 真的删除此记录吗?"提示对话框,单击"确定"按钮,如图 3-22 所示。

图 3-22　删除会计科目

【提示】

🔔 删除科目后不能被自动恢复,但可通过增加功能来完成。

🔔 非末级科目不能删除。

🔔 已有数据的会计科目,应先将该科目及下级科目余额清零后再删除。

🔔 被指定为现金银行科目的会计科目不能删除。如想删除,必须先取消指定。

6. 指定会计科目

指定会计科目是设定出纳的专管科目。系统中只有设定科目后,才能执行出纳签字,从而实现现金、银行存款管理的保密性,才能查看现金、银行存款日记账。

【例 3-15】　瑞丽服装有限公司需指定会计科目:指定科目"1001 库存现金"为现金总账科目,指定"1002 银行存款"为银行总账科目。

【操作步骤】

👣 第一步,在"会计科目"窗口,单击"编辑"—"指定科目"菜单,打开"指定科目"对话框,如图 3-23 所示。

👣 第二步,单击"现金总账科目"单选按钮,在待选科目选择框中,将光标移到"1001现金"所在行,单击">"按钮,系统自动将其列入已选科目框中。

👣 第三步,单击"银行总账科目"单选按钮,继续将"1002 银行存款"科目指定为"银行总账科目",单击">"按钮列入已选科目框中。

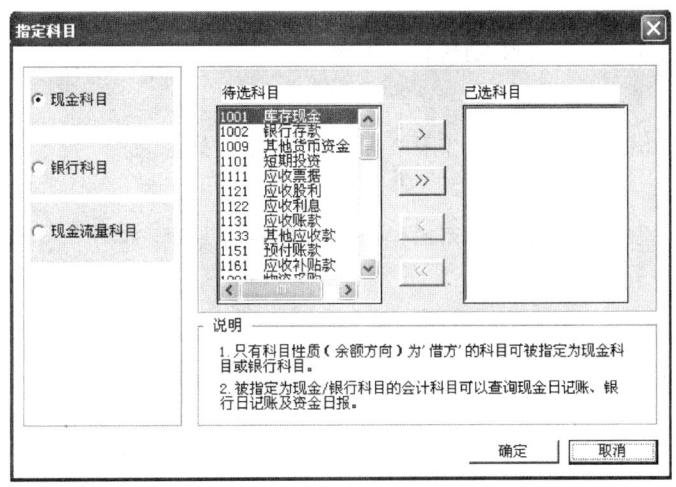

图 3-23 指定会计科目

第四步,单击"确定"按钮,对指定会计科目的操作进行保存。

【提示】

若想取消已指定的会计科目,可单击"＜"按钮。

若指定会计科目,应在设置会计科目功能中,将库存现金和银行存款科目设为日记账。

(二)凭证类别

许多单位为了方便登账或便于管理,一般对记账凭证进行分类编制。用友财务软件系统提供了凭证类别设置功能,并预设了凭证分类方案。同时,为了提高凭证处理的准确性,系统也同时提供了凭证使用限制条件设置功能。

1. 选择凭证类别

第一次使用总账系统时,首先应正确选择凭证类别的分类方式,系统提供了五种常用分类方式供选择。

(1)记账凭证。

(2)收款、付款、转账凭证。

(3)现金、银行、转账凭证。

(4)现金收款、现金付款、银行收款、银行付款、转账凭证。

(5)自定义凭证类别。

2. 确定限制条件

选择凭证分类方式后,可以设置该种凭证的限制条件以提高凭证处理的准确性。系统有七种限制类型供选择。

1)借方必有

制单时,借方至少有一个限制科目有发生。

2) 贷方必有

制单时,贷方至少有一个限制科目有发生。

3) 凭证必有

制单时,无论借方还是贷方至少有一个限制科目有发生。

4) 凭证必无

制单时,无论借方还是贷方不可有一个限制科目有发生。

5) 无限制

制单时,可使用所有合法的科目。

6) 借方必无

即金额发生在借方的科目集时,必须不包含借方必无科目。可在凭证保存时检查。

7) 贷方必无

即金额发生在贷方的科目集时,必须不包含贷方必无科目。可在凭证保存时检查。

限制科目由用户输入,可以是任意级次的科目,科目之间用英文逗号分离,数量不限,也可参照输入,但不能重复录入。

【例 3-16】 瑞丽服装有限公司凭证分类方案如表 3-10 所示。

表 3-10　　　　　　　　　　瑞丽公司凭证类别

凭证类别	限制类型	限制科目
收款凭证	借方必有	1001，10020171，10020172
付款凭证	贷方必有	1001，10020171，10020172
转账凭证	凭证必无	1001，10020171，10020172

【操作步骤】

第一步,双击"企业应用平台"—"基础档案"—"财务"—"凭证类别",进入"凭证类别设置"窗口,如图 3-24 所示。

第二步,选择分类方式为收款凭证、付款凭证、转账凭证,单击"确定"按钮,进入"凭证类别"窗口,如图 3-25 所示。

第三步,设置凭证类别为"收、付、转"的限制类型。单击收款凭证"限制类型"的下三角按钮,选择"借方必有";在"限制科目"栏输入"1001，1002"。

第四步,设置付款凭证的限制类型"贷方必有"、限制科目"1001、1002",转账凭证的限制类型"凭证必无"、限制科目"1001、1002"。

第五步,设置完毕,单击"退出"按钮。

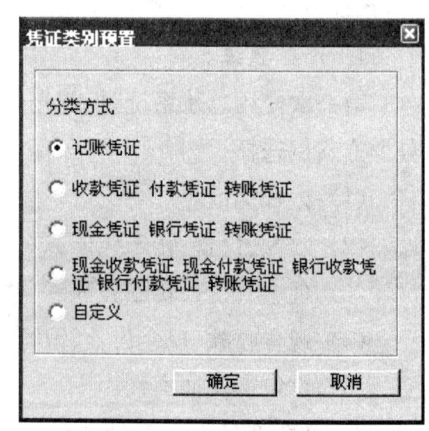

图 3-24　凭证类别设置

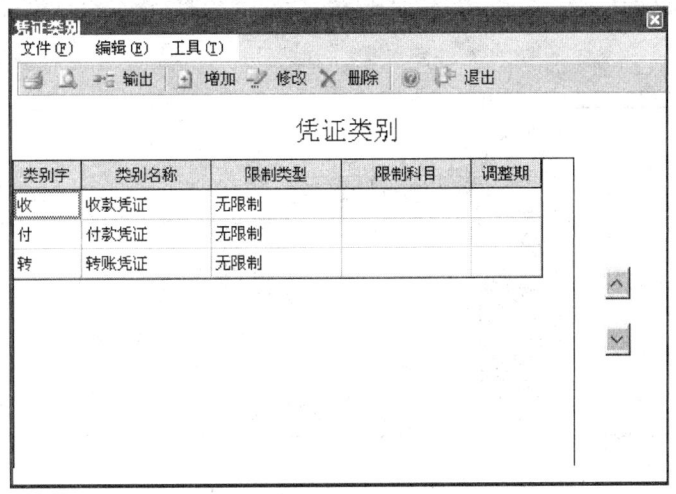

图 3-25 凭证类别编辑

【提示】

🔔 若限制科目为非末级科目,则在制单时,其所有下级科目都将受到同样的限制。

🔔 已使用的凭证类别不能删除,也不能修改类别字。

🔔 若选有科目限制,则至少需输入一个限制科目。

（三）外币种类

汇率管理是专为外币核算服务的。企业有外币业务,要进行外币及汇率的设置。其作用是:一方面减少录入汇率的次数和差错,另一方面可以避免在汇率发生变化时出现错误。在填制凭证时所用的汇率应先在此进行定义,以便制单时调用,减少录入汇率的次数和差错。

【例 3-17】 瑞丽服装有限公司存在外币核算业务,外币核算信息为:企业采取固定汇率记账;涉及外币为美元;币符:USD;记账汇率为 6.8345,采用间接标价法。

【操作步骤】

👣 第一步,双击"企业应用平台"—"基础档案"—"财务"—"外币设置",打开"外币设置"窗口。

👣 第二步,单击"增加"按钮,输入币符、币名,单击"确认"按钮,完成外币币种的设置,如图 3-26 所示。

👣 第三步,在外币列表中,选择"固定汇率"单选按钮,在"2022.01"月份的记账汇率中输入"6.8345",输入完毕后回车保存,然后单击"退出"按钮。

【提示】

🔔 制单时是使用固定汇率还是浮动汇率,应在总账参数"账簿"选项卡中设置。

🔔 如果使用固定汇率,则应在每月月初录入记账汇率,月末计算汇兑损益时录入调整汇率。

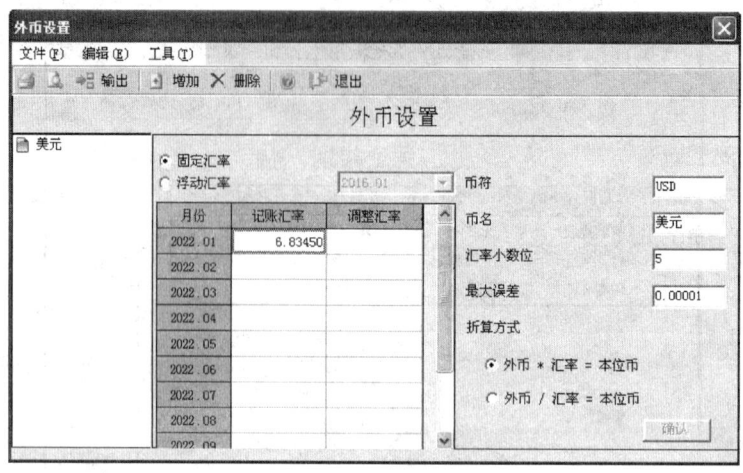

图 3-26　外币及汇率设置

🔔 如果使用浮动汇率,则在填制当天凭证前,应预先在此录入当天的记账汇率。

（四）项目目录

所谓项目可以是一个专门的经营项目内容,一个单位需要项目核算的种类可以说是多种多样,比如说,在建工程、对外投资、技术改造、融资成本、产品成本、课题、合同订单等等,为了满足企业的实际需要,可定义多类项目核算,将具有相同特性的一类项目定义成一个项目大类,一个项目大类可以核算多个项目。为了便于管理,企业还可以对这些项目进行分级管理。用户可以根据需要随时进行项目大类的设置、项目目录及分类的维护。

项目档案设置的内容主要包括项目大类、项目核算科目、项目分类、项目栏目结构以及项目目录等。

设置项目档案可以按以下步骤来完成。

1. 设置科目辅助核算

在会计科目设置功能中先设置相关的项目核算科目,如对生产成本及其下级科目设置项目核算的辅助账类。

【例 3-18】　瑞丽服装有限公司设置"库存商品"核算科目、项目大类等信息如表 3-11所示。

表 3-11　　　　　　　　　　瑞丽公司项目目录

项目设置步骤	设置内容
项目大类	库存商品
核算科目	库存商品(1243) 主营业务收入(5101) 主营业务成本(5401)
项目分类	1. 男士系列 2. 女士系列

（续表）

项目设置步骤	设置内容	
项目名称	101 男士正装	所属分类:1
	102 男士休闲装	所属分类:1
	201 女士风衣	所属分类:2
	202 女士裙装	所属分类:2

【操作步骤】

👣 第一步,在"会计科目"窗口中,将光标移到"1243 库存商品"科目所在行。

👣 第二步,单击"修改"按钮,打开"会计科目_修改"对话框,再单击"修改"按钮进行项目修改,将辅助核算修改为"项目核算"。修改完毕,单击"确认"按钮。

👣 第三步,同样的操作方法,将"主营业务收入(5101)"及"主营业务成本(5401)"科目的辅助核算也修改为"项目核算"。

【提示】

🔔 必须将需要进行项目核算的会计科目设置为项目核算后,才能定义项目目录。

2. 定义项目大类

定义项目大类即定义项目核算的分类类别。定义项目大类的内容包括以下内容。

1）设置项目大类名称

项目大类的名称是该类项目的总称,而不是会计科目名称。

2）定义项目级次

项目级次即项目编码规则,项目分类最多 8 级,总级长不超过 22 位,单级级长不超过 9 位。

3）定义项目栏目

编辑项目栏目的名称和各栏目的属性。

【例 3-19】 瑞丽服装有限公司定义"库存商品"项目大类资料见表 3-11。

【操作步骤】

👣 第一步,执行"企业应用平台"—"基础档案"—"财务档案"—"项目目录",打开"项目档案"对话框。

👣 第二步,单击"增加",弹出"项目大类_增加"对话框,输入项目目录大类名称"库存商品",在项目大类类型中选择"普通项目",如图 3-27 所示。

👣 第三步,单击"下一步",设置"项目级次",一级 1 位,二级 2 位。

👣 第四步,单击"下一步",定义项目栏目。可根据需要对项目栏目进行增加、删除和修改操作,如图 3-28 所示。

👣 第五步,单击"完成"按钮,返回"项目档案"窗口。

【提示】

🔔 项目大类的名称是该类项目的总称,而不是会计科目名称。

🔔 系统允许在同一单位同时进行几个项目大类的项目核算。

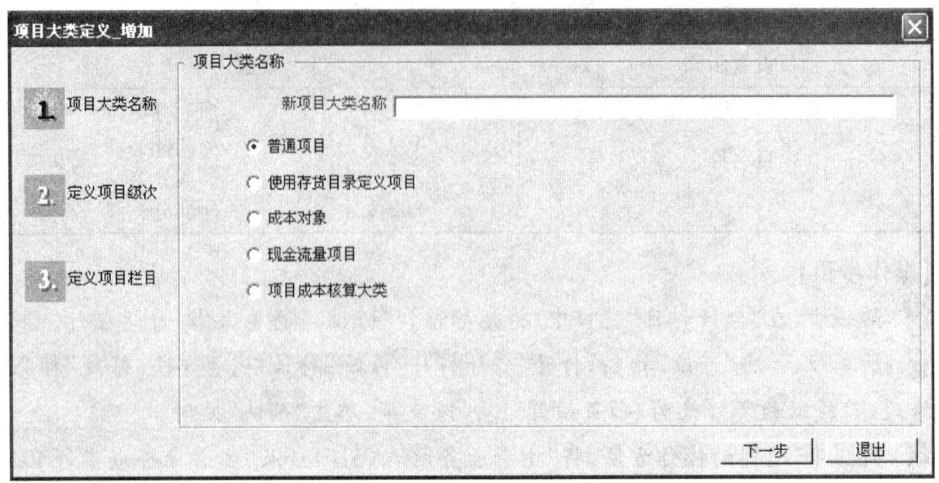

图 3-27　项目大类名称定义

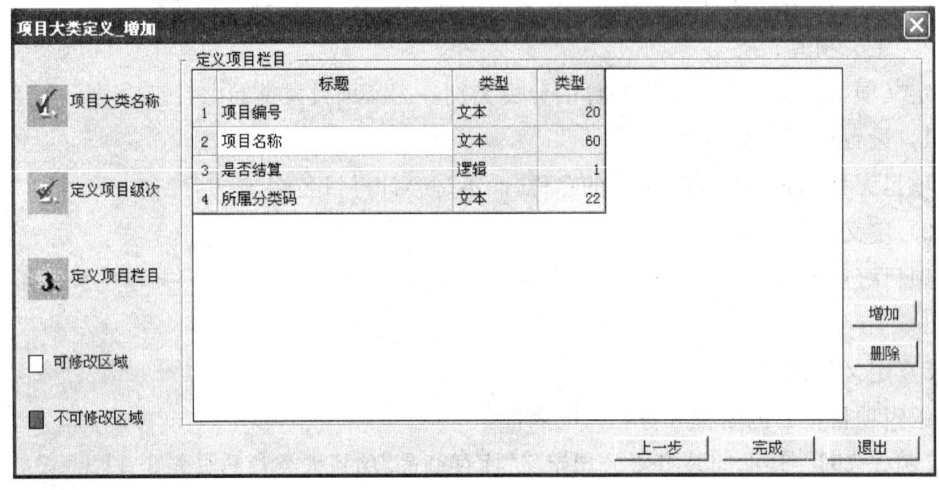

图 3-28　定义项目栏目

3. 指定核算科目

即具体指定选此类项目核算的科目。一个项目大类可以指定多个科目，一个科目只能指定一个项目大类。

【例 3-20】　瑞丽服装有限公司设置"库存商品"指定核算科目资料见表 3-11。

【操作步骤】

🐾 第一步，在"项目档案"窗口中，单击项目大类下拉列表框右侧的参照按钮，选择"库存商品"项目大类，然后选择"核算科目"选项卡，进入指定核算科目界面，如图 3-29 所示。

🐾 第二步，单击"＞"按钮，将"1243 库存商品"科目、"主营业务收入（5101）"及"主营业务成本（5401）"科目，分别从"待选科目"选入"已选科目"中，单击"确定"按钮。

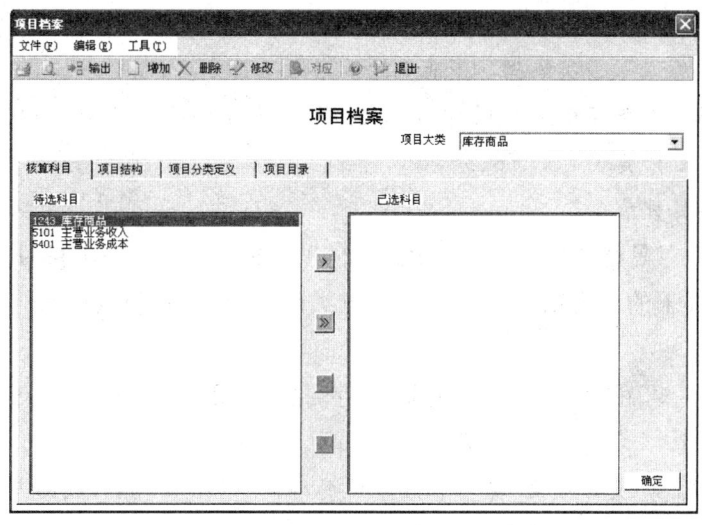

图 3-29 指定核算科目

4. 定义项目分类

为了便于统计,可将同一项目大类下的项目进一步划分,这就需要进行项目分类定义。如将生产成本项目大类进一步划分为自行开发项目和委托开发项目。

【例 3-21】 瑞丽服装有限公司设置"库存商品"项目分类资料见表 3-11。

【操作步骤】

第一步,在"项目档案"窗口中,选择"库存商品"项目大类,然后单击"项目分类定义"页签,进入项目分类定义界面。

第二步,单击右下角的"增加"按钮,输入分类编码"1",输入分类名称"男士系列",单击"确定"按钮。

第三步,重复上一步骤,定义项目分类"2 女士系列",如图 3-30 所示。

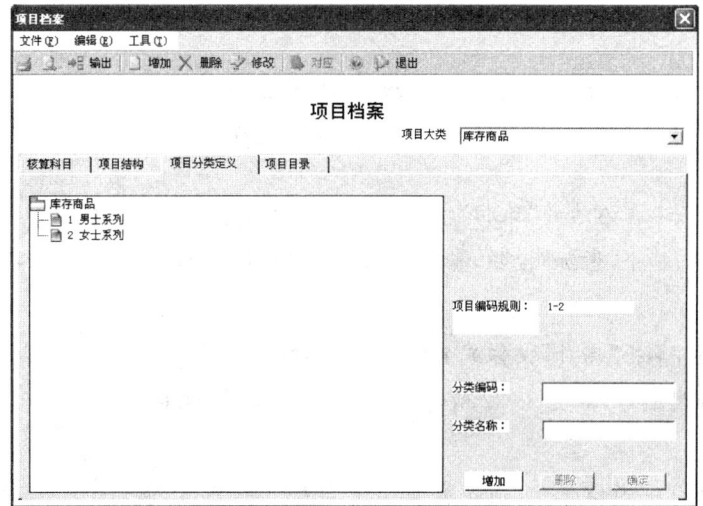

图 3-30 项目分类定义

【提示】

🔔 不能隔级录入分类编码。不能删除非末级项目分类。

🔔 若某项目分类下已定义项目,则不能删除,也不能定义下级分类,必须先删除项目,再删除该项目分类或定义下级分类。

5. 定义项目目录

定义项目目录是将各个项目大类中的具体项目输入系统。在项目目录下,系统将列出所选项目大类下的所有项目,其中"所属分类码"为此项目所属的最末级项目分类的编码。

【例 3-22】 瑞丽服装有限公司定义"库存商品"项目目录资料见表 3-11。

【操作步骤】

👣 第一步,在"项目档案"窗口中,选择"库存商品"项目大类,然后单击"项目目录"页签,进入项目目录界面,如图 3-31 所示。

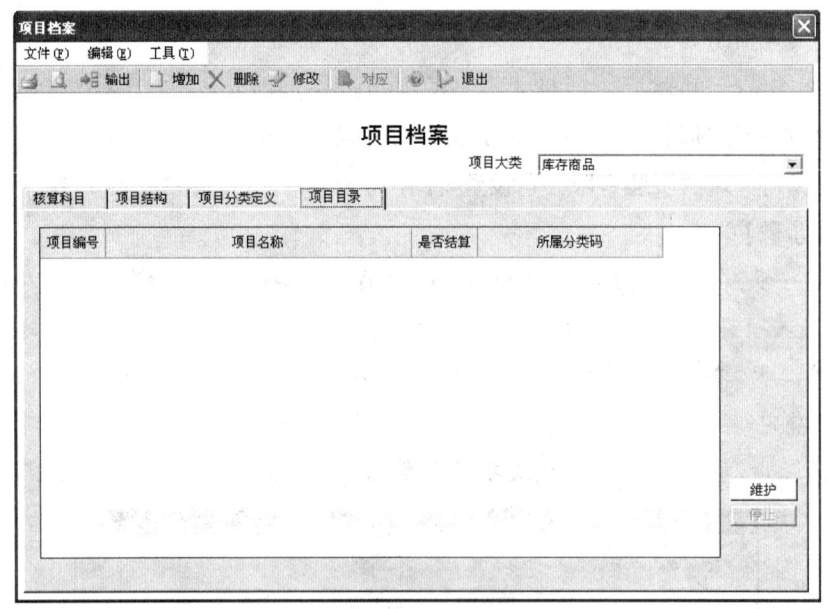

图 3-31 项目目录设置

👣 第二步,单击右边的"维护"按钮,进入"项目目录维护"窗口。

👣 第三步,单击"增加"按钮,输入项目编号"101",输入项目名称"男士正装",选择所属分类码"1"。

👣 第四步,单击"增加"按钮或直接回车,增加一条记录,依次输入其他项目编码、项目名称,所属分类码等,如图 3-32 所示,录入完毕后单击"退出"。

【提示】

🔔 若追加了一条空记录,则按键盘"ESC"键可将此空记录删除。

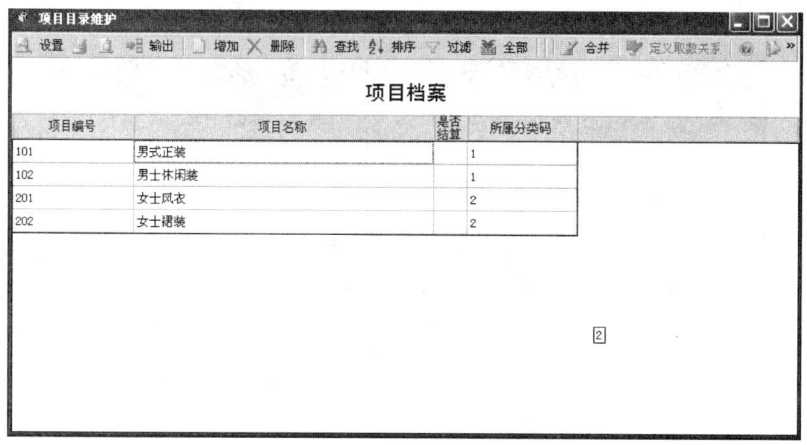

图 3-32 "项目目录维护"窗口

五、收付结算设置

在企业经营管理过程中,经常因商品交易、劳务供应等经济往来而引起货币收付清偿业务,在财务软件系统中,合理设置收付结算业务,对于规范现金收支业务,加速资金周转、提高经济效益具有重要的作用。收付结算设置包括结算方式、开户银行、付款条件等。

（一）结算方式

设置结算方式信息可以用来建立和管理用户在经营活动中所涉及的与银行之间的货币结算方式,它与财务结算方式一致,如现金结算、支票结算、商业汇票等。结算方式最多可以分为两级,其编码级次设定在建立账套的编码规则中进行。结算方式设置的内容主要包括结算方式编码、结算方式名称等。

【例 3-23】 瑞丽服装有限公司结算方式信息如表 3-12 所示。

表 3-12   结算方式信息表

编　　号	结算方式	编　　号	结算方式
1	现金结算	3	商业汇票
2	支票	4	电汇
201	现金支票	5	银行汇票
202	转账支票		

【操作步骤】

🐾 第一步,进入"企业应用平台"的"基础设置"页签,执行"基础档案"—"收付结算"—"结算方式",进入结算方式设置窗口。

🐾 第二步,单击"增加"按钮,输入结算方式编码"1",结算方式名称"现金支票",选择"是否票据管理"复选框。

🐾 第三步,单击"保存"对所输信息进行保存,其结果显示在左边部分的条形目录中，如图 3-33 所示。

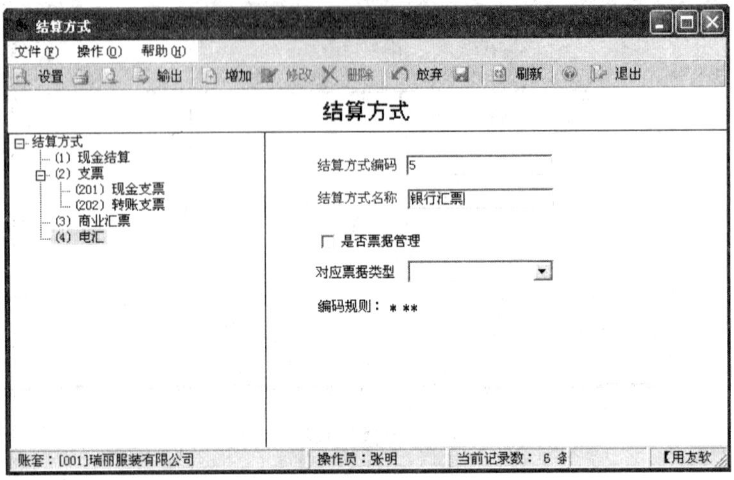

图 3-33　结算方式设置

👣 第四步，依次输入其他结算方式分类信息，全部录入完成后，单击"退出"按钮返回企业应用平台界面。

【提示】

🔔 若要修改或删除已有结算方式，可在左侧条形目录中选中欲修改或删除的结算方式后，单击"修改"或"删除"按钮。

🔔 结算方式编码不能修改。

🔔 已使用的结算方式不能删除。

（二）付款条件

企业在经营活动中，经常会遇到资金能否及时、安全回笼，资金周转率是否变化的问题。企业通过在赊销过程中制定相应的现金折扣政策（即付款条件），以向客户提供价格折扣，鼓励客户提前付款，从而缩短平均收账期。付款条件的表达式为：折扣百分点－货款回笼期。10/30 表示在 30 天内付款的客户享受到 10％ 的价格优惠，n/30 表示付款的信用期限是 30 天，不存在优惠条件。

【例 3-24】　瑞丽服装有限公司实施现金折扣优惠政策，现金折扣信用条件有两种："3/15，2/30，1/45，n/60"和"4/10，2/20，n/30"。

【操作步骤】

👣 第一步，进入"企业应用平台"的"设置"页签，执行"基础档案"—"收付结算"—"付款条件"，进入"付款条件"设置窗口。

👣 第二步，单击"增加"按钮，增加一条空白记录，输入付款条件编码"01"、信用天数"60"、优惠天数 1"15"、优惠率 1"3"、优惠天数 2"30"、优惠率 2"2"、优惠天数 3"45"、优惠率 3"1"，输入完毕，单击"保存"按钮，如图 3-34 所示。

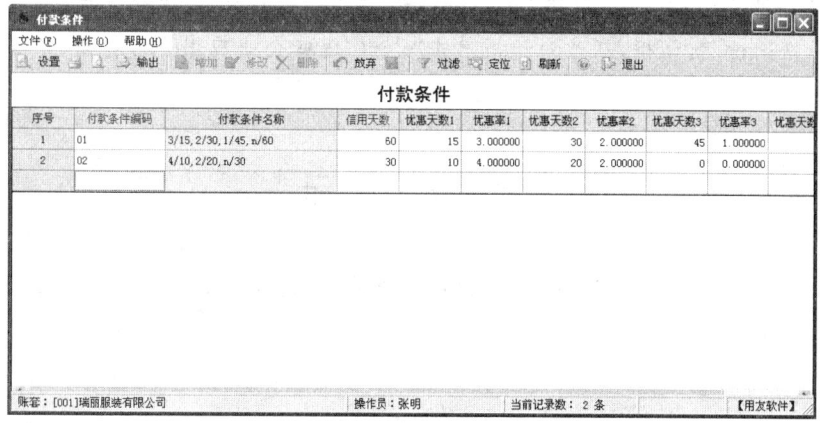

图 3-34 付款条件设置

第三步,依次输入其他付款条件信息,全部录入完成后,单击"退出"按钮返回企业应用平台界面。

（三）开户银行

开户银行设置用于满足企业进行收款结算处理,系统支持多个开户行及账号的设置情况,满足企业不同业务的处理。开户银行信息包括开户编码、开户名称、银行账号、基本信息等。

【例 3-25】 瑞丽服装有限公司开户行情况是:编码"01",名称为"中国银行人民币账户",账号"112233445566778899";编码"02",名称为"中国银行美元账户",账号"998877665544332211"。

【操作步骤】

第一步,进入"企业应用平台"的"基础设置"页签,执行"基础档案"—"收付结算"—"本单位开户银行",进入"开户银行"设置窗口。

第二步,单击"增加"按钮,打开"增加开户银行"对话框,如图 3-35 所示。

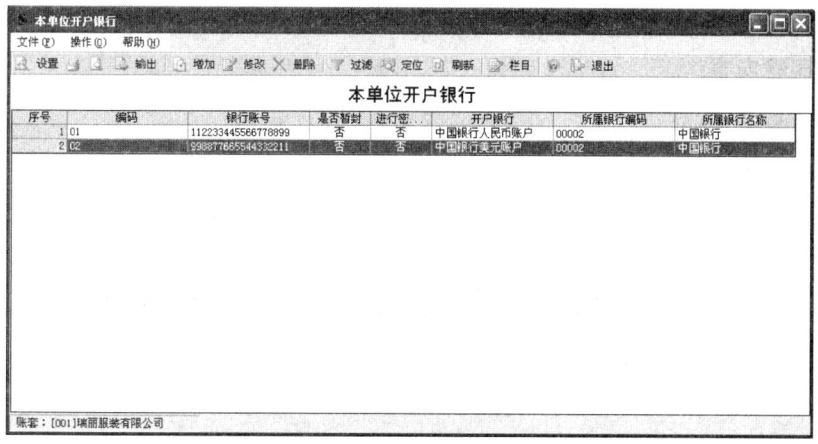

图 3-35 开户银行设置

第三步,输入开户银行基本信息后,单击"保存"按钮进行保存后,单击"退出"按钮返回"开户银行"对话框,在此对话框单击"退出"返回企业应用平台界面。

本 章 启 示

会计科目的设置必须满足会计报表编制的要求,凡是报表所用数据,需从系统取数的,必须设立相应科目,会计科目要保持相对稳定。

思 维 拓 展

1. 基础设置的内容有哪些?
2. 在设置部门档案和人员档案时要注意什么问题?
3. 科目设置的主要内容是什么?
4. 辅助核算有哪几种方式?
5. 会计科目体系设计应遵循的基本原则是什么?

知识点应用及实践能力训练

实验二　基础档案设置

一、实验准备

完成第二章"实验一　系统管理"的操作,将相关账套数据引入用友 ERP-U8V10.1。

二、实验内容

(1) 启动系统。

(2) 设置基础档案。

三、实验资料

(一) 启动系统

需启动应付系统、应收系统、固定资产系统、总账系统、薪资管理等五个子系统,启用日期均为"实验一　系统管理"的账套启用月 2022 年 1 月。

(二) 瑞丽公司部门档案

该公司的部门档案如表 3-13 所示(其他信息略,不必输入)。

表3-13 瑞丽公司部门档案

编 号	名 称	编 号	名 称
1	办公室	4	采购部
2	财务部	5	销售部
3	人力资源部	6	制造部

（三）瑞丽公司人员档案

该公司的人员档案如表3-14所示。

表3-14 瑞丽公司人员档案

编 号	姓 名	所属部门	编 号	姓 名	所属部门
1001	闫 冬	办公室	6003	李 成	制造部
1002	李 刚	办公室	6004	牛 强	制造部
2001	张 明	财务部	6005	孙 杰	制造部
2002	李 红	财务部	6006	徐 杰	制造部
2003	王 莉	财务部	6007	吴 涛	制造部
3001	夏 雨	人力资源部	6008	杨 莉	制造部
4001	陈 旭	采购部	6009	薛 华	制造部
5001	魏 华	销售部	6010	任 伟	制造部
5002	李 静	销售部	6011	马 兰	制造部
6001	秦 峰	制造部	6012	林 玉	制造部
6002	赵 健	制造部	6013	曾 玉	制造部

（四）计量单位

1. 计量单位组

01,纽扣,固定换算;02,其他,无换算。

2. 计量单位

纽扣组的主计量单位:0101,粒;换算率,1。

纽扣的辅计量单位:0102,袋;换算率,100。

其他组的计量单位:01,米;02,套;03,个;04,件。

（五）瑞丽公司凭证分类方案如表3-15所示

表3-15 瑞丽公司凭证类别

凭证类别	限制类型	限制科目
收款凭证	借方必有	1001，1002，10020171，10020172
付款凭证	贷方必有	1001，1002，10020171，10020172
转账凭证	凭证必无	1001，1002，10020171，10020172

（六）瑞丽公司结算方式

该公司的结算方式如表3-16所示。

表 3-16 瑞丽公司结算方式

编　号	结算方式	编　号	结算方式
1	现金结算	3	商业汇票
2	支票	4	电汇
201	现金支票	5	银行汇票
202	转账支票		

其中:支票、现金支票和转账支票进行票据管理。

(七)瑞丽公司付款条件

该公司的付款条件如表 3-17 所示。

表 3-17 瑞丽公司付款条件

编码	信用天数	优惠天数1	优惠率1	优惠天数2	优惠率2	优惠天数3	优惠率3
01	60	15	3	30	2	45	1
02	30	10	4	20	2	—	—

(八)瑞丽公司开户银行

该公司的开户银行如表 3-18 所示。

表 3-18 瑞丽公司开户银行

开户银行编码	开户银行名称	银行账号
01	中国银行人民币账户	112233445566778899
02	中国银行美元账户	998877665544332211

(九)瑞丽公司外币及汇率

$$1 美元 = 6.834\,5 元人民币$$

(十)瑞丽公司地区分类

地区分类方案如表 3-19 所示。

表 3-19 瑞丽公司地区分类

地区分类	分类名称	地区分类	分类名称
01	东南地区	04	华南地区
02	华北地区	05	西北地区
03	华中地区	06	西南地区

(十一)瑞丽公司客户档案

1. 客户分类

01,上海市;02,北京市;03,江苏省;03001,苏州市;04,浙江省;04001,杭州市。

2. 客户档案

该公司的客户档案如表 3-20 所示。

表 3-20 瑞丽公司客户档案

编 码	简 称	所属分类	信用额度(元)	信用期限(元)
01001	天丽公司	01(上海市)	50 000	60
01002	楚楚公司	01(上海市)	800 000	60
02001	国香公司	02(北京市)	200 000	60
03001001	丽人公司	03001(江苏苏州)	800 000	60
03001002	名达公司	03001(江苏苏州)	—	—
04001001	清雅公司	04001(浙江杭州)	100 000	60

（十二）瑞丽公司供应商档案

1. 供应商分类

01，面料；02，辅料；03，配件；04，其他。

2. 供应商档案

该公司的供应商档案如表 3-21 所示。

表 3-21 瑞丽公司供应商档案

编 码	简 称	所属分类	信用额度(元)	信用期限(天)
0101	兴盛公司	01(面料)	300 000	30
0102	银狐公司	01(面料)	200 000	30
0201	新新公司	02(辅料)	200 000	30
0301	永新公司	03(配件)	—	—
0401	宏发公司	04(其他)	—	—

（十三）瑞丽公司存货档案

1. 存货分类

01，面料；02，辅料；03，配件；04，其他原材料；05，产成品。

2. 存货档案

该公司的存货档案如表 3-22 所示。

表 3-22 瑞丽公司存货档案

存货编号	存货名称	计量单位组	主计量单位	存货分类	存货属性
001	面料001	02(其他组)	米	01(面料)	外购,生产耗用
002	面料002	02(其他组)	米	01(面料)	外购,生产耗用
003	辅料001	02(其他组)	套	02(辅料)	外购,生产耗用
004	辅料002	02(其他组)	套	02(辅料)	外购,生产耗用
005	纽扣001	01(纽扣组)	粒	03(配件)	外购,生产耗用
006	缝纫线001	02(其他组)	个	04(其他原材料)	外购,生产耗用
007	T恤001	02(其他组)	件	05(产成品)	销售,自制
008	T恤002	02(其他组)	件	05(产成品)	销售,自制

(十四) 瑞丽公司会计科目

1. 删除会计科目

1301,待摊费用。

2. 修改会计科目

需修改的会计科目主要是指涉及需修改科目名称、设置辅助核算的科目。该公司需修改的会计科目如表 3-23 所示。

注意:修改会计科目时,注意设置科目的核算类型。

表 3-23　　　　　　　　　　瑞丽公司需修改的会计科目账

科目编码	中文科目名称	核算类型
1001	库存现金(注:需修改科目名称)	
1111	应收票据	客户往来(受控系统:无)
1131	应收账款	客户往来(受控系统:无)
1133	其他应收款	个人往来(受控系统:无)
1151	预付账款	供应商往来(受控系统:无)
2111	应付票据	供应商往来(受控系统:无)
2121	应付账款	供应商往来(受控系统:无)
2131	预收账款	客户往来(受控系统:无)
2151	应付职工薪酬(注:需修改科目名称)	
2171	应交税费(注:需修改科目名称)	
5402	营业税金及附加(注:需修改科目名称)	
5405	其他业务成本(注:需修改科目名称)	
5501	销售费用(注:需修改科目名称)	
5502	管理费用	部门核算
5701	所得税费(注:需修改科目名称)	

3. 增设会计科目

需增设的会计科目除"2231 应付利息"和"5901 资产减值损失"外,其他的主要是各明细核算科目,如表 3-24 所示。

表 3-24　　　　　　　　　　瑞丽公司需增设的会计科目账

科目编码	中文科目名称	核算类型
100101	人民币	日记账
100102	美元	日记账、外币核算(美元)
100201	中行人民币户	日记账、银行账
100202	中行美元户	日记账、银行账、外币核算(美元)
121101	面料 001	数量核算(米)
121102	面料 002	数量核算(米)

（续表）

科目编码	中文科目名称	核算类型
121103	辅料 001	数量核算（套）
121104	辅料 002	数量核算（套）
121105	纽扣 001	数量核算（粒）
121106	缝纫线 001	数量核算（个）
124301	T恤 001	数量核算（件）
124302	T恤 002	数量核算（件）
2231	应付利息	科目类型:负债
41010101	T恤 001	
41010102	T恤 002	
510101	T恤 001	数量核算（件）
510102	T恤 002	数量核算（件）
540101	T恤 001	数量核算（件）
540102	T恤 002	数量核算（件）
5901	资产减值损失	科目类型:损益;科目性质:支出

（十五）瑞丽公司项目目录

设置"库存商品"项目大类，核算科目等信息如表 3-25 所示。

表 3-25　　　　　　　　　　瑞丽公司项目目录

项目设置步骤	设置内容
项目大类	库存商品
核算科目	库存商品(1243) 库存商品——T恤 001(124301) 库存商品——T恤 002(124302) 主营业务收入(5101) 主营业务收入——T恤 001(510101) 主营业务收入——T恤 002(510102) 主营业务成本(5401) 主营业务成本——T恤 001(540101) 主营业务成本——T恤 002(540102)
项目分类	1. 男士系列 2. 女士系列
项目名称	101 男士正装　　所属分类:1 102 男士休闲装　　所属分类:1 201 女士风衣　　所属分类:2 202 女士裙装　　所属分类:2

四、实验步骤

以账套主管的身份登录企业应用平台进行以下基础设置的操作。

(1) 启动系统。

(2) 设置部门档案。

(3) 设置人员档案。

(4) 设置计量单位(先设置计量单位组,再分别设置各组的计量单位)。

(5) 设置结算方式。

(6) 设置付款条件。

(7) 设置开户银行。

(8) 设置外币及汇率。

(9) 设置地区分类。

(10) 设置客户档案(先设置客户分类,再分别设置各分类下的客户档案)。

(11) 设置供应商档案(先设置供应商分类,再分别设置各分类下的供应商档案)。

(12) 设置存货档案(先设置存货分类,再分别设置各分类下的存货档案)。

(13) 设置会计科目。

(14) 删除会计科目。

(15) 修改会计科目。

(16) 增设会计科目。

(17) 设置凭证类别。

(18) 设置项目目录。

(19) 以"admin"的身份登录系统管理备份账套。

第四章 总账管理系统

重点提示

通过本章的学习,重点掌握总账系统的初始化设置;掌握凭证管理、出纳管理业务的日常处理;掌握总账系统的期末业务处理,熟知总账管理系统的操作流程。

第一节 总账管理系统概述

总账管理系统又叫账务处理系统,是会计信息系统的重要组成部分。它以记账凭证为原始数据,通过对记账凭证的输入和处理,完成记账、结账以及对账工作,输出各种总分类账、日记账、明细账和有关辅助账。它反映了从取得和填制记账凭证,并生成账簿的全过程。

总账管理系统几乎可以包括所有经济业务的会计核算,如采购业务核算、存货业务核算、销售业务核算、工资业务核算等,各种业务都可以在总账管理系统中进行制单及记账处理。当然,如果企业想要充分发挥计算机软件的管理功能,则可启用其他子系统来进行相应业务的核算,如用销售管理子系统核算销售业务,用工资子系统核算工资业务等,此时,总账系统的功能只体现为对凭证的审核和记账工作。

一、总账管理系统的主要功能

总账管理系统的主要功能有初始设置、凭证管理、出纳管理、账表管理和期末管理等。

（一）初始设置

初始设置的内容包括:选项设置、会计科目设置、凭证类别设置、外币及汇率设置、项目目录设置、结算方式设置等。

（二）凭证管理

凭证管理的内容包括:填制凭证、审核凭证、凭证汇总、凭证记账等功能。

（三）出纳管理

出纳管理的内容包括：银行日记账、现金日记账、资金日报表的输出、支票登记簿的管理、银行对账等功能。

（四）账簿管理

账簿管理的内容包括：总账、明细账、余额表、序时账、多栏账、各种辅助核算账簿等各种账簿的查询和输出。

（五）期末处理

期末处理的内容包括：自动完成月末分摊、计提、对应结转、销售成本、汇兑损益、期间损益等业务的结转；进行试算平衡、对账、结账、生成月末工作报告。

二、总账管理系统的操作流程

按照总账管理系统的主要功能，总账管理系统在操作过程中，分三个处理阶段。第一阶段是初始设置，包括系统参数的设置、会计科目的设置、凭证类别的设置、外币及汇率的设置、项目目录的设置、结算方式的设置和期初余额的录入；第二阶段是日常业务的处理，包括凭证管理、出纳管理和账簿管理，每一项经济业务的会计处理如凭证的填制、凭证的审核、账簿的登记等都在这个阶段完成；第三阶段是期末处理阶段，转账、对账、结账功能的实现都在这个阶段完成。

整个总账管理系统的操作流程如图 4-1 所示。

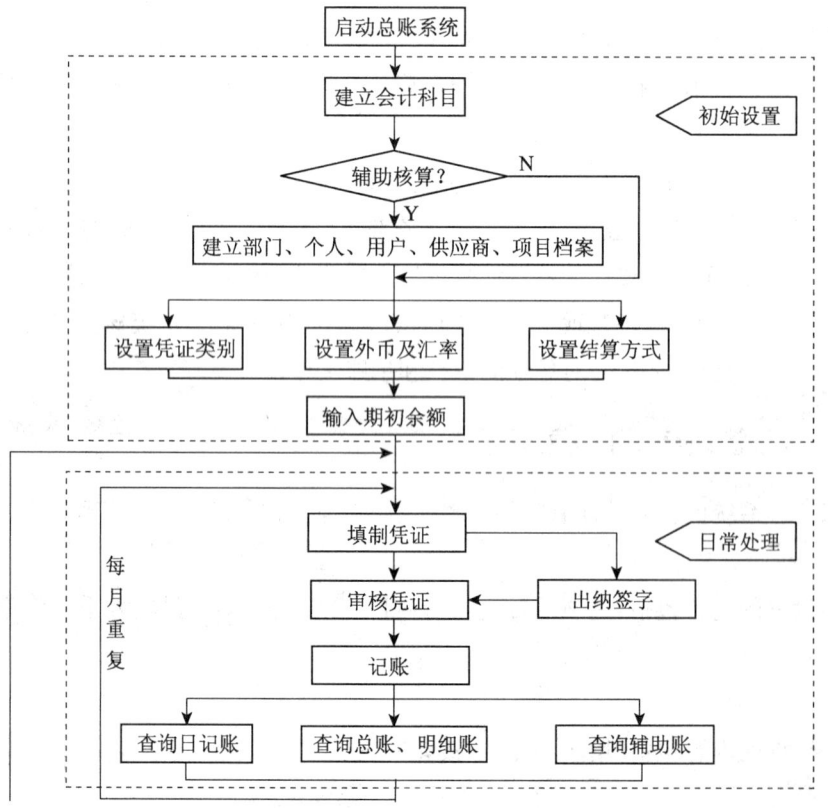

（续图）

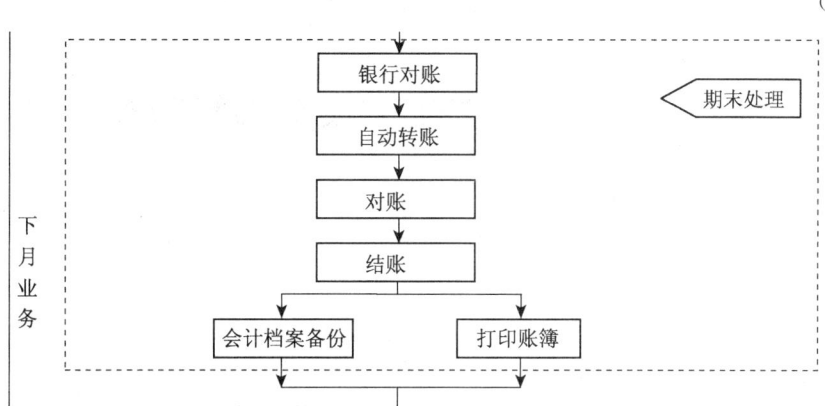

图 4-1　总账系统操作流程

第二节　总账管理系统初始设置

系统初始设置是指从手工会计系统转化成电算化会计系统所做的有关初始性工作。系统初始化设置是使用电算化会计软件的一项基础性工作，只有完成了初始设置，才能用会计软件进行日常的会计处理。因此，初始化工作在使用电算化会计软件过程中占有非常重要的地位，这项工作的好坏直接影响到能否顺利开展会计电算化工作及其质量，必须加以正确对待。

在首次启动总账系统时，需要确定反映总账系统核算要求的各种参数，使得通用总账系统适用于本单位的具体核算要求。总账管理系统的初始设置是在启用总账系统后，进入总账系统按照核算的要求所进行的各种参数的选择设置，包括选项的设置、会计科目设置、凭证类别设置、外币及汇率设置、项目目录设置、结算方式设置等。

一、选项设置

选项设置，也称系统参数设置，是指在首次使用总账系统时，要确定反映总账系统核算要求的各种参数。

【例 4-1】　设置瑞丽服装有限公司总账系统选项。

【操作步骤】

🐾　第一步，执行"开始"—"程序"—"用友 ERP-U8V10.1"—"财务会计"命令，单击"总账"，打开注册"总账"对话框。

🐾　第二步，输入操作员姓名（或代号）和密码，选择账套、会计年度和操作日期，单击"确定"，进入"总账"系统。

🐾　第三步，进入总账后，依次点击"系统菜单"—"设置"—"选项"，进行选项设置。

选项功能包括凭证、账簿、会计日历、其他等八个签页,选择相应的签页,单击"编辑"按钮可进行账套参数的修改。

（一）凭证参数设置

凭证参数设置包括制单控制、凭证编号方式、凭证控制、现金流量参照科目参数,如图 4-2 所示。

1. 制单控制

在制单控制中,包括制单序时控制、支票控制、赤字控制、可以使用应收受控科目、可以使用应付受控科目、可以使用存货受控科目。

1）制单序时控制

它是指在制单时,系统保存凭证是否按日期顺序排列的控制。

2）支票控制

它是指在制单时使用银行会计科目填制凭证时,系统是否按照结算方式进行票据登记管理的控制。

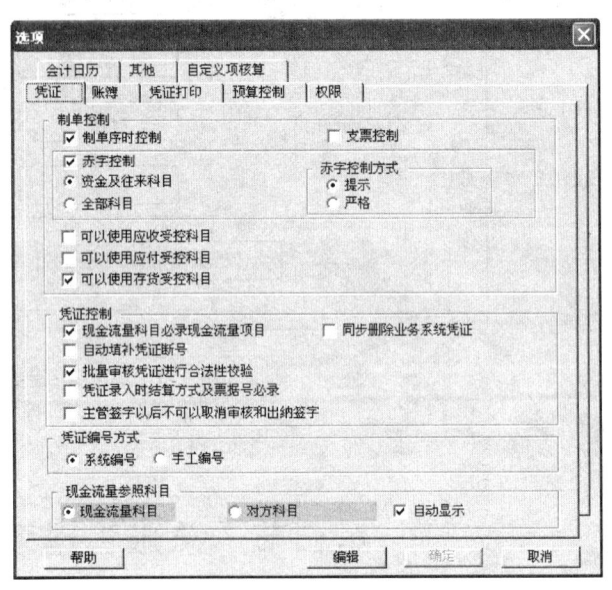

图 4-2　"凭证"选项卡

3）赤字控制

它是指对"资金及往来科目"或"全部科目"的余额出现负数时,系统是否提示的控制。

2. 凭证编号方式

凭证编号的方式有两种:一种是系统编号;另一种是手工编号。

1）系统编号

它是指在填制凭证时,系统按照凭证类别按月自动编制凭证编号。

2）手工编号

它是指在填制凭证时,系统允许手工输入凭证编号。

3）凭证控制

在凭证控制中,包括现金流量科目必录现金流量项目、自动填补凭证断号、同步删除业务系统凭证、凭证录入时结算方式及票据号必录、主管签字后不可以取消审核和出纳签字、批量审核凭证进行合法性校验。

4）现金流量参照科目

它包括现金流量科目、对方科目和自动显示。

（二）账簿参数设置

账簿参数设置包括打印位数宽度、明细账(日记账、多栏账)打印方式、凭证及账簿套打,打印设置按客户端保存,使用新打印控件打印(总账、明细账、余额表、多栏账、日记账)

如图 4-3 所示。

（三）凭证打印参数设置

凭证打印参数设置包括合并凭证显示、打印、打印凭证的制单、出纳、审核、记账等人员姓名，打印包含科目编码和打印转账通知书等等。

（四）预算控制参数设置

预算控制参数设置包括预算管理系统和专家财务评估等内容。

（五）权限设置

权限参数设置包括制单权限控制到科目、制单权限控制到凭证类别、操作员进行金额权限控制、凭证审核控制到操作员、出纳凭证必须经由出纳签字和凭证必须经由主管会计签字等内容。

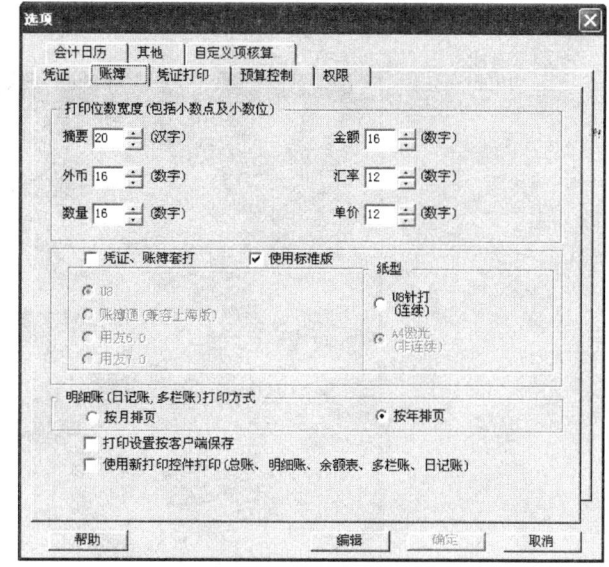

图 4-3 "账簿"选项卡

（六）会计日历设置

会计日历在前期已经将相关参数进行了设置，因此此处只能查询总账的启用会计年度和启用日期，如果要修改需到总账"系统启用"中进行，如图 4-4 所示。

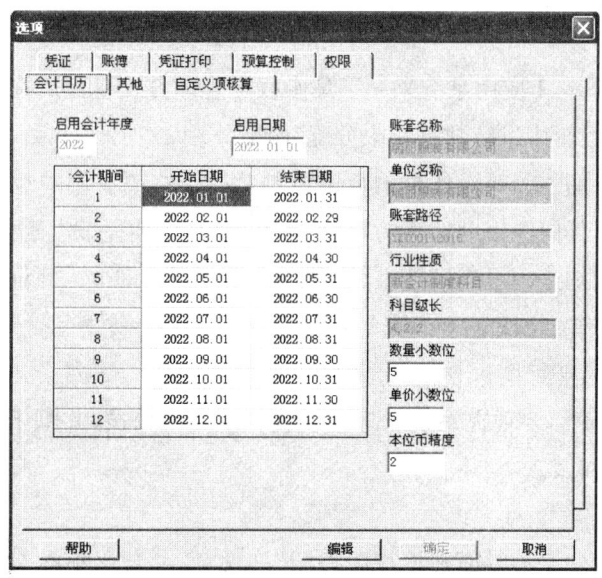

图 4-4 "会计日历"选项卡

（七）其他参数设置

其他参数中可以进行设置的项目有：外币核算、本位币、启用调整期、分销联查凭证

IP 地址、部门排序方式、个人排序方式、项目排序方式，如图 4-5 所示。

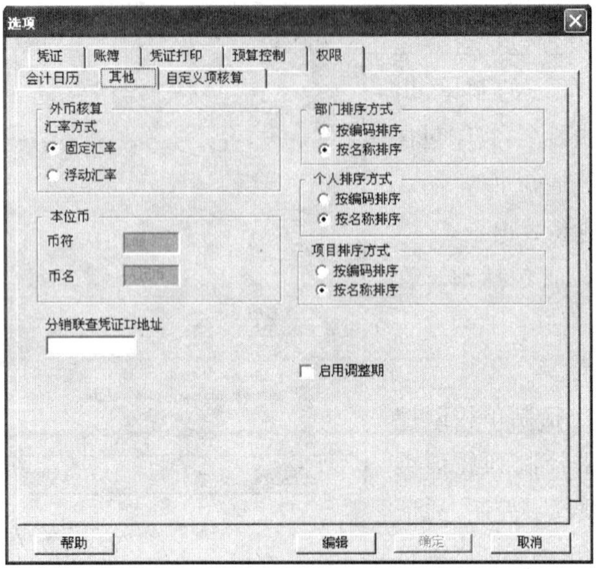

图 4-5 "其他"选项卡

（八）自定义核算

自定义项包含辅助核算。

二、设置操作权限

用友 ERP-U8V10.1 应用系统采用了集中权限管理方式，可分"在系统管理中设置功能权限"和"在总账系统中进行数据权限分配"两部分。

在总账管理中，加强了对操作员的权限控制功能。在原有制单权、科目权限、审核权限的基础上，增加了部门等辅助核算的制单、查询权限；增加凭证类别权限、查询权限。

填制凭证时，增加是否可查询他人凭证控制，如不可查询他人凭证，则在填制凭证时，应过滤掉其他人填制的凭证。

（一）设置功能权限操作权限

在使用总账系统前要现在系统管理中设置相应的操作员，并赋予总账系统全部功能或部分功能的操作权限。

（二）分配数据操作权限

新建账套时选择"是否需要数据权限控制"的选项，并且必须在系统管理中定义角色或用户，并分配完成功能级权限后才能在这里进行"数据权限分配"。

【例 4-2】 设置瑞丽服装有限公司数据权限。

【操作步骤】

👣 第一步，执行"总账"—"设置"—"数据权限分配"命令，进入"权限浏览"对话框，如图 4-6 所示。

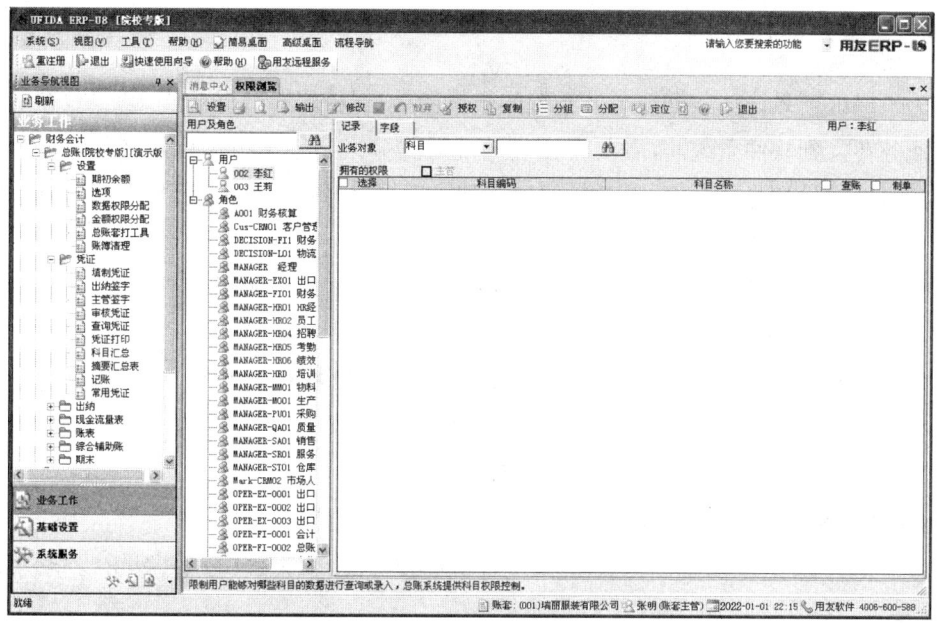

图 4-6　数据权限设置

第二步,选择数据权限类型,"记录"级权限或"字段"级权限。

第三步,选择相应的业务对象和相应的用户。

第四步,单击"授权"按钮,弹出"记录权限设置"对话框,如图 4-7 所示,进行"授权"后,单击"保存"。

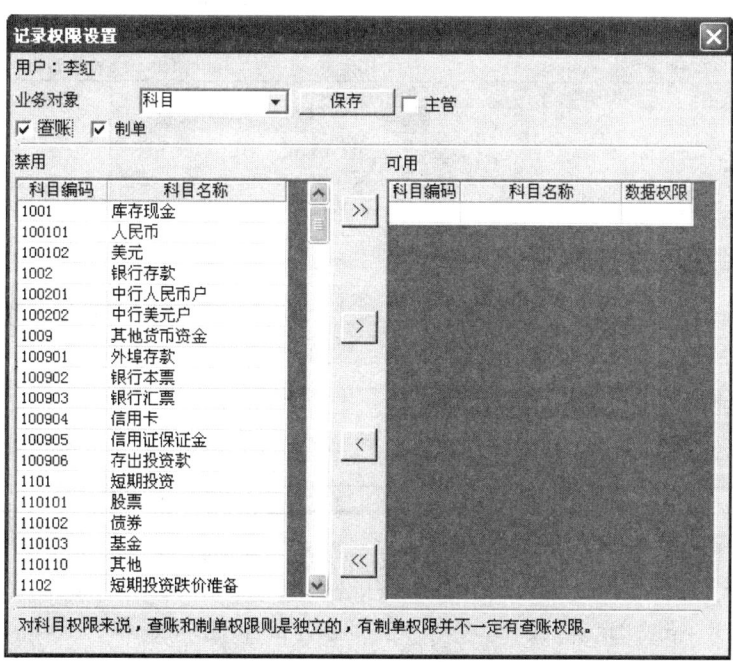

图 4-7　数据权限设置

第五步，单击"退出"按钮，完成数据授权。

三、输入期初余额

为了保证新系统的数据能与原系统的数据衔接，保持账簿数据的连续完整，在从手工会计业务转换到软件系统前，需要将一些基础数据输入到系统中。首先将各账户的年初余额或启用月份的月初余额，以及年初到该月的累计发生额计算清楚，然后输入到总账系统中。

"期初余额"功能包括：①输入科目期初余额：用于年初输入余额或调整余额；②核对期初余额，并进行试算平衡。

期初余额的输入包括基本账户期初余额的输入及有辅助核算的账户期初余额的输入。

【例 4-3】 输入瑞丽服装有限公司期初余额。

【操作步骤】

第一步，进入在"总账"系统后，执行"设置"—"期初余额"命令，弹出"期初余额录入"对话框。

第二步，在"录入"对话框中，输入各账户的"期初余额"。如果该账户为基本账户，没辅助核算，直接在其账户的"期初余额"栏输入金额，如图 4-8 所示；如果该账户有辅助核算，则在其"期初余额"栏内双击，弹出相应的辅助核算对话框，单击"增加"按钮，输入相应的期初信息，如图 4-9 所示。

科目名称	方向	币别/计量	期初余额
库存现金	借		5,000.00
人民币	借		5,000.00
美元	借		
	借	美元	
银行存款	借		568,345.00
中行人民币户	借		500,000.00
中行美元户	借		68,345.00
	借	美元	10,000.00
其他货币资金	借		
外埠存款	借		
银行本票	借		
银行汇票	借		
信用卡	借		
信用证保证金	借		
存出投资款	借		

图 4-8 基本账户期初余额的录入

第三步，点击"试算"按钮，对期初余额进行试算平衡，如图 4-10 所示。

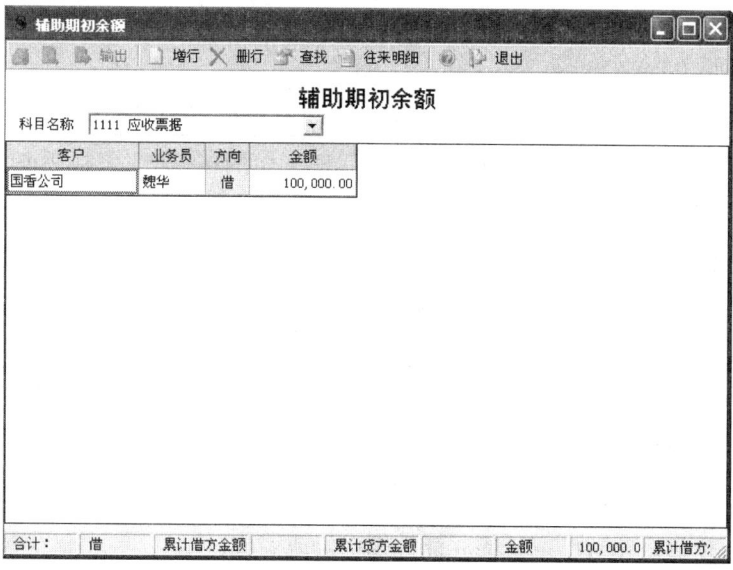

图 4-9　辅助核算账户期初余额的录入

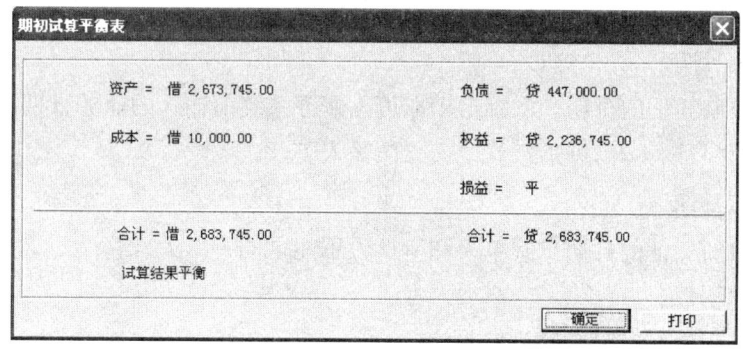

图 4-10　期初余额试算

　　期初余额的试算依据"资产＝负债＋所有者权益＋收入－成本费用"的原则进行,由计算机自动完成。如果试算不平衡,那么应依次逐项进行检查、更正后,再次进行试算平衡,直至试算平衡为止。

第三节　总账管理系统日常业务处理

　　总账管理系统的初始设置完成后,就可以开始进行日常账务处理了。总账管理系统的日常业务处理包括凭证管理、出纳管理、账表管理等。

一、凭证管理

　　记账凭证是登记账簿的依据,是总账系统的唯一数据源。因此准确填制凭证、严格审核凭证并据以记账是凭证管理的主要内容。凭证管理的内容包括:填制凭证、审核凭证、凭证汇总、凭证记账等功能。

（一）填制凭证

总账管理系统的日常业务处理是从填制凭证开始的,正确地填制凭证,是登记账簿、编制报表的保证。

记账凭证的内容一般包括两个部分:一是凭证头部分;二是凭证正文部分。如果输入会计科目有辅助核算要求,则应输入辅助核算内容;如果一个科目同时兼有多种辅助核算,则同时要求输入各种辅助核算的有关内容。

1. 增加凭证

1）记账凭证的凭证头内容

（1）凭证类别。

输入或选择初始化时已定义的凭证类别代码或名称。

（2）凭证编码。

在总账参数设置时,如果选择自动编号,则计算机自动按凭证类别按月对凭证进行顺序编号。编号由凭证类别编号和凭证顺序编号组成。

（3）制单日期。

它是指填制凭证的日期。系统自动取进入账务系统前输入的业务日期为记账凭证的填制日期,如果日期不对,可进行修改或参照输入。

（4）审核日期。

它是指审核凭证的日期。制单人和审核人不能是同一个人。

（5）附单据数。

它是指本张凭证所附原始单据张数。

录入记账凭证头内容,如图 4-11 所示。

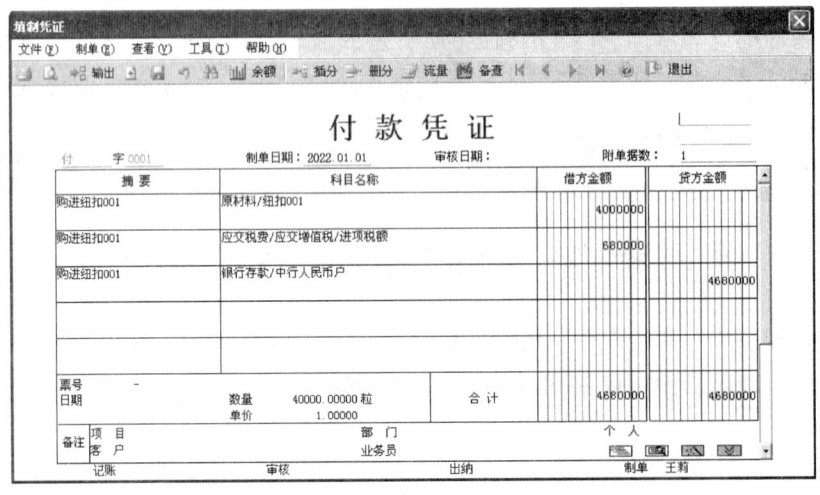

图 4-11　填制凭证头信息

2）记账凭证的凭证正文内容

（1）摘要。

输入本笔分录的业务书名，要求简洁明了。凭证的每行必须有摘要，在上一行的内容输入完成后，按"Enter"键，下一行摘要自动带出，内容与上一行摘要内容相同。

（2）科目。

必须输入末级科目。科目可以输入科目编码、中文科目名称、英文科目名称或助记码。

（3）辅助信息。

对于要进行辅助核算的科目，系统提示输入相应的辅助核算信息。辅助核算信息包括客户往来、供应商往来、个人往来、部门核算、项目核算。如果需要对所输入的辅助核算进行修改时，可双击所要修改的项，系统显示辅助信息录入窗，进行修改。

（4）金额。

它是指该笔分录的借方或贷方发生额，金额不能为零，但可以是红字，红字金额以负数形式输入。

录入记账凭证正文内容，如图4-12所示。

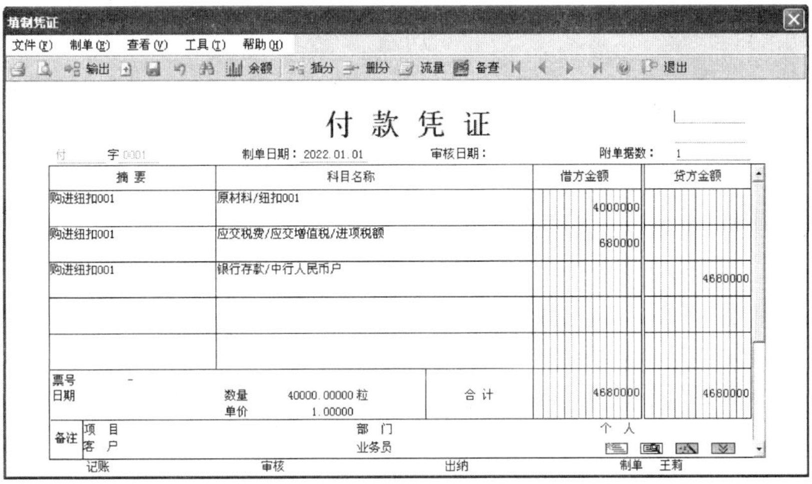

图4-12　记账凭证的填制

【例4-4】　填制瑞丽服装有限公司记账凭证，无辅助账科目的凭证录入。

【操作步骤】

👣 第一步，进入"总账"系统后，点击"凭证"—"填制凭证"，进入"填制凭证"窗口。

👣 第二步，单击"增加"按钮，增加一张空白凭证。按照预置的凭证分类方式，选择凭证类别；输入"制单日期"；输入"附单据数"。

👣 第三步，输入"摘要""借方科目名称""借方金额"，回车，摘要自动带到下一行，输入"贷方科目名称""贷方金额"。

第四步，单击"保存"按钮，弹出"凭证已成功保存"提示框，单击"确定"，保存完成。

3）有辅助核算信息凭证的输入

在凭证填制过程中，若某科目为"银行科目""外币科目""数量科目""辅助核算科目"，输完科目名称后，则需输入该科目的辅助核算信息。

（1）银行科目。

在填制过程中，如果有银行科目，则在输完银行科目后会弹出"辅助项"对话框，输入结算方式、票号、发生日期，单击"确认"按钮。输入完成后，单击"保存"按钮，若此张支票未登记，则弹出"此支票尚未登记，是否登记?"对话框，单击"是"按钮，弹出"票号登记"对话框，输入领用日期、领用部门、姓名、用途，单击"确定"按钮，如图 4-13 所示。

图 4-13　有结算方式的辅助项

（2）外币科目。

在填制过程中，若有外币科目，则需先输入外币金额，系统自动显示外币汇率，并自动计算、显示出本币金额。汇率栏中内容是固定汇率的，不能输入或修改。如使用变动汇率，汇率栏显示最近一次汇率，可以直接在汇率栏中修改。

（3）数量科目。

在填制凭证过程中，若有数量核算的科目，则弹出"辅助项"对话框，输入数量和单价，系统自动计算金额，如图 4-14 所示。

图 4-14　有数量核算的辅助项

（4）辅助核算科目。

具体包括客户往来、供应商往来、个人往来、部门核算、项目核算。在填制凭证过程中，若有辅助核算要求的科目，则需选择输入相应的辅助信息。

2. 修改凭证

修改凭证是指在记账前发现有凭证错误时，可对其相应的内容进行修改。凭证输入时，尽管系统提供了多种控制错误的措施，但是错误仍然是难免的，而记账凭证的错误必然影响系统的核算结果。为更正错误,系统提供了错误凭证的修改功能。在填制凭证中,通过翻页查找或输入查询条件,找到要修改的凭证,将光标移到要修改的地方进行修改即可,可修改内容包括摘要、科目、辅助项、金额及方向、增删分录等。

3. 作废、恢复及整理凭证

凭证作废就是当某张凭证不想要或出现不便修改的错误时,可将其作废。

【例4-5】 作废瑞丽服装有限公司转－0003号凭证。

【操作步骤】

🐾 第一步,进入"填制凭证"后,找出要作废的凭证。

🐾 第二步,执行"制单"—"作废"—"恢复"命令,凭证左上角显示"作废"字样,表示已将该凭证作废,作废凭证仍保留凭证内容及凭证编号。作废凭证不能修改,不能审核,但是可以记账,如图4-15所示。

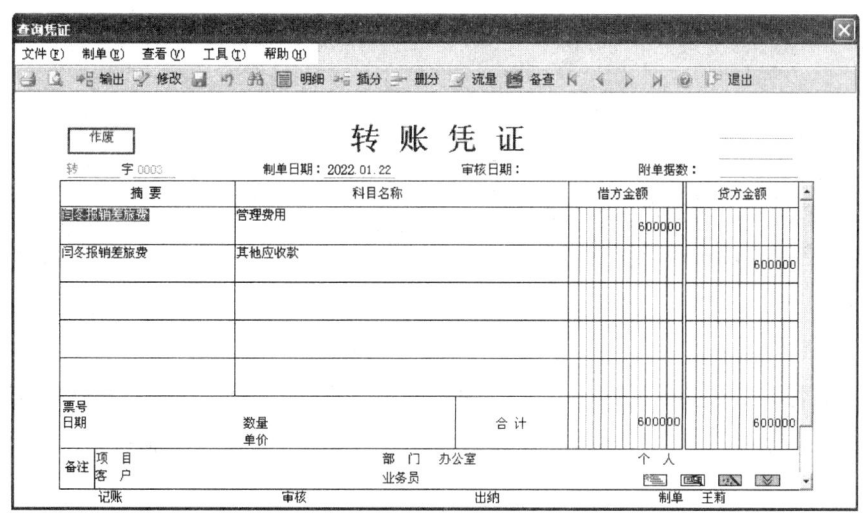

图4-15 作废凭证

【提示】

🔔 若当前凭证已作废,还可以执行"制单"—"作废"—"恢复"命令,取消作废凭证,并将当前凭证恢复为有效凭证。

🔔 由于作废凭证可以进行记账,因此为了避免账簿错误,就要对作废的凭证进行删除,但是系统没有直接删除的功能,而是通过"整理凭证"这个功能来实现。因此凭证整理就是删除所有作废凭证,并对未记账凭证重新编号的过程。

【例4-6】 删除瑞丽服装有限公司转－0003号凭证。

【操作步骤】

🐾 第一步,进入"填制凭证"后,执行"制单"—"整理凭证"命令。

🐾 第二步,打开"选择凭证期间"对话框,选择要整理的"月份",单击"确定"按钮,如

图 4-16 所示。

👣 第三步,打开"作废凭证表"对话框,选择要真正删除的作废凭证,单击"确定"按钮,系统将这些凭证从数据库中删除并对剩下的凭证重新编号,如图 4-17 所示。

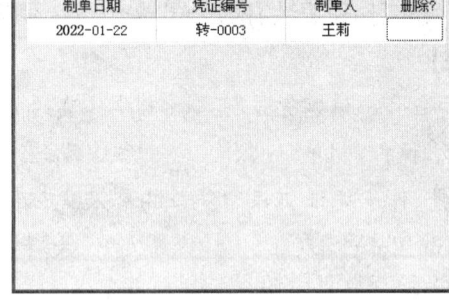

图 4-16　选择要整理凭证的月份　　　　图 4-17　选择要删除的作废凭证表

【提示】

🔔 作废凭证仍保留凭证内容及编号,只显示"作废"字样。

🔔 作废凭证不能修改,不能审核。

🔔 只能对未记账的凭证做凭证整理,已记账的凭证做凭证整理,应先取消记账,再做凭证整理。

4. 冲销凭证

在记账后,发现凭证有错误的,可以制作一张红字冲销凭证。红字冲销凭证应视同正常凭证进行保存管理。红字冲销凭证将错误凭证冲销后,需要再填制正确的蓝字凭证进行补充。

【例 4-7】　冲销瑞丽服装有限公司转—0003 号凭证。

【操作步骤】

👣 第一步,在"填制凭证"窗口中,单击"制单"菜单中的"冲销凭证"命令,打开"冲销凭证"对话框,如图 4-18 所示。

👣 第二步,在"冲销凭证"对话框中选择要冲销的凭证,单击"确定",系统自动生成一张红字冲销凭证,如图 4-19 所示。

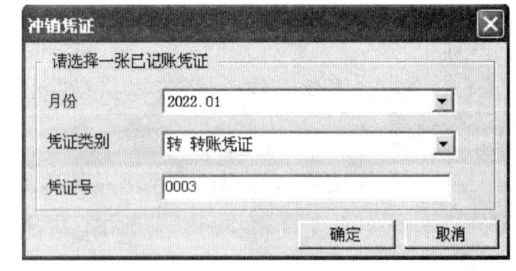

图 4-18　"冲销凭证"对话框

【提示】

🔔 制作红字冲销凭证将错误凭证冲销后,需要再编制正确的蓝字凭证进行补充。

🔔 通过红字冲销法增加的凭证,应视同正常凭证进行保存和管理。

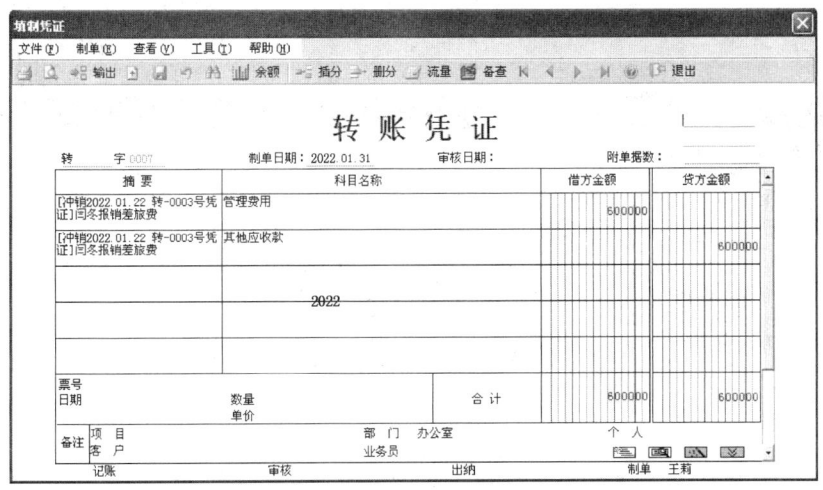

图 4-19 系统自动生成的红字冲销凭证

(二) 出纳签字

在凭证的填制过程中,如果涉及企业现金的收入与支出,出纳人员要通过"出纳签字"功能对制单员填制的带有现金科目、银行科目的凭证进行检查核对,主要核对凭证的出纳科目的金额是否正确。审查认为有错误或者有异议的凭证,应交与制单员修改后再核对。

涉及指定为现金科目和银行科目的凭证才需出纳签字。凭证一经签字就不能被修改、删除,只有取消签字后才可以修改或删除,取消签字只能由出纳人自己进行。出纳签字并非审核凭证的必要步骤,若在设置总账参数时,不选择"出纳凭证必须经由出纳签字",则可以不执行"出纳签字"功能。出纳签字应由有签字权限的出纳人员来进行。需要出纳签字的凭证可以单个签字也可以成批签字。

【例 4-8】 对瑞丽服装有限公司已填制的凭证进行出纳签字。

【操作步骤】

第一步,出纳人员登录"总账"系统后,执行"凭证"—"出纳签字"命令。

第二步,打开"出纳签字"查询条件对话框,输入查询条件,单击"确定"按钮,如图 4-20 所示。

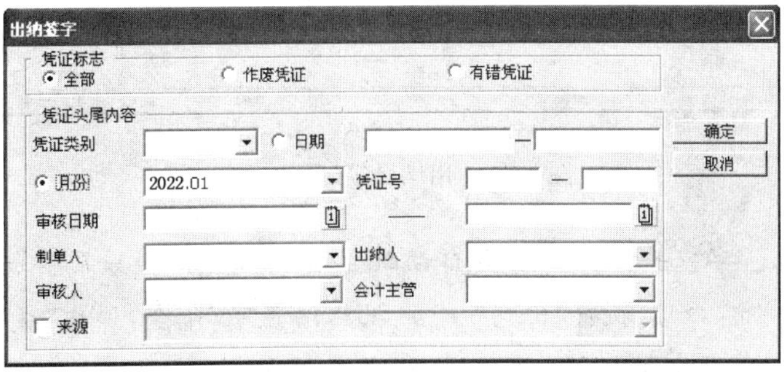

图 4-20 "出纳签字"查询条件

第三步,进入"出纳签字"的凭证列表窗口,双击要签字的凭证或者"确定"按钮,如图 4-21 所示。

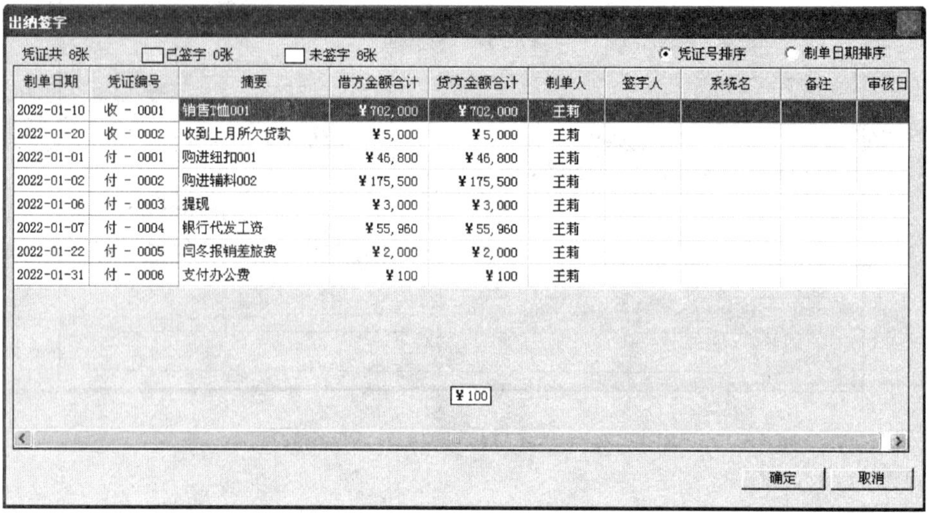

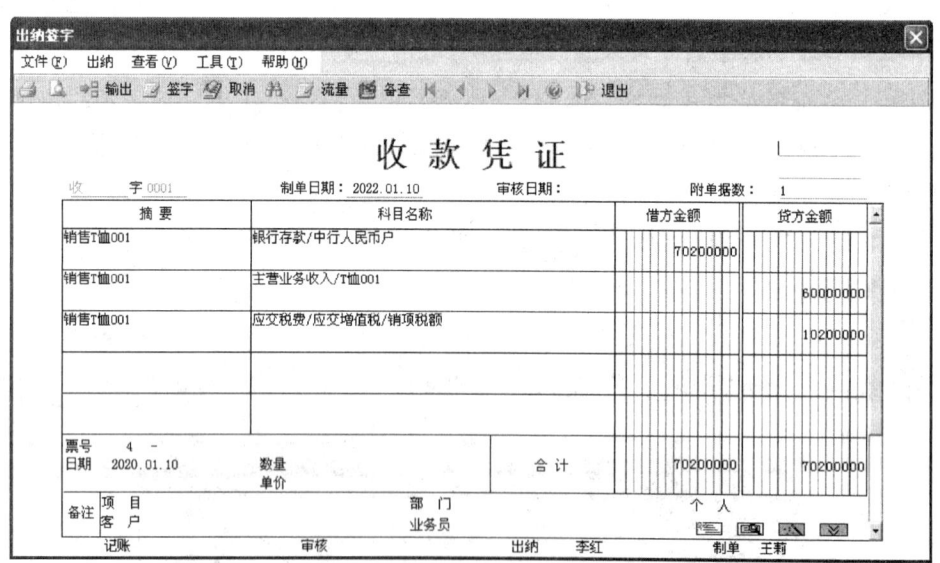

图 4-21 "出纳签字"凭证列表

第四步,进入"出纳签字"的凭证窗口,核对要签字的凭证,无误后,单击"签字"按钮,凭证底部的"出纳"处自动签上出纳的姓名,如图 4-22 所示。

图 4-22 出纳已签过字的凭证

第五步,签字完一张凭证后会自动跳至后一张凭证。如果要成批签字,在进入"出纳签字"的凭证窗口后,执行"出纳"—"成批出纳签字"命令,弹出"成批出纳签字结果表",单击"确定"按钮,完成出纳签字功能,如图 4-23 所示。

图 4-23　成批出纳签字结果表

【提示】

🔔 需要出纳签字的凭证，必须指定会计科目。

🔔 凭证一经签字，就不能被修改、删除。只有取消签字后，才可以修改或删除，取消签字只能由出纳人员自己进行。

🔔 成批出纳签字功能，必须在确认凭证无误时才可以使用。

（三）主管签字

为了加强会计人员制单的管理，系统提供"主管签字"功能供用户选择。选择该功能后，会计人员填制的凭证必经主管签字才能记账，签字人不能与制单人相同。

【例 4-9】　对瑞丽服装有限公司已填制的凭证进行主管签字。

【操作步骤】

👣 第一步，会计主管登录"总账"系统后，执行"凭证"—"主管签字"命令。

👣 第二步，打开"主管签字"查询条件对话框，输入查询条件，单击"确定"按钮，如图 4-24 所示。

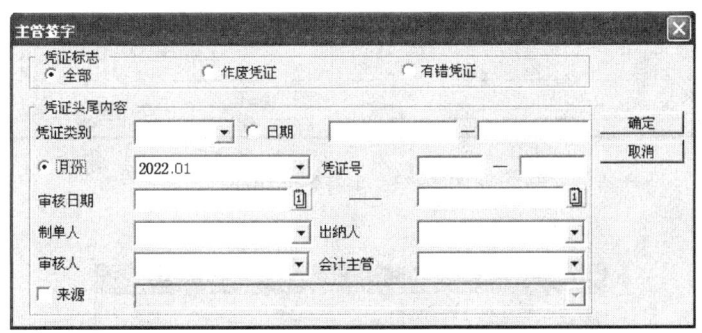

图 4-24　"主管签字"查询条件

👣 第三步，进入"主管签字"的凭证列表窗口，双击要签字的凭证或者"确定"按钮，如图 4-25 所示。

👣 第四步，进入"主管签字"的凭证窗口，核对要签字的凭证，无误后，单击"签字"按钮，凭证的右上角自动签上主管的姓名，如图 4-26 所示。

👣 第五步，签字完一张凭证后会自动跳至后一张凭证。如果要成批签字，在进入"主管签字"的凭证窗口后，执行"主管"—"成批主管签字"命令，弹出"成批主管签字结果表"，单击"确定"按钮，完成主管签字功能，如图 4-27 所示。

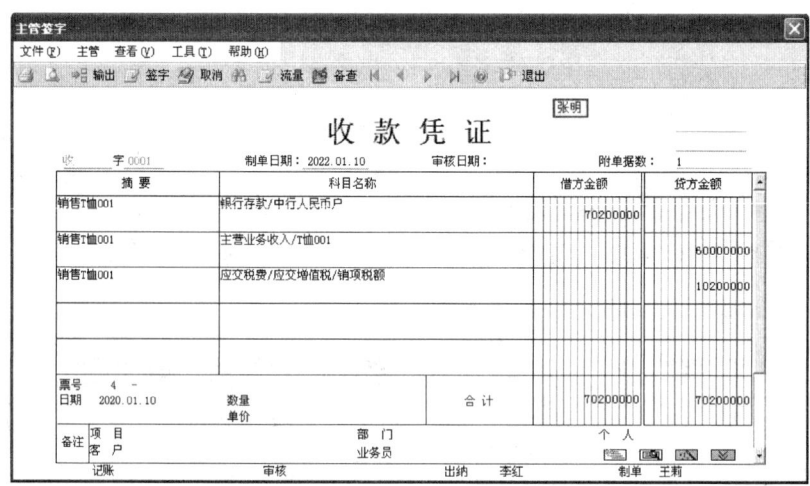

图 4-25 "主管签字"凭证列表

图 4-26 主管签字凭证

图 4-27 成批主管签字结果表

【提示】

🔔 凭证一经签字,就不能被修改、删除。只有取消签字后,才可以修改或删除,取消签字只能由主管自己进行。

🔔 成批主管签字功能,必须在确认凭证无误时才可以使用。

（四）审核凭证

审核凭证是审核员按照财会制度,对制单员的记账凭证进行检查核对,主要审核记账凭证是否与原始凭证相符、会计分录是否正确等。审查认为错误或有异议的凭证,交与制单员修改后再审核,只有具有审核权的人才能进行审核操作。

【例4-10】　对瑞丽服装有限公司已填制的凭证进行审核。

【操作步骤】

第一步,审核人员登录"总账"系统后,执行"凭证"—"审核凭证"命令。

第二步,打开"审核凭证"查询条件对话框,输入查询条件,单击"确定"按钮,如图4-28所示。

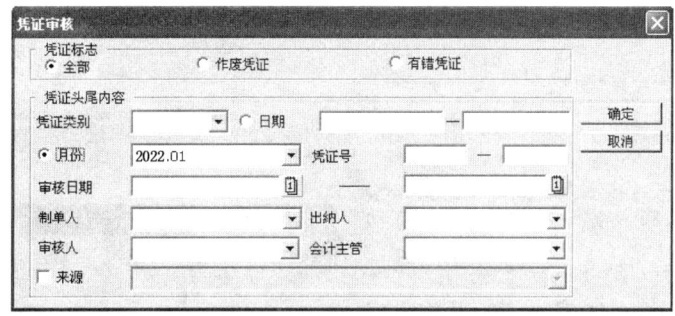

图4-28　"审核凭证"查询条件

第三步,进入"审核凭证"的凭证列表窗口,双击要签字的凭证或者"确定"按钮,如图4-29所示。

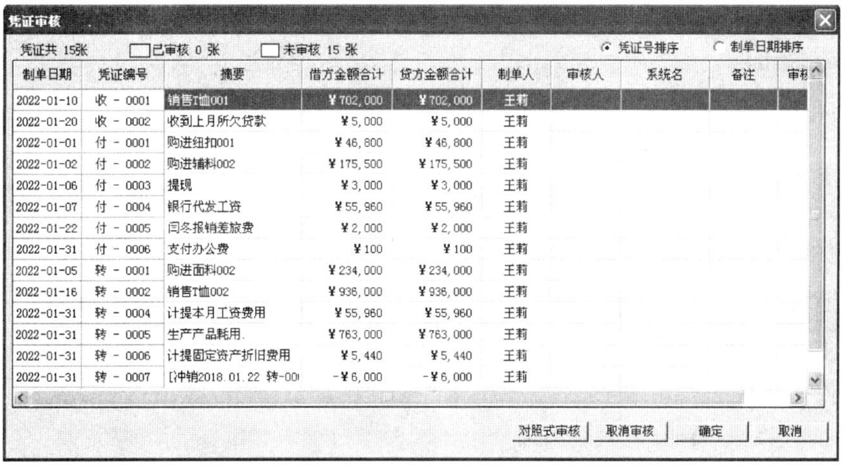

图4-29　"审核凭证"凭证列表

第四步,进入"审核凭证"的凭证窗口,检查要审核的凭证,无误后,单击"审核"按钮,凭证的底部"审核"处自动签上审核人的姓名,如图4-30所示。

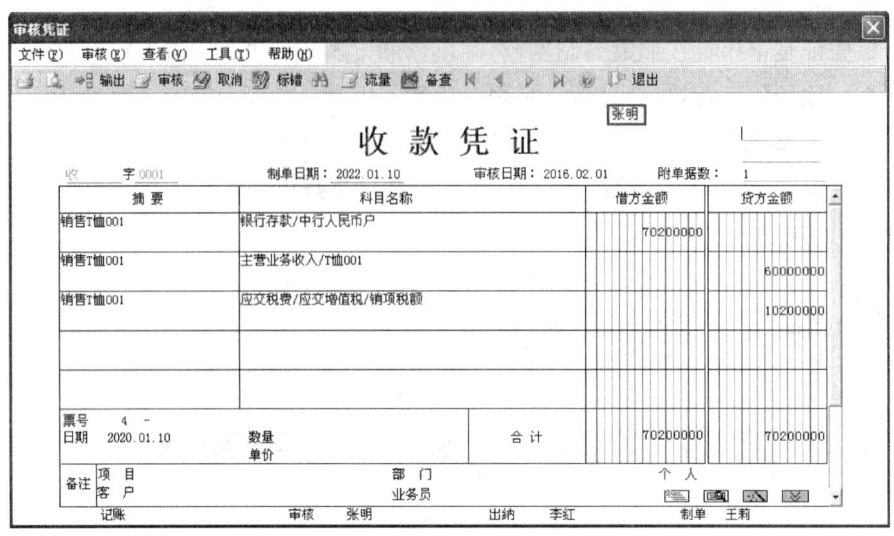

图 4-30　审核过的记账凭证

第五步,审核完一张凭证后会自动跳至后一张凭证。如果要成批签字,在进入"审核凭证"的凭证窗口后,执行"审核"—"成批审核凭证"命令,弹出"成批审核结果表",单击"确定"按钮,完成凭证审核功能,如图 4-31 所示。

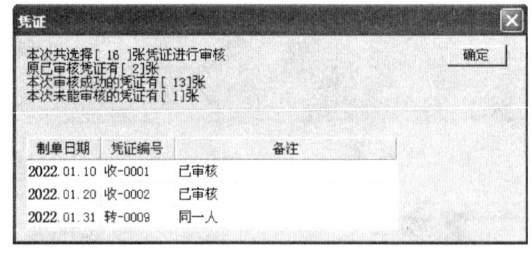

图 4-31　成批审核结果表

【提示】

🔔 审核人和制单人不能是同一个人。

🔔 凭证一经签字,就不能被修改、删除。只有取消签字后,才可以修改或删除,取消签字只能由审核人员自己进行。

🔔 成批审核签字功能,必须在确认凭证无误时才可以使用。

(五) 查询凭证

在制单过程中,可以通过查询功能,对凭证进行查看,以便随时了解经济业务发生的情况,保证填制凭证的正确性。

【例 4-11】　对瑞丽服装有限公司全部凭证进行查询。

【操作步骤】

👣 第一步,执行"凭证"—"查询凭证"命令。

👣 第二步,打开"凭证查询"条件对话框,输入查询条件,单击"确定"按钮,如图 4-32 所示。

👣 第三步,进入"查询凭证"的凭证列表窗口,可查看到凭证的制单日期、凭证编号、摘要、借贷方金额合计、审核、签字等状况,如图 4-33 所示。

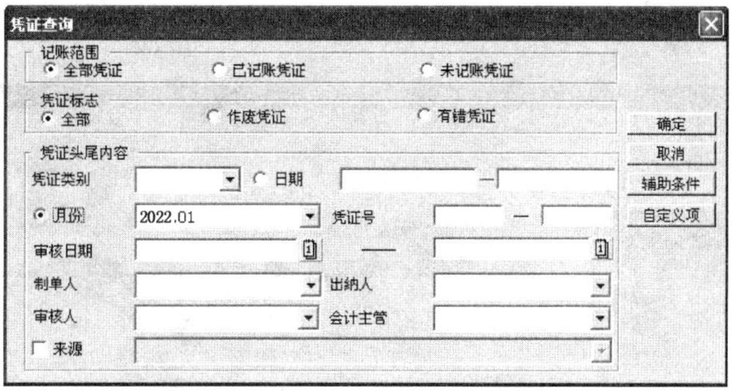

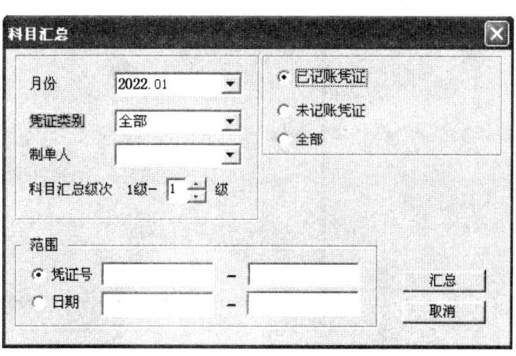

图 4-32 “凭证查询”条件对话框

查询凭证

凭证共 16张　已审核 16 张　未审核 0 张　凭证号排序　制单日期排序

制单日期	凭证编号	摘要	借方金额合计	贷方金额合计	制单人	审核人	系统名	备注	审核
2022-01-10	收 - 0001	销售T恤001	¥702,000	¥702,000	王莉	张明			2020
2022-01-20	收 - 0002	收到上月所欠贷款	¥5,000	¥5,000	王莉	张明			2020
2022-01-01	付 - 0001	购进纽扣001	¥46,800	¥46,800	王莉	张明			2020
2022-01-02	付 - 0002	购进辅料002	¥175,500	¥175,500	王莉	张明			2020
2022-01-06	付 - 0003	提现	¥3,000	¥3,000	王莉	张明			2020
2022-01-07	付 - 0004	银行代发工资	¥55,960	¥55,960	王莉	张明			2020
2022-01-22	付 - 0005	闫冬报销差旅费	¥2,000	¥2,000	王莉	张明			2020
2022-01-31	付 - 0006	支付办公费	¥100	¥100	王莉	张明			2020
2022-01-05	转 - 0001	购进面料002	¥234,000	¥234,000	王莉	张明			2020
2022-01-16	转 - 0002	销售T恤002	¥936,000	¥936,000	王莉	张明			2020
2022-01-22	转 - 0003	闫冬报销差旅费	¥6,000	¥6,000	王莉	张明			2020
2022-01-31	转 - 0004	计提本月工资费用	¥55,960	¥55,960	王莉	张明			2020
2022-01-31	转 - 0005	生产产品耗用	¥763,000	¥763,000	王莉	张明			2020
2022-01-31	转 - 0006	计提固定资产折旧费用	¥5,440	¥5,440	王莉	张明			2020

确定　取消

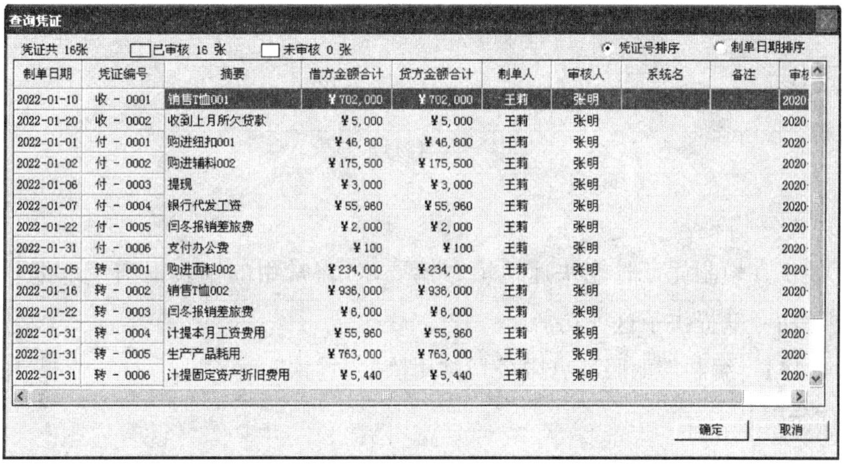

图 4-33 “查询凭证”的凭证列表

（六）科目汇总

记账凭证全部输入完毕并进行审核签字后，可以进行汇总并同时生成一张“科目汇总表”。进行汇总的凭证可以是已记账的凭证，也可以是未记账凭证，因此，财务人员可以在凭证未记账前，随时查看企业当前的经营状况和其他财务信息。

【例 4-12】 对瑞丽服装有限公司全部已记账凭证进行科目汇总。

【操作步骤】

第一步，执行“凭证”—“科目汇总”命令。

第二步，打开“科目汇总”对话框，选择科目汇总的条件，点击“汇总”按钮，如图 4-34 所示。

图 4-34 “科目汇总”对话框

第三步，显示“科目汇总表”，如

图 4-35 所示。

图 4-35　科目汇总表

（七）常用摘要

为了便于在填制凭证时能快速地填写摘要，可将常用的摘要提前予以编写，凭证的"常用摘要"命令就提供了这项功能。

【例 4-13】　编制瑞丽服装有限公司常用摘要"货款"。

【操作步骤】

👣 第一步，执行"基础设置"—"基础档案"—"其他"命令，进入"常用摘要"对话框。

👣 第二步，点击"增加"按钮，输入常用摘要的编码、内容及相关科目，如图 4-36 所示。

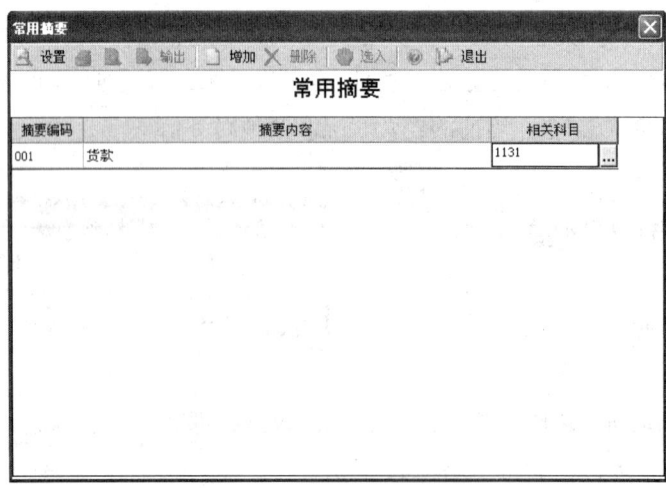

图 4-36　设置常用摘要

（八）记账

记账凭证经审核签字后,即可用来登记总账和明细账、部门账、往来账以及备查账等。记账一般采用向导方式,使记账过程更加明确。

【例4-14】　对瑞丽服装有限公司已审核的凭证进行记账。

【操作步骤】

第一步,执行"凭证"—"记账"命令,进入"记账"步骤窗口。

第二步,首先选择本次记账的凭证范围,如果不选,系统默认为全选,如图4-37所示。

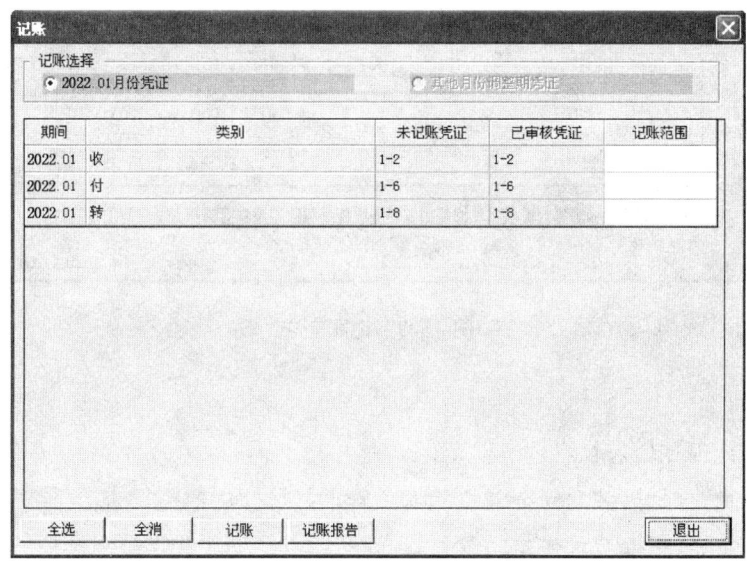

图4-37　选择记账的凭证范围

第三步,进入"记账报告"步骤,如果需要打印记账报告,可单击"打印"按钮,如果不打印,单击"记账"按钮。

第四步,进入"记账"步骤,单击"记账"按钮,显示"期初试算平衡表"对话框,单击"确定"按钮,系统开始登记有关的总账和明细账、辅助账,如图4-38所示。

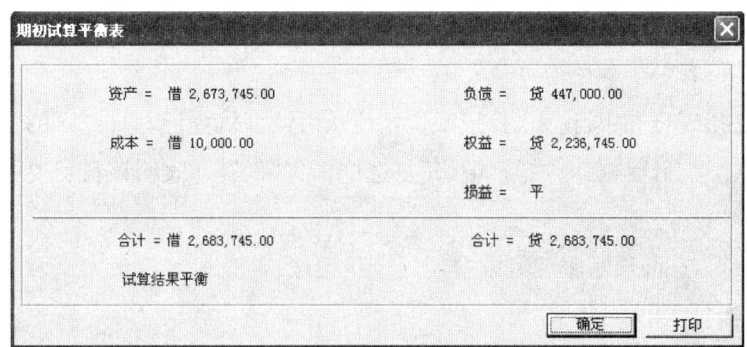

图4-38　期初试算平衡表

第五步,登记完后,弹出"记账完毕"信息提示对话框,单击"确定",记账完成,如图 4-39 所示。

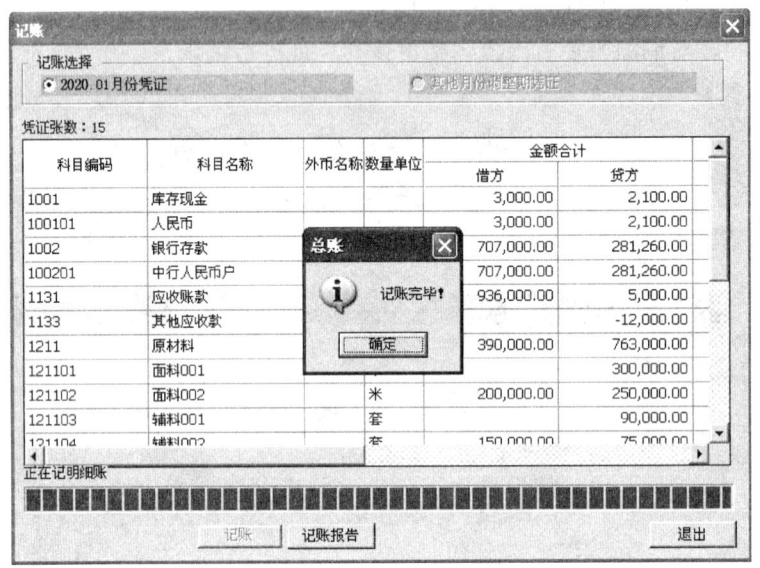

图 4-39 记账完毕

【提示】

🔔 记账范围可输入数字、"一""，"。

🔔 第一次记账时,若期初余额试算不平衡,不能记账。

🔔 上月未结账,本月不能记账。

🔔 未审核凭证不能记账,记账范围应小于等于已审核范围。

🔔 作废凭证不需要审核,可直接记账。

二、出纳管理

出纳管理是总账系统为出纳人员提供的一套管理工具,包括出纳签字、现金和银行存款日记账的输出、支票登记簿的管理及银行对账功能,并可对银行长期未达账提供审计报告。

（一）日记账及资金日报表

日记账是指现金和银行存款日记账。日记账由计算机登记。日记账的作用只是用于输出,只要在建立会计科目时在"日记账"复选框中打"√",即表明该科目要登记日记账。

1.现金日记账

【例 4-15】 查询瑞丽服装有限公司现金日记账。

【操作步骤】

第一步,执行"设置"—"基础档案"—"财务"—"会计科目"—"指定科目"命令,预先指定现金科目。

👣 第二步,执行"出纳"—"现金日记账"命令,打开"现金日记账"对话框,输入查询条件,即可查看现金日记账。

2. 银行存款日记账

【例 4-16】 查询瑞丽服装有限公司银行存款日记账。

【操作步骤】

👣 第一步,执行"设置"—"基础档案"—"财务"—"会计科目"—"指定科目",命令预先指定银行科目。

👣 第二步,执行"出纳"—"银行存款日记账"命令,打开"银行存款日记账"对话框,输入查询条件,即可查看银行存款日记账。

3. 资金日报表

资金日报表是反映现金、银行存款日发生额及余额情况的报表。资金日报表主要用于查询、输出或打印,提供当日借、贷金额合计和余额,以及发生的业务量等信息。

【例 4-17】 查询瑞丽服装有限公司资金日报表。

【操作步骤】

👣 第一步,执行"出纳"—"资金日报"命令,打开"资金日报表查询条件"对话框。

👣 第二步,输入查询日期,选择"有余额无发生也显示"复选框,单击"确认"按钮,进入"资金日报表"窗口进行查询。

（二）银行对账

银行对账是指企业的银行会计科目和银行的对账单进行核对,包括已达账项和未达账项。

1. 输入银行对账期初数据

通常许多企业在使用总账系统时,先不使用银行对账模块。比如某企业 2022 年 1 月开始使用总账系统,而银行对账功能是在 5 月份开始使用,那么银行对账则应该有一个启用日期(启用日期应为使用银行对账功能前最后一次手工对账的截止日期),并在此录入最后一次对账企业方与银行方的调整前余额,以及启用日期之前的单位日记账和银行对账单的未达账项。

【例 4-18】 启用瑞丽服装有限公司银行对账并录入银行对账期初数据,启用日期为"2022.01.01"。

【操作步骤】

👣 第一步,执行"出纳"—"银行对账"—"银行对账期初录入"命令,打开"银行科目选择"对话框。

👣 第二步,选择科目如"100201 中行人民币户",单击"确定"按钮,进入"银行对账期初"窗口,如图 4-40 所示。

👣 第三步,选择启用日期。输入单位日记账的调整前余额和银行对账单的调整前

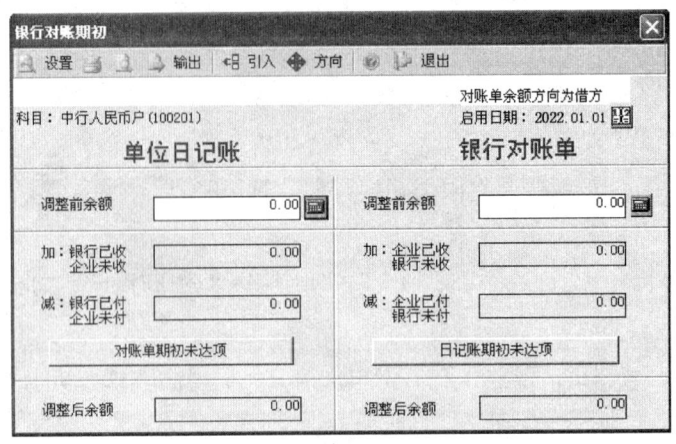

图 4-40　"银行对账期初"对话框

余额。

🐾　第四步，单击"对账单期初未达项"，进入"银行方期初"窗口，单击"增加"按钮，输入日期、结算方式、借方金额，单击"保存"按钮，进行数据保存，如图 4-41 所示。

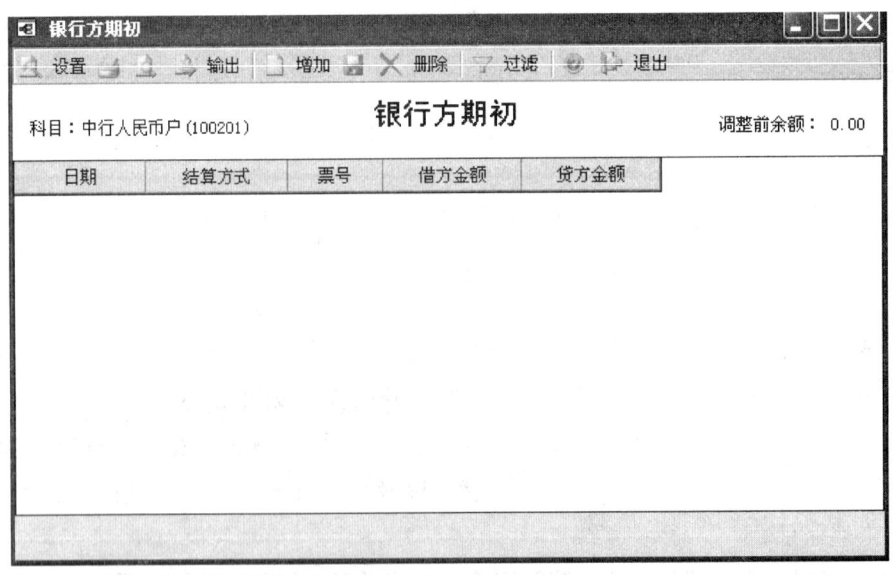

图 4-41　"银行方期初"对话框

🐾　第五步，单击"退出"按钮，退出"银行对账期初"窗口。

2. 输入银行对账单

要实现计算机自动对账，在每月对账前，需将银行开出的银行对账单输入计算机。本功能用于平时录入银行对账单，在指定账户后，可录入本账户下的银行对账单。在录入银行对账单时所输入的结算方式，同制单时所使用的结算方式可以相同也可以不同，但输入的票号应同制单时输入的票号位长相同。

【例 4-19】　输入瑞丽服装有限公司"100201 中行人民币户"会计科目 2022 年 1 月份的银行对账单。

【操作步骤】

　第一步,执行"出纳"—"银行对账"—"银行对账单"命令,打开"银行科目选择"对话框。

　第二步,选择科目如"100201 中行人民币户",单击"确定"按钮,进入"银行对账单"窗口,如图 4-42 所示。

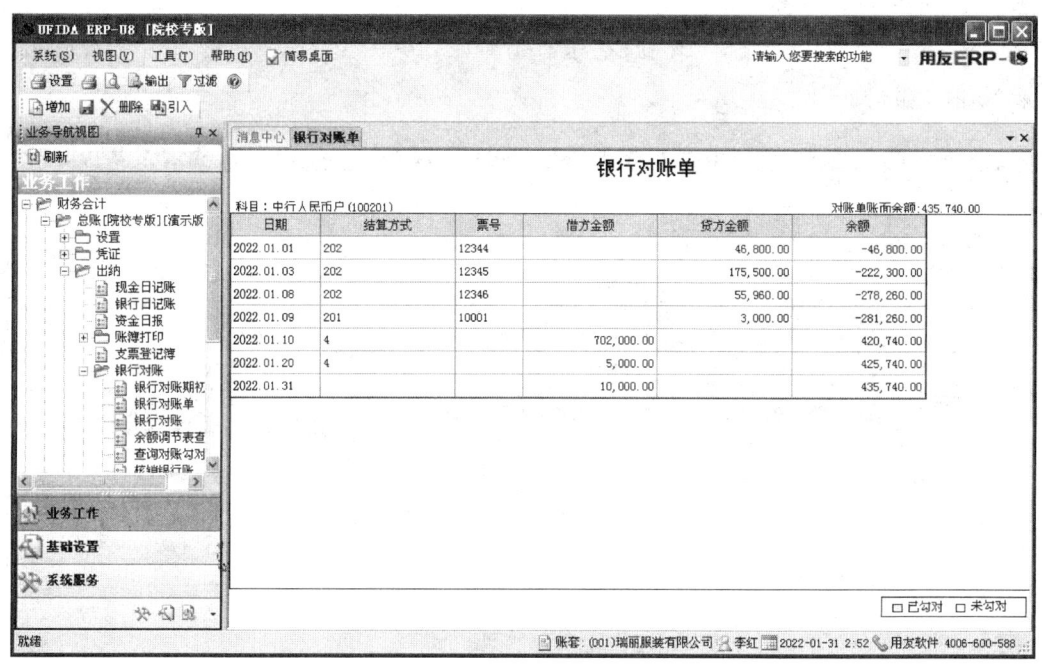

图 4-42　"银行对账单"对话框

　第三步,单击"增加"按钮,输入银行对账单数据,单击"保存"按钮,保存数据。

3. 银行对账

银行对账采用自动对账与手工对账相结合的方式。自动对账是指由计算机根据对账依据将银行存款日记账与银行对账单进行自动核对,勾销。对账依据通常是"结算方式＋结算号＋方向＋金额"或"方向＋金额"。对于已核对的银行业务,系统将自动在银行存款日记账和银行对账单双方写上"两清"标志,并视为已达账项;否则,视其为未达账项。由于自动对账是以银行存款日记账和银行对账单双方对账依据完全相同为条件,所以为了保证自动对账的正确和彻底,必须保证对账数据的规范合理。手工对账是对自动对账的补充。采用自动对账后,可能还有一些特殊的已达账没有对出来,而被视为未达账项。为了保证对账更彻底正确,可通过手工对账进行调整勾销。

【例 4-20】　对瑞丽服装有限公司"100201 中行人民币户"科目进行 2022 年 1 月份的银行对账。

【操作步骤】

👣 第一步,执行"出纳"—"银行对账"—"银行对账"命令,打开"银行科目选择"对话框。

👣 第二步,选择科目"100201 中行人民币户",单击"确定"按钮,进入"银行对账单"窗口。

👣 第三步,单击"对账"按钮,打开"自动对账"条件对话框,输入"截止日期",默认系统提供的其他对账条件,如图 4-43 所示。

👣 第四步,单击"确定"按钮,显示自动对账结果,如图 4-44 所示。

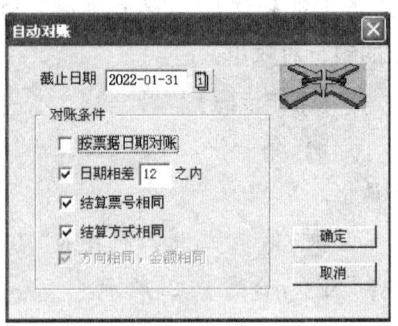

图 4-43 "自动对账"条件对话框

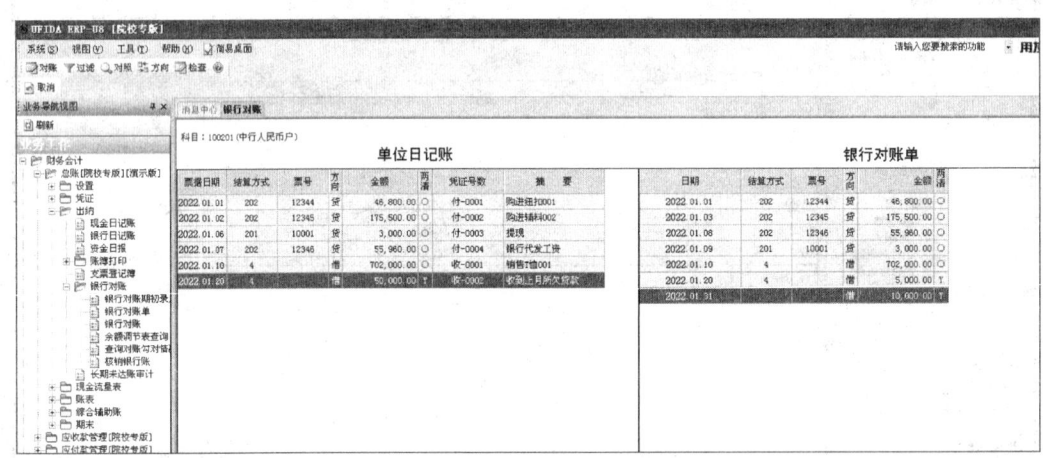

图 4-44 自动对账和手工对账结果

👣 第五步,对一些应勾而未勾对上的账项,可分别双击"两清"栏,直接进行手工调整。对账完毕,单击"检查"按钮,检查结果平衡,单击"确认"按钮,完成银行对账。

【提示】

🔔 在对账条件中的方向、金额相同是必选条件。

🔔 对账截止日期可以输入,也可以不输入。

🔔 对于已达账项,系统自动在银行存款日记账和以后对账单双方的"两清"栏上打上圆圈标志。

🔔 手工对账需在"两清"栏双击左右两侧的对应记录,系统显示手工对账两清的标志。

🔔 单击"检查"按钮,系统"对账平衡检查"对话框显示平衡检查结果。如果不平衡,则需继续通过手工对账功能进行调整,直至平衡为止。

4. 编制银行余额调节

银行余额调节表由计算机自动编制完成。在对银行账进行两清勾对后,计算机自动整理汇总未达账和已达账,生成"银行存款余额调节表",以检查对账是否正确。该余额表为截止到对账截止日期的余额调节表;若无对账截止日期,则为最新余额调节表。如果余额调节表显示账面余额不平,应查"银行对账期初录入"中的相关项目是否平衡、"银行对账单"录入是否正确、"银行对账"中勾对是否正确、对账是否平衡等。如不正确进行调整。

5. 核销已达账项

银行对账无误后,可通过核销银行账来核销已达账。银行对账不平时,不能使用核销功能。核销不影响银行日记账的查询和打印。若发生错误核销可以进行反核销。

6. 对账结果查询

对账结果查询主要用于查询单位日记账和银行对账单的对账结果。它是对余额调节表的补充,可进一步了解对账后账单上勾对的明细情况(包括已达账项和未达账项),从而进一步查询对账结果。

(三) 支票登记簿

总账系统为出纳人员提供了"支票登记簿"功能,用来详细登记支票等情况。

【例 4-21】　2022 年 1 月 25 日,销售部李静借转账支票一张,票号 12347,预计金额 8 000 元,进行支票登记。

【操作步骤】

第一步,执行"出纳"—"支票登记簿"命令,打开"银行科目选择"对话框,选择科目后单击"确定"按钮,进入支票登记簿窗口。

第二步,单击"增加"按钮,输入领用部门、领用日期、领用人、支票号、预计金额、用途等,单击"保存"按钮,完成支票登记,如图 4-45 所示。

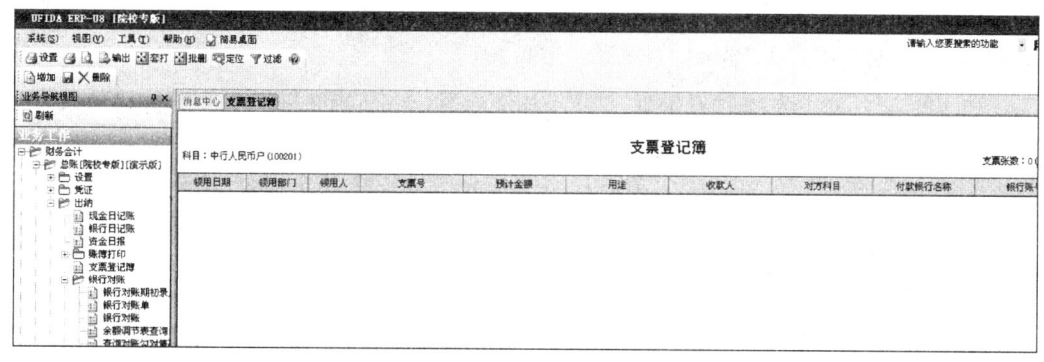

图 4-45　"支票登记"对话框

第三步,单击"退出"按钮,退出支票登记簿窗口。

【提示】

进行支票登记时,领用日期和支票号必须输入,其他内容可以不输。

报销日期不能在领用日期之前。

已报销的支票可以成批删除。

三、账簿管理

（一）各种辅助核算账簿管理

辅助核算账簿管理包括个人往来、部门核算、项目核算账簿的总账、明细账查询输出，以及部门收支分析和项目统计表的查询输出。当供应商往来和客户往来采用总账系统核算时，其核算账簿的管理在总账系统中进行，否则，应在应收应付系统中进行。

1. 部门辅助账管理

部门辅助账的管理主要涉及部门辅助总账、明细账的查询，正式账簿的打印，以及如何得到部门收支分析表。

【操作步骤】

👣 执行"总账"—"账表"—"部门辅助账"命令，可进行相应的操作。

1）部门总账步骤

【操作步骤】

👣 第一步，执行"部门辅助账"—"部门总账"—"部门三栏式总账"命令，进入"部门三栏式总账条件"窗口。

👣 第二步，输入科目及部门查询条件，单击"确定"按钮，显示查询结果。

👣 第三步，将光标定在总账的某笔业务上，单击"明细"按钮，可以联查部门明细账。

2）部门明细账步骤

【操作步骤】

👣 第一步，执行"部门辅助账"—"部门明细账"—"部门三栏式明细账"命令，进入"部门三栏式明细账条件"窗口。

👣 第二步，选择要查询的科目、部门、月份范围，单击"确认"按钮，显示查询结果。

👣 第三步，将光标定在明细账的某笔业务上，单击"凭证"按钮，可以联查该笔业务的凭证。

3）部门收支分析的步骤

【操作步骤】

👣 第一步，执行"部门辅助账"—"部门收支分析"命令，进入"部门收支分析条件"窗口。

👣 第二步，选择分析科目，单击"下一步"按钮。

👣 第三步，选择分析部门，单击"下一步"按钮。

👣 第四步，选择分析月份，单击"完成"按钮，显示查询结果。

2. 客户和供应商往来辅助账管理

客户和供应商往来辅助账的管理主要涉及客户和供应商往来辅助账余额表、明细账的查询、其正式账簿的打印，以及客户和供应商往来的两清。

【操作步骤】

执行"总账"—"账表"—"客户往来辅助账"和"供应商往来辅助账"可进行相应的操作。

3. 个人往来辅助账管理

个人往来辅助账的管理主要涉及个人往来辅助账余额表、明细账的查询、其正式账簿的打印,以及个人往来账的清理。

【操作步骤】

执行"总账"—"账表"—"个人往来账"命令,可进行相应的操作。

4. 项目辅助账管理

项目辅助账的管理包括项目总账、项目明细账的查询,以及项目统计表的查询。

【操作步骤】

执行"总账"—"账表"—"项目辅助账"命令,可进行相应的操作。

5. 账簿打印

账簿打印的管理包括科目账簿打印和辅助账打印。

(二) 账簿查询

1. 总账查询

总账查询不但可以查询各总账科目的年初余额、各月份发生额合计和月末余额,还可以查询所有各级明细科目的年初余额、各月发生额和月末余额。

【操作步骤】

第一步,执行"总账"—"账表"—"科目账"—"总账"命令,打开"总账查询条件"对话框。

第二步,选择"科目"及"级次"范围,单击"确认"按钮,显示查询结果。

第三步,可以单击"科目"下拉列表框的下三角按钮,查询其他总账。

2. 发生额及余额表的查询

发生额及余额表用于查询统计各级科目的本月发生额、累计发生额和余额等。

【操作步骤】

第一步,执行"总账"—"账表"—"科目账"—"余额表"命令,打开"发生额及余额查询条件"对话框。

第二步,选择选择起止"月份",选中"末级科目"及"包含未记账凭证"复选框,单击"确定"按钮,系统显示"发生额及余额表"。

3. 明细账查询

明细账查询用于平时查询各账户的明细发生情况,以及按任意条件组合查询明细账,在查询过程中,可以包含未记账凭证。

【操作步骤】

第一步,执行"总账"—"账表"—"科目账"—"明细账"命令,打开"明细账查询条件"对话框。

👣 第二步,选择"科目"及"月份",选中"包含未记账凭证"复选框,单击"确认"按钮,系统将显示明细账的查询结果。

4. 序时账查询

序时账就是以流水账的形式反映单位的经济业务。

【操作步骤】

👣 第一步,执行"总账"—"账表"—"科目账"—"序时账"命令。

👣 第二步,选择起止"日期",选中"包含未记账凭证"复选框,单击"确认"按钮,系统将显示全部序时账的查询结果。

5. 多栏账查询

总账系统中,普通多栏账由系统将要分析科目的下级科目自动生成多栏账。一般负债收入类科目分析其下级科目的贷方发生额,资产、费用类科目分析其下级科目的借方发生额,并允许随时调整。

在查询多栏账之前,必须先定义查询格式。进行多栏账栏目定义有两种定义方式,即自动编制栏目和手动编制栏目。先进行自动编制再进行手动调整,可提高录入效率。

【例 4-22】 查询瑞丽服装有限公司"管理费用"科目多栏账。

【操作步骤】

👣 第一步,执行"总账"—"账表"—"科目账"—"多栏账"命令,进入多栏账窗口。

👣 第二步,单击"增加"按钮,弹出"多栏账定义"对话框,选择核算科目,录入多栏账名称,单击"自动编制"进行栏目定义。

👣 第三步,点击"确定"按钮完成定义并返回"查询条件"对话框,单击"查询"按钮,输入多栏账查询条件,单击"确定"查询已定义的多栏账。

第四节　总账管理系统期末处理

总账管理系统期末处理主要包括自动转账、对账、结账,与日常业务相比,数量不多,但业务种类繁杂且时间紧迫。在计算机环境下,由于各会计期间的期末业务具有较强的规律性,且方法很少改变,如费用计提、分摊的方法等,由计算机来处理这些有规律的业务,不但减轻会计人员的工作量,也可以加强财务核算的规范性。

一、自动转账

转账分为内部转账和外部转账。内部转账是指在总账系统内部把某个或某几个会计科目中的余额或本期发生额结转到一个或多个会计科目中。外部转账是指将其他专项核算子系统生成的凭证转入总账系统中。

实现自动转账包括转账定义和转账生成两部分。

（一）转账定义

转账定义主要包括：自定义转账、对应结转、销售成本结转、售价（计划价）销售成本结转、汇兑损益结转、期间损益结转等。

1. 自定义转账

自定义转账功能可以完成的转账业务主要包括以下内容：

（1）"费用分配"的结转，如：工资分配等。

（2）"费用分摊"的结转，如：制造费用等。

（3）"税金计算"的结转，如：增值税等。

（4）"提取各项费用"的结转，如：提取福利费等。

（5）各项辅助核算的结转，如果客户和供应商使用本公司的应收、应付系统管理，那么在总账系统中，不能按客户、供应商辅助项进行结转，只能按科目总数进行结转。

【例4-23】　计提瑞丽服装有限公司本月短期借款利息（年利率6％），进行转账设置。

【操作步骤】

第一步，执行"总账"—"期末"—"转账定义"—"自定义转账"命令，单击"自定义转账"显示"自定义转账设置"对话框。

第二步，单击"增加"按钮，弹出"转账目录"对话框，输入转账序号、转账说明、凭证类别等信息，单击"确定"按钮，开始定义转账凭证分录信息，如图4-46所示。

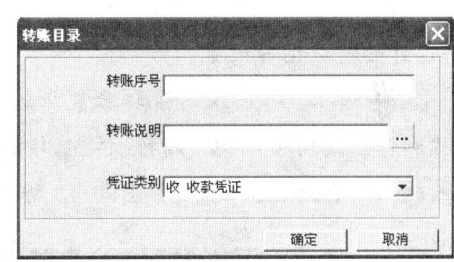

图4-46　"转账目录"对话框

第三步，开始定义转账凭证分录信息，公式录入完毕后，单击"增行"按钮，可继续编辑下一条转账分录。单击"插入"按钮，可从中间插入一行，如图4-47所示。

摘要	科目编码	部门	个人	客户	供应商	项目	方向	金额公式
计提短期借款利息	5503						借	JG()
计提短期借款利息	2231						贷	QM(2101,月,贷)*0.06/12

图4-47　自定义转账设置

第四步，单击"保存"按钮，自定义转账设置完成。

【提示】

🔔 转账科目为末级科目，部门可为空，表示所有部门。

🔔 科目默认，表示取对方所有科目的金额之和。

🔔 如果使用应收、应付系统，在总账系统中，不能按客户、供应商辅助项进行结转，只能按科目总数进行结转。

2.　对应结转

对应结转不仅可以进行两个科目一对一结转，还可进行科目的一对多结转。当两个或多个上级科目的下级科目及辅助项有一一对应关系时，可进行将其余额按一定比例系数进行对应结转，可一对一结转，也可一对多结转。

本功能只结转期末余额。若结转发生额，需先在自定义结转中设置。

【例 4-24】　结转净利润，进行转账设置。

【操作步骤】

第一步，执行"总账"—"期末"—"转账定义"—"对应结转"命令，单击"增加"按钮，开始对应结转设置。

第二步，输入这张转账凭证的编号、凭证类别、摘要、转出科目编码、转出科目名称和转出辅助项；点击"增行"按钮，增加一空行开始输入转入科目编码、转入科目名称、转入辅助项和结转系数等，如图 4-48 所示。

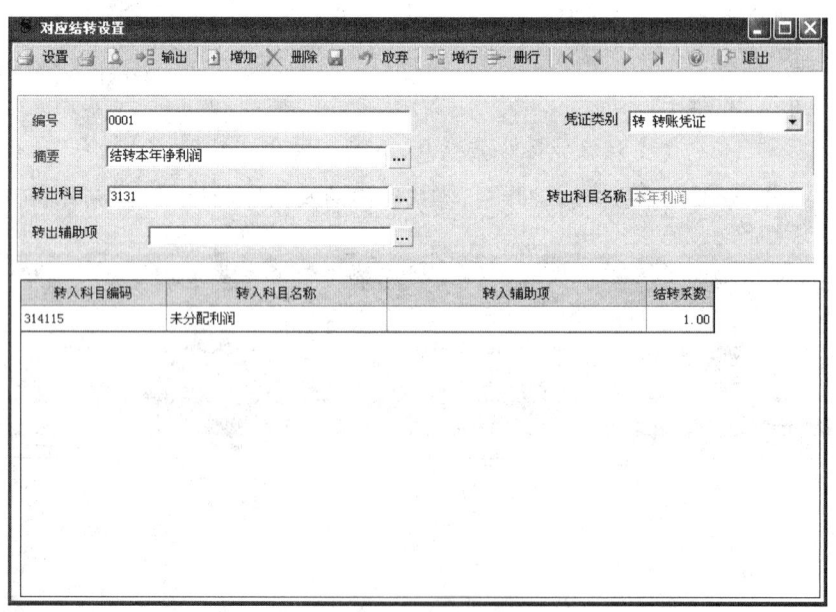

图 4-48　对应结转设置

第三步，输入完成后点击"保存"按钮保存这张转账凭证的设置。按"删除"按钮可删除光标所在行的对应结转凭证。

3. 销售成本结转

销售成本结转是将月末库存商品销售数量乘以库存商品的平均单价计算各类库存商品的销售成本,并进行结转。在设置销售成本结转时,要求"库存商品""主营业务收入""主营业务成本"科目下的明细科目必须设置为数量核算,而且这三个科目的下级必须一一对应,且都不能带辅助类核算。如果想对辅助类的科目进行成本的自动结转,可在"自定义转账"中加以定义。

【操作步骤】

👣 打开"销售成本结转设置"对话框,选择"凭证类别"和"库存商品科目""商品销售收入科目""商品销售成本科目"的科目代码,单击"确定"按钮即可,如图4-49所示。

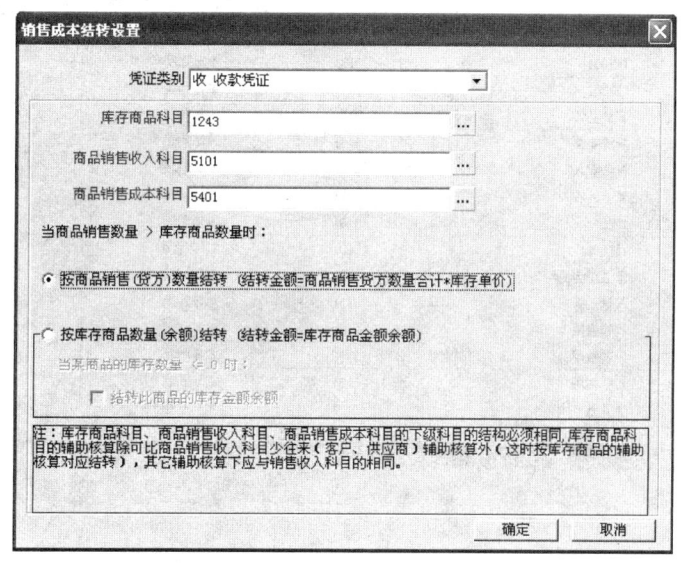

图 4-49　销售成本结转设置

4. 汇兑损益结转

用于期末自动计算外币账户的汇总损益,并在转账生成中自动生成汇总损益转账凭证。汇兑损益只处理以下外币账户:外汇存款户;外币现金;外币结算的各项债权、债务,不包括所有者权益类账户,成本类账户和损益类账户。

【操作步骤】

👣 第一步,执行"总账"—"期末"—"转账定义"—"汇兑损益结转"命令,打开"汇兑损益结转设置"对话框

👣 第二步,选择"凭证类别"和"汇兑损益入账科目",将光标移到要计算汇兑损益的外币科目上按空格键选择需要计算汇兑损益的科目,或用鼠标双击要计算汇兑损益的科目,选择完毕后,单击"确定"即可。

5. 期间损益结转

用于在一个会计期间终了将损益类科目的余额结转到"本年利润"科目中,从而及时

反映企业利润的盈亏情况。主要是对于"管理费用""销售费用""财务费用""主营业务收入""营业外支出"等科目向本年利润的结转。

【例 4-25】 结转期间损益,进行转账设置。

【操作步骤】

👣 第一步,执行"总账"—"期末"—"转账定义"—"期间损益结转"命令,打开"期间损益结转设置"对话框。

👣 第二步,选择"凭证类别"和"本年利润科目",单击"确定"按钮即可,如图 4-50 所示。

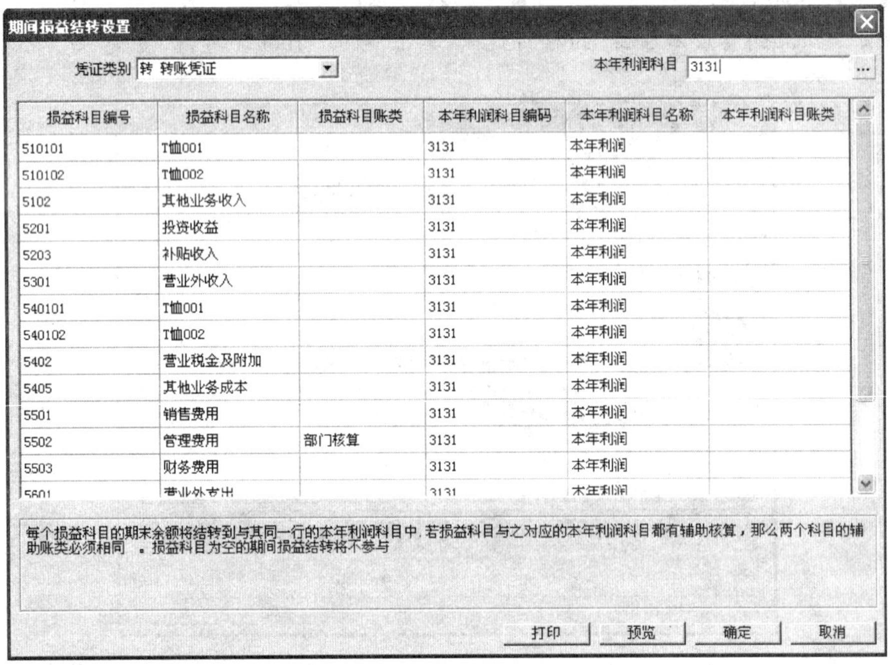

图 4-50 期间损益结转设置

（二）转 账 生 成

定义完转账凭证后,每月月末只需执行本功能即可由计算机快速生成转账凭证。在此生成的转账凭证将自动追加到未记账凭证中去,通过审核、记账后才能真正完成结转工作。

由于转账凭证中定义的公式基本上取自账簿,因此在进行月末转账之前,必须将所有未记账凭证全部记账,否则生成的转账凭证中的数据可能不准确。特别是对于一组相关转账分录,必须按顺序依次进行转账生成、审核、记账。

应根据需要选择生成结转方式、结转月份及需要结转的转账凭证。系统在进行结转计算后显示将要生成的凭证,确认无误后,才将生成的凭证追加到未记账凭证中。结转月份为当前会计月,且每月只结转一次。在生成结转凭证时,要注意操作日期,一般在月末进行。

若转账科目有辅助核算,但未定义具体的转账辅助项,则可选择"按所有辅助项结转"

或是"按有发生的辅助项结转"。若按所有辅助项结转,则转账科目的每一辅助项生成一笔分录;若按有发生的辅助项结转,则转账科目下每一个发生的辅助项生成一笔分录。

【例4-26】 转账生成计提短期借款利息凭证。

【操作步骤】

第一步,执行"总账"—"期末"—"转账生成"命令,弹出"转账生成"对话框。

第二步,选择要生成的凭证,单击"确定"按钮,如图4-51所示。

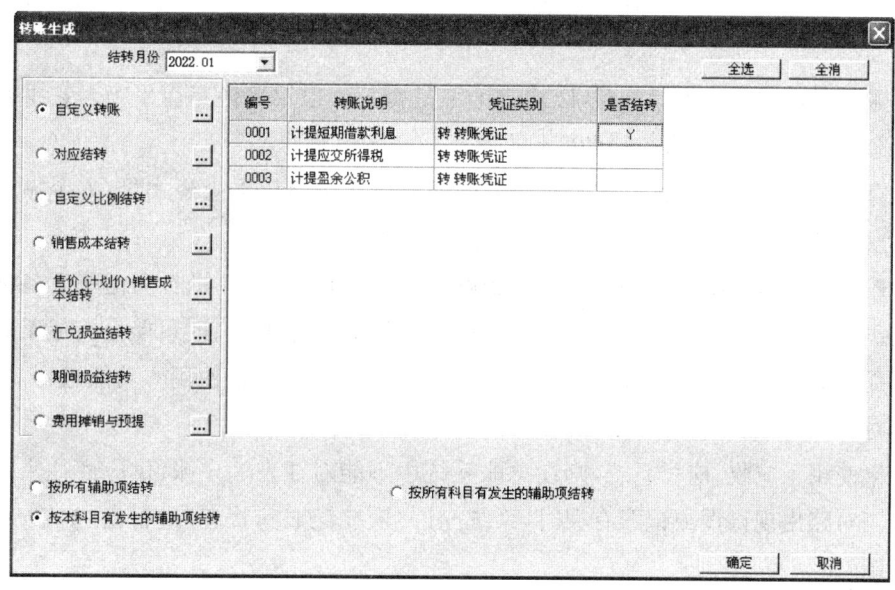

图4-51 "转账生成"对话框

第三步,生成转账凭证,单击"保存"按钮,凭证上方显示"已生成",如图4-52所示。

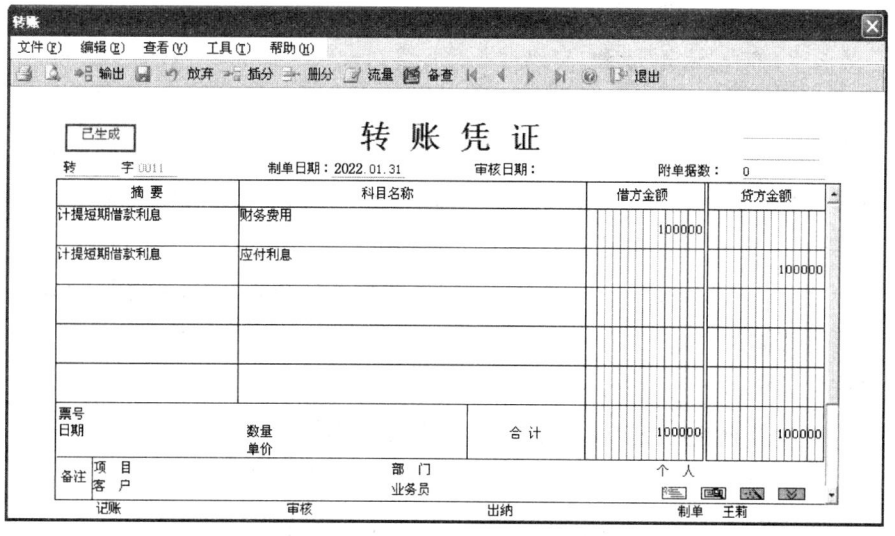

图4-52 转账生成的凭证

【提示】

🔔 转账生成之前,注意转账月份为当前会计月份。

🔔 进行转账生成之前,应将相关经济业务的记账凭证登记入账。

🔔 转账凭证每月只能生成一次。

🔔 生成的转账凭证,仍需审核后才能记账。

🔔 在生成凭证时,必须注意业务发生的先后次序,否则计算金额时,就容易出错。

二、对账

对账是对账簿数据进行核对,以检查记账是否正确以及账簿是否平衡。它主要是通过核对总账与明细账、总账与辅助账数据来完成账账核对的。

试算平衡就是将系统设置的所有科目的期末余额按会计平衡公式"借方余额＝贷方余额"进行平衡检验,并输出科目余额表及是否平衡信息。

一般来说,实行计算机记账后,只要记账凭证录入正确,计算机自动记账后各种账簿都应是正确、平衡的,但由于非法操作或计算机病毒或其他原因有时可能会造成某些数据被破坏而引起账账不符。为了保证账证相符、账账相符,应经常使用本功能进行对账,至少一个月一次,一般可在月末结账前进行。

如果使用了应收、应付系统,则在总账系统中不能对往来客户账、供应商往来账进行对账。当对账出现错误或记账有误时,系统允许"恢复记账前状态"进行检查、修改,直到对账正确。

【例 4-28】 2022 年 1 月 31 日对本月份账目进行核对。

【操作步骤】

👣 第一步,执行"期末"—"对账"命令,进入"对账"窗口,将光标定位在要进行对账的月份,单击"选择"按钮。

👣 第二步,单击"对账"按钮,开始自动对账,并显示对账结果。

👣 第三步,单击"试算"按钮,可以对各科目类别余额进行试算平衡,单击"确认"按钮。

三、结账

每月月底都要进行结账处理。结账实际上就是计算和结转各账簿的本期发生额和期末余额,并终止本期的账务处理工作。

在电算化方式下,结账是一种成批数据处理。每月只结账一次,主要是对当月日常处理限制和下月账簿的初始化,由计算机自动完成。

在结账之前要做下列检查:

(1) 检查本月业务是否全部记账,有未记账凭证不能结账。

(2) 月末结转必须全部生成凭证并记账,否则本月不能结账。

(3) 检查上月是否已结账,上月未结账,则本月不能结账。

（4）核对总账与明细账、总账与辅助账、总账系统与其他子系统数据是否已一致,不一致不能结账。

（5）损益类账户是否全部结转完毕,否则本月不能结账。

（6）若与其他子系统联合使用,其他子系统是否已经结账,若没有,则本月不能结账。

结账前要进行数据备份。结账后不得再录入本月凭证,并终止各账户的记账工作。结账时要计算本月各账户发生额和本月账户期末余额,并将余额结转下月月初。

【提示】

如果结账以后发现结账错误,可以进行反结账:按"Ctrl＋shift＋f6"取消结账标记,然后进行修正,再进行结账工作。

本 章 启 示

各单位必须根据国家会计制度的规定使用总账科目,可根据实际情况,在满足核算和管理要求以及报表数据来源的基础上,自行设定明确科目。熟悉企业会计核算的基本程序和具体方法,加强实际操作的动手能力,提高运用会计基本技能的水平。

思 维 拓 展

1. 总账管理系统的主要功能有哪些?

2. 总账管理系统的基本操作过程包括哪些内容?

3. 如何输入期初余额?

4. 如何进行凭证的修改?

5. 如何完成银行对账?

6. 记账的过程及应注意的事项有哪些?

7. 在结账前要做哪些检查?

知识点应用及实践能力训练

实验三　总账系统初始化

一、实验准备

完成第三章"实验二　基础档案设置"的操作。将计算机系统时间调整为账套 2018

年 1 月份,将相关账套数据引入用友 ERP-U8V10.1 系统。

二、实验内容

(1) 登录总账系统。

(2) 设置总账系统功能参数。

(3) 录入总账系统期初余额。

三、实验资料

(一) 总账系统功能参数

凭证选项中需进行支票控制,其他为系统默认设置。

(二) 期初余额

以 2022 年 1 月 1 日登录。

1. 应收票据(1111)期初余额

瑞丽公司应收票据(1111)期初余额如表 4-1 所示。

表 4-1 瑞丽公司应收票据(1111)期初余额

日期	凭证号	客户	摘要	金额(元)	业务员	票号	票据日期
2021-07-01	略	国香公司	货款	100 000	魏华	12345	2021-07-01

2. 应收账款(1131)期初余额

该公司应收账款(1131)期初余额如表 4-2 所示。

表 4-2 瑞丽公司应收账款(1131)期初余额

开票日期	客户名称	摘要	金额(元)	业务员
2021-08-27	天丽公司	货款	30 000	魏华
2021-08-14	清雅公司	货款	50 000	李静

3. 预收账款(2131)期初余额

该公司的预收账款(2131)期初余额如表 4-3 所示。

表 4-3 瑞丽公司预收账款(2131)期初余额

日期	客户	摘要	金额(元)	业务员
2021-08-25	楚楚公司	货款	50 000	李静

4. 应付账款(2121)期初余额

该公司的应付账款(2121)期初余额如表 4-4 所示。

表 4-4 瑞丽公司应付账款(2121)期初余额

日期	供应商	摘要	金额(元)	业务员
2021-08-29	兴盛公司	货款	117 000	陈旭

5. 应付票据(2111)期初余额

该公司的应付票据(2111)期初余额如表4-5所示。

表4-5　　　　　瑞丽公司应付票据(2111)期初余额

日期	供应商	摘要	金额(元)	业务员	票号	票据日期
2021-06-01	银狐公司	货款	80 000	陈旭	54321	2021-06-01

6. 预付账款(1151)期初余额

该公司的预付账款(1151)期初余额如表4-6所示。

表4-6　　　　　瑞丽公司预付账款(1151)期初余额

日期	供应商	摘要	金额(元)	业务员
2021-08-30	新新公司	贷款	20 000	陈旭

7. 其他应收款(1133)期初余额

该公司的其他应收款(1133)期初余额如表4-7所示。

表4-7　　　　　瑞丽公司其他应收款(1133)期初余额

借款日期	部门	个人姓名	摘要	金额(元)
2021-08-28	办公室	闫冬	差旅费	6 000
2021-08-30	销售部	魏华	差旅费	4 000

8. 原材料(1211)初期数量和金额

该公司的原材料(1211)初期数量和金额如表4-8所示。

表4-8　　　　　瑞丽公司原材料(1211)期初数量和余额

原材料名称	数量	金额(元)	原材料名称	数量	金额(元)
面料001	6 000 米	300 000	辅料002	2 000 套	30 000
面料002	2 000 米	100 000	纽扣001	30 000 粒	30 000
辅料001	6 000 套	90 000	缝纫线	500 个	10 000

9. 库存商品(1243)期初数量和金额

该公司的库存商品(1243)期初数量和金额如表4-9所示。

表4-9　　　　　瑞丽公司库存商品(1243)期初数量和余额

商品名称	数量(件)	金额(元)	商品名称	数量(件)	金额(元)
T恤001	2 000	150 000	T恤002	4 000	280 000

10. 瑞丽公司期初余额表

该公司的期初余额表如表4-10所示(日期:2022年1月1日;单位:元)。

表 4-10　　　　　　　　　　　　　　瑞丽公司期初余额

科目编码	科目名称	方向	期初余额（元）	科目编码	科目名称	方向	期初余额（元）
100101	库存现金——人民币	借	5 000	2101	短期借款	贷	200 000
100201	银行存款——中行人民币户	借	500 000	2111	应付票据	贷	80 000
100202	银行存款——中行美元户	借	￥68 345（＄10 000）	2121	应付账款	贷	117 000
1111	应收票据	借	100 000	2131	预收账款	贷	50 000
1131	应收账款	借	80 000	3101	实收资本	贷	2 000 000
1133	其他应收款	借	10 000	3131	本年利润	贷	200 000
1141	坏账准备	贷	1 000	314115	利润分配——未分配利润	贷	36 745
1151	预付账款	借	20 000				
1211	原材料	借	560 000				
1243	库存商品	借	430 000				
1501	固定资产	借	1 115 000				
1502	累计折旧	贷	213 600				
41010101	生产成本——基本生产成本——T 恤 001	借	4 000				
41010102	生产成本——基本生产成本——T 恤 002	借	6 000				
资产合计			2 683 745	负债和所有者权益合计			2 683 745

四、实验步骤

（1）以账套主管的身份登录总账系统。

（2）设置总账系统参数。

（3）录入期初余额。

（4）对账。

（5）试算平衡。

（6）以"admin"的身份登录系统管理备份账套。

实验四　总账系统日常业务核算

一、实训准备

完成第四章"实验三　总账系统初始化"的操作。将计算机系统时间调整为账套 2022 年 1 月份,将"实验三　总账系统初始化"账套数据引入用友 ERP-U8 V10.1 系统。

二、实验内容

（1）填制凭证。

（2）修改凭证。

（3）删除凭证。

（4）审核凭证。

（5）记账。

三、实验资料

瑞丽服装有限公司 2022 年 1 月份发生下列经济业务，要求进行相应的凭证处理。

（1）1 日，采购部业务员陈旭向永新公司购进纽扣 001 共 400 袋，不含税单价 100 元一袋，每袋 100 粒，增值税税率 13%，材料已验收入库，货款以转账支票（结算号：12344）付讫。

需输入各原材料数量、单价；需输入结算方式和转账支票结算号。

（2）2 日，采购部业务员陈旭向新新公司购进辅料 002 共 10 000 套，单价 15 元一套，价款 150 000 元，增值税税率 13%，税额 19 500 元，货款以转账支票付讫，票号 12345。

需输入原材料数量、单价；需输入结算方式和转账支票票号。

（3）5 日，采购部业务员陈旭向兴盛公司购进面料 002 共 4 000 米，单价 50 元一米，增值税税率 13%，开出三个月期无息商业承兑汇票一张，票据编号：23456。

需输入原材料数量、单价；需在辅助项对话框中输入应付票据对应的供应商名称、业务员和票号。

（4）6 日，从银行提取现金 3 000 元备用，现金支票票号为 10001。

填制付款凭证，需输入结算方式、票号。

（5）7 日，开出转账支票由银行代发工资 55 960 元，转账支票票号：12346。

需输入结算方式和转账支票票号，日期为操作日期。

（6）10 日，销售部李静销售给楚楚公司 T 恤 001 共 6 000 件，不含税单价 100 元一件，增值税税率 13%，款项已通过银行收讫。

结算方式为电汇，票号略；需在主营业务收入辅助项对话框中输入数量和单价。

（7）16 日，销售部魏华销售给丽人公司 T 恤 002 共 8 000 件，单价 100 元一件，增值税税率 13%，价款未收。

需输入应收账款对应的客户名称、业务员；需在主营业务收入辅助项对话框中输入数量和单价。

（8）20 日，收到清雅公司电汇款，金额 50 000 元，系上月该公司所欠货款。

需输入结算方式，票号略；需在辅助项对话框中输入应收账款对应的客户名称。

（9）22 日，办公室闫冬出差回来报销差旅费 8 000 元，补付现金 2 000 元。

编制一张付款凭证，一张转账凭证。管理费用辅助项对话框中需输入部门名称；其他应收款辅助项对话框中需输入职员名称。

（10）31 日，计算分摊本月工资费用，其中，生产 T 恤 001 工人工资 10 000 元，生产 T 恤 002 工人工资 9 000 元，制造部管理人员工资 5 200 元，销售部人员工资 8 500 元，办公室人员工资 8 360 元，财务部人员工资 7 700 元，人力资源部人员工资 3 600 元，采购部人员工资 3 600 元。会计分录：

借：生产成本——基本生产成本——T 恤 001	10 000
生产成本——基本生产成本——T 恤 002	9 000
制造费用	5 200
销售费用	8 500
管理费用（办公室）	8 360
管理费用（财务部）	7 700
管理费用（人力资源部）	3 600
管理费用（采购部）	3 600
贷：应付职工薪酬	55 960

需在管理费用辅助项对话框中输入部门名称。

（11）31 日，仓库本月发出材料汇总表，如表 4-11 表示。

表 4-11　　　　　　　　　　　瑞丽公司本月仓库发出材料汇总表

材料 ＼ 项目		T 恤 001 耗用	T 恤 002 耗用	一般性耗用	合计金额（元）
面料 001	数量（米）	6 000			
	单价（元/米）	50			
	金额（元）	300 000			300 000
面料 002	数量（米）		5 000		
	单价（元/米）		50		
	金额（元）		250 000		250 000
辅料 001	数量（套）	6 000			
	单价（元/套）	15			
	金额（元）	90 000			90 000
辅料 002	数量（套）		5 000		
	单价（元/套）		15		
	金额（元）		75 000		75 000
纽扣 001	数量（粒）			40 000	
	单价（元/粒）			1	
	金额（元）			40 000	40 000

（续表）

材料 ＼ 项目		T恤001耗用	T恤002耗用	一般性耗用	合计金额（元）
缝纫线001	数量（个）			400	
	单价（元/个）			20	
	金额（元）			8 000	8 000
合计金额（元）		390 000	325 000	48 000	763 000

注：需输入原材料的数量和单价。

（12）31日，用现金支付制造部办公费100元。

（13）31日，经计算本月固定资产折旧费5 440元，其中制造部负担2 800元，办公室负担2 080元，财务部负担80元，人力资源部负担80元，销售部负担400元（销售部折旧计入销售费用）。

（14）31日，按产品生产产量比例结转本月制造费用（A产品6 000件，B产品5 000件）。

第一步，对未审核记账的凭证进行审核记账处理；第二步，查询制造费用总分类账的本月发生额；第三步，按产量比例计算出分摊到T恤001和T恤002的金额；第四步，填制相应的记账凭证。

（15）31日，结转完工产品的实际成本。本月T恤001产品完工6 000件，期末在产品金额为8 600元；T恤002产品完工5 000件，期末在产品金额为6 500元。

第一步，查询生产成本明细账，查询T恤001和T恤002的生产成本余额。

第二步，根据已知各产品实际期末生产成本明细账余额推算出完工产品的生产成本。

第三步，将完工产品生产成本除以各自的数量，计算出完工产品单位成本。

第四步，填制完工产品结转入库的记账凭证。

四、操作步骤

（1）填制凭证。

在填制凭证，业务日期即为当前操作日期，所附单据数可忽略不填，实验资料中未提供的其他内容在凭证填制中均可忽略。凭证摘要可简单以题号代替，第9题涉及两张凭证的，可用"9（1）"和"9（2）"表示。

（2）修改凭证。

发现填制错误的凭证，在不同情况采取相应的修改方法，具体分为3种情况：①未经审核的凭证修改；②已经审核但未记账的凭证修改；③已记账的凭证修改。

（3）删除凭证。

只有未经审核的凭证才能被删除，如果凭证已经审核记账，则需按以上修改凭证的方法对凭证进行相应的处理。

（4）审核凭证。

（5）记账。

（6）备份账套。

以"admin"的身份登录系统管理备份账套。

实验五　总账系统自动转账凭证定义

一、实验准备

完成第四章"实验四　总账系统日常业务核算"的操作。将计算机系统时间调整为账套 2022 年 1 月份,将"实验四　总账系统日常业务核算"账套数据引入用友 ERP-U8V10.1 系统。

二、实验内容

进行各种期末自动转账凭证的公式定义。

三、实验资料

（一）自定义结转

1. 计提本月短期借款利息(年利率 6%)

借：财务费用(5503)　　　　　　　　　　　　　　　　JG( )

　贷：应付利息(2231)　　　　　　　　QM(2101,月,贷) * 0.06 - 12

2. 按本月实现利润的 25% 计提应交所得税

借：所得税费用(5701)　　　　　(FS(3131,月,贷)－FS(3131,月,借)) * 0.25

　贷：应交税费——应交所得税(217106)　　　　　　　JG( )

3. 按税后利润的 10% 计提盈余公积

借：利润分配——提取盈余公积(314102)　　　　FS(314115,月,贷) * 0.1

　贷：盈余公积(312101)　　　　　　　　　　　　JG( )

（二）对应结转

1. 结转净利润

编号:0001;凭证类别:转账凭证;摘要:结转本年净利润。

转出科目编码:3131;转出科目名称:本年利润。

转入科目编码:314115;转入科目名称:未分配利润;结转系数:1。

注:净利润通常在年末结转,但在实验中仅就一个月的经济业务进行处理,为全面掌握核算;业务处理方法,在操作月末练习结转净利润。

2. 结转利润分配明细账户

编号:0002;凭证类别:转账凭证;摘要:结转利润分配明细账。

转出科目编码:314102;转出科目名称:提取法定盈余公积。

转入科目编码:314115;转入科目名称:未分配利润;结转系数:1。

（三）销售成本结转

1. T恤001商品销售成本结转

库存商品科目:124301;商品销售收入科目:510101;商品销售成本科目:540101。

2. T恤002商品销售成本结转

库存商品科目:124302;商品销售收入科目:510102;商品销售成本科目:540102。

（四）汇兑损益结转

汇兑损益入账科目:5503;科目100102,100202均需计算汇兑损益。

（五）期间损益结转

结转本月损益类科目。

四、实验步骤

1. 自定义转账凭证

以账套主管的身份登录总账,按上述实验资料顺序进行转账凭证定义。其中,销售成本结转一次只能定义一张凭证,另一张凭证在生成转账凭证时再另行定义。

2. 备份账套

以"admin"的身份登录系统管理备份账套。

实验六　总账系统自动转账凭证生成与审核记账

一、实验准备

完成"实验五　总账系统自动转账凭证定义"的操作。将计算机系统时间调整为账套2022年1月份,将"实验五　总账系统自动转账凭证定义"账套数据引入用友ERP-U8V10.1系统。

二、实验内容

根据经济业务,运用系统自动转账功能自动生成会计凭证。

三、实验资料

1. 结转已销售商品成本

在所有记账凭证均已记账的前提下,通过"销售成本结转"自动生成T恤001已售成本结转凭证和T恤002已售成本结转凭证。

2. 计提本月短期借款利息

通过"自定义结转"自动生成凭证。

3. 核算本月的汇兑损益

月末1美元=6.8245元人民币。

通过"汇兑损益结转"自动生成凭证。

4. 结转本月损益类账户到本年利润

第一步,对上述凭证进行审核和记账处理;第二步,通过"期间损益结转"自动生成凭证,操作中分别勾选类型中的"收入"和"支出",分两次操作生成两张凭证。

5. 按本月实现利润的25%计提应交所得税

第一步,对上述凭证进行审核和记账处理;第二步,通过"自定义结转"自动生成凭证。

6. 结转所得税费用

第一步,对上述凭证进行审核和记账处理;第二步,通过"期间损益结转"自动生成凭证,无需选择类型,可直接进行自动转账的操作。

7. 结转净利润

第一步,对上述凭证进行审核和记账处理;第二步,通过"对应结转"自动生成凭证。

8. 按税后利润的 10% 计提盈余公积

第一步,对上述凭证进行审核和记账处理;第二步,通过"自定义结转"自动生成凭证。

9. 结转利润分配明细账户

第一步,对上述凭证进行审核和记账处理;第二步,通过"对应结转"自动生成凭证。

四、操作步骤

（1）以会计的身份登录总账,进行上述期末自动转账凭证的生成操作。

（2）涉及凭证审核和记账的,以账套主管的身份登录总账操作。

注意：最后一张凭证生成后,同样需要进行审核和记账。

（3）所有凭证生成、审核、记账完毕后,以"admin"的身份登录系统管理备份账。

（4）对账。

（5）结账。

第五章　工资管理系统

重点提示 ‖‖‖

　　通过本章的学习，了解工资管理系统的模式、基本功能和业务流程；了解工资系统初始化设置的内容，掌握工资项目定义和工资运算公式定义的方法；掌握工资数据编辑的程序和方法，掌握利用系统自动转账功能结转工资费用。

第一节　工资管理系统概述

　　工资是企业在一定时间内支付给职工的劳动报酬，是企业进行各种费用计提的基础，也是直接影响产品核算成本的重要因素。因此，工资管理是企业管理的重要组成部分。

　　工资管理系统是我国使用最早和最普及的会计信息处理子系统，是会计信息系统不可缺少的一个子系统，是会计软件的一个重要组成部分。采用工资管理系统进行工资核算可以有效提高工资核算的准确性，大大提高工作效率。

　　工资核算的任务是以职工个人的工资原始数据为基础，正确计算应发工资、应扣款项、实发工资以及个人所得税等；按工资的用途、部门进行计提分配，通过自动转账方式传递给总账，以便正确计入相关成本费用；按机构层次和统计口径进行汇总，提供多种方式的查询，实现工资分析和管理；打印工资发放表、各种汇总表及个人工资条；采用适当的方法支付工资。

一、工资管理系统的主要功能

　　具体来说，工资管理系统具备以下主要功能。

（一）工资计算

　　根据企业劳动者的劳动数量、质量等原始资料，计算每个职工的应付工资、应扣款项、实发工资以及个人所得税等工资项目，并对人员增减、工资变动进行处理。

（二）工资发放

采用适当的方法支付职工工资，例如直接用货币资金支付工资或由银行代发工资等。

（三）工资分摊

根据不同部门不同性质的职工工资，汇总分配工资费用，为计算产品成本、核算当月利润提供成本资料。提供职工福利费、劳动保险费等计提数据，以便正确计入有关的成本费用。

（四）工资分析

提供各种工资表、汇总表、明细表、统计表、分析表等，并且提供凭证查询和自定义报表查询功能，满足企业管理层、决策层等多层次、多角度的需要。

二、工资管理系统的操作流程

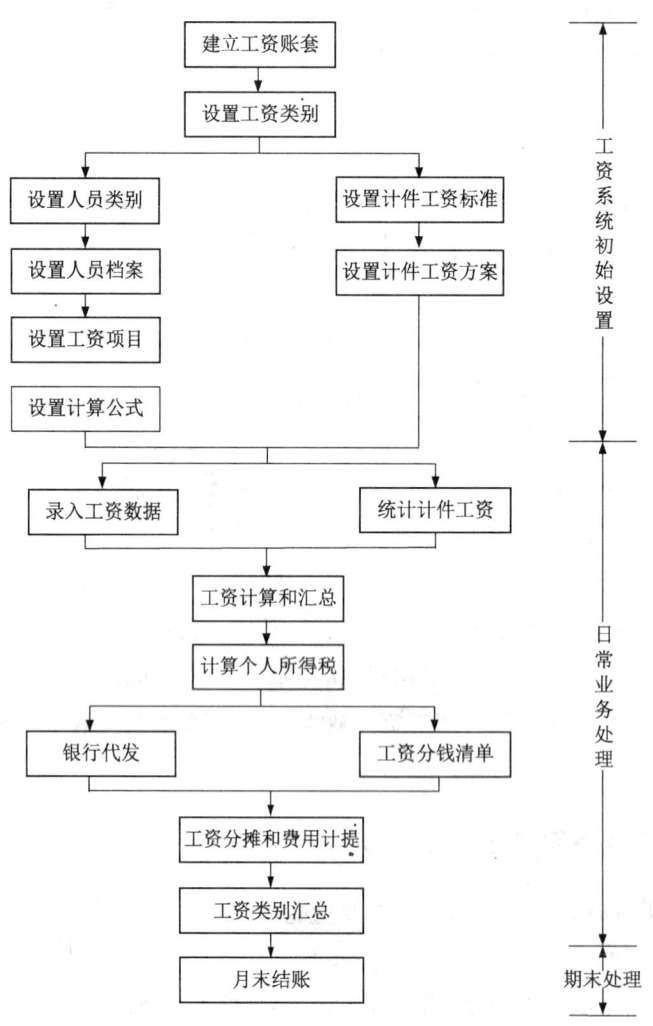

图 5-1　工资管理系统操作流程

第二节　工资管理系统初始设置

工资管理系统的初始设置是指在进行工资业务处理之前必须在系统中完成的功能设置和档案录入,以建立系统应用环境。主要包括启用工资管理系统、建立工资账套、设置工资类别、设置人员类别、设置人员档案、设置工资项目和设置工资计算公式等内容。如果需核算计件工资,还必须设置计件工资标准和计件工资方案等内容。

一、建立工资账套

在系统管理中建立本单位的一个账套后,即可进行本单位的工资账套的建立。启动工资管理系统,操作员注册完毕后(在系统管理中已授权),如所选账套为首次使用,系统将自动进入建账向导,系统提供的建账向导共分为四个步骤,分别是参数设置、扣税设置、扣零设置、人员编码。

（一）参数设置

在参数设置中,需要选择本企业工资核算应用方案。

【操作步骤】

第一步,"建账向导1"—"参数设置",如图5-2所示。

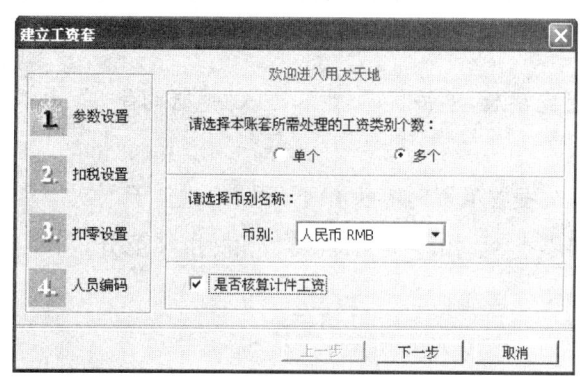

图5-2　建账向导1—参数设置

1. 选择本账套所需处理的工资类别个数

在建立工资账套向导中,系统提供的工资类别有"单个"和"多个"两类。如果单位中所有人员的工资统一管理,而且人员的工资项目、工资计算公式全部相同,选择"单个";如果单位按周或一月多次发放工资,或者是单位中有多种不同类别(部门)的人员,工资发放项目不相同,工资计算公式也不相同,但需进行统一工资核算管理,应选择"多个"。

2. 选择工资账套的核算币种

系统提供币种参照供用户选择,若选本位币以外其他币种,则还需在工资类别参数维护中设置汇率,经过一次工资数据处理后就不能再修改。

3. 是否核算计件工资

计件工资是按计件单价支付劳动报酬的一种形式。由于对计时工资和计件工资的核算方法不同,因此,在工资管理系统中对于企业是否存在计件工资特别设置了确认选项。

第二步,正确设置参数后,单击"下一步",进入"建账向导2"—"扣税设置"。

(二) 扣税设置

扣税设置即选择在工资计算中是否进行扣税处理。

【操作步骤】

第一步"建账向导2"—"扣税设置",如图 5-3 所示。如要从工资中代扣个人所得税,则用鼠标单击方框,打上钩。

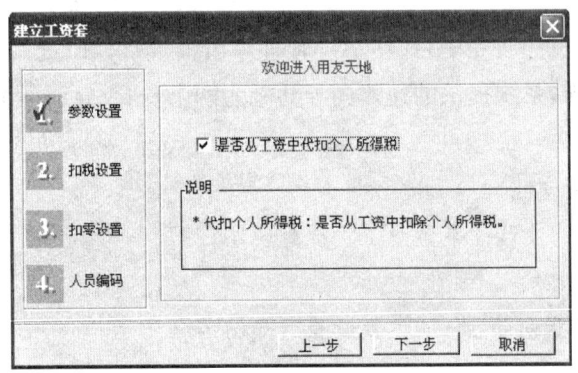

图 5-3 建账向导 2—扣税设置

第二步,设置完毕后,单击"下一步",进入"建账向导3"—"扣零设置"。

(三) 扣零设置

扣零处理是指每次发放工资时零头扣下,积累取整,于下次工资发放时补上,系统在计算工资时将依据扣零类型(扣零至元、扣零至角、扣零至分,扣零到 10 元,扣零到 100 元)进行扣零计算。

【操作步骤】

第一步,"建账向导3"—"扣零设置",如图 5-4 所示。

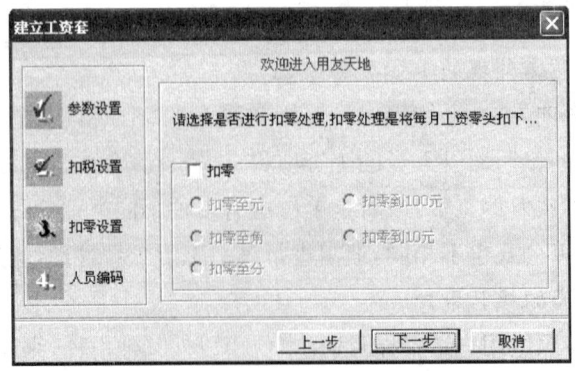

图 5-4 建账向导 3—扣零设置

第二步，设置完扣零类型后，单击"下一步"进入"建账向导4"—"人员编码"。

（四）人员编码

本系统要求对员工进行统一编号，人员编码同公共平台的人员编码保持一致，如图5-5所示。

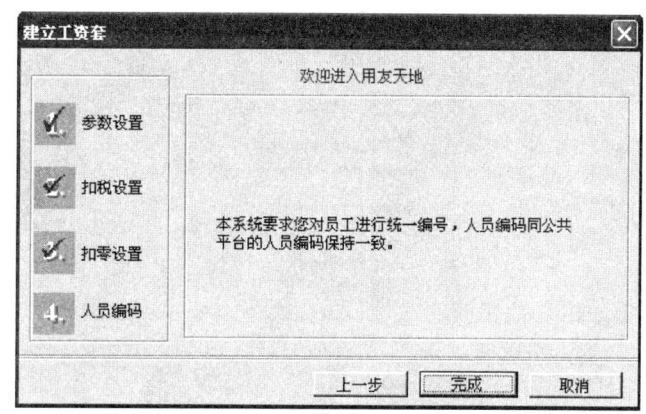

图5-5 建账向导4—人员编码

【操作步骤】

设置完毕，单击"完成"按钮，即完成了建立工资账套的工作。

建账以后，再设置工资类别。

【提示】

工资账套、工资类别和人员类别是三个容易混淆的概念。工资账套是用来进行工资管理的系统，一个核算账套下只能建立一个工资账套；工资类别是根据工资项目的不同而设置的工资数据管理类别，一个工资账套下可设置多个工资类别；人员类别是按工资分配政策或核算中计入会计科目的不同而对人员进行的分类。

二、基础信息设置

建立工资账套以后，要对整个系统运行所需的一些基础信息进行设置，包括部门设置、人员类别设置、人员附加信息设置、工资项目设置、银行名称设置。

（一）部门设置

设置部门档案是设置人员工资信息的基础，必须在"系统控制台"的"基础设置"中设置部门编码方案，"部门档案"中设置部门信息。部门信息是共享数据，可在总账系统中设置部门信息，也可在各子系统中设置。如果在工资管理系统中设置部门信息，必须是在有打开"工资类别"的前提下。

在工资系统中进行部门设置。

【操作步骤】

第一步，执行"基础设置"—"机构人员"—"部门档案"。

第二步,单击"增加"按钮,输入部门编码、名称、负责人、部门属性等信息,单击"保存"按钮,如图5-6所示。

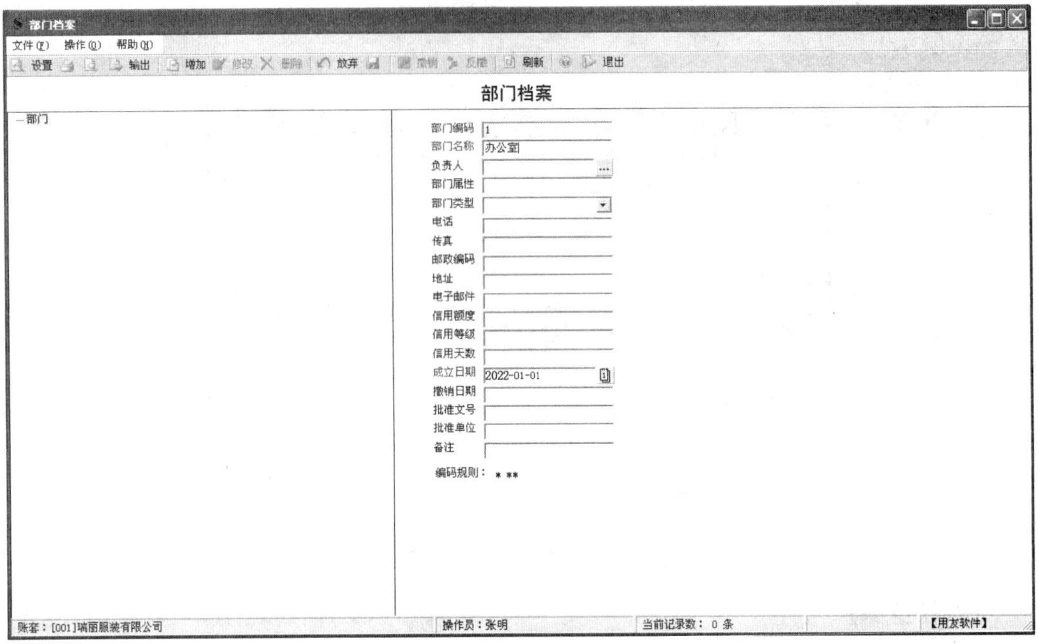

图5-6 部门设置

【提示】

若在工资系统中,没有打开某个工资类别,进入"部门设置"时,则可以增加、修改、删除部门。此时"文件"菜单下的"新建工资类别"和"删除工资类别"可以使用。

若在工资系统中,已经打开某个工资类别,则进入"部门设置"时,系统显示属于本工资类别的各个部门,则不能增加、修改、删除部门。此时"文件"菜单下的"新建工资类别"和"删除工资类别"不可以使用。

(二) 工资类别设置

如果企业在薪酬分配方面涉及多个标准,不同的部门或岗位适用不同的工资政策,或者企业在一个月里,工资需多次发放,且各期发放的工资性质也有很大不同,则应通过建立多个工资类别,对不同性质的和标准的工资分别进行管理和核算。

1. 新建工资类别

在建立工资账套后,即可接着进行工资类别的设置,在以后的工资管理中,还可随时根据工资业务管理需要,添加新的工资类别。

【例5-1】 新建一个工资类别"管理和采购岗位"。

【操作步骤】

第一步,在"工资"窗口中,单击工资类别下的"新建工资类别",系统打开"新建工资类别"对话框,如图5-7所示。

第二步,在"新建工资类别"对话框中输入工资类别名称,然后单击"下一步"按钮,如图5-8所示。

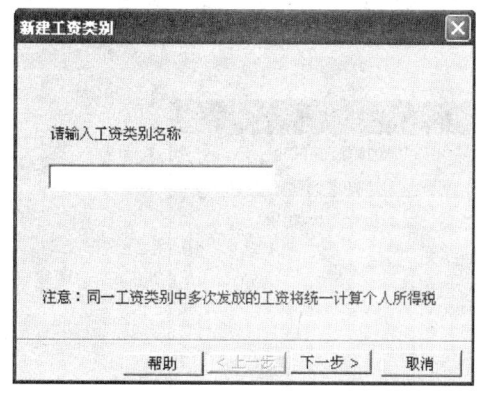

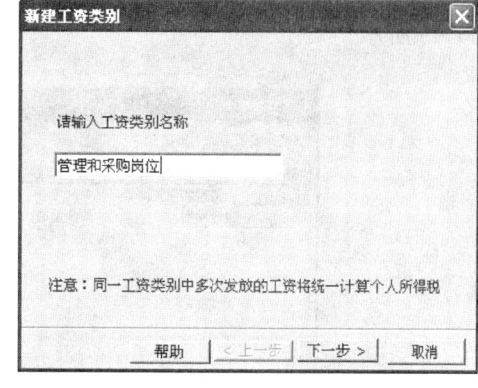

图5-7 新建工资类别菜单   图5-8 新建工资类别对话框

第三步,在下一个对话框中勾选该工资类别所适用的部门,然后单击"完成"按钮,如图5-9所示。

第四步,系统弹出"是否以登陆日期为当前工资类别的启用日期"提示框,单击"是(Y)"按钮,系统返回工资管理系统窗口,图5-10所示。

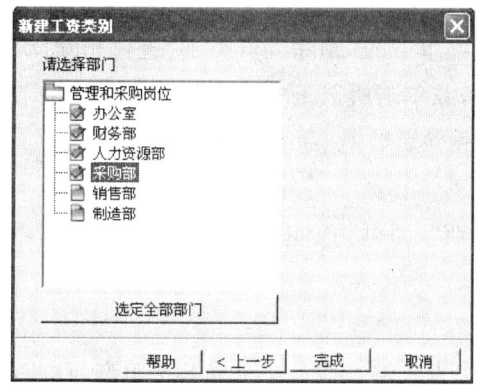

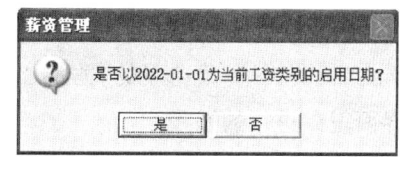

图5-9 勾选适用部门   图5-10 确定工资类别启用日期

第五步,单击菜单中"工资类别"下的"关闭工资类别",重新单击随后显示出来的"新建工资类别",继续设置其他工资类别。

【提示】

同一个部门可以被多个工资类别选中,即同一工资类别中可以有不同类别的人员。已被使用的部门不能取消选择,在选择末级部门时,应先选择上级部门。只有选中末级部门,才能进行人员的数据录入。工资类别设定后,则需要确定工资类别的启用日期,确定后无法再修改启用日期。

2. 打开工资类别

如果在建立工资账套后,在工资类别向导中已建立了工资类别,此时只要单击工资系统"工资类别"菜单下的"打开工资类别",即可进入所选工资类别的工资系统界面,如图 5-11 所示。

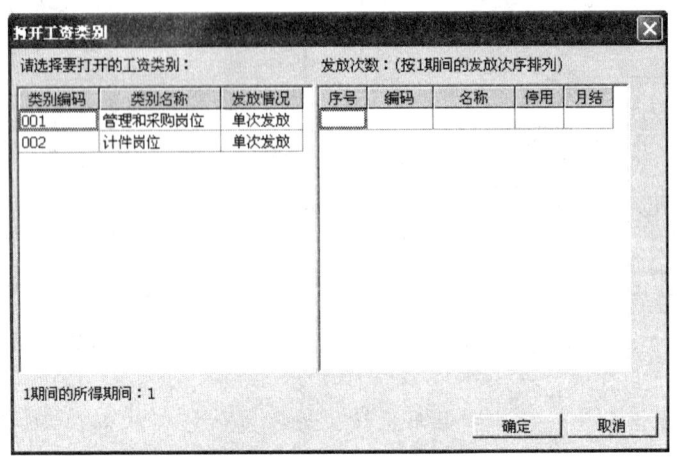

图 5-11　打开工资类别

3. 删除工资类别

若当前已打开一个工资类别,必须在关闭工资类别后才能进行工资类别的删除工作。在关闭工资类别的情况下,单击"工资类别"菜单下的"删除工资类别"进行删除操作。删除工资类别时,可双击所要删除的工资类别,或单击所选工资类别后,单击"确认"。只有账套主管才有权删除工资类别,且工资类别删除后数据不可再恢复。

4. 关闭工资类别

单击"工资类别"菜单下的"关闭工资类别",即可关闭正在使用的工资类别以及所有在该界面正在进行的操作。

(三) 人员类别设置

人员类别设置是指按照某种特定的分类方式将企业员工分成若干类型,目的一是便于按人员类别进行工资汇总计算;二是可将工资费用按不同人员类别进行分配,以使进行会计处理。

【例 5-2】 设置以下人员类别:"高层经理""部门主管""普通员工""生产工人"。

【操作步骤】

🐾 第一步,在"基础设置"窗口的"基础档案"中,打开"机构人员"菜单,点击"人员类别设置",打开"类别设置"对话框。

🐾 第二步,在"人员类别设置"文本框中输入人员类别,按"回车键"或单击"增加"按钮,输入的人员类别名称将显示在下面的列表框中,如图 5-12 所示,逐项输入人员类别后,单击"返回"按钮。

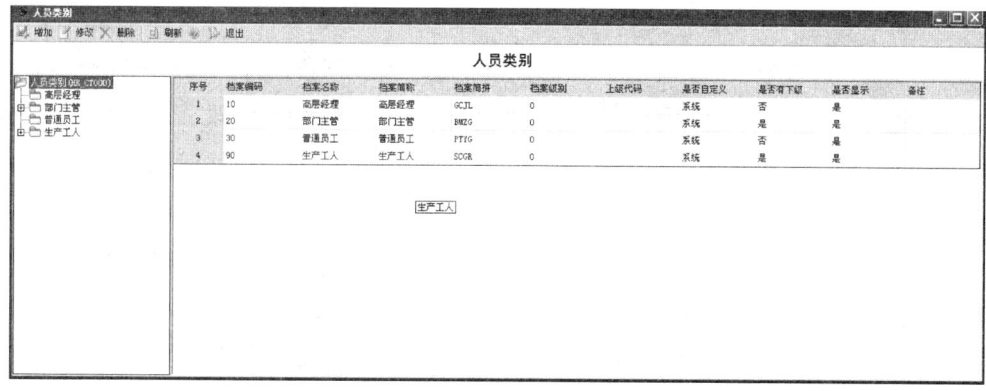

图 5-12 设置人员类别

【提示】

若企业无须对人员进行分类,可选择系统默认的"无类别"项目。

已经使用的人员类别不允许删除。

人员类别只剩一个时将不允许删除。

人员类别名称长度不得超过 10 个汉字或 20 位字符。

(四) 人员附加信息设置

除了系统默认的人员编码、所属部门名称、人员姓名、人员类别等基本信息外,为了管理的需要设置一些辅助信息即人员附加信息。例如增加设置人员的性别、民族、技术职称、婚否等。人员附加信息的设置完善了人员档案的内容,便于人员进行全面有效管理。

【例 5-3】 设置人员的附加信息。

【操作步骤】

第一步,选择"设置"下"人员附加信息设置",进入人员附加信息界面,如图 5-13 所示。

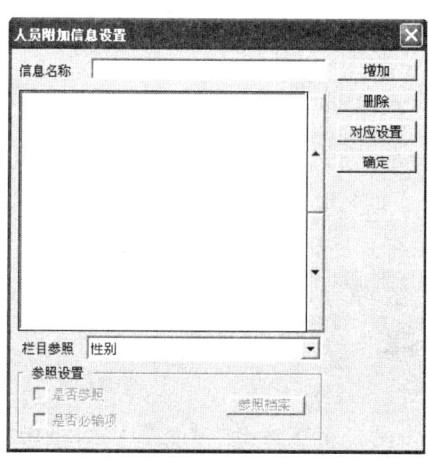

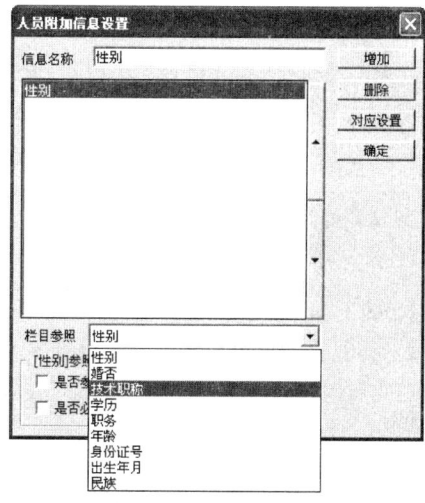

图 5-13 人员附加信息设置对话框   图 5-14 人员附加信息名称设置

👣 第二步,单击"增加"按钮,可输入附加信息名称或从参照栏中选择系统提供的信息名称。再单击"增加"按钮,保存新增名称并可继续增加下条记录,如图 5-14 所示。

👣 第三步,选择"是否参照"复选框,单击"参照档案"按钮,可设置人员附加信息的参照值。

【提示】

🔔 如果增加的附加信息为必输项,则在录入人员档案时此附加信息必须输入,内容不能为空。

(五)工资项目设置

工资项目设置即定义工资核算所涉及的项目名称、类型、宽度等,可根据需要自由设置工资项目。系统提供若干常用工资项目供参考,可选择输入。对于参照中未提供的工资项目,可以直接输入。

工资管理系统中提供的一些固定项目,是工资账中必不可少的项目,主要包括"应发合计""扣款合计""实发合计"。若在工资建账时设置了"扣零处理",则系统在工资项目中自动生成"本月扣零"和"上月扣零"两个指定名称的项目。若选择了"扣税处理",则系统在工资项目中自动生成"代扣税"项目。这些项目不能删除和重命名。其他项目可根据实际情况定义或参照增加。

在此设置的工资项目是针对所有工资类别所需要的全部工资项目,对于单工资类别而言,就是此工资账套所使用的全部工资项目。

【提示】

🔔 需要特别注意的是如果自设系统里没有的工资项目,必须先关闭所有工资类别,在添加了所有各类别所需要的相关工资项目后,再在各工资类别中,分别选择工资项目和排序。

【例 5-4】 设置一个工资项目,类型为"数字"。

【操作步骤】

👣 第一步,在"薪资管理"窗口中,打开"工资类别"菜单,点击"关闭工资类别",关闭所有工资类别。

👣 第二步,在"薪资管理"窗口中,打开"设置"菜单,点击"工资项目设置",打开"工资项目设置"对话框,如图 5-15 所示。

👣 第三步,单击"增加"按钮,在工资项目列表中增加了一个工资项目空白栏,打开"名称参照"下拉框,选取系统已预设的项目,如果需设的项目在"名称参照"下拉框中没有,则在"工资项目名称"空白栏为深蓝色的状态下,直接输入工资项目名称,然后双击"类别"空白栏,单击弹出的"下拉"按钮,选择下拉列表中的"数字"选项。以同样方法输入其他工资项目,如图 5-16 所示。

👣 第四步,将所有工资项目添加完毕,单击对话框下方的"确认"按钮,返回"工资"窗口。

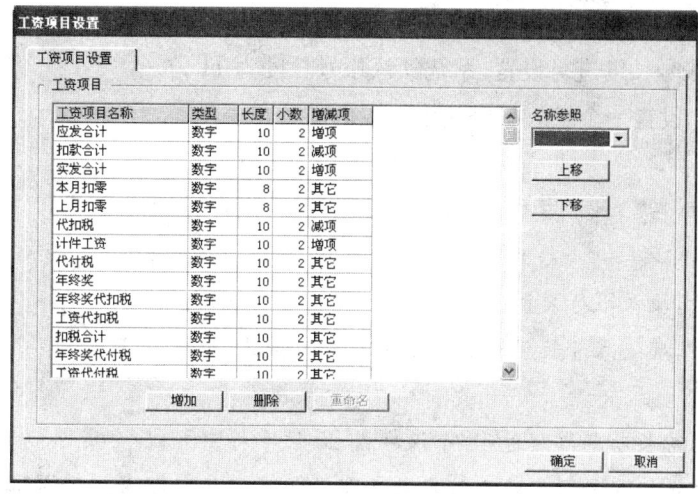

图5-15 工资项目设置对话框

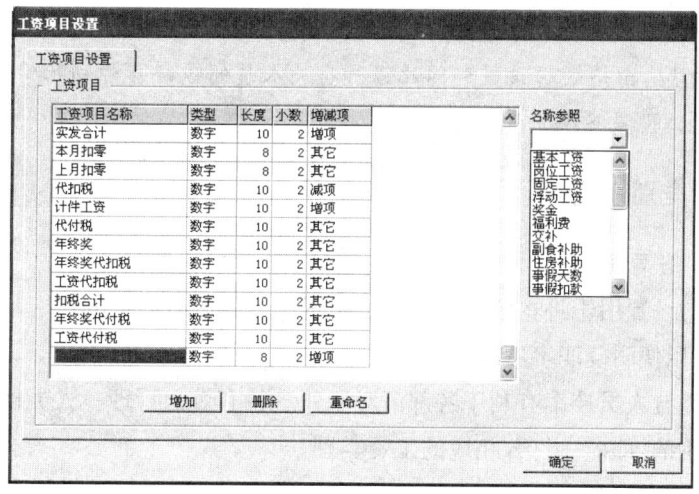

图5-16 设置工资项目

【提示】

　　🔔 工资项目类型如为字符型,小数位不可用,增减项为"其他",即不直接参与应发合计与扣款合计。(实际操作中,可将计量单位不是货币的项目设置为"其他",如:工龄、事假天数等。)

　　🔔 如在初始化时,工资类别个数选择"多个",在此,必须将所有工资类别所涉及的工资项目全部设置完,才能形成各个工资类别中工资项目的设置选项。

　　🔔 工资项目不能重复选择。

　　🔔 系统提供的工资固定项目不允许删除。

(六)银行名称设置

在企业发放工资采用银行代发形式时,需确定代发工资银行名称及账号长度。发放工资的银行可按需要设置多个,这里银行名称设置是对所有工资类别。账号长度可根据各银行的实际账号长度进行设置,系统默认账号长度为 11 位。

【例 5-5】 设置一个发放工资使用的银行账号。

【操作步骤】

👣 第一步,在"工资"窗口中打开"设置"菜单,点击"银行名称",打开"银行名称设置"对话框。

👣 第二步,输入银行名称。

👣 第三步,确认账号长度及是否定长,按"回车键"确认。

【提示】

🔔 银行名称长度不得超过 10 个汉字或 20 位字符。

🔔 可选择银行账号长度是否为定长及账号长度。银行账号定长是指此银行要求所有人员的账号长度必须相同。如选中定长,长度为 11 位。银行账号不定长,需指定最长账号的长度,否则系统默认为 30 位。

🔔 删除银行名称时,则同此银行有关的所有设置将一同删除,包括:银行的代发文件格式的设置、磁盘输出格式的设置和同此银行有关人员的银行名称和账号等。

🔔 系统允许设置多个工资发放银行。

三、工资类别管理

(一) 人员档案设置

人员档案的设置用于将本单位需要参加工资核算的所有职工的个人基本信息输入计算机系统之中,以便明确职工所属部门、人员类别、银行账号、人员编号等工资核算要用到的关键信息。设置人员档案有利于各部门对职工进行有效的管理。人员档案的操作是针对某个工资类别的,即应先打开相应的工资类别。

【例 5-6】 设置人员档案。

【操作步骤】

👣 第一步,在"薪资管理"窗口中,打开"工资类别"菜单,点击"打开工资类别",打开"工资管理"对话框,选择某一工资类别,然后单击"确定"按钮。

👣 第二步,在"薪资管理"窗口中,打开"设置"菜单,点击"人员档案"菜单,打开"人员档案"窗口。

👣 第三步,单击"增加"按钮,打开"人员档案"对话框,如图 5-17 所示。

👣 第四步,按要求分别输入个人档

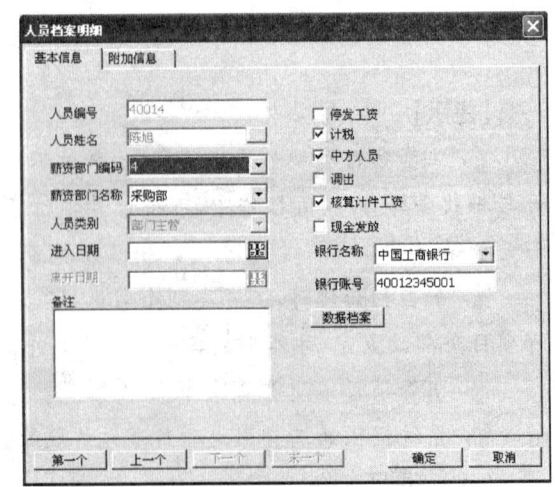

图 5-17　设置人员档案对话框

案内容,单击"保存"按钮,输入的人员档案内容将显示在"人员档案"窗口,如图5-18所示。

图5-18 人员档案窗口

第五步,点击"附加信息"分页签,输入附加信息档案内容。

【提示】

输入人员编号要遵从建立工资账套时定义的人员编码长度,且人员编号不能重复;

部门编码只能选择末级部门;

人员类别必须选择,它们是按部门、按人员类别正确核算工资的基础;

进入日期是单位新增人员进入本单位的日期,不应大于当前系统注册日期。

(二)工资项目及计算公式设置

在基础设置中,工资项目设置是指本单位各种工资类别所需要的全部工资项目。由于不同的工资类别工资发放项目不尽相同,计算公式亦不相同,因此,在进入某个工资类别后,应选择本工资类别所需的工资项目,并为此工资类别的工资项目设置计算公式。

1. 某工资类别工资项目设置

在这里只能选择工资账套设置的工资项目,不可输入。如果所需要的工资项目不存在,则要关闭本工资类别,然后在基础设置中新增所需工资项目,再打开此工资类别进行选择。工资项目不能重复选择,项目一旦选择,即可进行公式定义。没有选择的工资项目不允许在计算公式中出现。

【例5-7】 对工资类别下的工资项目进行设置。

【操作步骤】

第一步,在"薪资管理"窗口系统菜单中,打开"工资类别"菜单,点击"打开工资类别",在打开的"打开工资类别"对话框中选择"某一工资类别",单击"确认"按钮。

第二步,在"薪资管理"窗口系统菜单中,打开"设置"菜单,点击"工资项目设置",打开"工资项目设置"对话框,如图5-19所示。

第三步,单击"增加"按钮,从"名称参照"下拉框中分别选择和设置相应的工资项目,如图5-20所示。

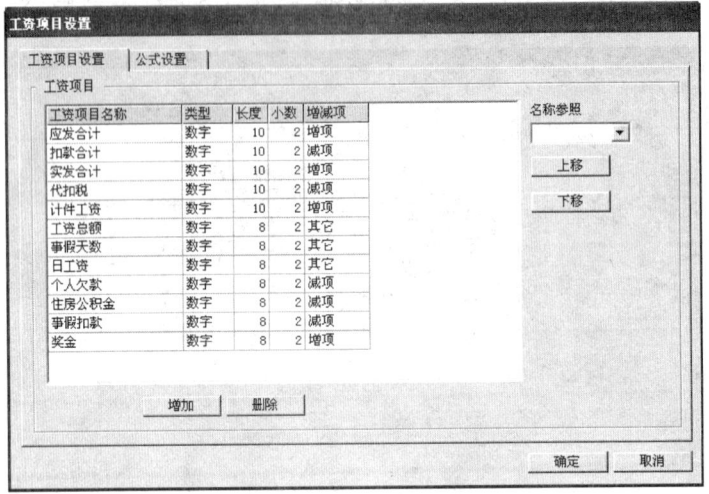

图 5-19　某工资类别下打开工资项目设置对话框

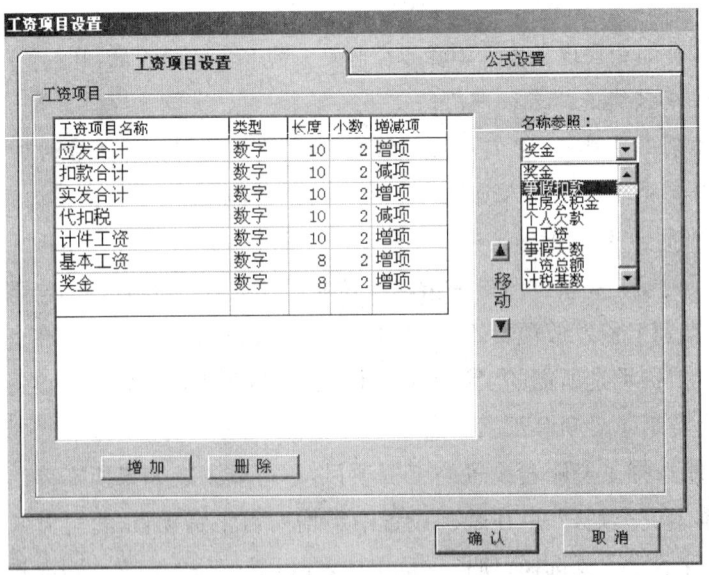

图 5-20　某工资类别下工资项目设置

第四步，工资项目设置完毕后，选定"基本工资"栏，按动"移动"按钮，将其调整至列表的第一行。以同样方法对其他工资项目按顺序进行调整，如图 5-21 所示。

第五步，某一工资类别工资项目设置完毕，单击"确认"按钮返回。

【提示】

在"某一工资类别"中，不需设置"计件工资"项目，但由于在建立工资账套时选择了"核算计件工资"选项，因此在工资项目中，"计件工资"成为系统默认项目，不能删除。该项目只列示于该工资类别的工资项目表中，但在业务处理中不予使用。

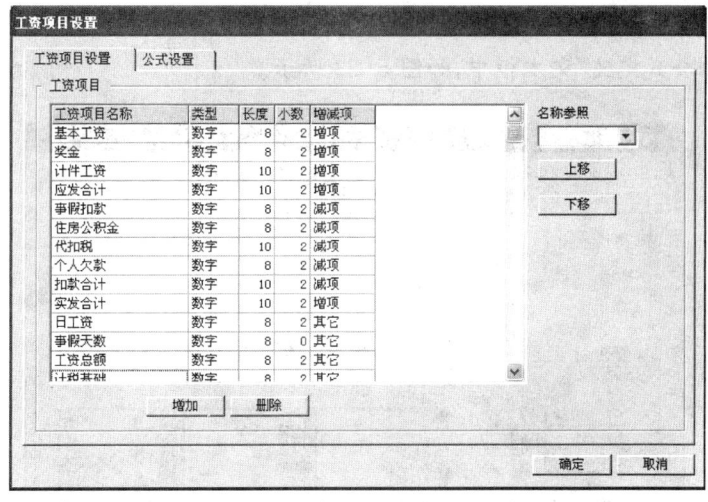

图 5-21 某工资类别下工资项目移动设置

2. 计算公式设置

定义某些工资项目的计算公式及工资项目之间的运算关系。运用公式可直观表达工资项目的实际运算过程，灵活地进行工资计算处理。定义公式可通过选择工资项目、运算符、关系符、函数等组合完成。同样需要注意的是，必须分别设置各不同工资类别下的工资计算公式。

【例 5-8】 设置工资项目的计算公式。

【操作步骤】

第一步，在打开"某个工资类别"后，在"工资项目设置"对话框中单击"公式设置"标签。

第二步，单击"增加"按钮，在"工资项目"列表框中增加一行空白栏，单击弹出的"下拉"按钮，在下拉列表中选择"奖金"选项，如图 5-22 所示。

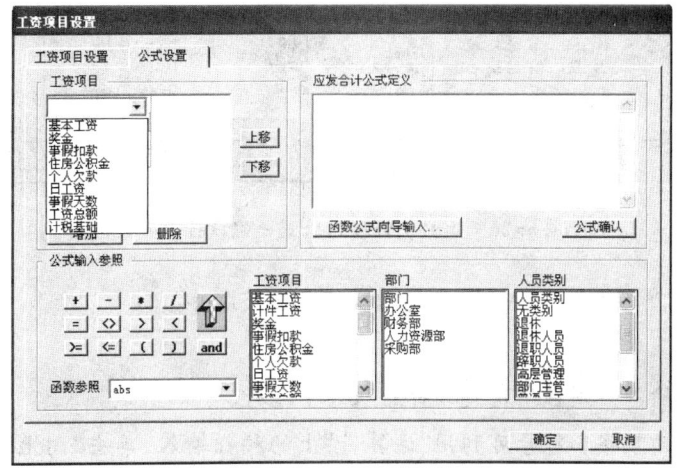

图 5-22 定义工资项目公式—选择工资项目

第三步,单击"函数参照"文本框的"下拉"按钮,在下拉列表中选择"iff(,,)"该函数被列入"奖金公式定义"文本框中,如图5-23所示。

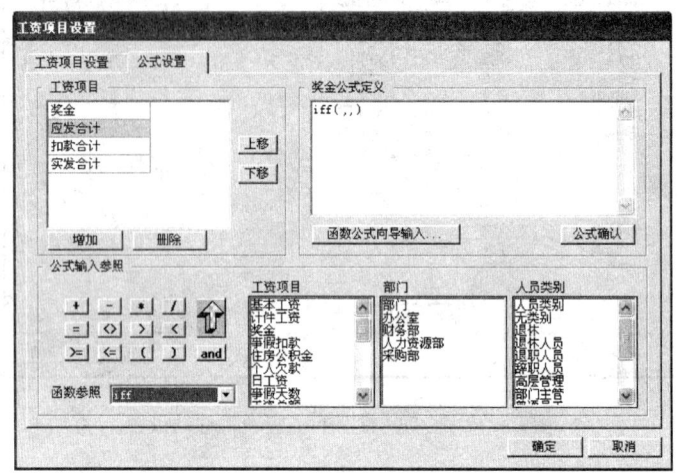

图 5-23　定义工资项目公式—选择函数

第四步,将光标放在公式中需输入内容的地方,选择"人员类别"列表框中的"人员类别"选项,再单击"运算符"中的"="按钮,可以看到相关内容被输入公式,以同样的方法输入公式的其他内容。输入完毕单击"公式确认"按钮,如图5-24所示。

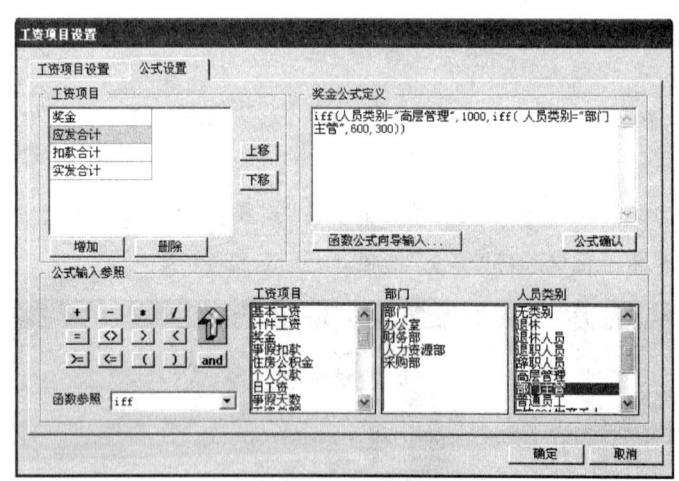

图 5-24　定义工资项目公式—确认计算公式

第五步,单击"上移"或"下移"按钮,调整公式顺序。

【提示】

公式的输入必须在半角英文标点状态下进行。

公式中的数字和符号可利用"运算符"上的按钮输入,单击"向上"按钮,可以变换"运算符"上的按钮。也可将光标放在公式中,用键盘上的按键输入。

公式输入完毕，必须单击"公式确认"按钮进行公式确认。

设置的工资项目计算公式要符合公式逻辑，对于不符合逻辑的公式系统将给予错误提示。

应发合计，扣款合计和实发合计公式不用设置。

系统是按照"公式设置"对话框中"工资项目"列表框中的排列顺序先后进行工资计算，因此必须注意公式的排列顺序。应发合计、扣款合计和实发合计是最后的 3 个公式，且实发合计应排在最后。

第三节　工资管理系统日常业务处理

一、工资变动

本功能用于工资数据的调整变动以及工资项目增减等，如果工资类别为多个，要分工资类别分别进行工资数据的录入。以下为单类别核算过程：选择"业务处理"菜单下的"工资变动"，就可以进入该设置窗口。进入工资变动窗口后，屏幕显示所有人员的所有工资项目以供查看，在此可以直接录入和修改一些数据（选中需要编辑的人员右击"选择"即可）。

（一）单个录入工资数据

为了更快速、准确、方便地录入数据，系统提供了"页编辑"功能，可对选定人员进行工资数据的快速录入。在"工资变动"窗口选中需要编辑的人员右击选择"页编辑"图标，弹出"页编辑"窗口，这里只输入没有进行公式定义的项目，其余各项由系统自动产生的公式计算。在"页编辑"下每录入或修改一个人的工资数据后，应单击"保存"按钮，保存本次修改结果。

【例 5-9】　录入单个工资数据。

【操作步骤】

第一步，在工资管理系统打开"某个工资类别"，在窗口系统菜单中，打开"业务处理"菜单，点击"工资变动"，打开"工资变动"对话框，如图 5-25 所示。

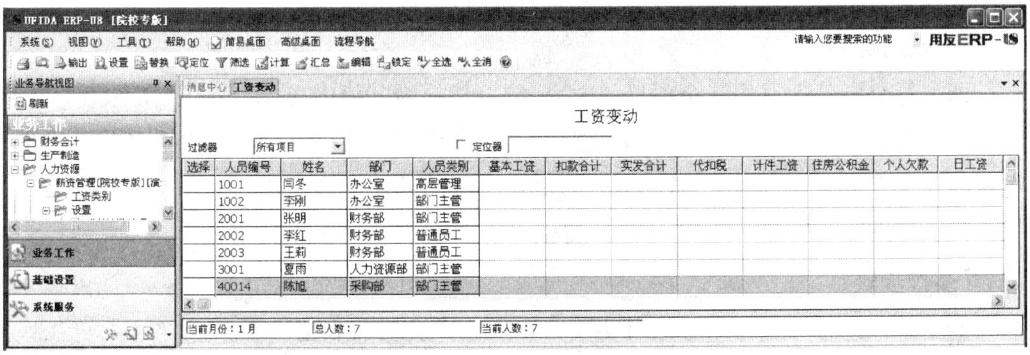

图 5-25　工资变动对话框

第二步，在"工资变动"对话框中显示有职工列表和在工资管理系统初始设置时已定义的工资项目。单击"编辑"按钮，打开"工资数据录入—页编辑"对话框，如图 5-26 所示。

第三步，在"工资数据录入—页编辑"对话框左侧显示有职工的个人档案资料，对话框右边列表框中显示有已设置的工资项目，在"基本工资"对应的内容栏中输入数据，然后单击"保存"按钮。

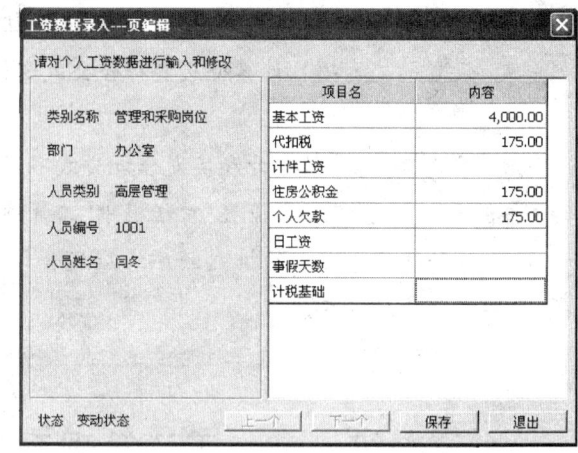

图 5-26 页编辑对话框

第四步，系统自动翻页至下一人，逐项输入各个职工的基本工资和住房公积金数据，输入完毕关闭"工资数据录入—页编辑"对话框。

第五步，单击"工资变动"对话框中的"退出"按钮，在弹出的提示框中单击"是(Y)"按钮，返回到"工资"管理系统对话框。

（二）成批编辑工资数据

还可以通过以下方法加快录入。

1. 过滤器

如果只需对某些项目进行录入，如基本工资、事假天数等，可使用"过滤器"功能，选择某些项目进行录入。

2. 定位

如果需录入某个指定部门或人员的数据，可先单击"定位"图标，让系统自动定位到需要的部门或人员上，然后录入。

3. 数据筛选

如果对需按某些条件筛选符合条件的人员进行录入，如选择人员类别为"企业管理人员"进行录入，可使用"数据筛选"功能（当工资变动只是对部分人员进行时，一般采用筛选功能把要进行工资变动的人员过滤出来，这样可以提高数据编辑的效率。）

4. 数据替换

即将符合条件人员的某个项目的内容，统一替换为其他内容，提高人员工作效率。将符合条件的人员的某个工资项目的数据，统一替换成某个数据，这时可使用"数据替换"功能。在工资变动主窗口单击"替换"按钮，即可进入该功能窗口。

【例 5-10】 对工资数据进行成批编辑。

【操作步骤】

第一步，在工资管理系统中打开"某一工资类别"，在窗口系统菜单中打开"业务处理"菜单，点击"工资变动"，打开"工资变动"对话框。

第二步，在"工资变动"对话框中单击"替换"按钮，打开"工资项数据替换"对话框，如图 5-27 所示。

第三步，单击"将工资项目"下拉框中的按钮，在下拉列表中选择"基本工资"在"替换成"文本框中输入"800"，在"替换条件"编辑框中单击文本框中的"下拉"按钮，将替换条件定义为"人员类别＝T恤001生产工人"，如图 5-28 所示。

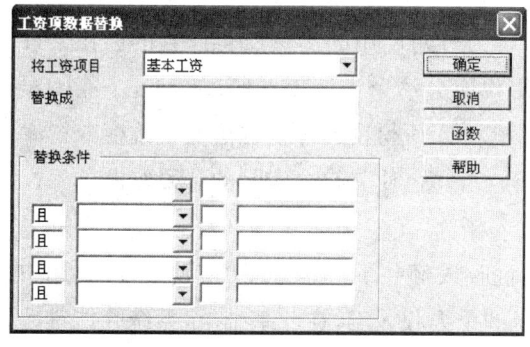

图 5-27　工资数据替换

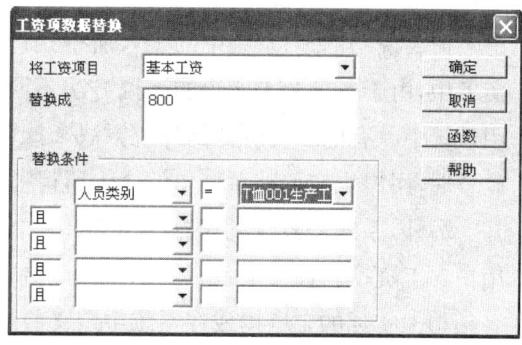

图 5-28　定义替换条件

第四步，再单击下一行的"且"，将其改为"或"，将第二行替换条件定义为"人员类别＝T恤002生产工人"，然后单击"确认"按钮，如图 5-29 所示。

第五步，在弹出的提示框中均单击"是"按钮，如图 5-23 所示基本工资数据将显示在工资变动列表中，如图 5-30 所示。

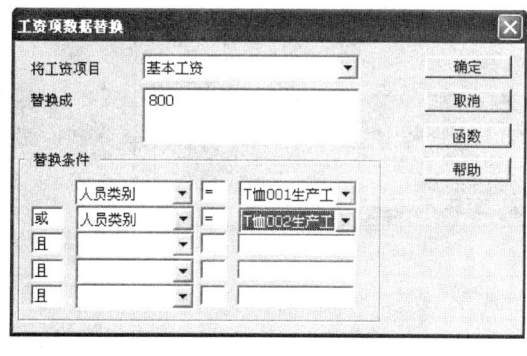

图 5-29　定义替换条件

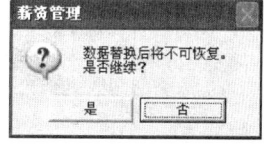

图 5-30　替换提示框

【提示】

如未输入替换条件，则系统默认替换条件为本工资类别的全部人员。

单击"替换条件"中的"且"字框，可以进行"且"和"或"之间的变换。在逻辑定义上"且"的含义是两项条件均须满足，"或"的含义是两项条件只须满足其中一项即可。

在修改了某些工资数据、进行了数据替换，或者重新定义了计算公式后，必须对个人工资数据重新计算和汇总，以保证工资数据的正确。汇总方法是在"工资变动"对话框中录入相关工资数据后,在退出对话框前,单击"汇总"按钮。

二、扣缴所得税

工资管理系统设置有自动计算个人所得税的功能,用户只需输入工资数据,并根据职工个人收入的来源构成,在系统中定义计税基数,系统便会自动计算出每位职工的个人所得税并生成个人所得税申报表。

需要说明的是,系统中的个人所得税计算是为普遍使用的工资所得设置的。在会计实务中,由于各种个人所得的计税方法不同,用户应分清个人所得的归属类型,不能一概用系统中原有的工资所得的计税方法来计算。在个人所得税的计税方法发生改变或税率调整时,用户也应调整系统中的个人所得税的计税设置,使其符合实际的计税要求。

另外,系统中默认的申报个人所得税的收入额为"实发合计",但事实上,由于不同的用户在工资项目设置上各有不同,实际的应纳税收入额并不一定等于"实发合计"。用户必须根据实际的工资构成在系统中定义应纳税的个人收入额,在此基础上,系统才能准确地进行个人所得税的计算。

【例5-11】 扣缴所得税公式设置和计算。

【操作步骤】

👣 第一步,在工资管理系统中打开所需处理的工资类别,然后在"薪资管理"窗口系统菜单中,打开"业务处理"菜单,点击"扣缴所得税"。

👣 第二步,单击"个人所得税年度申报表",然后单击"确认"按钮,如图5-31所示。

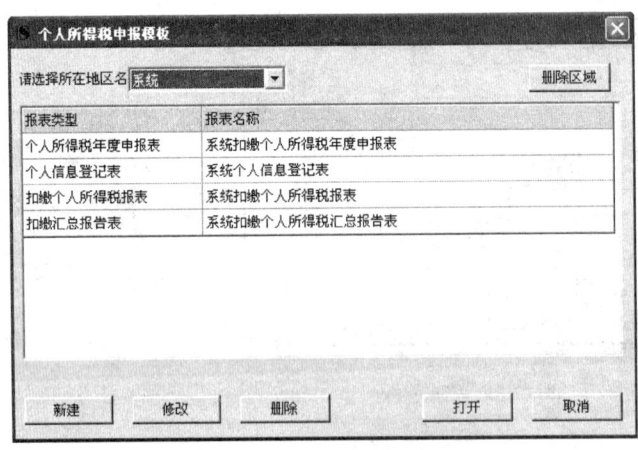

图5-31 个人所得税申报模板

👣 第三步,在打开的"个人所得税申报表"对话框中,显示有系统自动生成的个人所得税扣缴申报表,如图5-32所示。

👣 第四步,单击"税率"按钮,打开"个人所得税申报表—税率表"对话框。若需修改税率,则在"薪资管理"下的"设置"中的"选项"中的"扣税设置"中进行编辑。点"编辑"按

姓名	证件号码	所得项目	所属期间...	所属期间...	收入额	减费用额	应纳税所...	税率	速算扣除数	应纳税额	已扣缴税款
闫冬		工资	20220101	20221231			3000.00	15	125.00	325.00	325.00
李刚		工资	20220101	20221231			1600.00	10	25.00	135.00	135.00
张明		工资	20220101	20221231			1600.00	10	25.00	135.00	135.00
李红		工资	20220101	20221231			0.00	0	0.00	0.00	0.00
王莉		工资	20220101	20221231			300.00	5	0.00	15.00	15.00
夏雨		工资	20220101	20221231			1600.00	10	25.00	135.00	135.00
陈旭		工资	20220101	20221231			1600.00	10	25.00	135.00	135.00
合计							9700.00		225.00	880.00	880.00

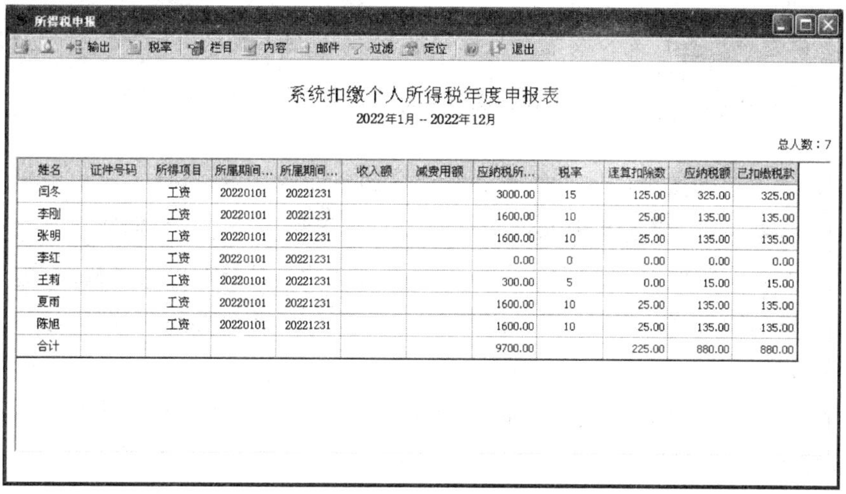

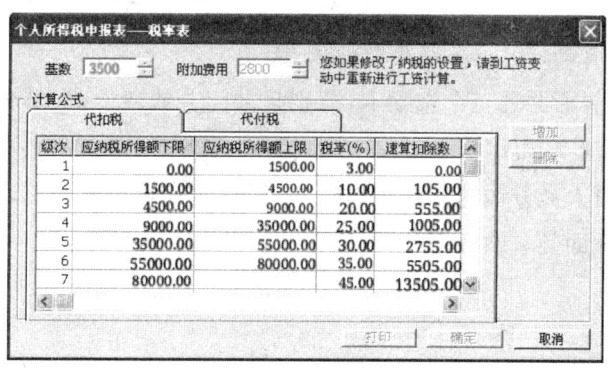

图 5-32　个人所得税申报表

钮进入“税率设置”可以对计税方法进行修改。点“确定”按钮，如图 5-33 所示。

级次	应纳税所得额下限	应纳税所得额上限	税率(%)	速算扣除数
1	0.00	1500.00	3.00	0.00
2	1500.00	4500.00	10.00	105.00
3	4500.00	9000.00	20.00	555.00
4	9000.00	35000.00	25.00	1005.00
5	35000.00	55000.00	30.00	2755.00
6	55000.00	80000.00	35.00	5505.00
7	80000.00		45.00	13505.00

图 5-33　个人所得税税率表

第五步，修改计税方法后重新进入“工资变动”，系统弹出提示框，单击“确定”重新打开“个人所得税年度申报表”，如图 5-34 所示。

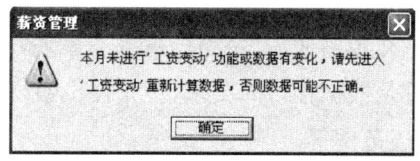

图 5-34　重新计算个人所得税提示框

【提示】

若用户修改了“税率表”或重新选择了“收入额合计项”，则用户在退出个人所得税功能后，需要到数据变动功能中执行“重新计算”功能，否则系统将保留用户修改个人所得税前的数据状态。

> 如果想快速查找某人或某些人的申报表，可利用系统提供的"定位"按钮来实现。

三、工资分钱清单

工资分钱清单是按单位计算的工资发放分钱票面额清单，会计人员根据此表从银行取款并发给各部门。采用银行代发工资的企业一般无须进行工资分钱清单的操作。执行此功能必须在个人数据输入调整完之后，如果个人数据在计算后又做了修改，需重新执行本功能，以保证数据正确。

【操作步骤】

第一步，在工资系统主界面单击"工资分钱清单"项或"业务处理"菜单中的"工资分钱清单"，即可进入该功能界面。

第二步，此界面先显示"票面额设置"对话框，即设置工资分钱清单的票面组合，用户可根据单位需要自由设置。还可在工资分钱清单界面单击"设置"按钮，或利用快捷菜单中的"票面额设置"，重新进入该功能。

第三步，进行票面额设置。首先要选择会计月份，再选择票面组合，确定后，系统根据实发工资项目自动计算出各种面额的张数。

工资分钱清单界面共分三个选项卡，分别是部门分钱清单、人员分钱清单、工资发放取款单。部门分钱清单，可以查看最上一级到明细级部门分钱的各种票额张数；人员分钱清单，可按部门查看人员分钱的各种票面额的张数；工资发放取款单，可查看该工资类别的分钱总数，可按此面额取款，便于工资现金发放。

四、银行代发

银行代发业务处理，是指每期工资核算之后，单位应将每个职工的工资发放数据按照银行要求的文件格式提交给开户银行，职工凭信用卡去银行取款。

【操作步骤】

在工资系统的主界面，"业务处理"菜单下的"银行代发"，即可进入银行代发的功能界面。

（一）设置银行代发的文件格式

银行代发文件格式设置是根据银行的要求，设置提供银行数据中所包含的项目，以及项目的数据类型、长度和取值范围等。

【操作步骤】

第一步，第一次进入银行代发功能时，系统自动显示"银行文件格式设置"对话框，可以进行设置；以后再进入该功能时，可以单击"格式"按钮，或利用快捷菜单下的"文件格式设置"，即可进入银行代发文件格式设置功能，设置银行文件格式。系统提供银行模板文件格式，若不能满足要求，可进行修改。

第二步,确认后,系统将设置进行保存,并生成银行代发一览表。

（二）设置银行代发磁盘输出格式

银行代发磁盘输出格式设置是根据银行的要求,设置向银行提供的数据是以何种文件形式存放在磁盘中,且在文件中各数据项目是如何存放和区分的。

【操作步骤】

在银行代发一览表界面,单击"方式"按钮,或右击选择菜单中的"文件输出方式设置",即可进入银行代发磁盘文件设置功能。

文件的输出格式有三种：.txt 文件、.dat 文件和 .dbf 文件,用户可选择其一。

（三）磁盘输出

按用户已设置好的格式和设定的文件名,将数据输出到指定的磁盘。

【操作步骤】

在银行代发界面,单击"传输"按钮,或右击选择菜单项下的"磁盘输出",输入文件名称、选择磁盘和选择存储路径后,单击"保存"即可。

五、工资分摊

工资分摊是指对当月发生的工资费用进行工资总额的计算、分配及各种经费的计提,并制成自动转账凭证,传递到总账系统提供登账处理。

初次进行工资分摊功能,首先要进行分摊类型的设置,即对所有与工资相关的费用均在系统中建立相应的分摊类型名称和分摊比例。而在以后的阶段里,只要计提方法没有发生变化,则可反复使用初次的设置,由系统自动计算生成相应的会计凭证。"工资分摊"的操作,可分成以下两个步骤进行。

（一）设置工资总额和计提基数

工资总额是在一定时期内企业支付给职工的工资总数。企业在月内的全部工资,不论是否在当月领取,都应当按工资的用途进行分摊和计提。由于不同的企业在进行分摊和计提时对工资总额的计算方法不同,所以系统允许对工资总额进行设置。

【例 5-12】　设置工资总额和工资计提基数。

【操作步骤】

第一步,在工资管理系统中打开所需处理的"某一工资"类别,然后在"薪资管理"窗口系统菜单中,打开"业务处理"菜单,点击"工资分摊",打开"工资分摊"对话框,如图 5-35 所示。

第二步,单击对话框下方的"工资分摊设置"按钮,打开"分摊类型设置"对话框,如图 5-36 所示。

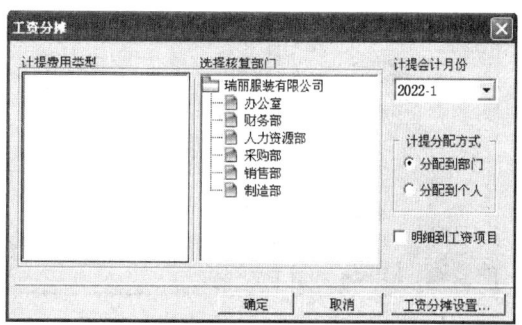

图 5-35　工资分摊对话框

第三步,单击对话框上方的"增加"按钮,打开"分摊计提比例设置"对话框,对计提类型名称和分摊计提比例进行设置,如图5-37所示。然后单击"下一步"按钮,打开"分摊构成设置"对话框。

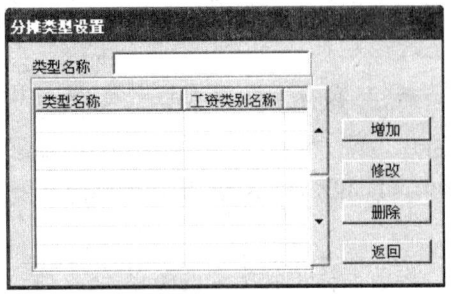
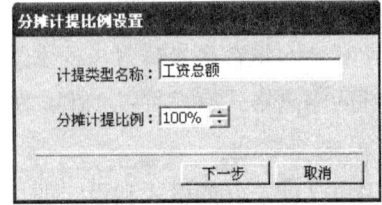

图5-36 类型设置　　　　　　　　图5-37 分摊计提比例设置

第四步,双击"部门名称"空白栏,如图5-38所示,再单击随后显示的"参照"按钮,打开"部门名称参照"对话框。

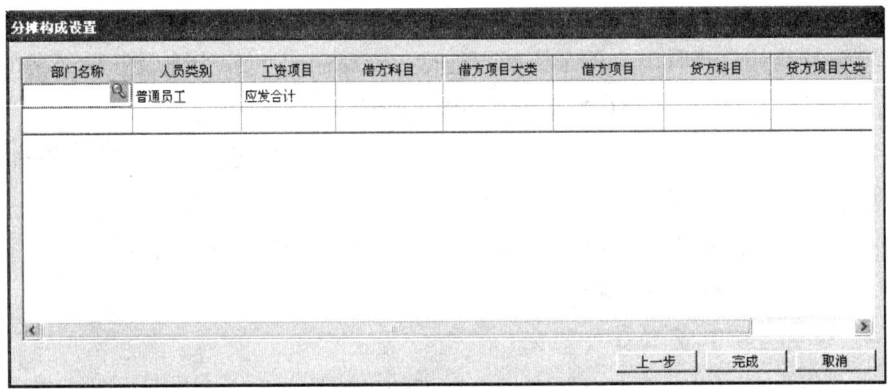

图5-38 分摊构成设置

第五步,勾选核算部门,然后单击"确定"按钮,如图5-39所示。

第六步,继续输入其他栏目的内容,然后单击"完成",如图5-40所示。

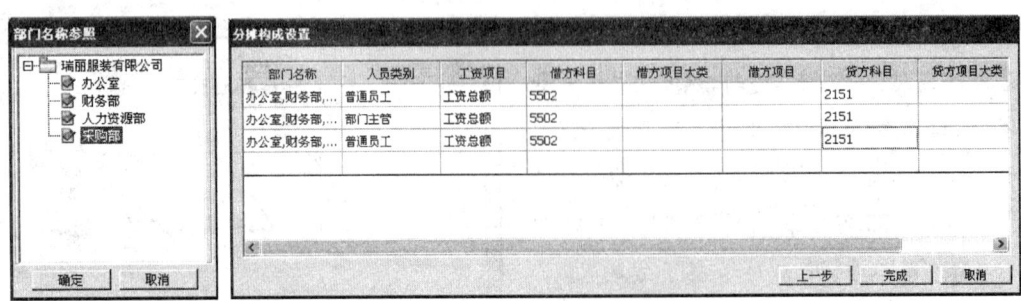

图5-39 部门名称参照　　　　　　　　图5-40 分摊构成设置

（二）工资分摊

在系统中建立了工资分摊和费用计提的类型后,在以后的各月中,系统可以根据设置自动进行工资的分摊和费用的计提。

【例5-13】　进行工资分摊操作。

【操作步骤】

👣 第一步,在工资管理系统中打开所需处理的工资类别,然后在"工资"窗口系统菜单中,打开"业务处理",点击"工资分摊",打开"工资分摊"对话框。

👣 第二步,在"工资分摊"对话框中,选中"计提费用类型"列表框中的"工资费用分摊",然后选中"选择核算部门"列表框中的适用于该工资类别的部门,然后单击"确定"按钮,如图5-41所示。

👣 第三步,在打开的"工资分摊明细"对话框中,在"工资费用分摊"类型下,单击选择"合并科目相同、辅助项相同的分录"复选框,重新输入借方和贷方科目,如图5-42所示。

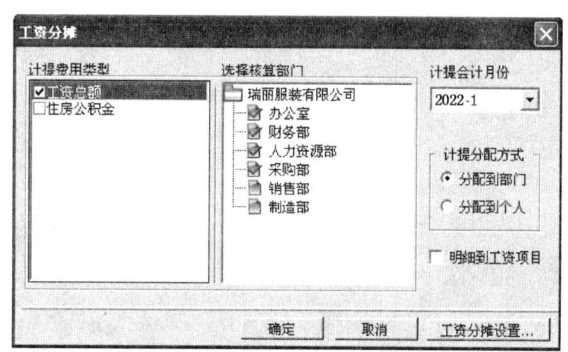

图 5-41　工资分摊

工资总额一览表

☑ 合并科目相同、辅助项相同的分录

类型：工资总额

部门名称	人员类别	工资分摊		
		分配金额	借方科目	贷方科目
办公室	高层经理	4000	5502	2151
	部门主管	2760	5502	2151
财务部	普通员工	3500	5502	2151
		3000	5502	2151
人力资源部	部门主管	3000	5502	2151
采购部		3000	5502	2151

图 5-42　工资分摊明细

👣 第四步,单击"制单"按钮,制单生成凭证,如图5-43所示。

👣 第五步,双击"填制凭证"窗口在上方"字"的左边空档处,在打开的下拉列表中选择"转账凭证",如图5-44所示。

👣 第六步,凭证中会计分录的"科目名称"与"金额"已由系统自动填制,检查确定无误后,单击"保存"按钮,系统开始生成凭证并传送到总账系统,处理完毕后在"填制凭证"窗口标示出"已生成"字样,如图5-45所示。

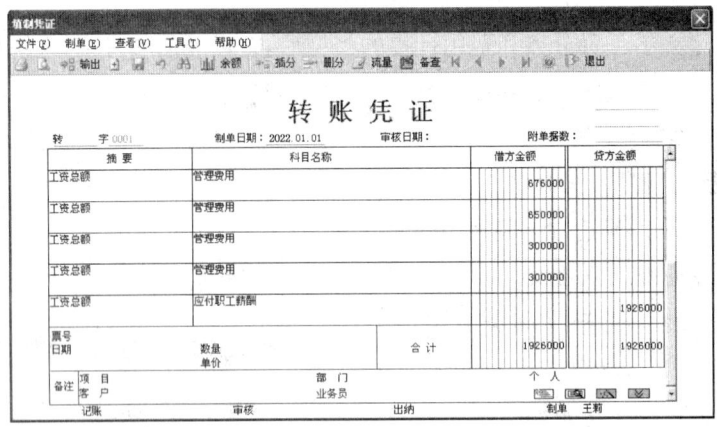

图 5-43　生成工资分摊凭证

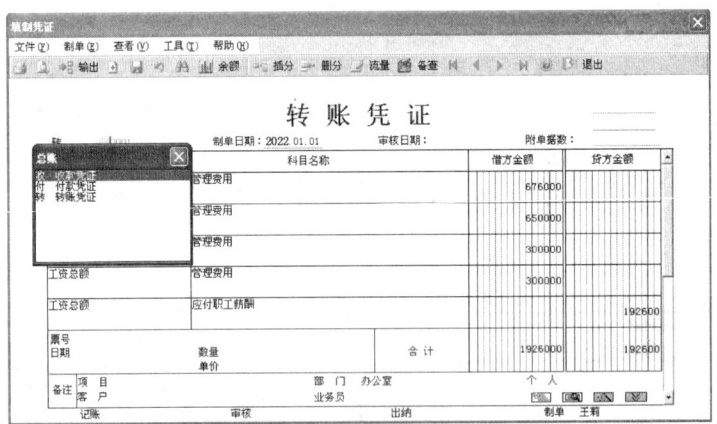

图 5-44　设置自动转账凭证

图 5-45　自动转账凭证生成

工资系统生成的转账凭证转入总账系统的未记账凭证库,记入总账,此张凭证既可在工资系统的"凭证查询"中查询,也可在总账系统的凭证库中查询。

工资管理系统传输到总账系统的凭证,可在工资系统中通过"凭证查询"功能来修改、删除和冲销等。

【操作步骤】

🦶 第一步,在工资系统的主界面,单击"统计分析"菜单下的"凭证查询"。

🦶 第二步,在弹出的对话框中选择要查询的起止月份,光标停在要修改的行上。

🦶 第三步,单击"查询""删除"或"冲销"按钮,可以查询、修改、删除和冲销凭证。

【提示】

🔔 批量制单即单击"批制"按钮,可一次生成所有参与本次分摊的分摊类型所对应的凭证。

🔔 生成的凭证可到总账系统中进行审核并记账。

第四节　工资管理系统期末处理

月末处理是将当月数据经过处理后结转至下月。每月工资数据处理完毕后均需进行月末结转。由于在工资项目中,有的项目是变动的,即每月的数据均不相同,在每月工资处理时,均需将其数据清为 0,然后输入当月的数据,此类项目即为清零项目。因月末处理功能只有账套主管才能执行,所以应以账套主管的身份登录系统。

一、月末结转

【例 5-14】 对 2022 年 1 月工资进行月末结转。

【操作步骤】

🦶 第一步,先打开一个已经汇总的工资类别,单击"工资"系统主界面中"业务处理"菜单下的"月末处理",弹出"月末处理"对话框,如图 5-46 所示。

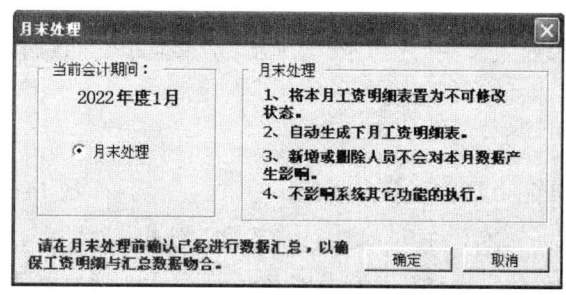

图 5-46　月末处理

第二步,单击"确认",弹出系统提示框"月末处理后,本月工资将不许变动! 继续月末处理吗?",如图 5-47 所示。

第三步,若单击"否",则退回工资管理主界面;若单击"是",则系统继续提示"是否选择清零项?",如图 5-48 所示。若选择"否",则下月项目完全继承当前月数据;若选择"是",即进入清零项目的选择。

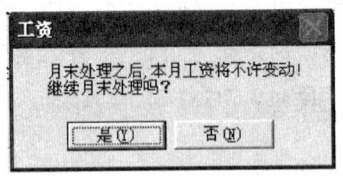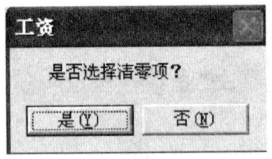

图 5-47 月末处理提示框　　　图 5-48 选择清零提示框

第四步,选择需要清零的项目后,单击"确认",系统即进行数据结转,结转完毕,系统提示"月末处理完毕!"并按用户设置将清零项目数据清空,其他项目继承当前月数据。

【提示】

- 月末结转只有在会计年度的 1～11 月进行。
- 若本月工资数据未汇总,系统将不允许进行月末结转。
- 进行期末处理后,当月数据将不再允许变动。
- 月末结账后,选择需清零的工资项系统予以保存,不用每月再重新选择。
- 月末处理功能只有主管人员才能执行。
- 只有在当月工资数据处理完毕后才可进行。
- 若为处理多个工资类别,则应打开工资类别,分别进行月末结算。

二、反结账

当工资管理系统结账后,发现还有一些业务或其他事项需要在已结账月进行账务处理,此时需要使用反结账功能,取消已结账标记。

【操作步骤】

选择"业务处理"菜单中"反结账"菜单项,屏幕显示反结账界面,选择要反结账的工资类别,确认即可。

【提示】

- 反结账功能只能由账套主管来执行。
- 有下列情况之一,不允许反结账:总账系统已结账;成本管理系统上月已结账;
- 本月工资分摊、转账凭证传输到总账系统,如果总账系统已制单并记账,需做红字冲销凭证后,才能反结账;如果总账系统未能做任何操作,只需删除此凭证即可。
- 如果凭证已经由出纳签字或主管签字,需取消出纳签字或主管签字,并删除该张凭证后,才能反结账。

三、工资数据查询

（一）工资表

工资表主要用于工资的发放和统计,本功能主要完成查询和打印各种工资表的工作。工资表包括以下一些由系统提供的原始表:工资发放签名表、工资发放条、工资卡、部门工资汇总表、人员类别工资汇总表、条件汇总表、条件统计表、条件明细表、工资变动明细表、工资变动汇总表等。

【操作步骤】

第一步,在工资系统的主界面,单击"统计分析"菜单下的"工资表",打开"工资表"对话框。

第二步,选择要查看的表,单击"查看"按钮,在弹出对话框中输入查询条件,即可得到相应的查询结果,如图5-49所示。

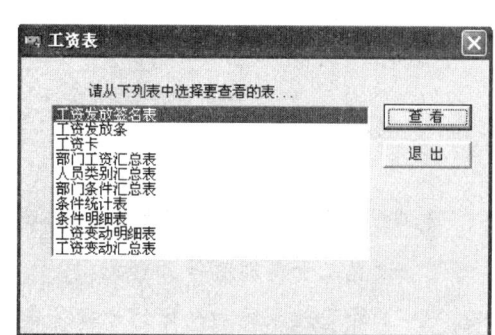

图5-49 工资表

（二）工资分析表

工资分析表是以工资数据为基础,对部门、人员类别的工资数据进行分析和比较,产生各种分析表,供决策人员使用。工资分析表包括分部门各月工资构成分析表、分类统计表(按部门、按项目、按月)、工资项目分析(按部门)、工资增长情况、部门工资项目构成分析表、员工工资汇总表、员工工资项目统计表。

【操作步骤】

第一步,在工资系统的主界面,单击"统计分析"菜单下的"工资分析表",打开"工资分析表"对话框。

第二步,选择相应的分析表,单击"确认"按钮,输入条件,再单击"确认"按钮,即可进入相应的界面,如图5-50所示。

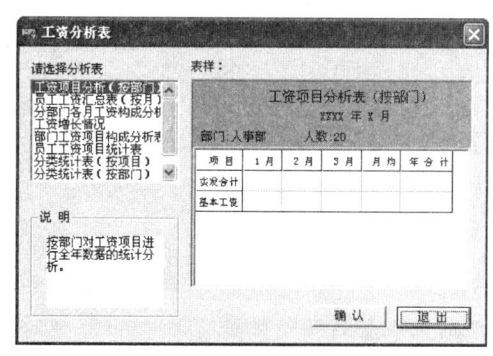

图5-50 工资分析表

（三）凭证查询

工资核算的结果以转账凭证的形式传输到总账系统,在总账系统中可以进行查询、审核、记账等操作,不能修改、删除。

【操作步骤】

工资管理系统中的凭证查询功能提供对工资系统转账凭证的删除、冲销,选择"统计分析"中的"凭证查询"子菜单,显示凭证查询界面。

本 章 启 示

　　随着社会经济的高速发展,越来越多的企业开始发展壮大起来,与此同时,职员数量也在不断增加,员工薪资管理工作量和压力也随之而来。传统手工核算需耗费大量时间和精力,且出错率高。因此,我们必须与时俱进,顺应时代发展,培养自己的专业应用能力与技术,做符合时代需求的高质量人才。

思 维 拓 展

1. 工资管理系统的主要功能有哪些?
2. 设置工资类别有什么意义?
3. 工资管理系统初始化的步骤是什么?
4. 如何进行工资项目的设置?
5. 什么是工资分摊? 完成工资分摊操作时应注意些什么?

知识点应用及实践能力训练

实验七　工资管理系统基础设置

一、实验准备

　　完成第四章"实验六　总账系统自动转账凭证生成与审核记账"的操作。将计算机系统时间调整为实验账套的 2022 年 1 月份,将"实验三　总账系统初始化"的备份账套数据引入用友 ERP-U8V10.1 系统。

二、实验内容

　　(1) 设置账套参数。
　　(2) 进行工资管理系统基础设置。

三、实验资料

　　1. 工资管理账套参数

　　工资类别:多个;币别:人民币;核算计件工资;代扣个人所得税;不进行扣零处理;人员编码长度为 4 位。

2. 工资类别

设置两个工资类别：管理和采购岗位工资，适用于办公室、财务部、人力资源部、采购部；计件岗位工资，适用于销售部和制造部。

3. 人员类别

人员类别分为高层经理、部门主管、普通员工、T恤001生产工人、T恤002生产工人。

4. 人员档案

瑞丽公司的人员档案如表5-1所示。

表5-1 瑞丽公司人员档案

编号	姓名	所属部门	部门编码	人员类别	银行账号	基本工资（元）	住房公积金（元）
1001	闫冬	办公室	1	高层经理	10012345001	4 000	600
1002	李刚	办公室	1	部门主管	10012345002	3 000	400
2001	张明	财务部	2	部门主管	20012345001	3 000	400
2002	李红	财务部	2	普通员工	20012345002	1 500	300
2003	王莉	财务部	2	普通员工	20012345003	2 000	350
3001	夏雨	人力资源部	3	部门主管	30012345001	3 000	400
4001	陈旭	采购部	4	部门主管	40012345001	3 000	450
5001	魏华	销售部	5	部门主管	50012345001	2 500	450
5002	李静	销售部	5	普通员工	50012345002	1 500	300
6001	秦峰	制造部	6	部门主管	60012345001	1 500	400
6002	赵健	制造部	6	部门主管	60012345002	1 500	400
6003	李成	制造部	6	T恤001生产工人	60012345003	800	300
6004	牛强	制造部	6	T恤001生产工人	60012345004	800	300
6005	孙炎	制造部	6	T恤001生产工人	60012345005	800	300
6006	徐杰	制造部	6	T恤001生产工人	60012345006	800	300
6007	吴涛	制造部	6	T恤001生产工人	60012345007	800	300
6008	杨莉	制造部	6	T恤002生产工人	600123450080	800	300
6009	薛华	制造部	6	T恤002生产工人	60012345009	800	300
6010	任伟	制造部	6	T恤002生产工人	60012345010	800	300
6011	马兰	制造部	6	T恤002生产工人	60012345011	800	300
6012	林玉	制造部	6	T恤002生产工人	60012345012	800	300
6013	曾平	制造部	6	T恤002生产工人	60012345013	800	300

补充说明:以上人员进入工资系统日期均为 2017 年 1 月;均为中方人员,均计税,适用"管理和采购岗位工资"的办公室、财务部、人力资源部、采购部人员不核算计件工资,适用"计件岗位工资"的销售部和制造部人员核算计件工资;银行名称均为工商银行。表中的基本工资和住房公积金在录入人员档案时不需输入,在后面工资数据编辑的业务处理中会使用此数据。

5. 工资项目

"管理和采购岗位工资"和"计件岗位工资"的工资项目相同,注意按表 5-2 的顺序排列。

表 5-2 瑞丽公司工资项目

项目名称	类　型	长　度	小数位数	工资增减项
基本工资	数字	8	2	增项
奖金	数字	8	2	增项
计件工资	数字	10	2	增项
应发合计	数字	10	2	增项
事假扣款	数字	8	2	减项
住房公积金	数字	8	2	减项
代扣税	数字	10	2	减项
个人欠款	数字	8	2	减项
扣款合计	数字	10	2	减项
实发合计	数字	10	2	增项
日工资	数字	8	2	其他
事假天数	数字	8	0	其他
工资总额	数字	8	2	其他
计税基数	数字	8	2	其他

6. 计算公式(注意公式顺序)

(1) "管理和采购岗位工资"类别的工资计算公式。

奖金=iff(人员类别="高层经理",1000,iff(人员类别="部门主管",600,300))

日工资=基本工资/25

事假扣款=事假天数×日工资

计税基础=基本工资+奖金-事假扣款-住房公积金

工资总额;基本工资+奖金-事假扣款

(2) "计件岗位工资"类别的工资计算公式。

日工资=基本工资/25

事假扣款=事假天数×日工资

计税基础=基本工资+计件工资+奖金-事假扣款-住房公积金

工资总额=基本工资+计件工资+奖金-事假扣款

奖金公式的含义是高层经理奖金1 000元,部门主管奖金600元,普通员工奖金300元,适用于管理和采购岗位,即办公室、财务部、人力资源部和采购部。在"管理和采购岗位工资"类别中,计件工资项目是系统默认设置的,不能删除,故保留但不用;在"计件岗位工资"类别中,对销售部和制造部的员工平时不发奖金,仅按计件方式分配工资,但保留奖金项目。

四、实验步骤

以账套主管的身份注册登录工资管理系统,进行工资管理系统基础设置。

(1) 设置工资管理系统账套。

(2) 设置工资类别。

(3) 设置人员类别。

(4) 设置人员档案。

(5) 设置工资项目。

(6) 设置计算公式。

(7) 以"admin"的身份登录系统管理备份账套。

实验八　工资管理系统业务处理

一、实验准备

将计算机系统时间调整为实验账套的2022年1月份,将"实验七　工资管理系统基础设置"的备份账套数据引入用友ERP-U8V10.1系统。

二、实验内容

(1) 日常薪资业务处理。

(2) 期末薪资业务处理。

(3) 工资管理系统结账。

三、实验资料

(一) 日常工资业务

(1) 工资人员变动。

制造部"6013,曾平"辞职,工资从当前2022年1月起停发。

(2) 考勤情况。

办公室李刚请假2天。

(3) 代扣个人所得税。

个人所得税按计税基数减2 000元后,按工资所得的规定比率计算。

(4) 银行代发工资。

1月工资通过银行发放,编制有关txt格式工资发放文件到指定文件夹,文件名为"1月工资发放"。查询工资发放数据,在总账系统编制发放工资的记账凭证。

(二) 期末工资业务

1. 分摊工资费用

(1) "管理和采购岗位工资"类别的工资费用分摊(按工资总额的100%分摊)如

表 5-3 所示。

表 5-3　　　　　　　瑞丽公司"管理和采购岗位工资"类别的工资费用分摊

部门名称	人员类别	项　目	借方科目	贷方科目
办公室,财务部,人力资源部,采购部	高层经理	工资总额	5502	2151
办公室,财务部,人力资源部,采购部	部门主管	工资总额	5502	2151
办公室,财务部,人力资源部,采购部	普通员工	工资总额	5502	2151

（2）"计件岗位工资"类别的工资费用分摊（按工资总额的 100% 分摊）如表 5-4 所示。

表 5-4　　　　　　　瑞丽公司"计件岗位工资"类别的工资费用分摊

部门名称	人员类别	项　目	借方科目	贷方科目
销售部	部门主管	工资总额	5501	2151
销售部	普通员工	工资总额	5501	2151
制造部	部门主管	工资总额	4105	2151
制造部	T恤001 生产工人	工资总额	41010101	2151
制造部	T恤002 生产工人	工资总额	41010102	2151

2. 计提住房公积金

（1）"管理和采购岗位工资"类别的住房公积金计提（按住房公积金的 100% 计提）如表 5-5 所示。

表 5-5　　　　　　　瑞丽公司"管理和采购岗位工资"类别的住房公积金计提

部门名称	人员类别	项　目	借方科目	贷方科目
办公室,财务部,人力资源部,采购部	高层经理	住房公积金	5502	2151
办公室,财务部,人力资源部,采购部	部门主管	住房公积金	5502	2151
办公室,财务部,人力资源部,采购部	普通员工	住房公积金	5502	2151

（2）"计件岗位工资"类别的住房公积金计提（按住房公积金的 100% 计提）如表 5-6 所示。

表 5-6　　　　　　　瑞丽公司"计件岗位工资"类别的住房公积金计提

部门名称	人员类别	项　目	借方科目	贷方科目
销售部	部门主管	住房公积金	5501	2151
销售部	普通员工	住房公积金	5501	2151
制造部	部门主管	住房公积金	4105	2151
制造部	T恤001 生产工人	住房公积金	41010101	2151
制造部	T恤002 生产工人	住房公积金	41010102	2151

四、实验步骤

以操作员"王莉"的身份注册登录工资管理系统,进行以下日常工资业务、期末工资业务和结账的操作。

(1) 录入员工的基本工资和住房公积金数据。

可以使用手工录入工资数据和成批编辑工资数据的方法。

(2) 处理日常工资业务。

① 人员变动调整。

② 登记考勤情况。

③ 登记计件岗位员工计件数量。

④ 代扣个人所得税。

需分别打开"管理和采购岗位工资"和"计件岗位工资"类别,核算各个类别下员工的代扣个人所得税。在核算个人所得税前必须进行工资计算与汇总的操作处理(在"工资变动"对话框中进行)。

⑤ 通过银行代发工资。

(3) 处理期末工资业务。

① 分摊工资费用。

需分别打开"管理和采购岗位工资"和"计件岗位工资"类别,核算各个类别下员工的工资费用。先设置工资费用分摊类型,再进行工资费用分摊并生成凭证。

② 计提住房公积金。

需分别打开"管理和采购岗位工资"和"计件岗位工资"类别,计提各个类别下员工的住房公积金。先设置计提住房公积金类型,再进行住房公积金计提并生成凭证。

③工资管理系统结账。

(4) 以"admin"的身份登录系统管理备份账套。

第六章　固定资产管理系统

重点提示

　　通过本章学习,掌握固定资产管理系统的功能;掌握固定资产系统管理的操作处理流程;熟练使用固定资产管理系统对固定资产进行日常业务处理。

第一节　固定资产管理系统概述

　　固定资产通常是指使用期限超过一年的房屋、建筑物、机器、机械、运输工具以及其他与生产经营有关的设备、器具和工具等。固定资产是企业经营不可缺少的物资条件,是发展经济的物资技术基础。合理有效地组织固定资产的核算工作,对于保证其安全完整并充分发挥其效能,保证其再生产的资金来源都具有其重要的意义。

　　固定资产系统是核算企事业单位固定资产的子系统,它的主要任务是正确反映固定资产的分类、计价以及增减变动等情况,编制固定资产增减明细表,正确计提固定资产折旧,编制固定资产折旧报告,可以保护企业资产的安全与完整。

一、固定资产管理系统的主要功能

（一）系统初始设置

　　固定资产管理系统的初始设置主要是企业固定资产核算的具体要求在系统中建立基本的业务处理方法,包括设置参数、部门折旧对应科目、资产科目、折旧科目、增减方式、使用状况、折旧方法、与其他子系统参数的接口等。

（二）卡片管理

　　设置固定资产卡片格式,对固定资产卡片进行存储和管理,用户能灵活地进行增加、删除、修改、查询、按月汇总出分部门并且分类别的固定资产汇总数、打印卡片汇总表等。

（三）折旧管理

　　固定资产折旧管理主要是每期根据录入的固定资产的卡片计提折旧,自动计算每项资产的折旧,并生成折旧分配表及折旧清单,从而完成本期的登账工作,并生成折旧凭证传递给账务系统处理。

(四) 月末处理

月末通过设置的固定资产、累计折旧等与总账系统自动对账,根据对账结果进行月末结账。

(五) 账表查询、打印

固定资产管理系统为用户提供所有账表的管理,可以随时查询资产清单、分析表、统计表、折旧表和账簿等。

固定资产系统模块的功能结构如图 6-1 所示。

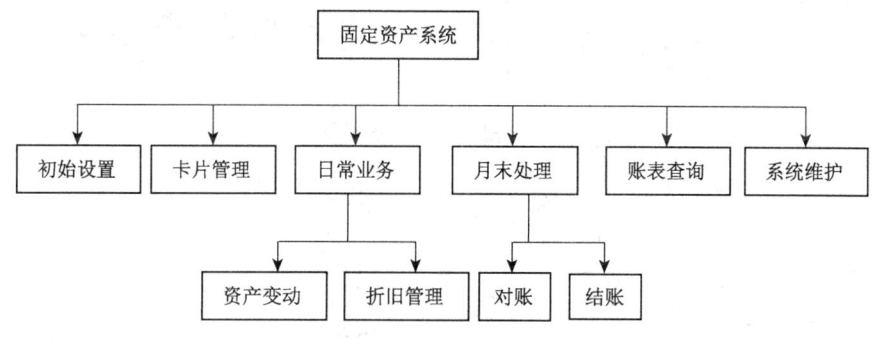

图 6-1 固定资产系统模块功能结构

二、固定资产管理系统的操作流程

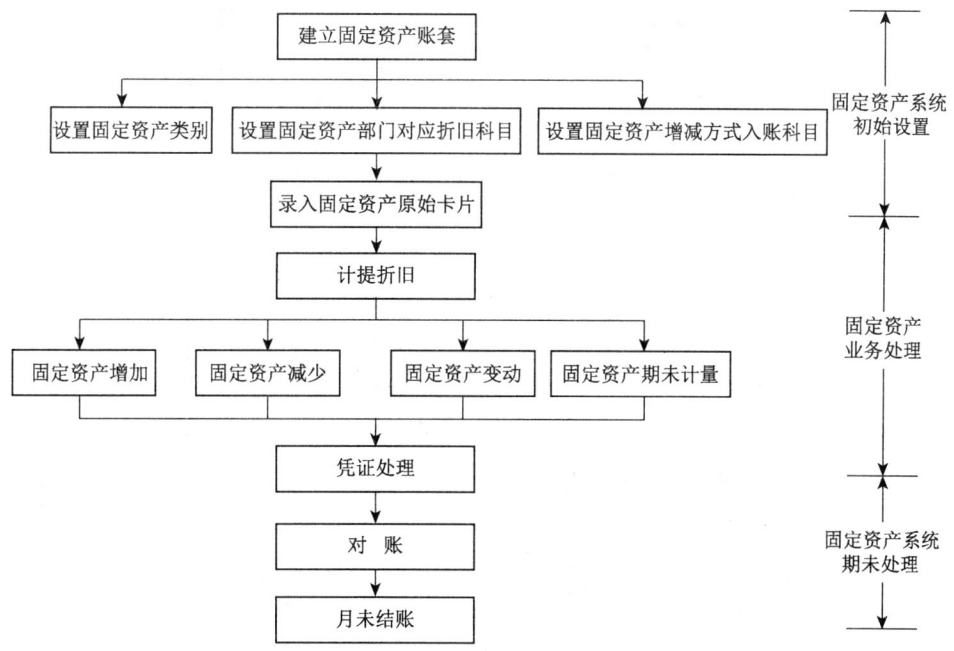

图 6-2 固定资产管理系统操作流程

第二节　固定资产管理系统初始设置

固定资产管理系统初始设置是指在进行固定资产业务处理之前必须完成的系统功能设置和固定资产核算数据的录入，主要包括启用固定资产系统、建立固定资产账套、设置固定资产类别、设置固定资产核算默认科目和录入固定资产原始卡片。

一、建立固定资产账套

【操作步骤】

👣 第一步，登录进入"用友ERP-U8V10.1企业门户"，如果是初次登录"固定资产管理系统"，需要先在"基础信息"菜单下双击"基本信息"，打开"系统启用"界面，启用"固定资产管理系统"，如图6-3所示。

👣 第二步，登录"固定资产管理系统"，在"财务会计"菜单中单击"固定资产"图标，进入注册界面，如图6-4所示。

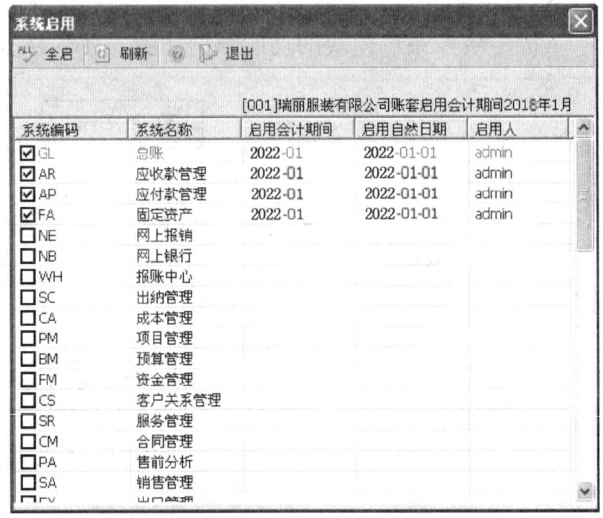

图6-3　启用"固定资产管理系统"

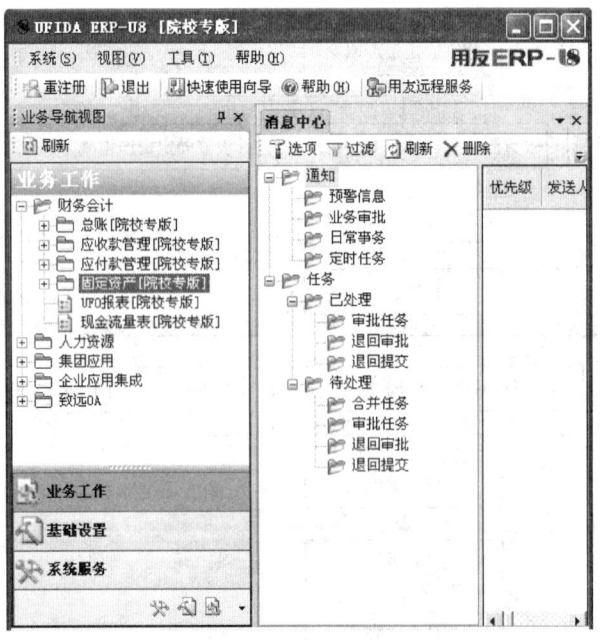

图6-4　"固定资产"图标

第三步,如果是第一次进入固定资产管理系统,系统将提示"是否进行初始化",如图 6-5 所示。

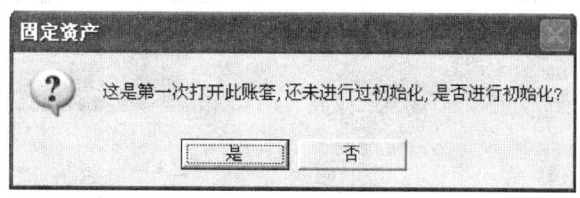

图 6-5　"固定资产初始化向导"窗口

第四步,单击"是"按钮后进入"固定资产初始化向导"窗口。

（一）约定与说明

【例 6-1】　固定资产初始化设置—约定及说明。

【操作步骤】

第一步,进入"固定资产初始化向导—约定及说明"窗口,单击"我同意"单选按钮,如图 6-6 所示。

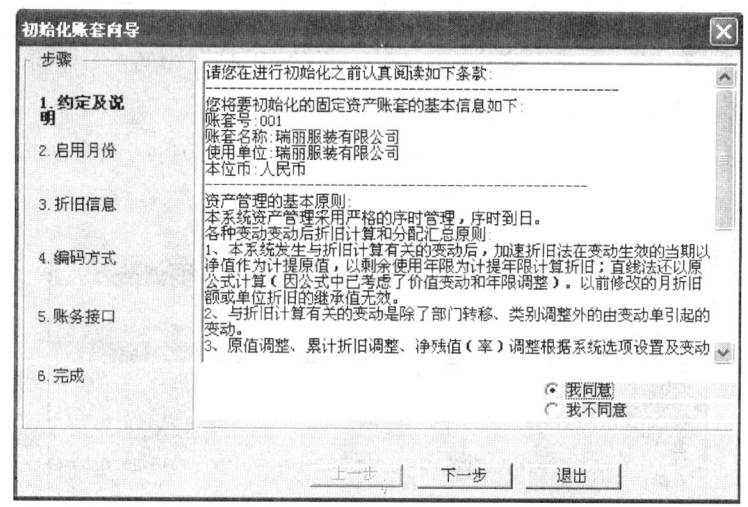

图 6-6　初始化设置

第二步,单击"下一步"按钮。

（二）启用月份

系统以启用月份开始计提折旧,此月份前的固定资产作为期初值使用。

【操作步骤】

对于"固定资产"的启用月份的修改要到用友软件的系统启用设置中修改,单击"下一步"按钮,如图 6-7 所示。

第二步,单击"下一步"按钮。

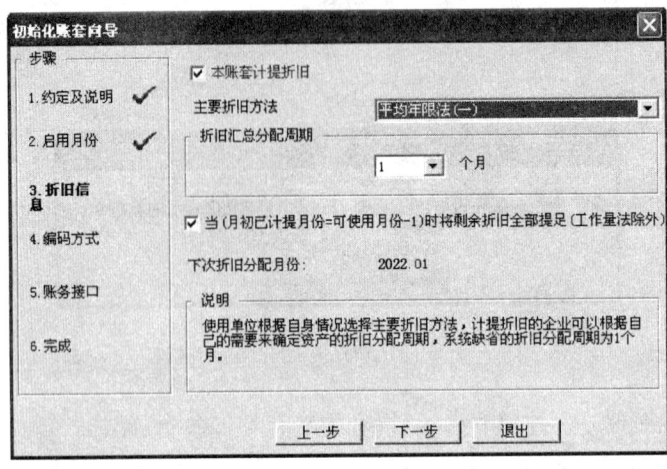

图 6-7 "固定资产"的启用

(三)折旧信息设置

【例 6-2】 对固定资产进行折旧信息设置。

【操作步骤】

第一步,选中"本账套计提折旧"复选框,否则系统将不计提折旧。

第二步,单击"主要折旧方法"下拉列表框的"下拉"按钮,在下拉表中选择"平均年限法(一)"选项。在"折旧汇总分配周期"文本框中输入"1"。

第三步,选中"当(月初已计提月份=可使用月份—1)时将剩余折旧全部提足"复选框,如图 6-8 所示。

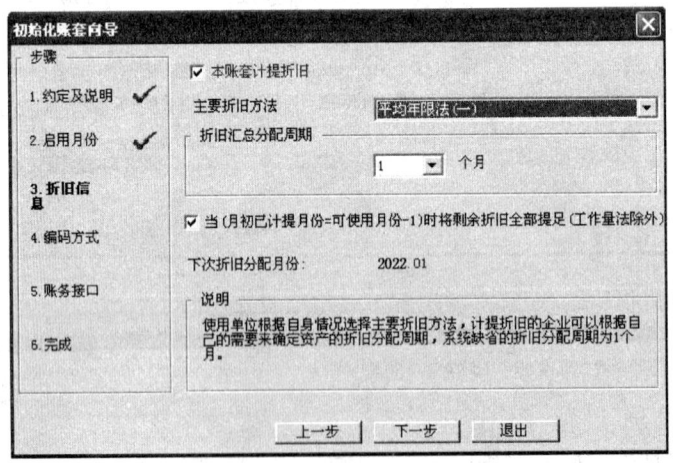

图 6-8 折旧信息

第二步,单击"下一步"按钮。

(四)编码方式设置

【例 6-3】 固定资产编码方式设置。

【操作步骤】

👣 第一步,确定资产类别编码长度,如"2112"。

👣 第二步,在"固定资产编码方式"选项区域,单击"自动编码"单选按钮,单击"下拉"按钮选择"类别编号＋部门编码＋序号",选择"2"。

👣 第三步,单击"下一步"按钮,进入"固定资产初始化向导—编码方式"窗口,如图6-9所示。

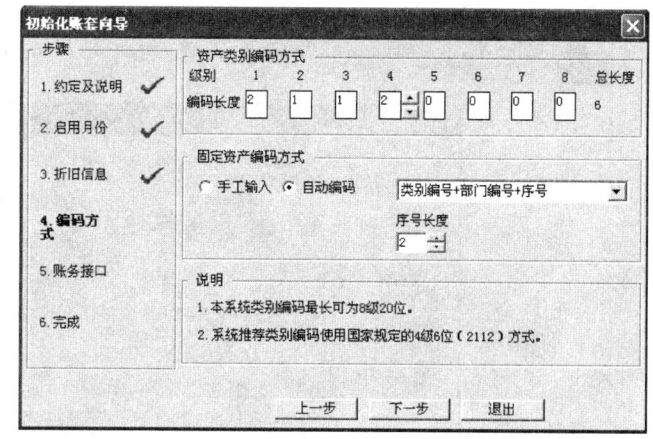

图6-9 编码方式

(五)总账接口

【例6-4】 设置固定资产总账接口。

【操作步骤】

👣 第一步,选中"与账务系统进行对账"复选框。

👣 第二步,在"固定资产的对账科目"文本框中输入"1501",在"累计折旧的对账科目"文本框中输入"1502"。

👣 第三步,单击"下一步"按钮,进入"固定资产初始化向导—财务接口"窗口中,如图6-10所示。

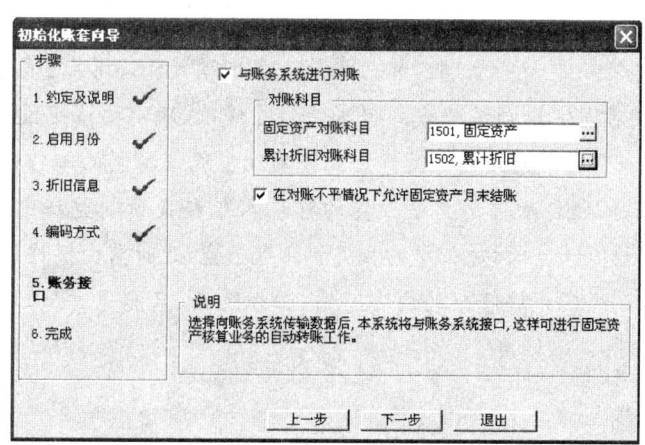

图6-10 账务接口

👣 第二步,单击"下一步"按钮。

(六)完成

【例6-5】 固定资产初始化设置完成。

【操作步骤】

 第一步,在"初始化账套向导"窗口,如图 6-11 所示,完成固定资产账套的初始化设置。

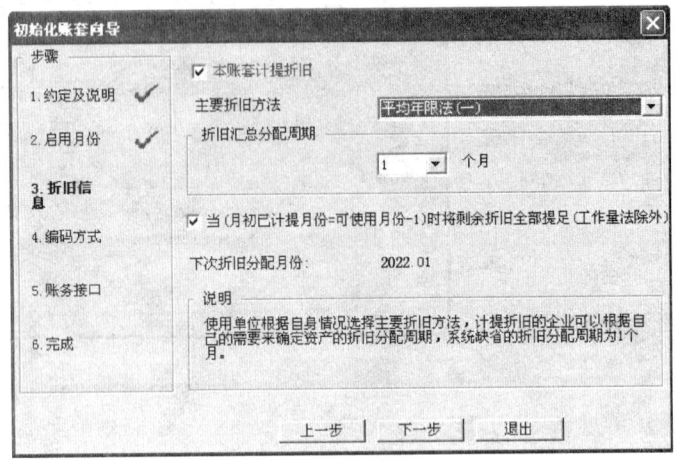

图 6-11　"初始化账套向导"窗口

 第二步,在"是否确定所设置的信息完全正确并保存对新账套的所有设置"提示框中,单击"是"按钮。

 第三步,在"已成功初始化固定资产"提示框中,单击"确定"按钮。

【提示】

 资产类别编码方式设定以后,某一级一旦设置了类别,则其长度不能修改,未使用过的各级长度可修改。

 系统提供了 4 种固定资产编码方式,用户可在"类别编号＋序号""部门编号＋序号""类别编号＋部门编号＋序号"和"部门编号＋类别编号＋序号"之间进行选择,但在系统初始化设置完成后固定资产编码方式将不能再被修改,所以要谨慎设置。

 设置默认入账科目是为了提高日常业务处理中凭证填制的工作效率。固定资产系统在制作转账凭证时,会自动按用户所设置的默认入账科目填制凭证中有关的会计科目。如果默认入账科目设置为空时,凭证中的相关科目也为空,此时需由操作员手工填制。

 如果发现系统不允许修改的内容有错,必须改正,只能通过"工具"菜单的"重新初始化账套功能"实现。

二、基础设置

在进行固定资产日常业务操作处理前,应将卡片项目、卡片样式、折旧方法、部门、资产分类、使用状况、增减方式等信息在账套内进行设置,这些基础设置是使用固定资产系统进行资产管理和核算的基础。

（一）选项

在固定资产管理窗口中,打开"设置"菜单,单击"选项",弹出"选项"设置对话框,有"与账务系统接口""基本信息""折旧信息""编码方式"和"其他"5个选项卡,如图6-12所示。

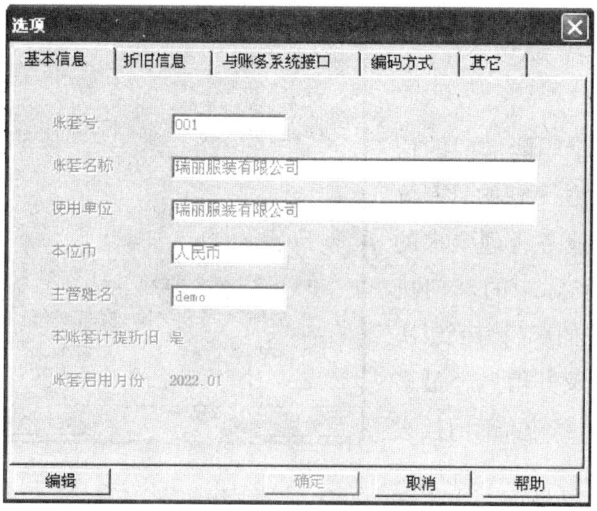

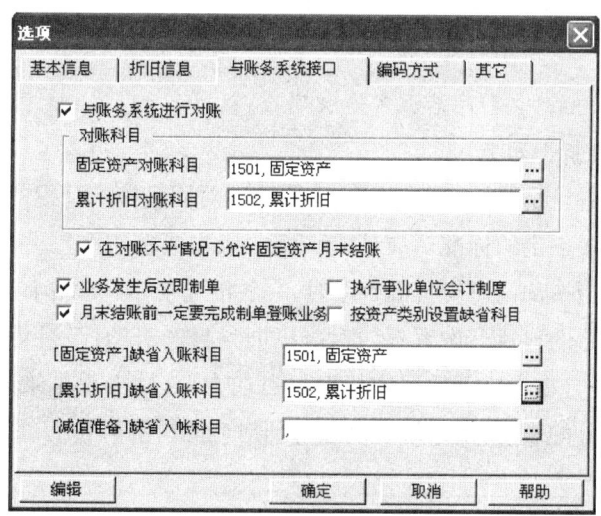

图6-12 选项设置

【例6-6】固定资产的基础设置。

【操作步骤】

第一步,在"选项"对话框中,单击"与账务系统接口"选项卡,打开相应的对话框,单击"编辑"按钮,使对话框处于可编辑状态,选定"在对账不平情况下允许固定资产月末结账"和"月末结账前一定要完成制单登账业务""业务发生后立即制单"三个复选框,输入固定资产和累计折旧的默认入账科目,如图6-13所示。

图6-13 "与账务系统接口"选项卡

第二步,单击"选项"对话框中的"其他"选项卡,打开相应的对话框,在"已发生资产减少卡片可删除时限"文本框中显示年限值,系统默认的已发生资产减少卡片可删除时限为 5 年,无需调整,选定窗口下方的"自动连续增加卡片"单选框,如图 6-14 所示,最后单击"确定"按钮。

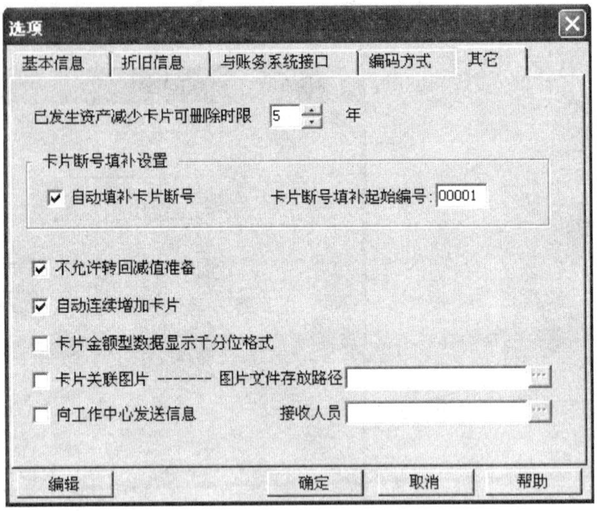

(二)部门档案

可设置企业各个职能部门的信息,部门指某使用单位下辖的具有分别进行财务核算或业务管理要求的单元体,不一定是实际中的部门机构,按照已经定义好的部门编码级次原则输入部门编号及其信息。最多可分 5 级,编码总长 12 位,部门档案包含部门编码、名称、负责人、部门属性等信息。

图 6-14 "选项—其他"选项卡

【例 6-7】 对部门档案进行设置。

【操作步骤】

第一步,打开"设置"菜单,单击"部门档案",弹出"部门档案"对话框。

第二步,单击"增加"按钮,可增加一条部门记录。在屏幕右边输入部门编号、部门名称、负责人、部门属性、电话、地址、备注、信用额度、信用等级等信息即可。

第三步,在部门档案界面左边,将光标定位到要修改的部门编号上,单击"修改"按钮,这时界面处于修改状态,除部门编号不能修改,其他信息均可修改。

第四步,单击"删除"按钮即可删除此部门。

【提示】

若部门被其他对象引用后就不能被删除。

(三)部门对应折旧科目

部门对应折旧科目是指折旧费用的入账科目。对固定资产计提的折旧必须根据不同使用者的具体情况按一定的标准对应计入一定的成本或费用账户。有按部门对应的,也有按类别对应的。当按部门对应折旧费用时,一般情况下,某一部门内的资产折旧费用将对应到一个比较固定的科目。设置部门对应折旧科目的目的:一是为了在录入固定资产原始卡片时,由系统自动生成部门对应折旧科目的内容,减少手工录入的工作量;二是为了在生成部门折旧分配表时,由系统自动按部门对应的折旧科目汇总,从而自动生成转账凭证。

【例 6-8】 设置部门对应折旧科目。

【操作步骤】

第一步,打开"设置"菜单,单击"部门对应折旧科目",弹出"固定资产部门编码目录"对话框,如图 6-15 所示。

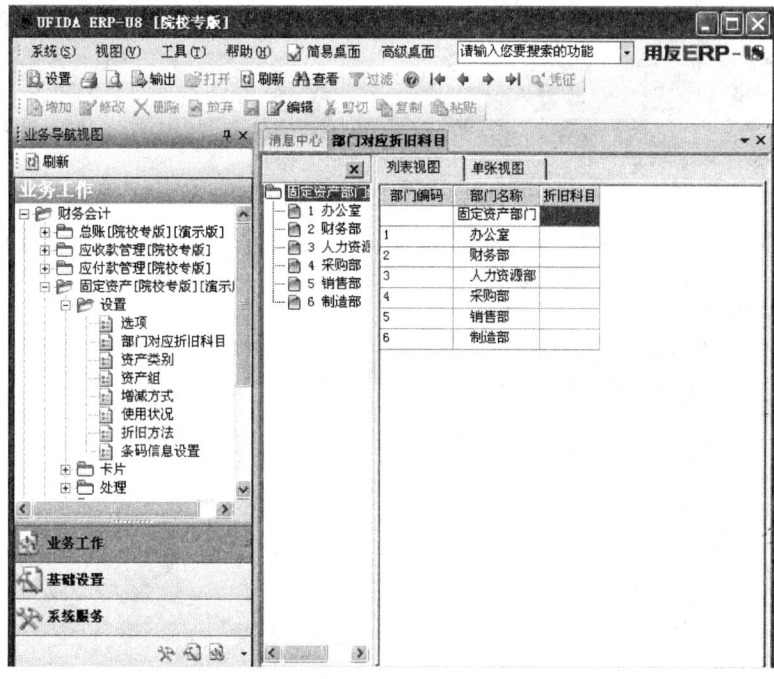

图 6-15 部门对应折旧科目

第二步,选择左边"固定资产部门编码目录"列表框中的"制造部"文件夹,然后单击"修改"按钮,如图 6-16 所示。

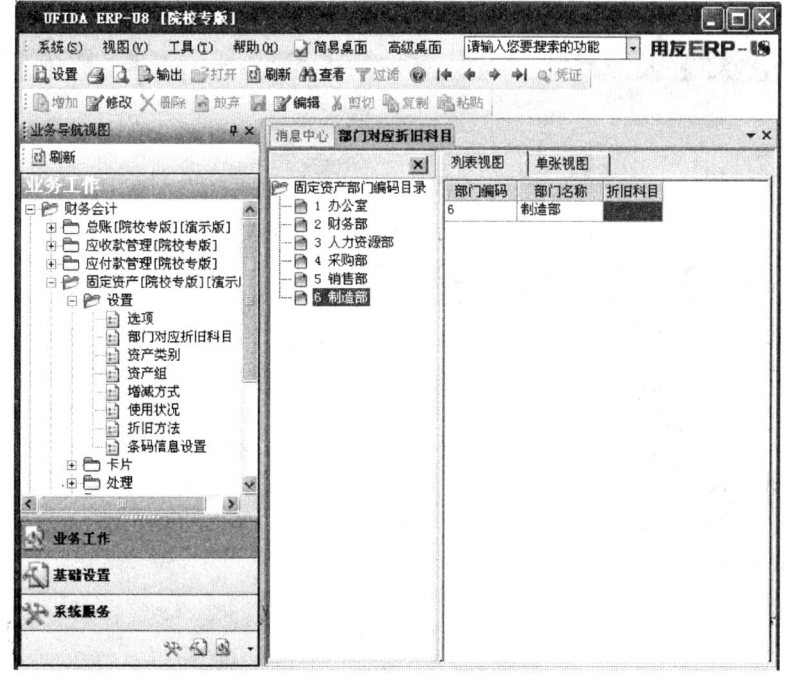

图 6-16 修改部门对应折旧科目

第三步,在打开的"单张视图"中输入对应的折旧科目编码,然后单击"保存"按钮,如图 6-17 所示。

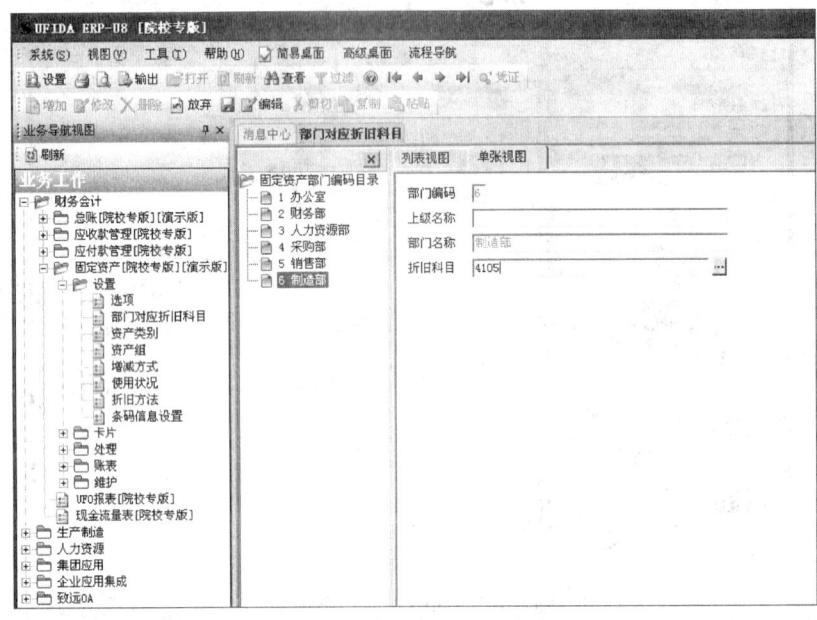

图 6-17 保存

第四步,单击"刷新"按钮,可以看到总部下各部门的折旧科目,以同样的方法对其他部门对应折旧科目进行设置,如图 6-18 所示。

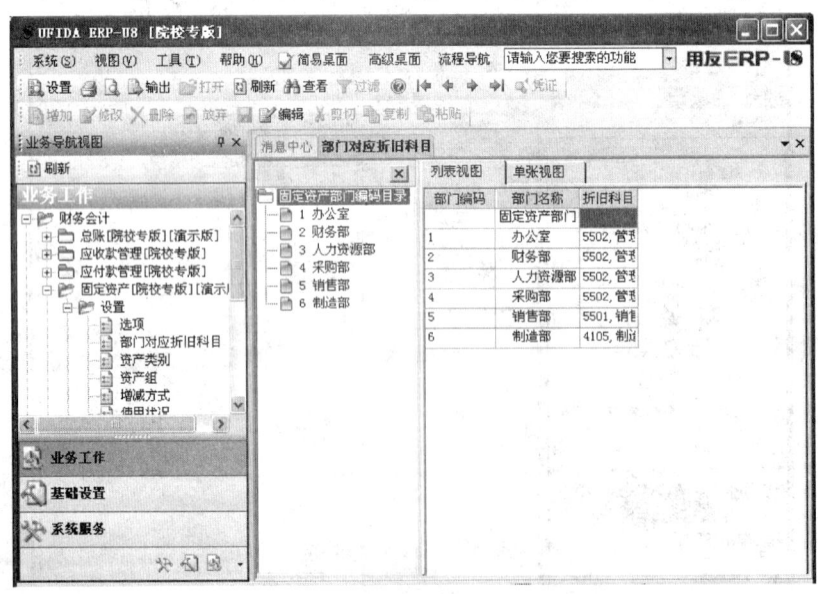

图 6-18 设置对应的折旧科目编码

（四）资产类别

固定资产类别设置是指在系统中定义固定资产的分类编码和相应的分类名称。固定资产的种类繁多，规格不一，制定科学合理的分类体系是强化固定资产管理和核算的基础，固定资产类别可根据企业自身特点和管理要求设置。

【例6-9】 设置固定资产的资产类别。

【操作步骤】

第一步，在"固定资产"窗口中，打开"设置"菜单，单击"资产类别"，如图6-19所示。

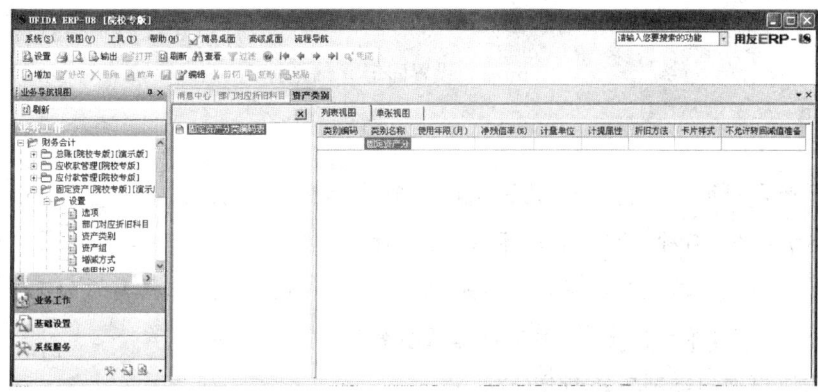

图6-19　固定资产分类编码表

第二步，单击"增加"按钮，打开"单张视图"对话框，依次在"类别名称""使用年限""净残值率""计量单位"文本框中输入内容，如图6-20所示。

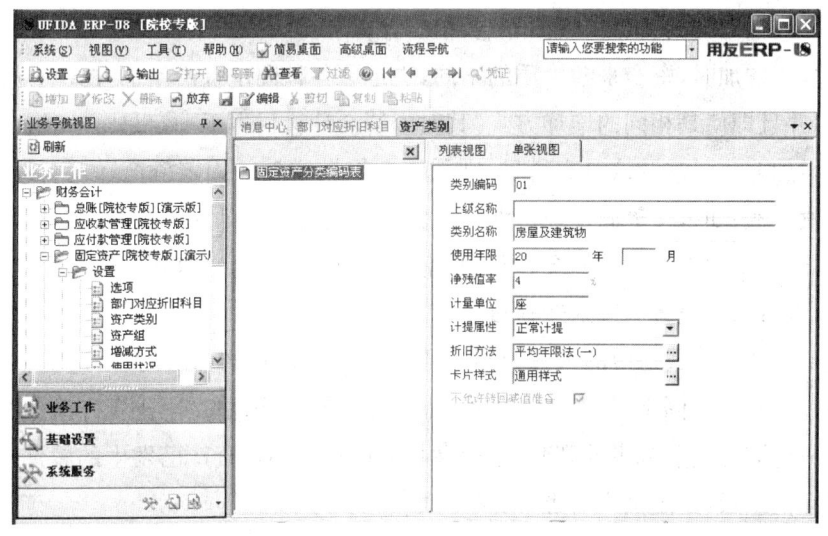

图6-20　增加新的固定资产类别

第三步，单击"保存"按钮，以同样的方法继续输入其他类别，如图6-21所示。

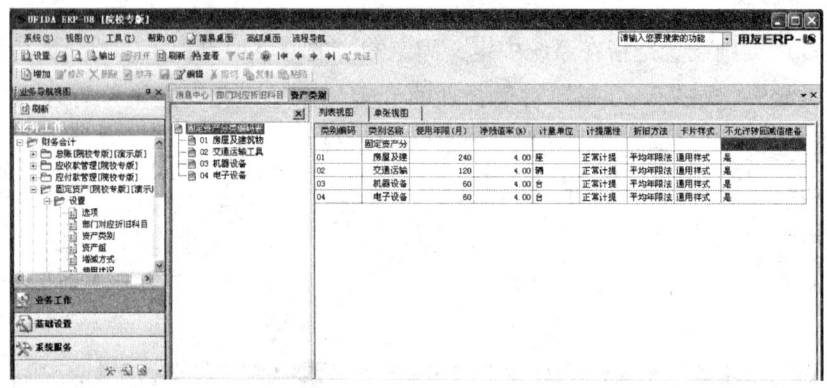

图 6-21　设置固定资产类别

【提示】

🔔 资产类别编码不能重复,同一级的类别名称不能相同。

🔔 类别编码、名称、计提属性、卡片样式不能为空。

🔔 如果要设置二级及以下各级类别,需在左边列表框中先选择要添加下级的类别

🔔 使用年限、净残值率、计量单位三项参数只对末级有效。

🔔 已使用过的类别不能新增下级。

（五）增减方式

增减方式对应入账科目是指在发生固定资产增减变化时,在会计分录中与固定资产科目相对应的入账科目。增减方式包括增加方式和减少方式两类。增加的方式主要有:直接购入、投资者投入、捐赠、盘盈、在建工程转入、融资租入;减少的方式主要有:出售、盘亏、投资转出、捐赠转出、报废、毁损、融资租出等。

固定资产增加时,资金来源性质的不同,决定了各种固定资产增加方式对应的入账科目也不同,并且即使是相同的增加方式,其对应的会计科目也不一定是唯一的。如果一笔固定资产增加业务只涉及该对应科目,则系统会根据增加的固定资产净额自动生成该对应科目的发生额;如果一笔固定资产增加业务涉及两个以上的对应科目,则在系统自动生成凭证后,还需手动输入有关的会计科目调整科目的发生额。如果单位的固定资产增加业务不多,也可以不设置对应入账科目。

固定资产减少方式对应的入账科目也不相同。固定资产盘亏时,对应的核算科目为"待处理财产损溢"。固定资产报废、投资、捐赠、毁损等,均通过"固定资产清理"科目进行核算。在进行固定资产减少处理时,系统会自动计算该固定资产已发生的累计折旧,并按固定资产净值生成"固定资产清理"的发生额。

【例 6-10】　固定资产增减方式设置。

【操作步骤】

👣 第一步,打开"设置"菜单,单击"增减方式",弹出"增减方式"设置窗口,如

图 6-22 所示。

第二步，在"增减方式目录表"中选择"1 增加方式"，选定"101 直接购入"，如图 6-23 所示。

第三步，单击"增加"按钮，窗口右边的对话框从"列表视图"转换为"单张视图"，在"对应入账科目"文本框中输入新增加的增减方式名称和对应入账科目，单击"保存"按钮。或单击"修改"按钮，窗口右边的对话框从"列表视图"转换为"单张视图"，在"对应入账科目"文本框中输入

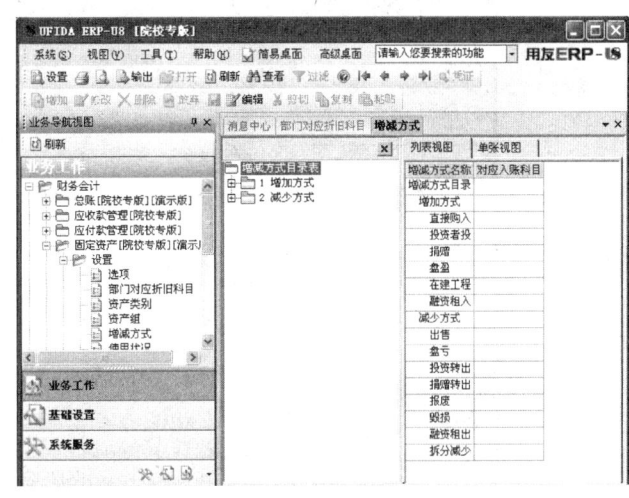

图 6-22　增减方式设置窗口

对应入账科目，单击"保存"按钮，如图 6-24 所示。

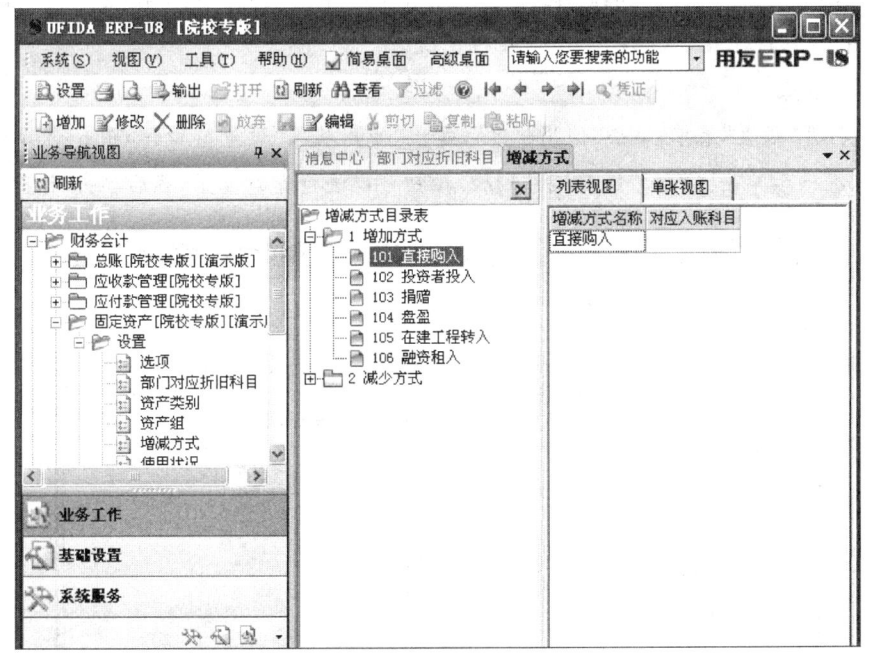

图 6-23　增减方式设置目录

第四步，单击"删除"按钮，可删除原来的设置。

【提示】

已使用(卡片已选用过)的方式不能删除，非明细级方式不能删除，系统默认的增减方式中"盘盈、盘亏、毁损"不能删除。

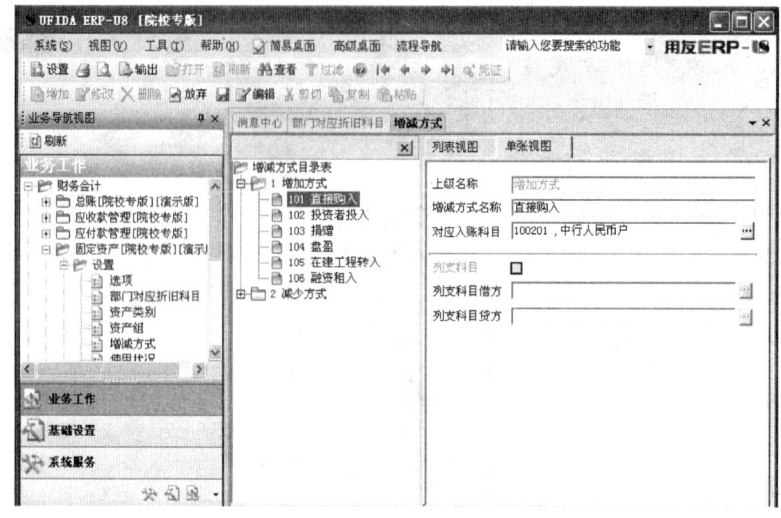

图 6-24 增减方式设置

（六）使用状况

系统预置的使用状况包括使用中、未使用和不需用三大类。其中使用中包括在用、季节性停用、经营性出租、大修理停用这 4 种情况。

【操作步骤】

打开"设置"菜单，单击"使用状况"，弹出"使用状况"设置窗口，如图 6-25 所示。选定使用状况项后单击"增加""修改"和"删除"按钮可以进行重新设置，然后单击"保存"按钮。

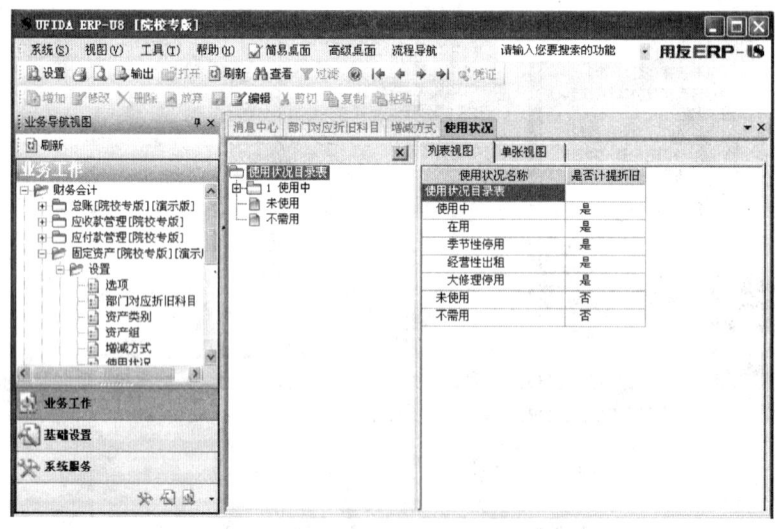

图 6-25 使用状况设置

【提示】

系统预置的使用状况不能修改、删除，只能有使用中、未使用、不需用三种一级使用状况，不能增加、修改、删除，但可以在一级使用状况下增加二级使用状况。

（七）折旧方法

折旧方法设置是系统自动计算折旧的基础。系统给出了常用的五种方法：不提折旧、平均年限法（一和二）、工作量法、年数总和法、双倍余额递减法，并列出了它们的折旧计算公式。这几种方法是系统默认的折旧方法，只能选用，不能删除和修改。另外可能由于各种原因，这几种方法不能满足需要，系统提供了折旧方法的自定义功能，可以定义合适自己的折旧方法的名称和计算公式。

【例 6-11】 设置固定资产的折旧方法。

【操作步骤】

第一步，打开"设置"菜单，单击"折旧方法"，弹出"折旧方法"设置窗口，窗口中列出了已有的折旧方法，如图 6-26 所示。

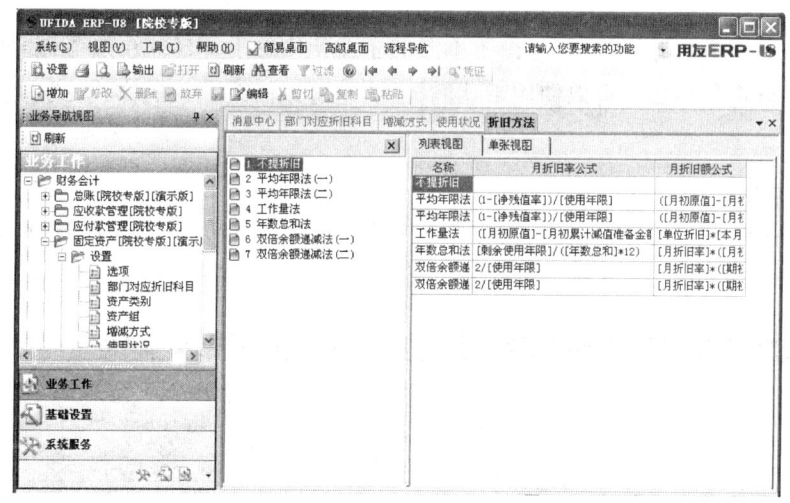

图 6-26　折旧方法设置窗口

第二步，单击"增加"按钮，弹出"折旧方法定义"窗口，如图 6-27 所示。先输入折旧方法名称，再利用系统提供的"折旧项目"列表和"数字符号编辑"工具栏进行定义。要先定义"月折旧率"，再定义"月折旧额"。

第三步，编辑好月折旧率和月折旧额的自定义公式后单击"确定"按钮进行保存，完成新折旧方法的定义。

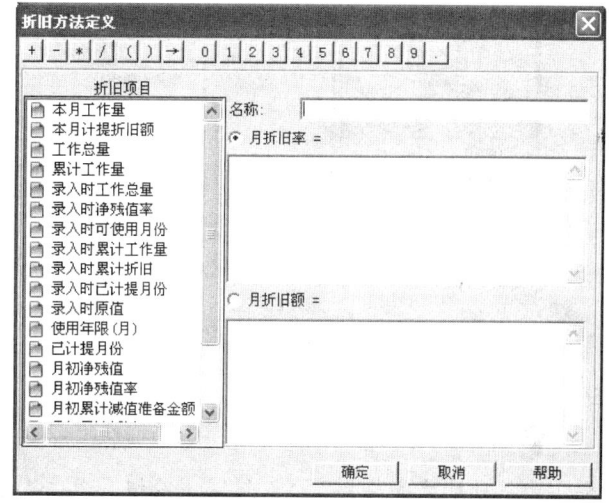

图 6-27　折旧公式的定义

三、卡片设置

(一) 卡片项目

卡片项目是指定义固定资产卡片的登录项目。系统内部仅设置了一些基本必备的项目,用户可根据自己的管理目标任意取舍。

【操作步骤】

第一步,打开"卡片"菜单,单击"卡片项目",弹出"卡片项目定义"设置窗口。

第二步,在左侧的项目列表中选中要编辑的项目后单击"修改"按钮进行修改,单击"删除"按钮可删除选中的项目,单击"增加"按钮进行项目增加,最后单击"保存"按钮,保存设置。

(二) 卡片样式

卡片样式指卡片的显示格式,由于不同的企业使用的卡片样式可能不同,所以系统提供卡片样式自定义功能。可以使用默认的样式,也可以修改默认的样式,或者定义新的卡片样式。

【操作步骤】

第一步,打开"卡片"菜单,单击"卡片样式",弹出"卡片样式管理"窗口,如图6-28所示。

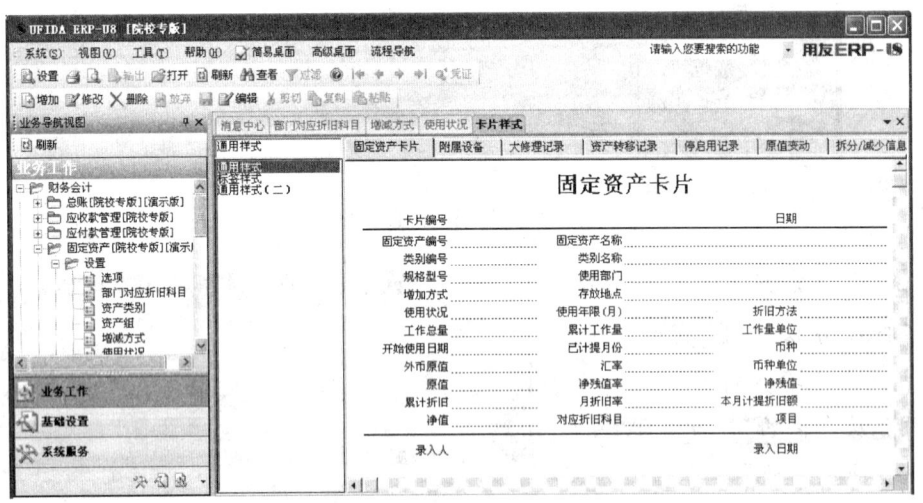

图6-28 "卡片样式管理"窗口

第二步,系统提供了一个通用样式,单击"修改"按钮,可以按照企业的管理要求进行修改。

第三步,单击"增加"按钮,可以增加新的卡片样式。系统会提示"是否当前卡片样式为基础建立新样式?",单击"是"按钮。单击"编辑"按钮,可对卡片上的项目进行修改。输入本次新增卡片样式名称,最后单击"保存"按钮,保存本次卡片样式设置。

（三）录入原始卡片

原始卡片是指开始使用日期在录入系统之前的资产卡片记录。使用固定资产系统进行核算前，必须将原始卡片资料录入系统，以保持历史资料的连续性。原始卡片录入不限制在第一个期间结账前进行完毕，任何时候都可以录入原始卡片。

【例 6-12】　录入固定资产原始卡片。

【操作步骤】

第一步，在"固定资产"窗口中，打开"卡片"菜单，点击"录入原始卡片"，打开"资产类别参照"对话框，如图 6-29 所示。

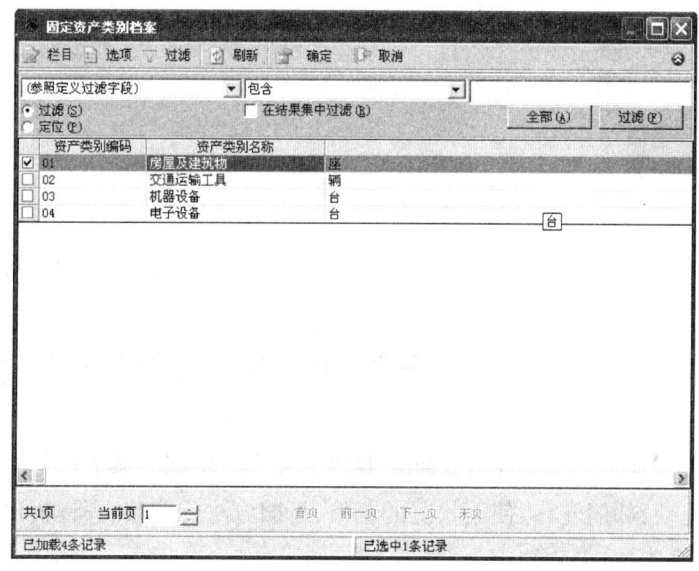

图 6-29　资产类别参照

第二步，选择需录入原始卡片的资产类别文件夹，单击"确认"按钮，打开"固定资产卡片"窗口。

第三步，依次双击选择输入固定资产名称、使用部门、增加方式、使用状况、使用日期、原值、净残值率、累计折旧和可使用年限等有关信息，如图 6-30 所示。

第四步，单击"保存"按钮，出现"数据成功保存"提示框，单击"确定"按钮。

【提示】

原值、累计折旧额录入的必须是卡片录入月月初的价值，否则将出现计算错误。

由于在固定资产系统初始化设置时对固定资产编码设定了按"类别编码＋部门编码＋序号"自动编码的格式，所以在录入固定资产卡片时，"固定资产编号"栏不可编辑，编号由系统自动生成。

如果需要修改或删除已录入的卡片，在"固定资产"窗口中，打开"卡片"，点击"卡片管理"，在"卡片管理"窗口中进行操作，或者在"账表"中的"固定资产登记簿"中进行操作。如果删除的卡片不是最后一张，则系统将保留该卡片的空号。

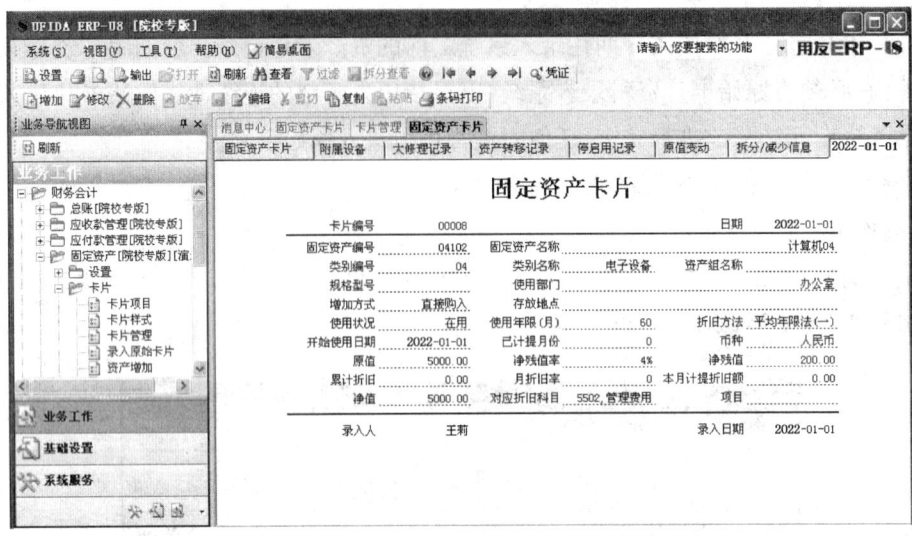

图 6-30 录入固定资产原始卡片

第三节 固定资产管理系统日常业务处理

固定资产管理系统的日常业务处理主要包括资产的增加和减少;资产的变动(主要包括资产原值的变动、部门转移、使用状况的调整、折旧方法的调整、累计折旧的调整等);自动计提折旧;批量制单;卡片管理。

一、资产增加

固定资产增加可分为直接购入、接受捐赠、盘盈、在建工程转入和融资租入等多种方式。在固定资产增加时,首先要填制增加的固定资产卡片,然后再进行凭证处理。资产通过"原始卡片录入"还是通过"资产增加"录入,取决于资产的开始使用日期,只有当开始使用月份等于录入月份时,才能通过"资产增加"录入。

【例 6-13】 增加固定资产。

【操作步骤】

第一步,在"固定资产"窗口中,打开"卡片"菜单,点击"资产增加",进入"资产类别档案"对话框,如图 6-31 所示。

第二步,选择"电子设备"文件夹,单击"确认"按钮,进入"固定资产卡片"—"新增资产卡片"窗口。

第三步,依次输入固定资产名称、使用部门、增加方式、使用方式、原值、可使用年限,如图 6-32 所示。

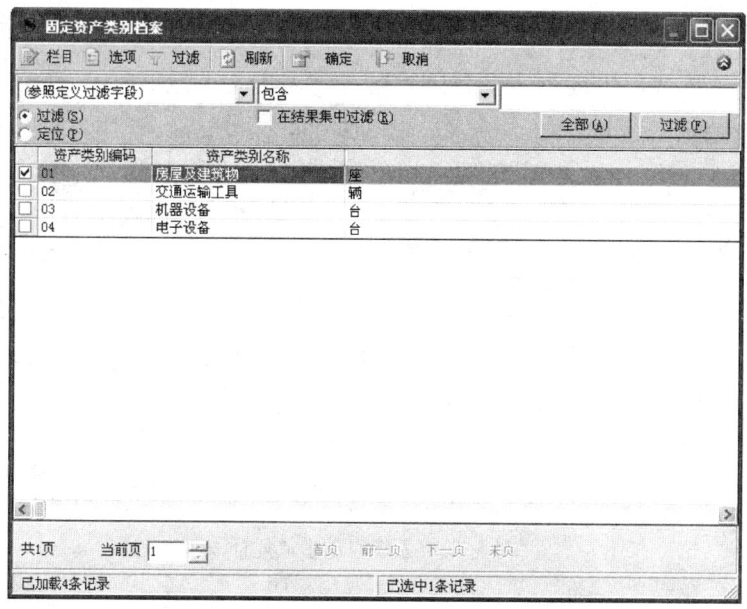

图 6-31 资产类别档案对话框

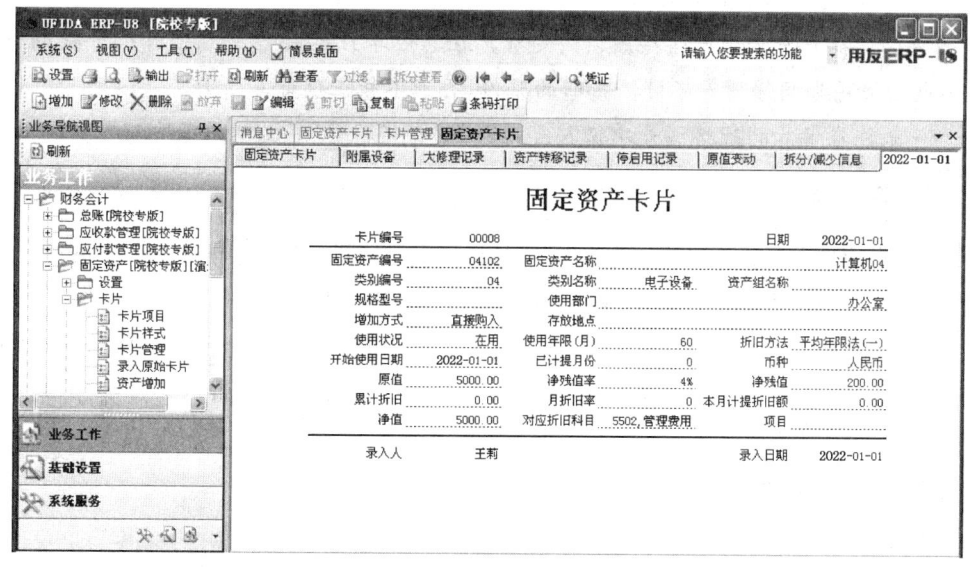

图 6-32 新增固定资产卡片

👣 第四步,单击"保存"按钮,系统自动生成转账凭证。

👣 第五步,选择凭证类别后,单击"保存"按钮,如图 6-33 所示。

👣 第六步,单击"退出"按钮,出现"数据保存成功"提示框,单击"确定"按钮。

【提示】

🔔 当月增加固定资产,当月不提折旧,下月开始计提。因此,新卡片第一个月不计提折旧,折旧额为空或零。

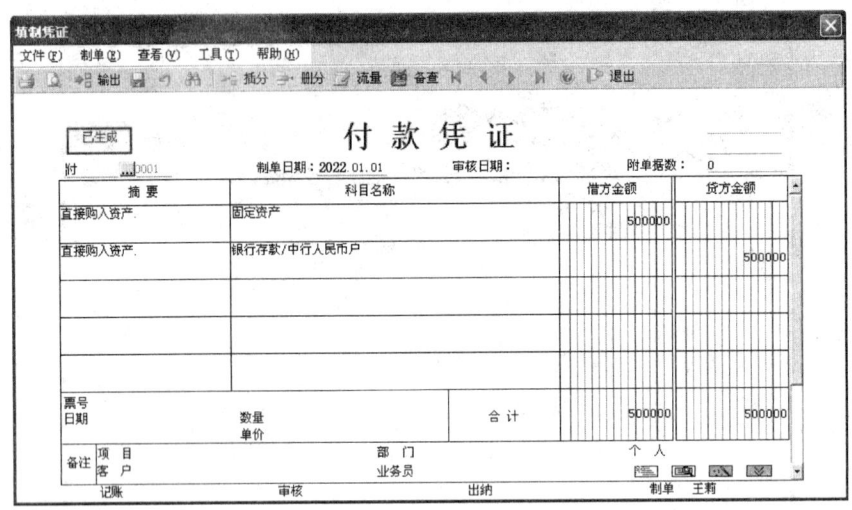

图 6-33　系统自动生成凭证

🔔 原值录入的一定要是卡片录入月月初的价值,否则将会出现计算错误。

🔔 如果录入的累计折旧、累计工作量不是零,说明是旧的固定资产,该累计折旧或累计工作量是在进入本企业前的值。

🔔 已计提月份必须严格按照该固定资产在其他单位已经计提或估计已计提的月份数,不包括使用期间停用等不计提折旧的月份,否则不能正确计算折旧。

🔔 允许在卡片的规格型号中输入或粘贴如"直径符号"等工程符号。

二、资产减少

在企业的日常经营活动中,经常会由于出售、盘亏、投资转出、捐赠转出、报废、毁损和融资租出等原因发生固定资产的减少。由于固定资产在减少当月仍需计提折旧,所以固定资产减少的核算必须在计提了当月的固定资产折旧以后才能进行。与固定资产增加的核算类似,在固定资产减少时,首先要从固定资产原始卡片中将该资产卡片去除,然后再进行凭证处理。

【例 6-14】　减少固定资产。

【操作步骤】

👣 第一步,在"固定资产"窗口中,打开"卡片"菜单,点击"资产减少",打开"资产减少"对话框,如图 6-34 所示。

👣 第二步,在"资产编号"文本框中输入减少的固定资产相应的编码,单击"增加"按钮,对话框下方列表框中将显示出该固定资产相应的卡片编号、资产编号和资产名称等内容,如图 6-35 所示。

👣 第三步,双击"减少方式"空白栏,单击"参照"按钮,选择固定资产减少方式中的"出售",输入清理收入和清理费用金额,然后单击"确定"按钮,如图 6-36 所示,系统自动进行凭证处理,打开"填制凭证"窗口。

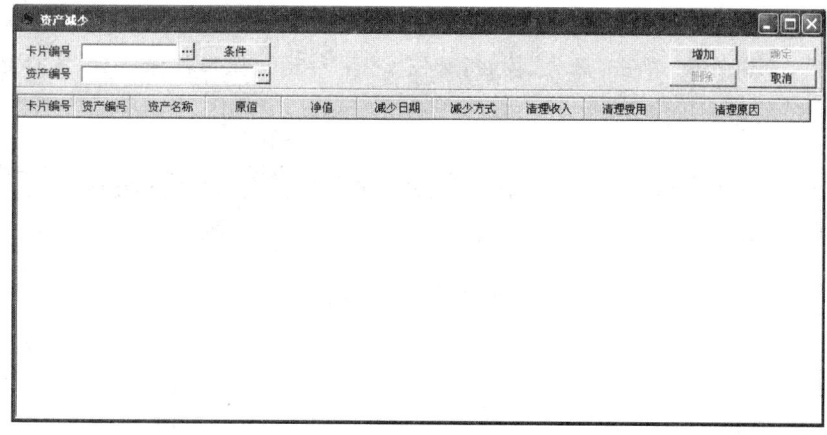

图 6-34　"资产减少"对话框

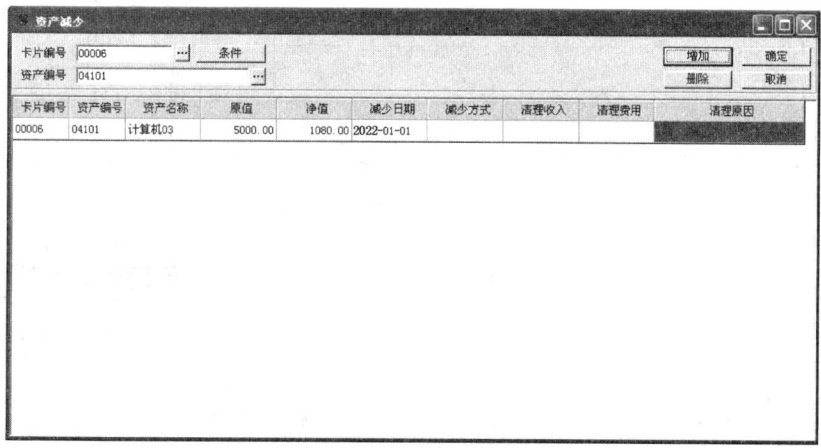

图 6-35　选择卡片编号或资产编号

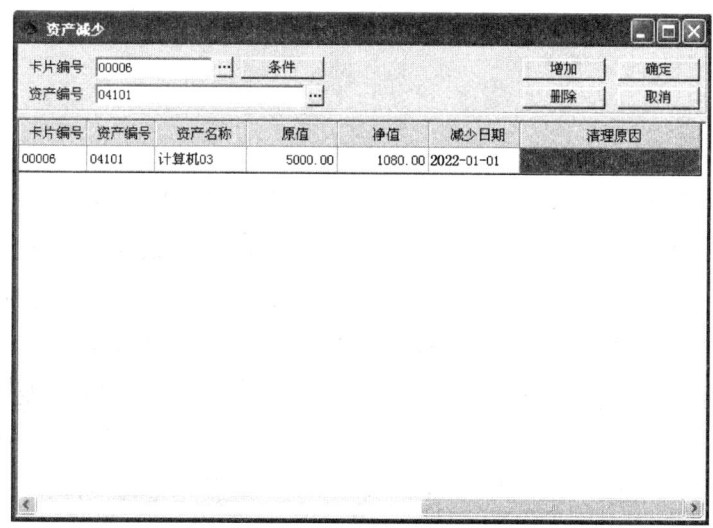

图 6-36　输入资产减少的信息

👣 第四步,将凭证类型定义为转账凭证,凭证的摘要内容和"会计科目名称"已由系统自动生成,无需修改,单击"保存"按钮,如图6-37所示。凭证被保存后,窗口显示出"已生成"字样。

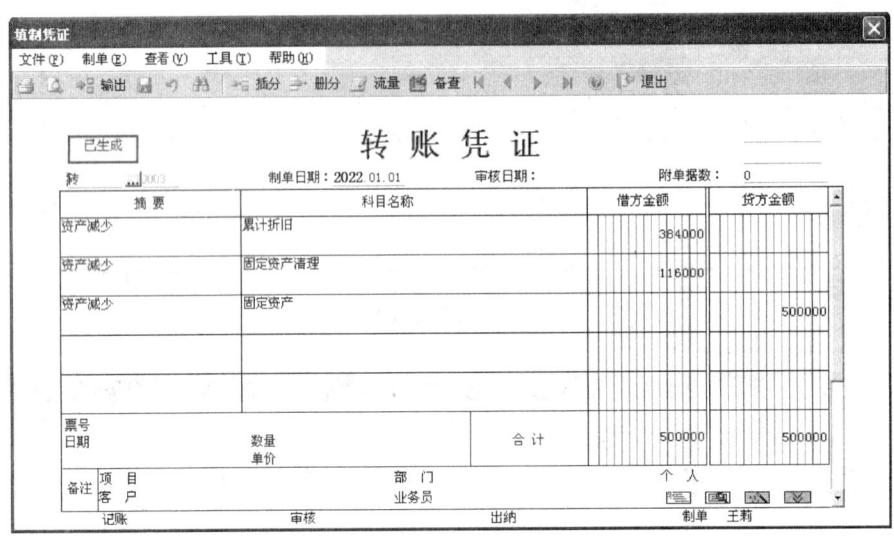

图6-37　固定资产减少核算

👣 第五步,单击"退出"按钮,系统弹出"所选卡片已经减少成功!"提示框,单击"确定"按钮,如图6-38所示。

【提示】

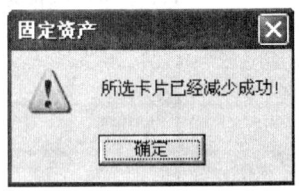

🔔 企业会计准则中规定:当月减少固定资产,当月照提折旧,下月开始停止计提折旧。因此,减少固定资产之前,需要先执行"计算折旧"功能。

图6-38　卡片减少提示框

🔔 在"资产减少"对话框中输入的清理收入和清理费用金额将被保存在"固定资产卡片"中的"减少信息"档案中。

三、资产变动

固定资产在使用过程中,可能会有调整卡片上某些项目的要求,并且这种变动要求留下原始凭证,制作的原始凭证称为"变动单"。固定资产的变动包括原值变动、部门转移、使用状况变动、使用年限调整、折旧方法调整、净残值率调整、工作总量调整、累计折旧调整、资产类别调整和变动单管理等。修改其他项目,如名称、编号和自定义项目等均可直接在卡片上进行。而本月录入的卡片和本月增加的资产不允许进行变动处理,因此只能做变动处理。

(一)原值变动

原值变动包括原值增加和原值减少两部分。资产在使用过程中,除发生下列情况外,不得任意变动:

（1）根据国家规定对固定资产重新估价。

（2）增加补充设备或改良设备。

（3）将固定资产的一部分拆除。

（4）根据实际价值调整原来的暂估价值。

（5）发现原记固定资产价值有误的。

【操作步骤】

第一步，打开"卡片"菜单，单击"变动单"，选择"原值增加"，弹出"固定资产变动单"对话框。

第二步，单击"卡片编号"或"固定资产编号"，出现固定资产的名称、开始使用日期、规格型号、变动的净残值率、变动前净残值、变动前原值等相关信息。

第三步，输入"增加金额"，系统自动计算出"变动的净残值""变动后原值""变动后净残值"且不允许修改。如果默认的变动的净残值率或变动的净残值不正确，可手工修改其中的一个，另一个自动计算。

第四步，输入变动原因，单击"保存"按钮即完成该变动单操作。

第五步，卡片上相应的项目（原值、净残值、净残值率）根据变动单而改变。

【提示】

变动单不能修改，只有当月可删除重做，所以请仔细检查后再保存。

原值减少必须保证变动后的净值大于等于变动后的净残值。

（二）部门转移

固定资产在使用过程中，因内部调配而发生的部门变动，通过部门转移功能实现。

【操作步骤】

第一步，打开"卡片"菜单，单击"变动单"，选择"部门转移"菜单，弹出"固定资产变动单"。

第二步，输入卡片编号或固定资产编号，自动列出固定资产的名称、开始使用日期、规格型号、变动前部门、存放地点等信息。

第三步，输入变动后的使用部门、新的存放地点和变动原因。单击"保存"按钮，即完成该变动单操作。

第四步，卡片上相应的项目（使用部门、存放地点）根据变动单而改变。

【提示】

当月原始录入或新增的固定资产不允许做此种变动业务

（三）使用状况变动

固定资产的使用状况包括在用、未使用、不需用、停用、封存5种。固定资产在使用过程中，使用状况可能会发生变化，需要通过使用状况变动功能进行调整。

【操作步骤】

第一步，打开"卡片"菜单，单击"变动单"，选择"使用状况变动"，弹出"固定资产变动单"—"使用状况调整"对话框。

👣 第二步，输入卡片编号或固定资产编号，自动列出固定资产的名称、开始使用日期、规格型号、变动前使用状况，参照选择变动后使用状况，并输入变动原因，单击"保存"按钮，即完成该变动单操作。

👣 第三步，卡片上的使用状况根据变动单而改变。

（四）使用年限调整

固定资产在使用过程中，由于固定资产的重估、大修等原因可能会调整使用年限。

【操作步骤】

👣 第一步，打开"卡片"菜单，单击"变动单"，选择"使用年限调整"，弹出"固定资产变动单"—"使用年限调整"对话框，输入卡片编号或固定资产编号，自动列出固定资产的名称、开始使用日期、规格型号、变动前使用年限。

👣 第二步，输入变动后使用年限和变动原因，单击"保存"按钮，即完成该变动单操作。

👣 第三步，卡片上的使用年限根据变动单而改变。

【提示】

🔔 进行使用年限调整的固定资产在调整的当月就按调整后的使用年限计提折旧。

（五）折旧方法调整

一般而言，固定资产的折旧方法在一个会计年度内不应改变，如果遇到特殊情况须调整，可用"折旧方法调整"这个功能实现。

【操作步骤】

👣 第一步，打开"卡片"菜单，单击"变动单"，选择"折旧方法调整"，弹出"固定资产变动单—折旧方法调整"对话框，输入卡片编号或固定资产编号，自动列出固定资产的名称、开始使用日期、规格型号、变动前折旧方法。

👣 第二步，参照选择变动后折旧方法，输入变动原因，单击"保存"按钮，即完成该变动单操作。

👣 第三步，卡片上的折旧方法根据变动单而改变。

【提示】

🔔 所属类别是总提折旧的固定资产调整后的折旧方法不能是"不计提折旧"。

🔔 所属类别是总不提折旧的固定资产折旧方法不能调整。

🔔 进行折旧方法调整的固定资产调整的当月就按调整后的折旧方法计提折旧。

（六）累计折旧调整

由于补提折旧或多提折旧需要调整已经计提的累计折旧，可通过累计折旧调整功能实现。

【操作步骤】

👣 第一步，打开"卡片"菜单，单击"变动单"，选择"累计折旧调整"，弹出"固定资产变动单"—"累计折旧调整"对话框，输入卡片编号或固定资产编号，自动列出固定资产的名称、开始使用日期、规格型号、变动前累计折旧。

🐾 第二步,输入变动后累计折旧、变动原因,单击"保存"按钮,即完成该变动单操作。

🐾 第三步,卡片上的累计折旧根据变动单而改变。

🐾 第四步,单击"制单"按钮即可填制转账凭证。

【提示】

🔔 原值与调整后的累计折旧的差额必须保证大于等于净残值。

四、计提折旧

自动计提折旧是固定资产系统的主要功能之一。系统每期计提折旧一次,根据用户录入系统的资料自动计算每项资产的折旧,并自动生成折旧分配表,然后编制转账凭证,将本期的折旧费用自动登账。系统提供两种类型的折旧分配表,分别是部门折旧分配表和类别折旧分配表。但是填制转账凭证时只能依据一张表,要根据哪一张表填制凭证,要在该表的查看状态下单击"制单"按钮。

【例 6-15】 计提固定资产本月折旧。

【操作步骤】

🐾 第一步,在"固定资产"窗口中,打开"处理",点击"计提本月折旧",系统弹出"是否要查看折旧清单"提示框,单击"是"按钮,如图 6-39 所示。

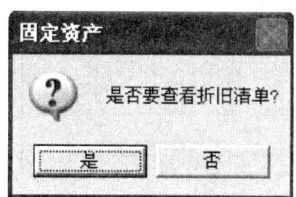

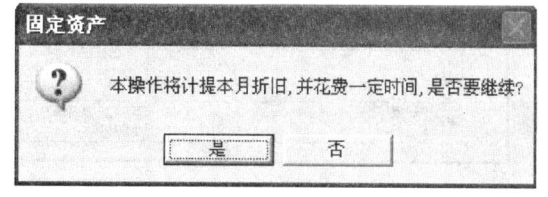

图 6-39　查看折旧清单提示框　　　　　图 6-40　计提折旧提示框

🐾 第二步,系统弹出"本操作将计提本月折旧,并花费一定时间,是否要继续"提示框,单击"是"按钮,如图 6-40 所示。

🐾 第三步,系统打开"折旧清单"对话框,可以详细查看各项固定资产本月计提的折旧情况,如图 6-41 所示。

🐾 第四步,在"折旧清单"对话框中,单击"退出"按钮,进入"折旧分配表"对话框,如图 6-42 所示。

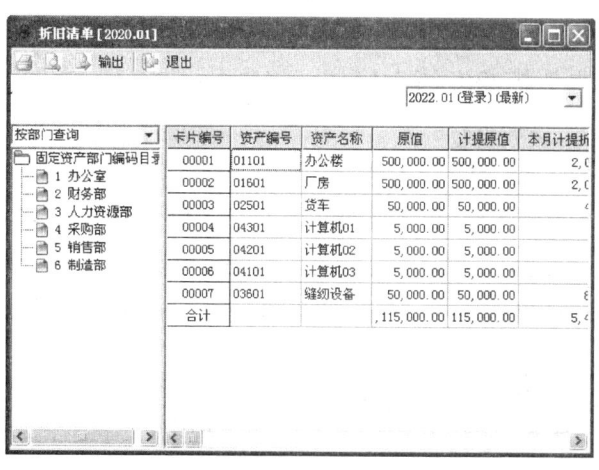

图 6-41　折旧清单对话框

第五步,将折旧分配选定为"按部门分配",单击"凭证"按钮,打开"填制凭证"对话框。

第六步,单击对话框左上角"字"的左边空档处,将凭证定义为转账凭证。由于系统已自动生成折旧计提的会计分录,无需输入新的内容,因此可直接单击"保存"按钮。凭证被保存后,在凭证的左上角将显示出"已生成"字样,如图6-43所示。

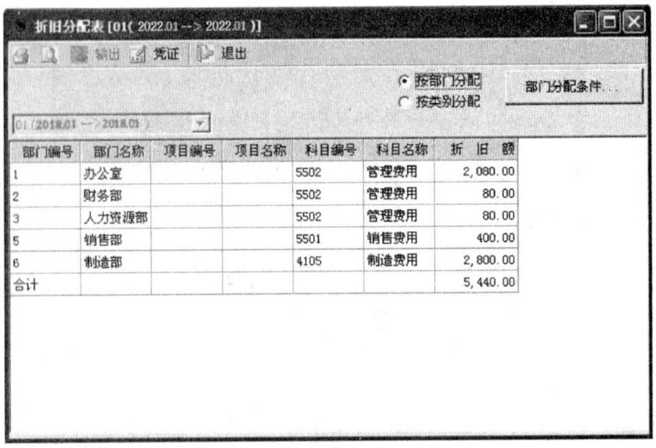

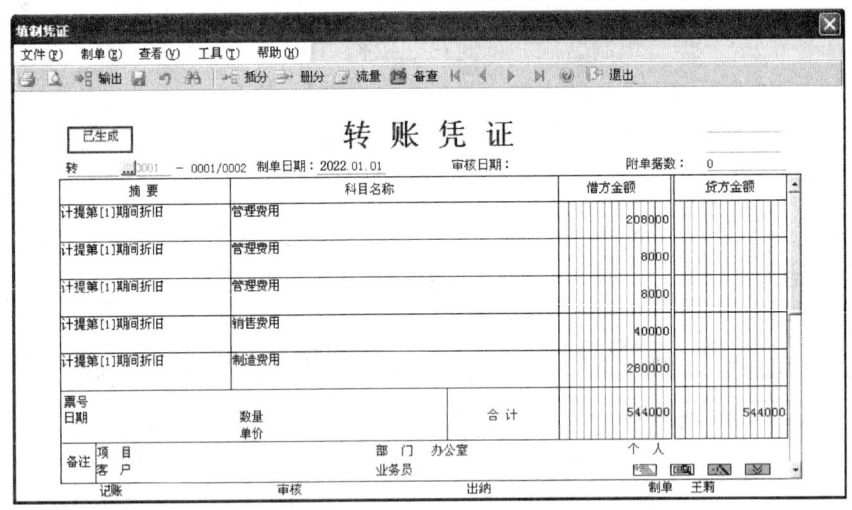

图 6-42 折旧分配表

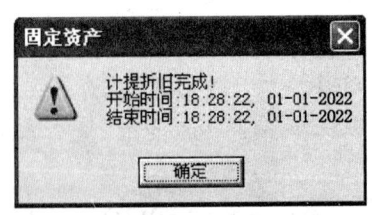

图 6-43 系统生成凭证

第七步,单击"退出"按钮,在"折旧分配表"对话框中单击"退出"按钮,在弹出的"计提折旧完成"提示框中单击"确定"按钮,如图6-44所示。

【提示】

如果上次计提折旧已通过转账凭证把数据传输到总账系统,则必须删除该凭证后才能重新计提折旧。

计提折旧后又对账套进行了影响折旧计算或分配的操作,必须重新计提折旧,否则系统不允许结账。

图 6-44 折旧完成提示框

五、制单

(一) 批量制单

固定资产系统在填制凭证时有两种方法。第一种是在业务进行处理时"立即制单",

这需要在进行固定资产选项设置时就选择"业务发生后立即制单"选项；另一种方法是"批量制单"，这种方法通常适用于在固定资产选项设置时没有选择"业务发生后立即制单"选项，或者在系统自动生成凭证时凭证内容不够完整，不宜及时保存的情况。

【例 6-16】　固定资产批量制单。

【操作步骤】

　第一步，"固定资产"窗口中，打开"处理"菜单，点击"批量制单"，打开"批量制单"对话框，如图 6-45 所示。

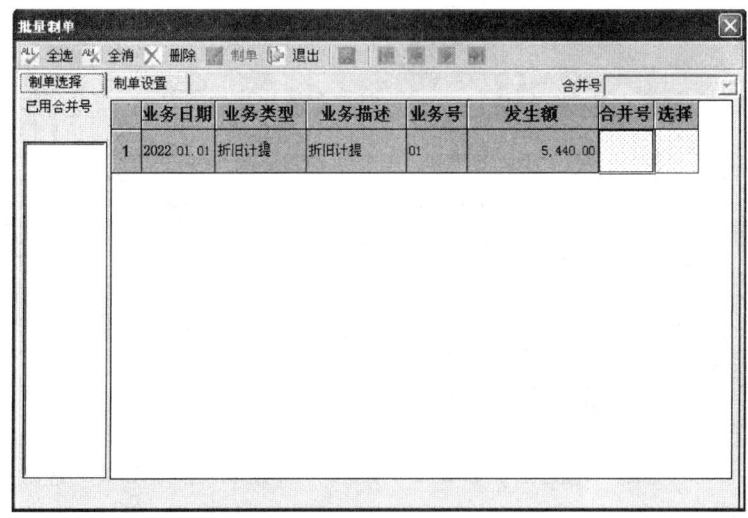

图 6-45　批量制单窗口

　第二步，双击需要进行凭证制单的业务相应的"选择"栏，打上"Y"标记，如图 6-46 所示。

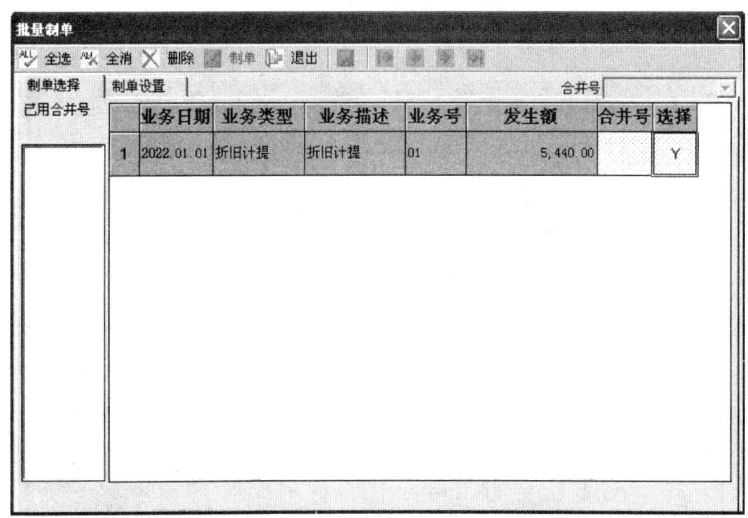

图 6-46　选择制单业务

第三步,单击"制单设置"标签,输入借贷方会计科目,如图 6-47 所示。

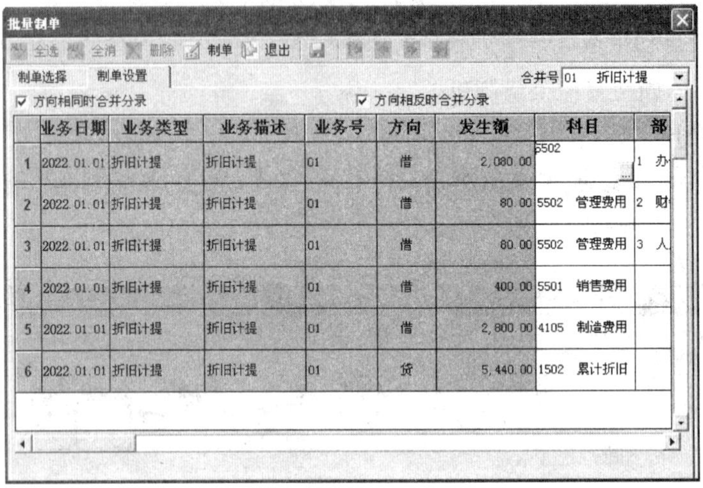

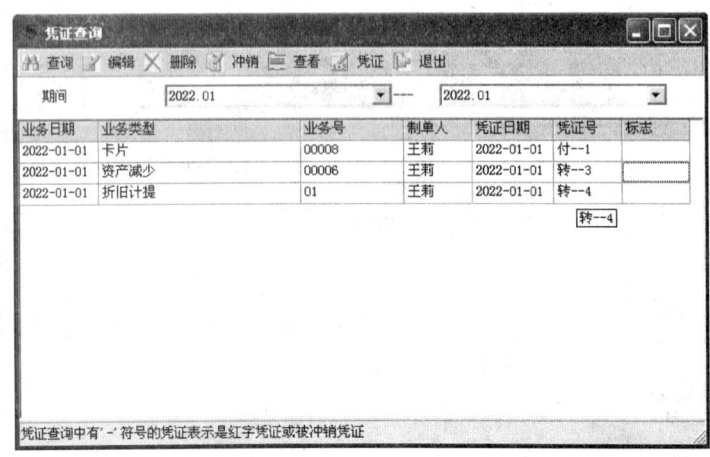

图 6-47　输入会计科目

第四步,单击窗口上方的"保存"按钮,可以保存该设置,单击"制单"按钮,系统即生成相应的会计凭证。

(二)作废、删除凭证

固定资产系统生成的凭证可供查询,对于错误的凭证,也可以及时进行作废处理,但如果要彻底删除错误凭证,则必须先在固定资产系统将该凭证作废后,再在总账系统进行删除处理。

【例 6-17】　凭证的作废、删除。

【操作步骤】

第一步,在"固定资产"窗口中,打开"处理"菜单,点击"凭证查询",打开"凭证查询"对话框,可以查看到固定资产系统自动生成的相关凭证,如图 6-48 所示。

图 6-48　凭证查询对话框

第二步,单击需删除的凭证所在行,选定后单击"删除"按钮,在弹出的提示框中单击"是"按钮,如图6-49所示。该凭证即被作废,并从固定资产凭证列表中删除。

第三步,退出固定资产系统,然后再登录总账系统,打开"凭证"菜单,点击"填制凭证",打开"填制凭证"对话框,如图6-50所示。

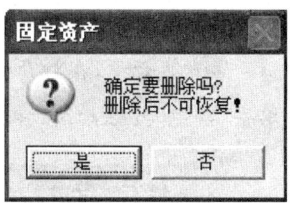

图6-49 删除凭证提示框

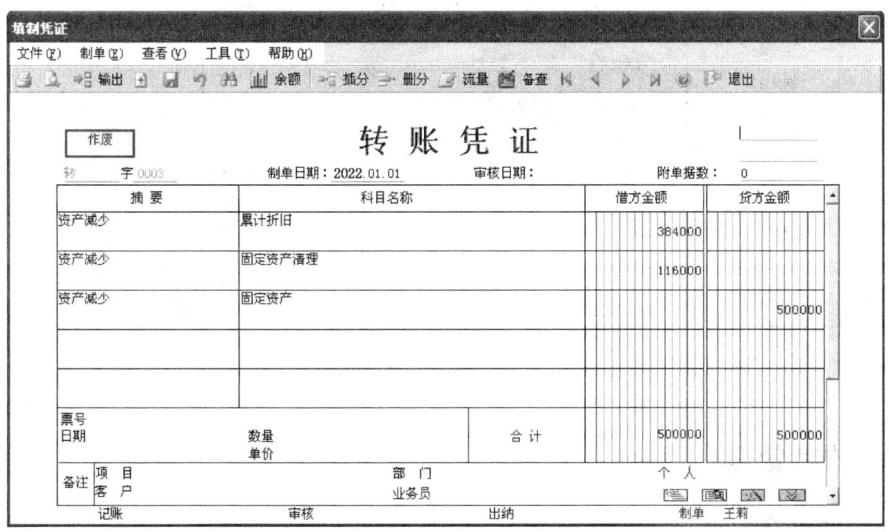

图6-50 填制凭证对话框

第四步,找到需要做删除处理的作废凭证,打开"凭证"菜单,点击"整理凭证",如图6-51所示。

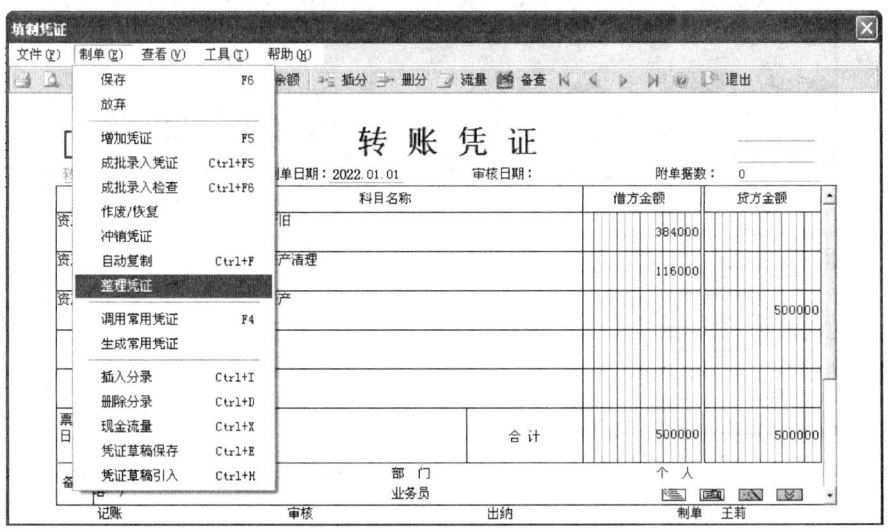

图6-51 整理凭证

第五步,在弹出的对话框中选定时间后,单击"确定"按钮。

第六步,在打开的"作废凭证表"对话框中双击需作废的"删除?"栏,打上"Y"标记。

单击"确定"按钮后,在弹出的提示框中单击"是(Y)"按钮,该凭证即被删除,如图 6-52 所示。

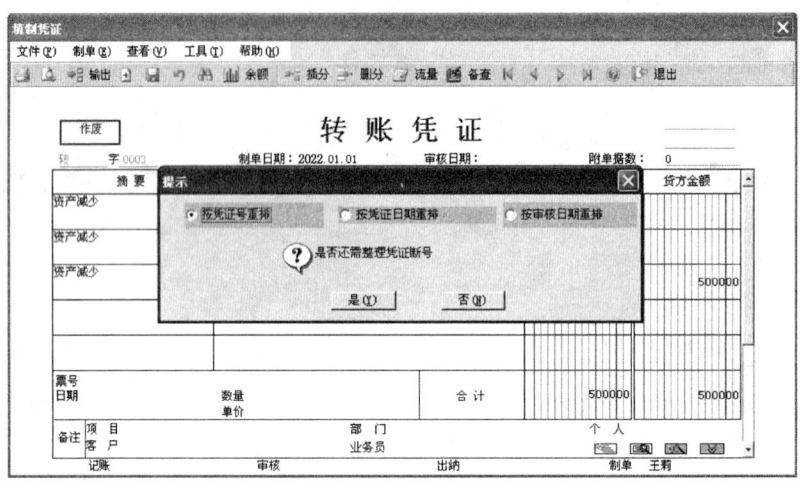

图 6-52　作废凭证对话框

六、卡片管理

（一）卡片的查询

系统提供了查看单张卡片、查看卡片汇总信息、自定义查询等功能。

【操作步骤】

打开"卡片"菜单,单击"卡片管理",弹出"卡片管理"对话框,如图 6-53 所示。

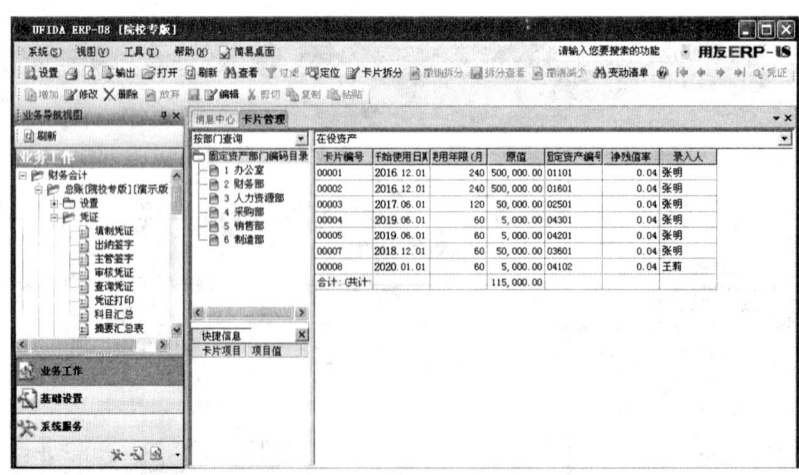

图 6-53　"卡片管理"对话框

（二）卡片的修改

当用户在使用过程中发现卡片录入有错误,或需要修改卡片内容时,可通过卡片修改功能实现。这种修改也称为无痕迹修改,就是在变动清单和查看历史状态时不体现,所以修改时请注意。

【操作步骤】

从卡片管理列表中双击调出要修改的卡片,单击"修改"按钮,即可进行修改。

原始卡片的内容,如原始卡片的原值、使用部门、工作总量、使用状况、累计折旧、净残值(率)、折旧方法、使用年限、资产类别在没有做变动单或评估单情况下,录入当月可修改。如果做过变动单,只有删除变动单后才能修改。如果各项目在做过一次月末结账后,只能通过变动单或评估单调整,不能通过卡片修改功能改变。

通过"资产增加"录入系统的卡片,如果没有制作凭证和变动单、评估单情况下,录入当月可修改。如果做过变动单,只有删除变动单才能修改。如果已填制凭证,要修改原值或累计折旧必须删除凭证后,才能修改。

(三)卡片删除

卡片删除,是指把卡片资料彻底从系统内清除,不是资产清理或减少。该功能只有在下列两种情况有效。

卡片录入当月若发现卡片录入有错误,想删除该卡片,可通过"卡片删除"功能实现,删除后如果该卡片不是最后一张,卡片编号保留空号。

通过"资产减少"功能减少的固定资产的资料,会计档案管理要求必须保留一定的时间,所以本系统在账套"选项"中要设定删除的年限,对减少的固定资产的卡片只有在超过了该年限后,才能通过"卡片删除"将原始资料从系统彻底清除,在设定的年限内,不允许删除。

【操作步骤】

从卡片管理列表中选择要删除的固定资产卡片,单击"删除"按钮,单击"是"即可删除该卡片,如图 6-54 所示。

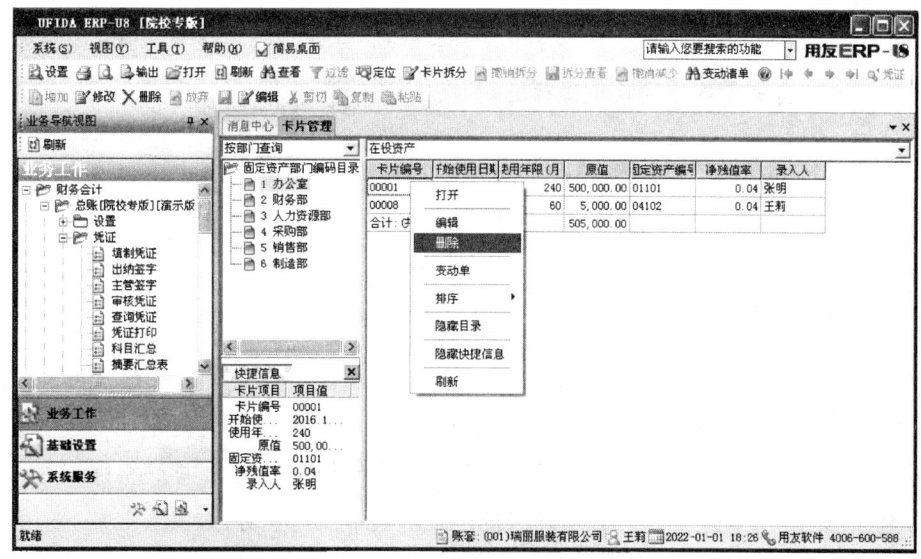

图 6-54　删除固定资产卡片

【提示】

🔔 卡片做过一次月末结账后不能删除,做过变动单或评估单的卡片需要删除时,要先删除相关的变动单或评估单。

🔔 删除已制作过凭证的卡片时,要先删除相应凭证,然后再删除卡片。

🔔 不是本月录入的卡片,不能删除。

第四节　固定资产管理系统期末处理

一、对账

在使用固定资产系统进行固定资产核算管理的情况下,固定资产和累计折旧科目的核算全部在固定资产系统中进行,总账系统不再直接填制有固定资产和累计折旧科目的凭证,只对固定资产系统传送的凭证进行审核、记账。固定资产科目的核算是在两个系统中进行的,为了保证两个系统固定资产科目数值的相等,必须在期末结账前进行对账检查。

系统在执行月末结账时自动对账一次,显示出对账结果,并根据系统初始化时是否选中"在对账不平情况下允许固定资产月末结账"来判断是否可以进行结账处理。只有系统初始化或选项中选择了"与财务系统进行对账",才可以执行对账。

【操作步骤】

👣 在"固定资产"窗口中,打开"处理"菜单,选择"对账",系统开始进行对账,并打开"与账务对账结果"窗口,显示对账结果,如图 6-55 所示,单击"确定"按钮。

【提示】

🔔 在进行固定资产管理系统操作时,如果没有同时对生成的凭证在总账系统进行凭证的审核和记账,则固定资产管理系统与总账管理系统的对账结果是不平衡的。

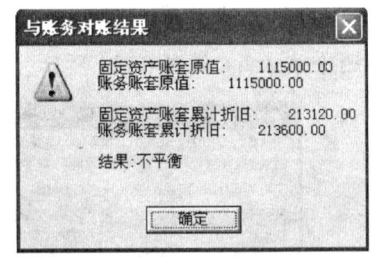

图 6-55　固定资产期末对账

二、月末结账

(一)结账

当固定资产管理系统完成了本月全部制单业务后,才可以进行月末结账。月末结账每月进行一次,结账后当期的数据不能修改,因此要十分慎重。12 月底结账时系统要求完成本年应制单业务,也就是说必须确保批量制单表中没有业务才能结账。

【例 6-18】　固定资产月末结账。

【操作步骤】

👣 第一步,在"固定资产"窗口中,打开"处理"菜单,选择"月末结账",打开"月末结账"对话框,如图 6-56 所示。

👣 第二步,单击"开始结账"按钮,系统开始进行结账处理,并弹出"与账务对账结果"对话框,单击"确定"按钮。

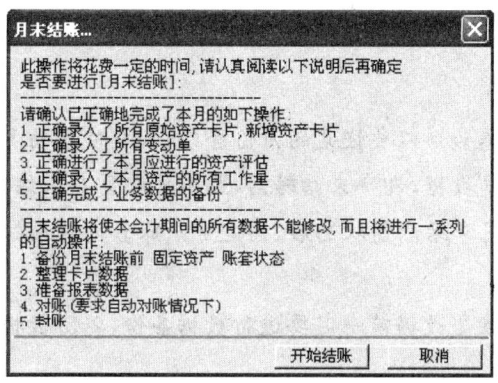

图 6-56　"月末结账"对话框

👣 第三步,系统弹出"月末结账成功完成"提示框,单击"确定"按钮,如图 6-57 所示。

👣 第四步,系统弹出结账情况说明提示框,单击"确定"按钮,完成结账,如图 6-58 所示。

【提示】

🔔 如果在固定资产选项设置中没有选择"在对账不平情况下允许固定资产月末结账"单选框,并且对账结果不平衡,则不能进行月末结账。

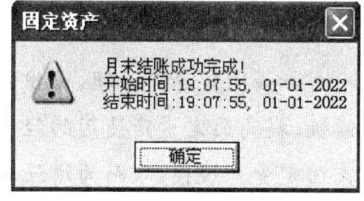

图 6-57　月末结账成功完成

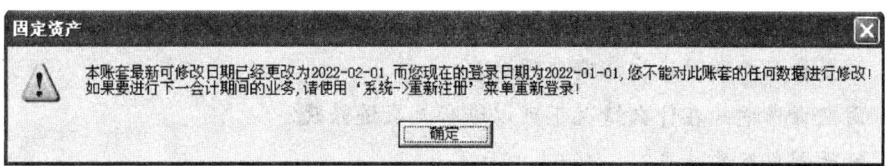

图 6-58　结账情况提示信息

🔔 每月都要进行"月末结账"。

（二）恢复结账前状态

月末结账后发现已结账期间有数据错误必须修改,并且总账系统尚未进行月末结账,可将数据恢复。

【操作步骤】

👣 通过"固定资产系统"窗口,打开"处理"菜单,选择"恢复结账前状态"功能,如

图 6-59 所示。

图 6-59　恢复结账前状态

【提示】

🔔 恢复记账前状态必须以要恢复的月份登录,如要恢复的 1 月底,则以 1 月份登录。

🔔 不能跨年度恢复数据,即年末结转后,则不能恢复年末结转前状态。

🔔 恢复到某个月月末结账前状态后,固定资产账套内对该结账后所做的所有工作都无痕迹删除。

🔔 月末结账前和恢复数据前一定要进行数据备份,以防数据丢失。

本 章 启 示

加强固定资产管理,保护固定资产完整无缺,充分挖掘潜力,不断改进固定资产利用情况,提高固定资产使用的经济后果,可以节约国家基本建设资金,以有限的建设资金扩大固定资产规模,从而为增强国民经济实力贡献一份力量。

思 维 拓 展

1. 系统中提供了哪些固定资产编号的自动编码的形式?

2. 设置资产类别时应注意哪些问题?

3. 固定资产卡片在什么情况下可以进行无痕迹修改?

4. 批量制单及其特点?

5. 在什么情况下应使用重新初始化功能?有何作用?

6. 固定资产月末结账过程中应该注意哪些问题?

知识点应用及实践能力训练

实验九　固定资产系统基础设置

一、实验准备

将计算机系统时间调整为实训账套的 2022 年 1 月份,将"实训三　总账系统初始化"的备份账套数据引入用友 ERP-U8V10.1 系统。

二、实验内容

(1) 设置账套参数。

(2) 进行固定资产系统基础设置。

三、实验资料

1. 固定资产系统账套参数

按平均年限法(一)计提折旧,折旧分配周期为 1 个月,固定资产编码方式:按"类别编码＋部门编码＋序号"自动编码,类别编码规则为 2-1-1-2,卡片序号长度为 2;要求与账务系统进行对账,固定资产对账科目:1501 固定资产;累计折旧对账科目:1502 累计折旧;在对账不平情况下允许进行月末结账。

固定资产缺省(默认)入账科目:1501,固定资产;累计折旧默认入账科目:1502,累计折旧。业务发生后要立即制单,月末结账前一定要完成制单登账业务,已注销的卡片 5 年后删除,录入固定资产卡片时自动连续增加卡片。

2. 固定资产类别

某公司的固定资产类别如表 6-1 所示。

表 6-1　　　　　　　　瑞丽公司固定资产类别表

编码	类别名称	使用年限	净残值率	计量单位
01	房屋及建筑物	20	4%	座
02	交通运输工具	10	4%	辆
03	机器设备	5	4%	台
04	电子设备	5	4%	台

3. 部门对应折旧科目

办公室、财务部、人力资源部、采购部:5502,管理费用。

销售部:5501,销售费用。

制造部:4105,制造费用。

4. 增减方式对应入账科目

(1) 固定资产增加方式对应入账科目。

该公司固定资产增加方式对应入账科目如表 6-2 所示。

表 6-2　瑞丽公司固定资产增加方式对应入账科目表

固定资产增加方法	对应入账科目
直接购入	100201,银行存款——中行人民币户
投资者投入	3101,实收资本
捐赠	5301,营业外收入
盘盈	5801,以前年度损益调整
在建工程转入	1603,在建工程
融资租入	2321,长期应付款

(2) 固定资产减少方式对应入账科目。

固定资产盘亏对应入账科目为"191102,待处理财产损溢——待处理固定资产损溢",固定资产出售、投资转出、捐赠转出、报废、毁损等减少方式对应入账科目均为"1701,固定资产清理"。

5. 固定资产原始卡片

该公司的固定资产原始卡片如表 6-3 所示。

表 6-3　瑞丽公司固定资产原始卡片

编码	名称	所在部门	使用年限	开始使用日期	原值(元)	净残值率	累计折旧(元)	对应折旧科目
01101	办公楼	办公室	20	2011-12-01	500 000	4%	96 000	管理费用
01601	厂房	制造部	20	2011-12-01	500 000	4%	96 000	制造费用
02501	货车	销售部	10	2016-06-01	50 000	4%	7 200	销售费用
04301	计算机 01	人力资源部	5	2016-06-01	5 000	4%	480	管理费用
04201	计算机 02	财务部	5	2016-06-01	5 000	4%	480	管理费用
04101	计算机 03	办公室	5	2010-12-01	5 000	4%	3 840	管理费用
03601	缝纫设备	制造部	5	2015-12-01	50 000	4%	9 600	制造费用

补充说明:表 6-3 所列固定资产编码由系统自动生成,不必输入;增加方式均为直接购入;使用状况均为在用。其中缝纫机涉及多台,出于实验操作中简化的考虑,做合并处理。保证录入的累计折旧额与总账相符。

四、实验步骤

以账套主管的身份注册登录固定资产系统,进行固定资产基础设置。

(1) 设置固定资产系统账套。

(2) 设置固定资产类别。

（3）设置部门对应折旧科目。

（4）设置增减方式对应入账科目。

（5）录入固定资产原始卡片。

（6）与总账系统对账。

（7）以"admin"的身份登录系统管理备份账套。

实验十　固定资产系统业务处理

一、实验准备

将计算机系统时间调整为实训账套的 2022 年 1 月份，将"实训九　固定资产系统基础设置"的备份账套数据引入用友 ERP-U8V10.1 系统。

二、实验内容

（1）日常固定资产业务处理。

（2）期末固定资产业务处理。

三、实验资料

（1）计提本月的固定资产折旧，会计分录由系统自动生成。

（2）1 日，经批准购入计算机一台，价税合计 5 000 元，以转账支票（支票号：123456）付讫，该计算机由办公室保管使用，固定资产名称为"计算机 04"，使用年限 5 年，折旧方法为"平均年限法（一）"，净残值率 4%。

（3）15 日，经批准将办公室原有的旧计算机（资产编号：04101）售出，收到现金 500元。只需生成将旧计算机账面净值直接转入"固定资产清理"科目的会计分录，500 元的出售收入暂不进行处理。

四、实验步骤

以会计身份注册登录固定资产系统，进行以下日常固定资产业务和期末对账结账的操作。

（1）处理日常固定资产业务：

① 计提折旧。

② 增加固定资产。

③ 减少固定资产。

（2）期末对账和结账。

（3）以"admin"的身份登录系统管理备份账套。

第七章　应收账款管理系统

重点提示

　　通过本章的学习,应重点掌握应收账款管理系统初始化设置,各种单据的录入、审核、修改、制单、核销、转账等日常处理方法及查询统计等内容;熟知应收账款管理系统期末处理的有关操作;了解应收账款管理系统的基本功能和主要模块结构及与其他子系统之间的数据联系。

第一节　应收账款管理系统概述

　　应收账款是企业资产的一个重要组成部分,是企业正常经营活动中,由于销售商品、产品或提供劳务,而应向购货单位或接受劳务单位收取的款项。应收账款管理主要包括对应收账款进行的核算和管理,对客户信用额度的管理,对应收票据的管理,对坏账损失的处理,以及对预收款及其他业务往来进行的记录和管理。应收账款管理系统在应收账款管理方面提供了强大的功能,可供企业详尽记录应收账款款项来源,使企业及时、准确地对应收账款进行收款冲销,并提供实时的跟踪,考核客户信用,提高资金运转速度。

　　应收账款管理系统主要用于核算和管理企业与客户之间的往来款项,一方面,对销售业务、其他应收业务产生的应收款项以及对这些应收款项的收回进行处理,及时、准确地提供客户的往来账款余额资料;另一方面,应收账款管理系统还提供各种分析报表,如账龄分析表、欠款分析、周转分析、回款情况分析等,通过各种分析数据,为企业制定销售政策提供依据,从而提高企业财务管理能力。

一、应收账款管理系统的主要功能

(一)应收账款管理系统的应用方案

应收账款管理系统主要实现企业与客户业务往来账款的核算与管理,在应收账款管理系统中,以销售发票、费用单、其他应收单等原始单据为依据,记录销售业务及其他业务所形成的往来款项,处理应收款项的收回、坏账、转账等业务;提供票据处理的能力,实现对应收票据的管理。

系统根据对客户往来款项和管理的程度不同,提供了以下两种不同的应用方案。不同的应用方案,其系统功能、产品接口等均不相同。

1. 在应收账款管理系统核算客户往来款项

如果企业的应收账款核算管理内容比较复杂,需要追踪每一笔业务的应收账款、收款等情况,或者需要将应收账款核算到产品级,那么可以选择该方案。该方案下,所有的客户往来凭证全部由应收账款管理系统生成,其他系统不再生成这类凭证。在此种应用模式下,应收账款管理系统的主要功能如下:

(1)根据输入的单据或由销售系统传递过来的单据,记录应收款项的产生。

(2)处理应收项目的收款及转账业务。

(3)对应收票据进行记录和管理。

(4)在应收项目的处理过程中生成凭证,并向总账管理系统进行传递。

(5)对外币业务及汇兑损益进行处理。

(6)根据所提供的条件,提供各种查询及分析。

2. 在总账管理系统核算客户往来款项

如果企业的应收账款业务比较简单,或者现销业务很多,则可以选择在总账管理系统通过辅助核算完成客户的往来核算。在此种应用模式下,其主要功能如下:

(1)若同时使用销售系统,可接收销售系统的发票,并对其进行制单处理。

(2)客户往来业务在总账管理系统生成凭证后,可以在应收账款管理系统中进行查询。

具体选择哪一种方案,可以在应收账款管理系统的选项中通过设置系统选项"应收账款核算模型"来设置。

(二)应收账款管理系统的主要功能

应收账款管理系统主要提供初始设置、日常处理、单据查询、账表管理、其他处理等功能。

1. 初始设置

(1)提供系统参数的定义,用户结合企业管理要求进行的参数设置,是整个系统运行的基础。

(2)提供单据类型设置、账龄区间的设置和坏账初始设置,为各种应收账款业务的日常处理及统计分析做准备。

(3)提供期初余额的录入,保证数据的完整性与连续性。

2. 日常处理

提供应收单据、收款单据的录入、处理、核销、转账、汇兑损益、制单等处理。

3. 单据查询

提供单据查询的功能,包括各类单据、详细核销信息、报警信息、凭证等内容的查询。

4. 账表管理

(1) 提供总账表、余额表、明细账等多种账表查询功能。

(2) 提供应收账款分析、收款账龄分析、欠款分析等丰富的统计分析功能。

5. 其他处理

(1) 其他处理提供用户进行远程数据传递的功能。

(2) 提供用户对核销、转账等处理进行恢复的功能,以便进行修改。

(3) 提供进行月末结账等处理。

二、应收账款管理系统操作流程

（一）应收账款管理系统与其他子系统的关系

销售管理系统向应收账款管理系统提供已复核的销售发票、销售调拨单以及代垫费用单,在应收账款管理系统中对发票进行审核并进行收款结算处理,生成凭证;应收账款管理系统为销售管理提供各种单据的收款结算情况以及代垫费用的核销情况。具体如下:

(1) 应收账款管理系统和应付款管理之间可以进行转账处理。

(2) 应收账款管理系统向总账管理系统传递凭证。

(3) 应收账款管理系统向专家财务评估系统提供各种分析数据。

(4) 应收账款管理系统向 UFO 报表提供应用函数。

(5) 应收账款管理系统与网上银行进行付款单的导入和导出。

（二）应收账款管理系统的操作流程

应收账款管理系统的业务处理及操作流程如图 7-1 所示。

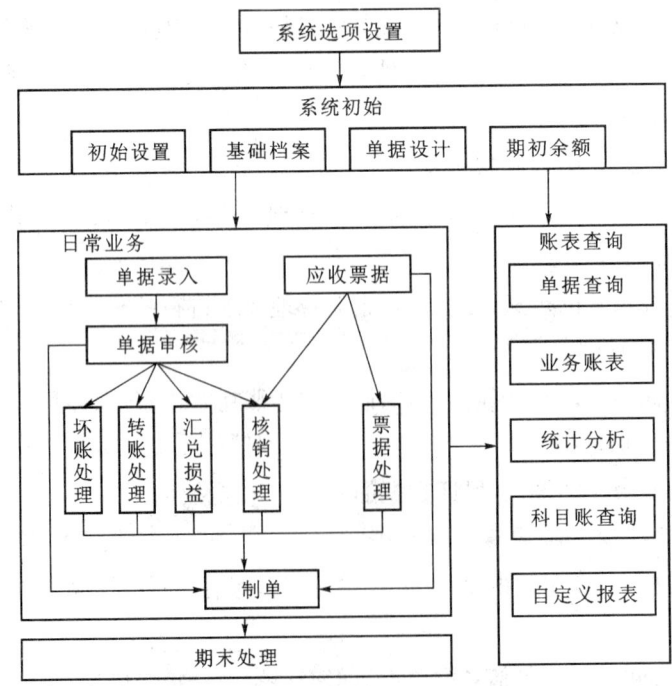

图 7-1　应收账款管理系统操作流程

第二节　应收账款管理系统的初始设置

一、应收账款管理系统的系统启用及注册

应收账款管理系统启用及注册方法与其他系统启用及注册方法一致。进入应收账款管理系统后,显示以下主界面如图 7-2 所示。

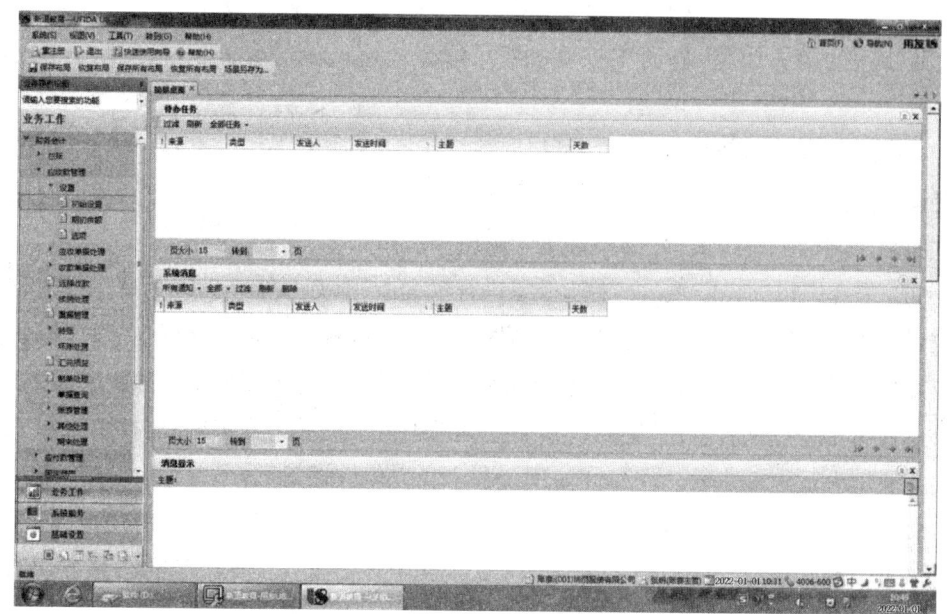

图 7-2　应收账款管理系统主界面

二、应收账款管理系统的初始设置

在启用应收账款管理系统后,进行正常应收业务处理前,要根据本单位核算要求和实际业务情况进行有关的设置。主要包括账套参数设置、单据设置、初始设置、期初余额录入等内容。

（一）账套参数设置

账套参数是一个系统的灵魂,它将影响整个账套的使用效果,有些选项在系统使用后就不能修改,所以在选择时要结合本单位实际情况,事先进行慎重选择。系统选项分为常规选项、凭证选项、权限和预警。参数设置在“设置”中的“选项”下进行,如图 7-3 所示。

1. 常规系统参数说明

（1）单据审核日期依据:系统提供两种确认单据审核日期的依据,即单据日期和业务日期。

(2)汇兑损益方式:系统提供两种汇兑损益方式,即外币结清和月末处理。

(3)坏账处理方式:系统提供了四种坏账处理方式,即:应收余额百分比法、销售收入百分比法、账龄分析法和直接转销法。这四种方法均需要在初始设置中录入坏账准备期初和计提比例或输入账龄区间等,并在坏账处理中进行后续处理。

(4)应收账款核算模型:系统提供两种应收账款的核算模型,即简单核算和详细核算。

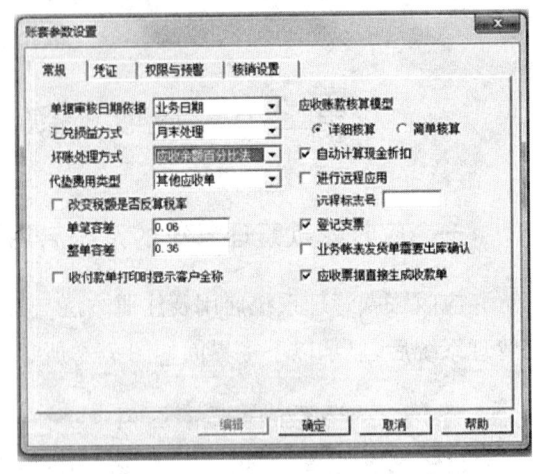

图 7-3　账套参数设置

(5)是否自动计算现金折扣:可以选择自动计算现金折扣和不自动计算现金折扣两种方式。为了鼓励客户在信用期间内提前付款而采用现金折扣政策,可选择自动计算现金折扣。

(6)是否进行远程应用:如果选择了进行远程应用,则系统在后续处理中提供远程传输收付款单的功能。但必须在此填上远程标志号,远程标志号必须为两位 01～99。如果企业在异地有应收业务,则可通过远程应用功能,在两地之间,进行收付款单等的传递。如果选择了不进行远程应用,则系统在后续处理中将不提供远程传输收付款单的功能,且也不需要填上远程标志号。在账套使用过程中可以修改该参数。

(7)是否登记支票:该功能是系统提供给用户付款时自动登记支票登记簿的功能。该选项可以随时修改。用户需要在结算方式定义中将需要登记支票簿的结算方式如转账支票等在"是否登记支票"中打钩表示进行支票管理。

常规系统参数设置的内容如上图 7-3 所示。

2. 凭证参数说明

(1)受控科目制单方式:系统提供两种制单方式,明细到客户和明细到单据。

(2)非控科目制单方式:非控科目有三种制单方式供选择。即明细到客户、明细到单据、汇总制单的方式。

(3)控制科目依据:应收控制科目是指所有带来客户往来辅助核算并受控于应收账款管理系统的科目。应收账款管理系统提供了五种设置控制科目的依据,即按客户分类、按客户、按地区分类、按销售类型、按存货分类五种依据。

(4)销售科目依据:系统提供了三种设置存货销售科目的依据。按存货分类、按存货设置销售科目和按销售类型分类。

(5)其他设置:包括月末结账前是否全部生成凭证、方向相反的分录是否合并、核销是否生成凭证、预收冲应收是否生成凭证、红票对冲是否生成凭证等。

凭证参数设置的内容如图 7-4 所示。

3. 权限与预警参数说明

权限与预警参数包括是否启用客户权限、是否启用部门权限、录入发票时显示提示信息、是否信用额度控制、是否根据信用额度自动报警等内容，其设置要根据用户的需要确定。

权限与预警参数设置的内容如图 7-5 所示。

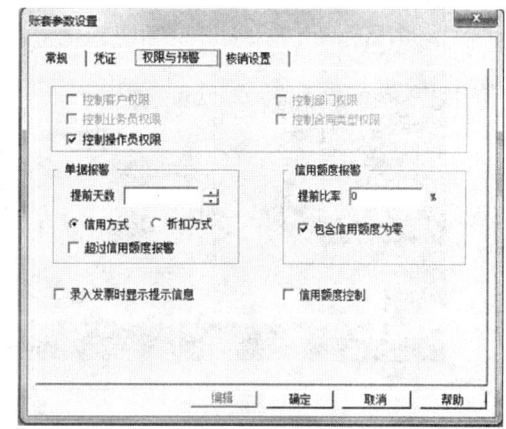

图 7-4　凭证参数设置　　　　　　图 7-5　权限与预警参数设置

（二）单据类型设置

系统提供了发票和应收单两大类型的单据。

如果同时使用销售系统，则发票的类型包括增值税专用发票、普通发票、销售调拨单和销售日报。如果单独使用应收账款管理系统，则发票的类型不包括后两种。发票类型不能修改和删除。

应收单记录销售业务之外的应收款情况。应收单可划分为不同的类型，以区分应收货款之外的其他应收款。例如，应收代垫费用款、应收利息款、应收罚款、其他应收款等。

系统能增加应收单的类型，而发票的类型是固定的，不能修改和删除。应收单中的"其他应收单"为系统默认类型，不能删除、修改，并且不能删除已经使用过的单据类型。如图 7-6 所示。

（三）初始设置

1. 设置科目

如果企业应收业务类型比较固定，生成凭证的科目也比较固定，则为了简化凭证生成操作，可在此处将各业务类型凭证中的常用科目预先设置好，生成凭证时，系统就会自动把相应科目带入。执行"设置"中的"初始设置"，进入初始设置主界面。

基本科目设置：用户可以在此定义应收账款管理系统凭证制单所需要的基本科目。应收科目、预收科目、销售收入科目、应交增值税科目等。若用户未在单据中指定科目，且控制科目设置与产品科目设置中没有明细科目的设置，则系统制单依据制单规则取基本科目设置中的科目设置。

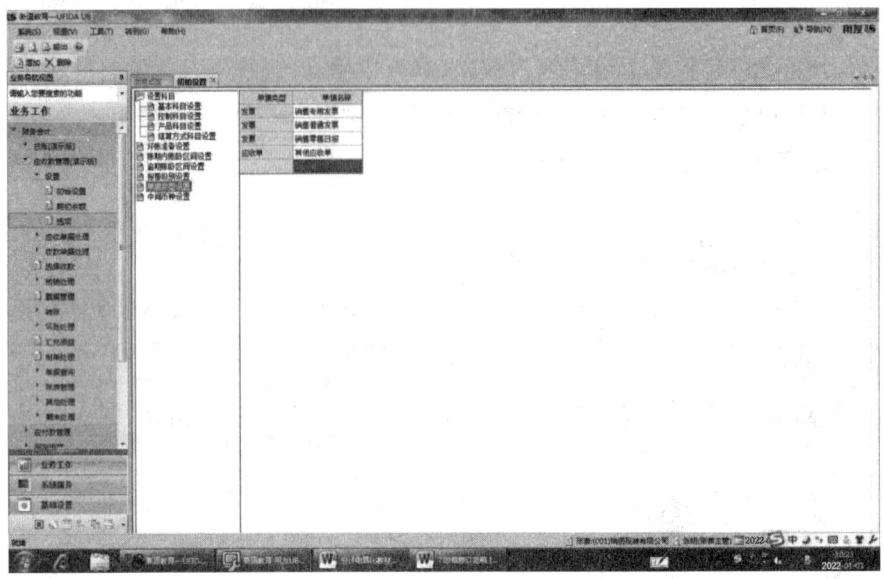

图 7-6　单据设置

基本科目设置的内容如图 7-7 所示。

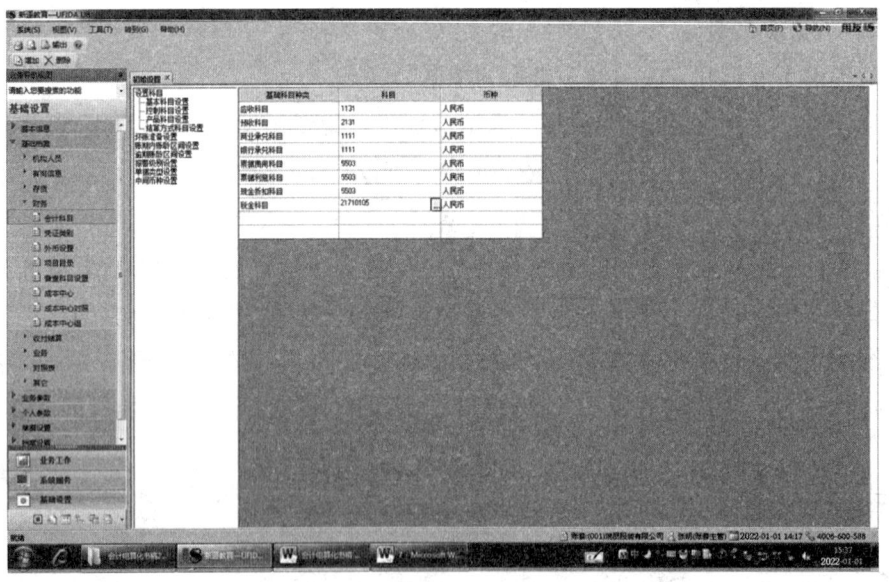

图 7-7　基本科目设置

控制科目设置:进行应收科目、预收科目的设置。依据用户在系统选项中的控制科目依据选项而显示设置依据。可按客户分类、按客户、按地区分类进行控制科目的设置。若单据上有科目,则制单时取单据上科目;若无,则系统依据单据上的客户信息在制单时自动带出控制科目。若控制科目没有输入,则系统取基本科目设置中应收、预收科目。

控制科目设置的内容如图 7-8 所示。

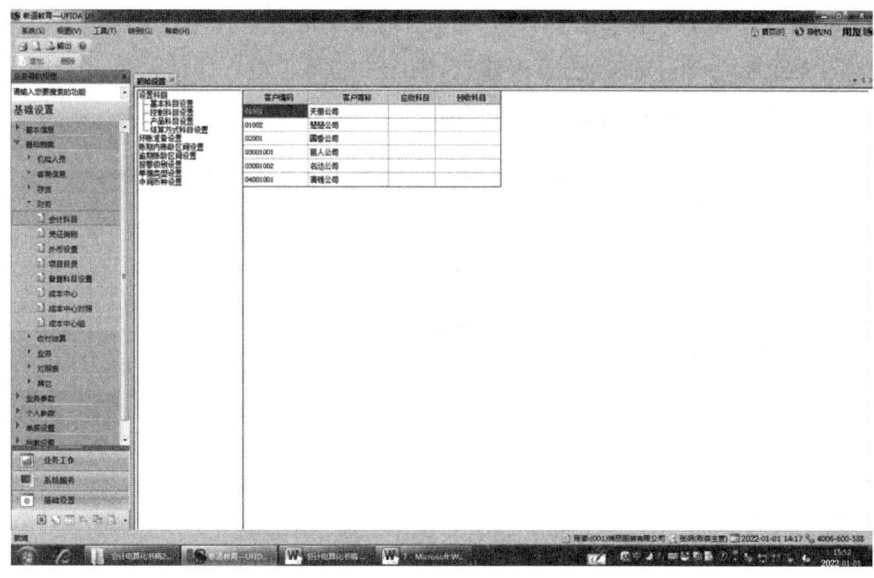

图 7-8　控制科目设置

产品科目设置:进行销售收入科目、应交增值税科目、销售退回科目的设置。依据用户在系统账套参数设置中的销售科目依据选项而显示设置依据。可按存货分类、按存货进行产品科目的设置。若单据上有科目,则制单时取单据上科目;若无,则系统依据单据上的存货信息在制单时自动带出销售收入科目、应交增值税科目等。若产品科目没有输入,则系统取基本科目设置中销售收入、应交增值税科目。

产品科目设置的内容如图 7-9 所示。

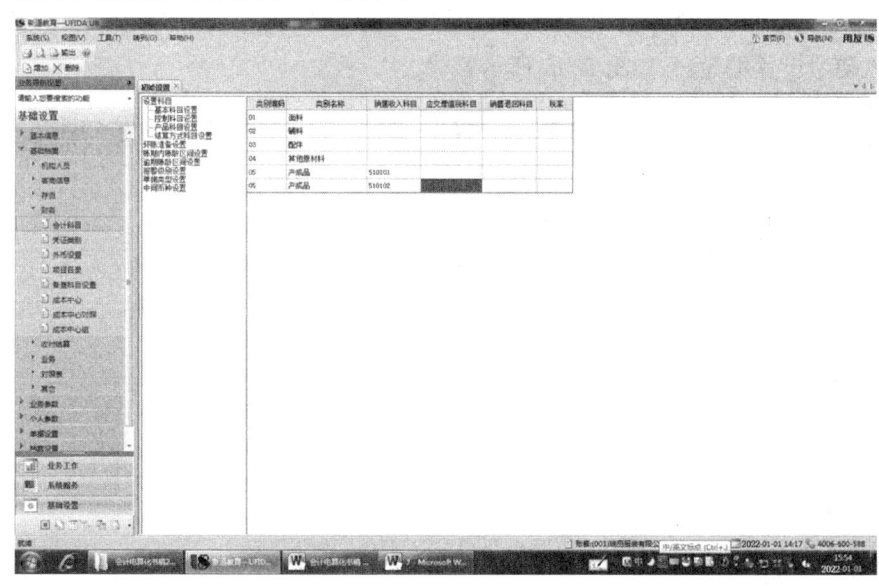

图 7-9　产品科目设置

结算方式科目设置:进行结算方式、币种、科目的设置。对于现结的发票及收付款单,若单据上有科目,则制单时取单据上科目;若无,则系统依据单据上的结算方式查找对应的结算科目,系统制单时自动带出,若未输入,则用户需手工输入凭证科目。

结算方式科目设置的内容如图 7-10 所示。

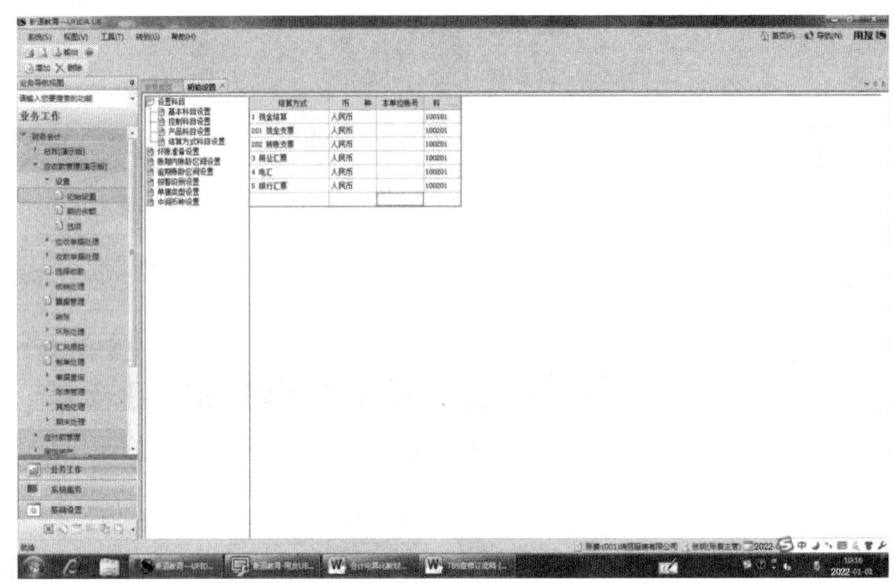

图 7-10　结算方式科目设置

2. 坏账准备设置

坏账准备设置是指用户定义本系统内计提坏账准备比率和设置坏账准备期初余额的功能,它的作用是系统根据用户的应收账款进行计提坏账准备。执行"设置"中的"初始设置",进入初始设置主界面,如图 7-11 所示。

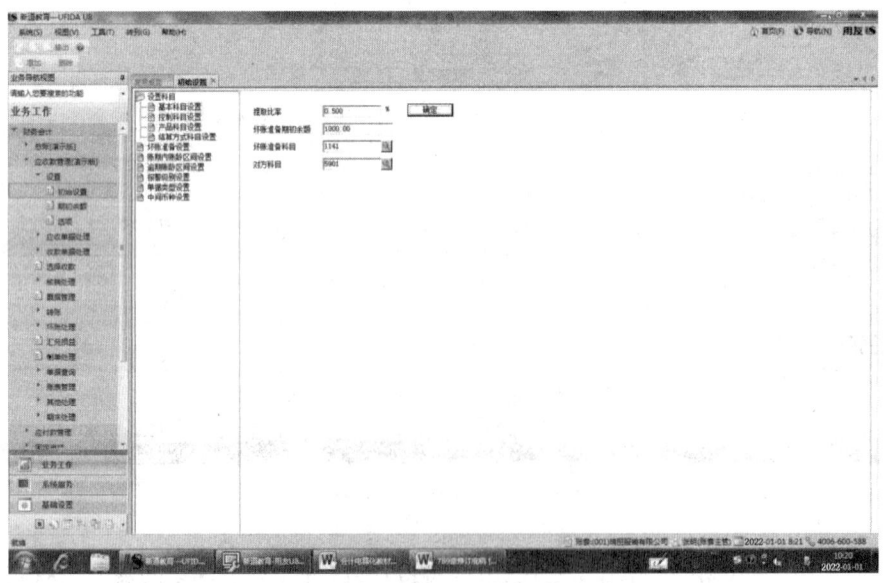

图 7-11　坏账准备设置

3. 账龄区间设置

账龄区间设置指用户定义应收账款或收款时间间隔的功能,它的作用是便于用户根据自己定义的账款时间间隔,进行应收账款或收款的账龄查询和账龄分析,清楚了解在一定期间内所发生的应收款、收款情况。执行"设置"中的"初始设置",进入初始设置主界面,点击"账龄区间设置",如图 7-12 所示。

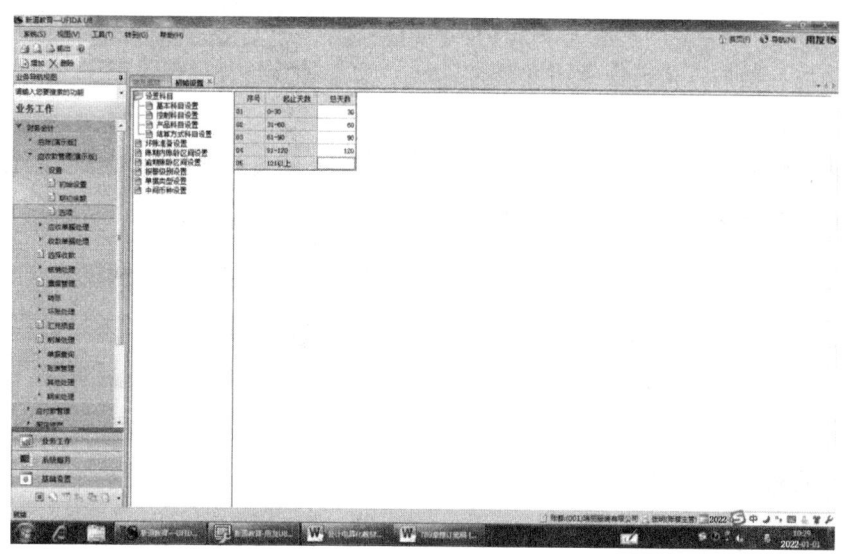

图 7-12 账龄区间设置

4. 报警级别设置

通过对报警级别的设置,将客户按照客户欠款余额与其授信额度的比例分为不同的类型,以便于掌握各个客户的信用情况。执行"设置"中的"初始设置",进入初始设置主界面,如图 7-13 所示。

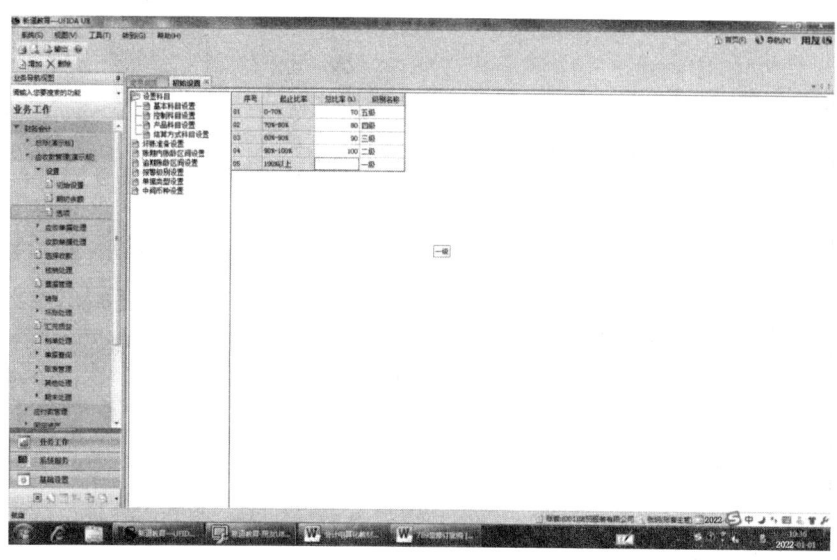

图 7-13 报警级别设置

（四）期初余额录入

初次使用应收账款管理系统时，要将启用应收账款管理系统时未处理完的所有客户的应收账款、预收账款、应收票据等数据录入到本系统，以便于以后的核销处理，并且作为期初建账的数据，这样既保证了数据的连续性又保证了数据的完整性。当进入第二年度处理时，系统自动将上年度未处理完的数据转为下一年度的期初余额。在下一年度的第一个会计期间里，可以进行期初余额的调整。

【例 7-1】 增加一张销售专用发票。

【操作步骤】

🐾 第一步，点击"设置"—"期初余额"，打开"期初余额—查询"对话框，点击"确认"按钮，进入"期初余额明细表"窗口，如图 7-14 所示。

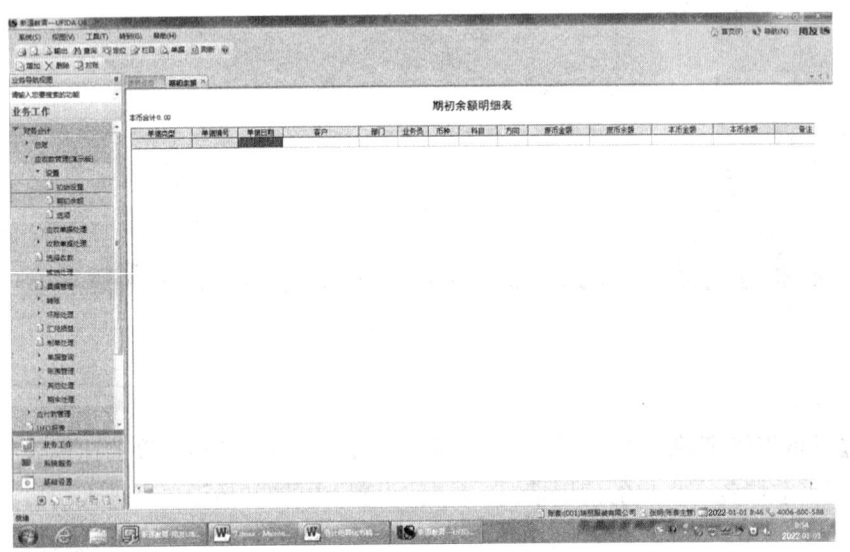

图 7-14 期初余额明细表

🐾 第二步，在期初余额明细表中，点击"增加"按钮，输入需要增加的单据名称、单据类别，如图 7-15 所示。点击"确认"按钮，系统会将出现空白单据，点击"增加"按钮，用户可进行录入，如图 7-16 所示。

【提示】

🔔 录入期初余额，包括未结算完的发票和应收单、预收款单据、未结算完的应收票据。这些期初数据必须是账套启用会计期间前的数据。

图 7-15 期初余额录入窗口

🔔 期初余额录入后，可与总账系统进行对账。

🔔 在日常业务中，可对期初发票、应收单、预收款、票据进行后续的核销、转账处理。

🔔 可在应收业务账表中查询期初数据。

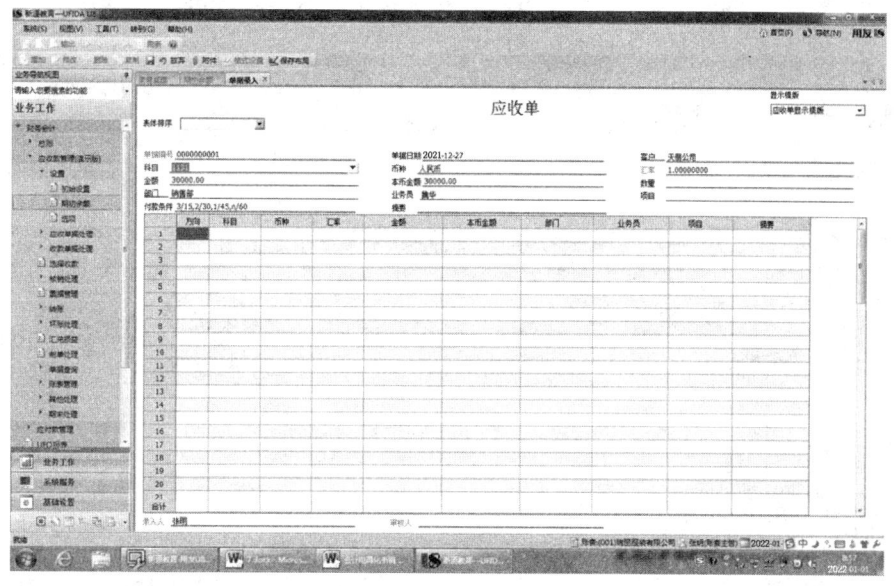

图 7-16　期初余额录入窗口

第三节　应收账款管理系统日常业务处理

日常业务处理是应收账款管理系统的重要组成部分,是经常性的应收业务处理工作。日常业务主要完成企业日常的应收账款入账、收款业务录入、收款业务核销、应收并账、汇兑损益以及坏账的处理,其目标是及时记录应收、收款业务的发生,为查询和分析往来业务提供完整、正确的资料,加强对往来款项的监督管理,提高工作效率。应收账款管理系统日常业务处理的主要内容如下。

一、应收单据处理

销售发票与应收单是应收账款管理系统日常核算的原始数据。如果应收账款管理系统与销售管理系统集成使用,销售发票和代垫费用在销售管理系统中录入,在应收账款管理系统中可以对这些单据进行查询、核销、制单等操作。此时应收账款管理系统需要录入的只限于应收单。如果没有使用销售系统,则所有的销售发票和应收单均需在应收账款管理系统中录入。

（一）销售发票录入

【例 7-2】　录入一张销售专用发票—楚楚公司。

【操作步骤】

点击"应收款管理"—"应收单据处理"—"应收单据录入",选择新增单据的单据名称为销售发票,点击"确定"按钮,即可进行销售发票的录入。如图 7-17 所示。

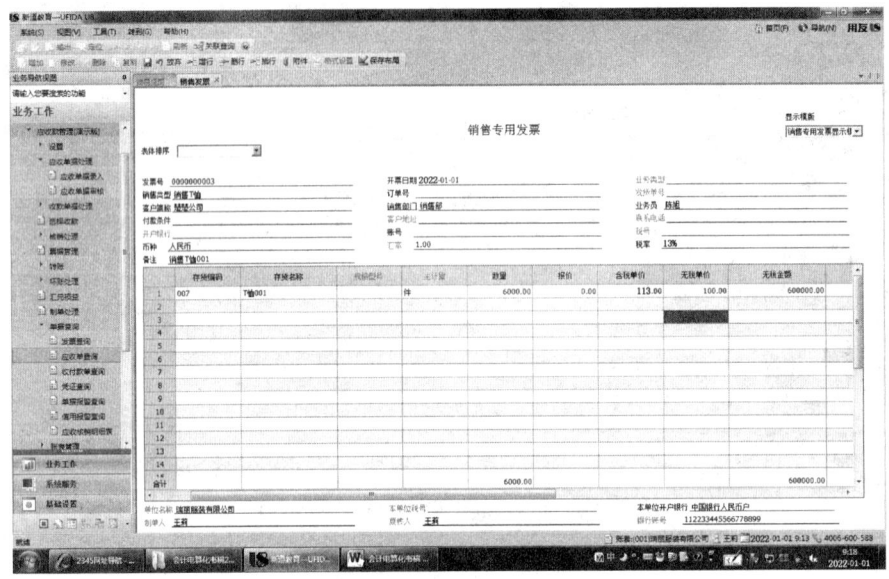

图 7-17　销售发票录入

(二)应收单录入

【**例 7-3**】　录入一张应收单据—楚楚公司。

【**操作步骤**】

点击"应收款管理"—"应收单据处理"—"应收单据录入",选择新增单据的单据名称为应收单,点击"增加"按钮,即可录入应收单。如图 7-18 所示。

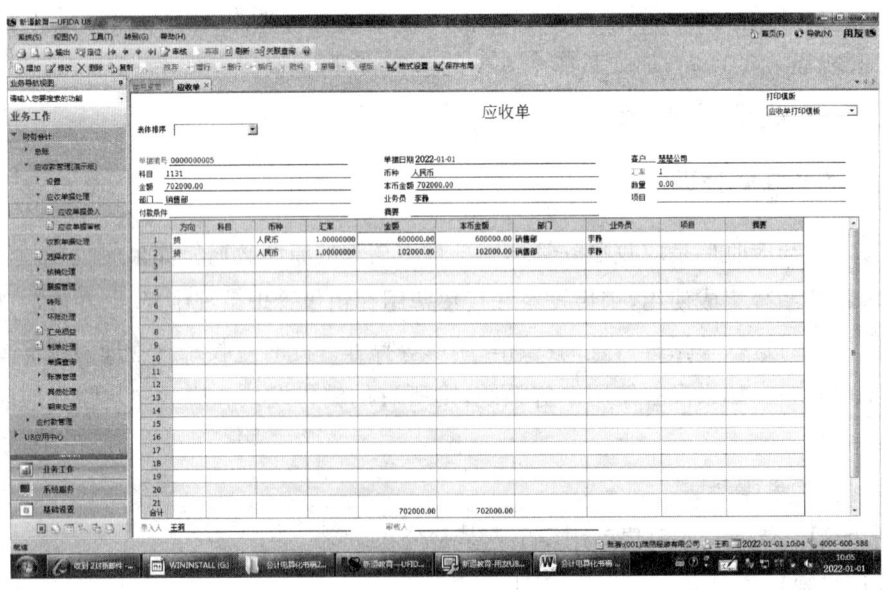

图 7-18　应收单录入

（三）应收单据审核

应收单据的审核即把应收单据进行记账，并在单据上填上审核日期、审核人的过程。已审核的应收单据不允许修改及删除。

【例7-4】　审核录入的应收单据。

【操作步骤】

👆 点击"应收款管理"—"应收单据处理"—"应收单据审核"，输入过滤条件后，系统显示如图7-19。

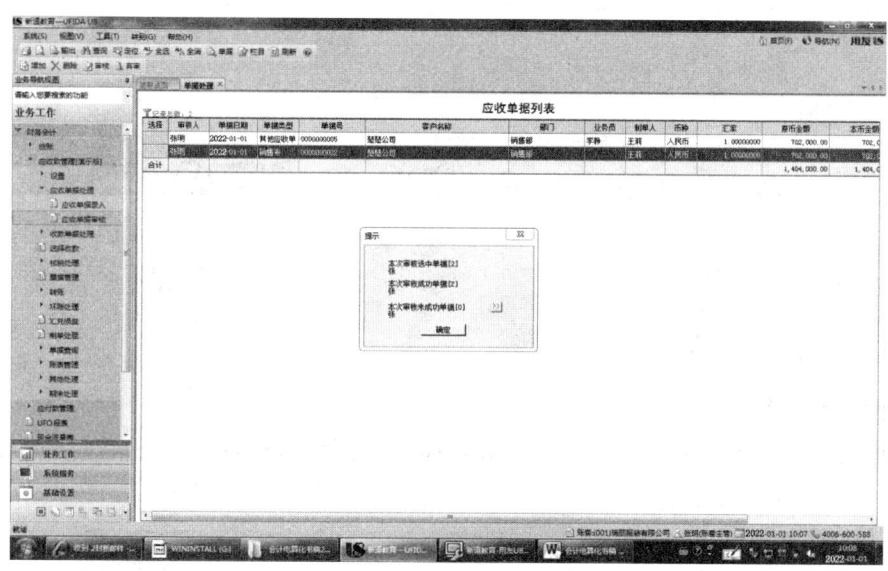

图7-19　应收单据审核

二、收款单据处理

收款单据处理主要是对结算单据（收款单、付款单即红字收款单）进行管理，包括收款单、付款单的录入，以及单张结算单的核销。应收账款管理系统的收款单用来记录企业所收到的客户款项，款项性质包括应收款、预收款、其他费用等。其中应收款、预收款性质的收款单将与发票、应收单、付款单进行核销勾对。应收账款管理系统收款单用来记录发生销售退货时，企业开具的退付给客户的款项。该收款单可与应收、预收性质的收款单、红字应收单、红字发票进行核销。

（一）收款单录入

【例7-5】　录入一张清雅公司的收款单。

【操作步骤】

👆 点击"应收款管理"—"收款单据处理"—"收款单据录入"，点击"增加"按钮，即可进行收款单的录入。录入完点击"保存"按钮。如图7-20所示。

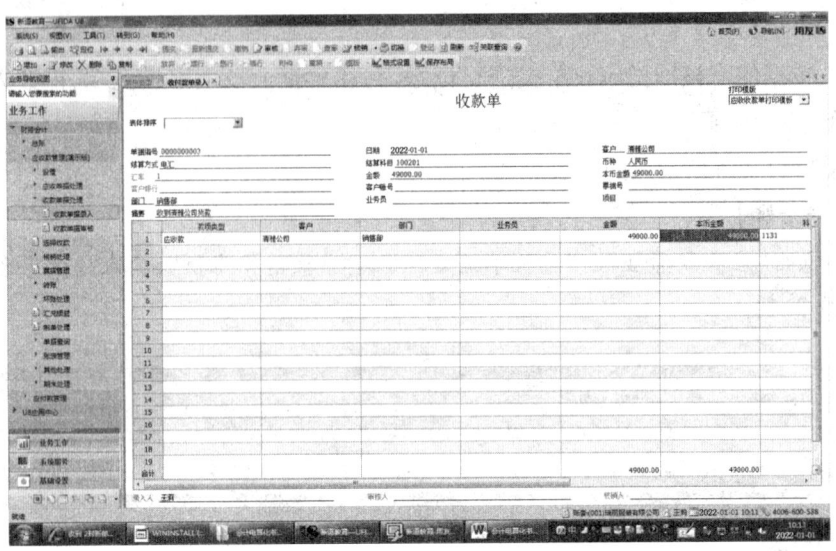

图 7-20 收款单录入

（二）收款单审核

【例 7-6】 审核清雅公司的收款单。

【操作步骤】

点击"应收款管理"—"收款单据处理"—"收款单据审核"，输入过滤条件，点击"审核"按钮即可。系统显示如图 7-21。

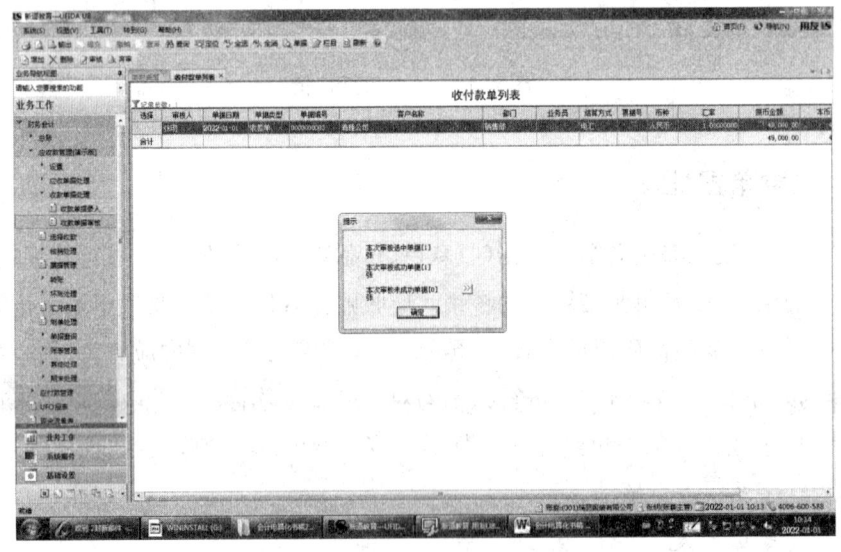

图 7-21 收款单审核

三、核销处理

核销就是确定收款单(或付款单)与原始的发票、应收单之间的对应关系的操作，即确定本次收款收的是哪几笔销售业务的款项。在明确核销关系后,便可以对应收账款进行精确的账龄分析及管理。核销有以下几种情况:收款单与应收单据(即销售发票和应收单)完全核销,即收款单金额与应收单据的金额相等所进行的核销;同时使用收款单与预收款进行核销;收款单的金额部分核销以前的单据,部分形成预收款。核销处理指日常进行的收款核销应收款工作。单据核销的作用是解决收回客户款项核销该客户应收款的处理,建立收款与应收款的核销记录,监督应收款及时核销,加强往来款项的管理。系统提供按单据核销与按产品核销两种方式。

【例 7-7】 核销清雅公司的收款单据。

【操作步骤】

点击"应收款管理"—"核销处理"—"手工核销",输入过滤条件"清雅公司",系统显示单据核销界面,选中待销单据后,点击"全销"按钮即可,如图 7-22 所示。

用户也可通过在"收款单据录入"界面点击"核销"按钮,即可进入单据核销界面。

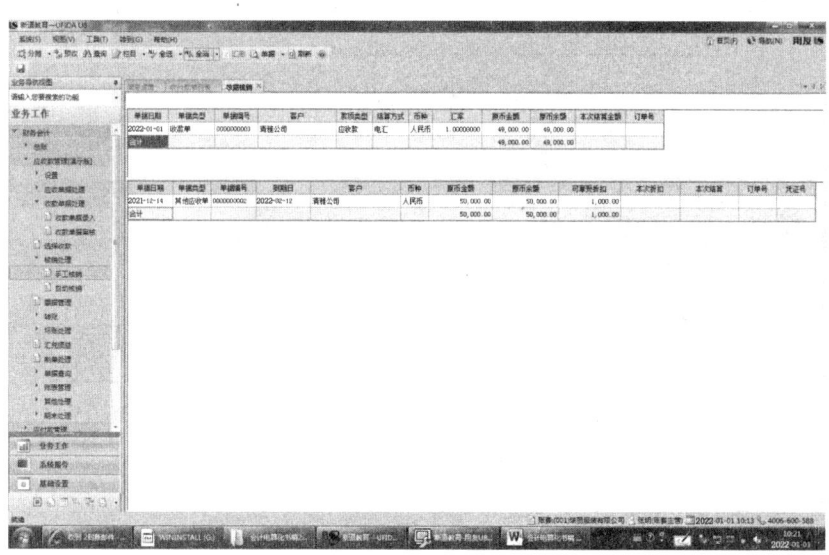

图 7-22 单据核销

四、票据管理

票据管理主要是对商业承兑汇票和银行承兑汇票进行日常的业务处理,所有涉及票据的收入、结算、贴现、背书、转出、计息等处理都应该在票据管理中进行。系统提供"票据管理"功能来完成这些票据的处理模式。它的主要功能是记录票据详细信息和记录票据处理情况。

(一)票据录入

【例 7-8】 增加一张商业承兑汇票,出票人为国香公司。

【操作步骤】

点击"应收款管理"—"票据管理",打开"查询条件选择"对话框,如图 7-23 所示。

单击"确定",进入"票据管理"窗口,点击"增加"按钮,系统显示"票据增加"界面,如图 7-24 所示。

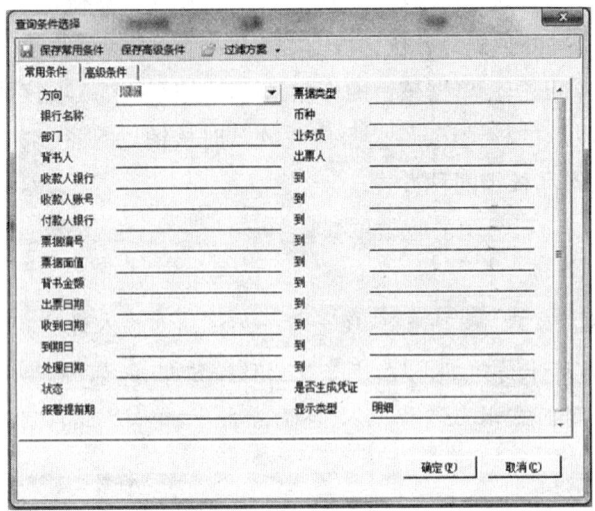

图 7-23　查询条件选择

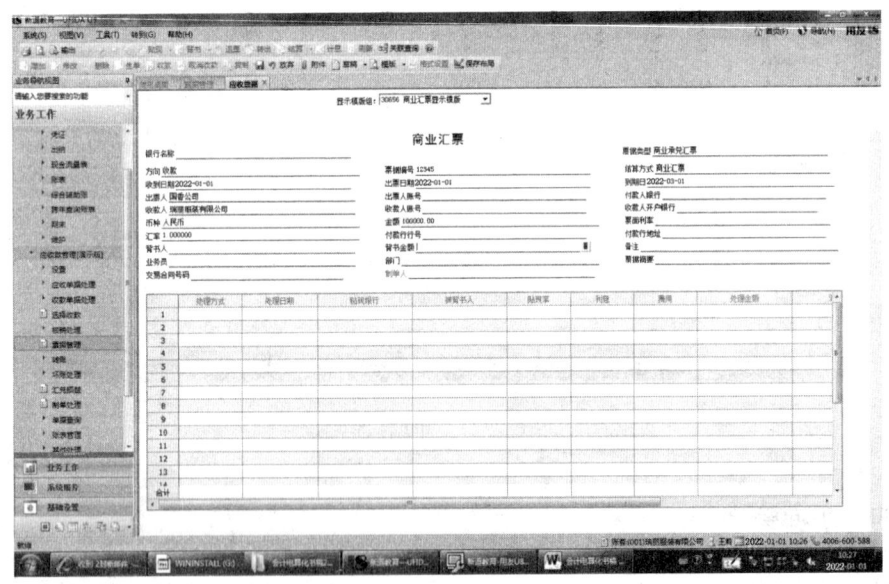

图 7-24　票据增加界面

(二)票据的结算

【例 7-9】　结算国香公司的商业承兑汇票。

【操作步骤】

在"票据管理"窗口,单击选中填制的收到国香公司签发并承兑的商业承兑汇票,如图 7-25 所示。

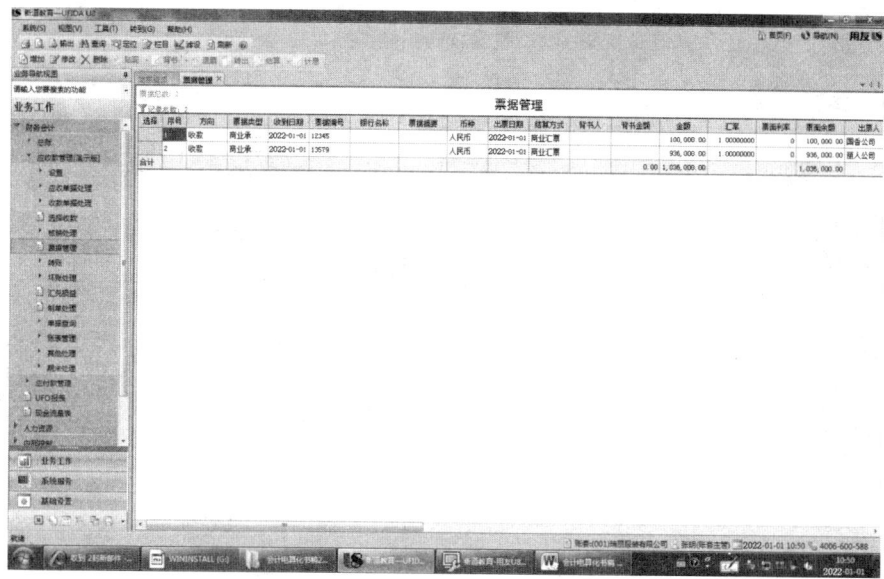

图 7-25 票据管理窗口

单击"结算",打开"票据结算"对话框。修改结算日期为"2020-1-31",录入结算金额"100 000",在结算科目栏录入"100201",托收单位选"中国银行人民币账户",如图 7-26 所示。

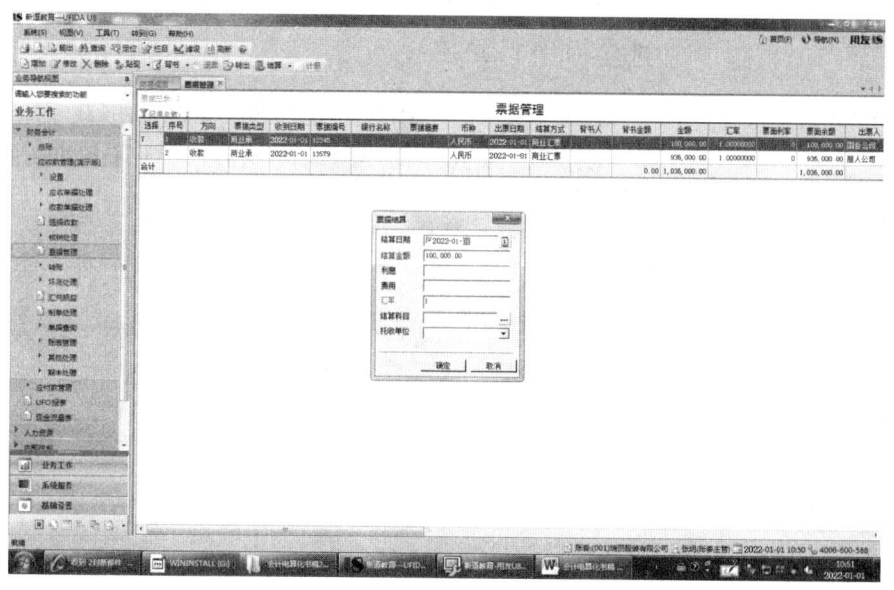

图 7-26 设置票据结算信息

单击"确定",出现"是否立即制单"提示。

单击"是",生成结算的记账凭证,单击"保存",结果如图 7-27 所示。

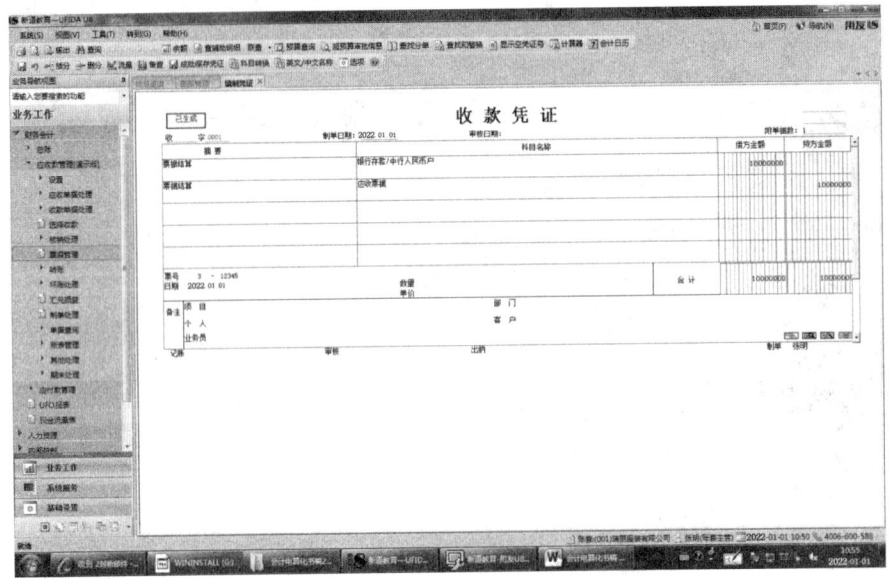

图 7-27 生成票据结算记账凭证

五、转账处理

系统提供转账处理来满足用户应收账款调整的需要。针对不同的业务类型进行调整，分为应收冲应收、预收冲应收、应收冲应付、红票对冲等调整业务。其操作都在"应收款管理"菜单项下"转账"中进行，如图 7-28 所示。

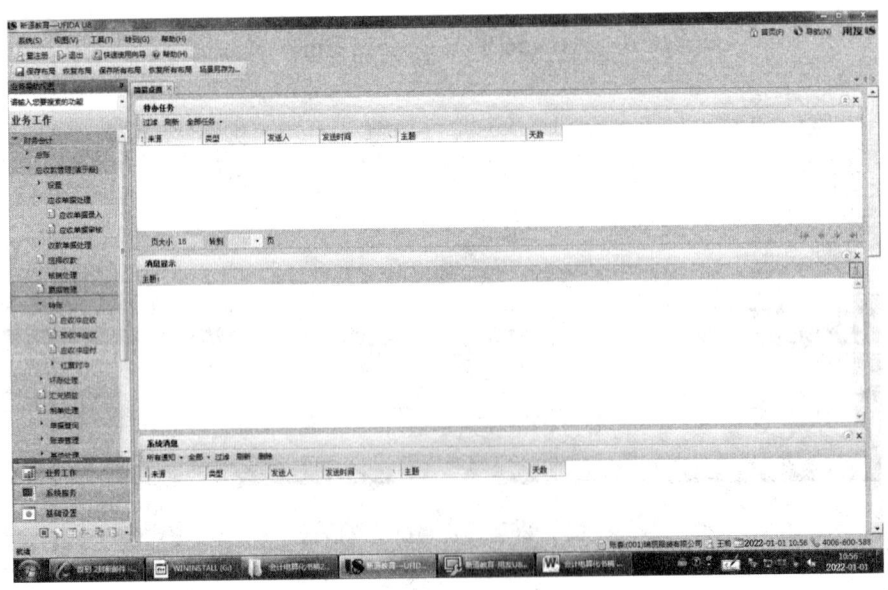

图 7-28 转账处理

（一）应收冲应收

这是指将一家客户的应收款转到另一家客户中。通过应收冲应收功能将应收账款在客户之间进行转让、转出，实现应收业务的调整，解决应收款业务在不同客户间入错户或合并户的问题。

（二）预收冲应收

这是通过预收冲应收处理客户的预收款（红字预收款）与该客户应收欠款（红字应收）之间的核销业务。

（三）应收冲应付

这是用客户的应收账款来冲抵供应商的应付款项。系统通过应收冲应付功能将应收款业务在客户和供应商之间进行转账，实现应收业务的调整，解决应收债权与应付债务的冲抵。

（四）红票对冲

红票对冲可实现客户的红字应收单据与其蓝字应收单据、收款单与付款单之间进行冲抵的操作。系统提供两种处理方式：自动冲销和手工冲销。

六、坏账处理

坏账处理指系统提供的计提应收坏账准备处理、坏账发生后的处理、坏账收回后的处理等功能。坏账处理的作用是系统自动计提应收款的坏账准备，当坏账发生时即可进行坏账核销，当被核销坏账又收回时，即可进行相应处理。系统提供"坏账处理"功能来完成此操作。如图 7-29 所示。

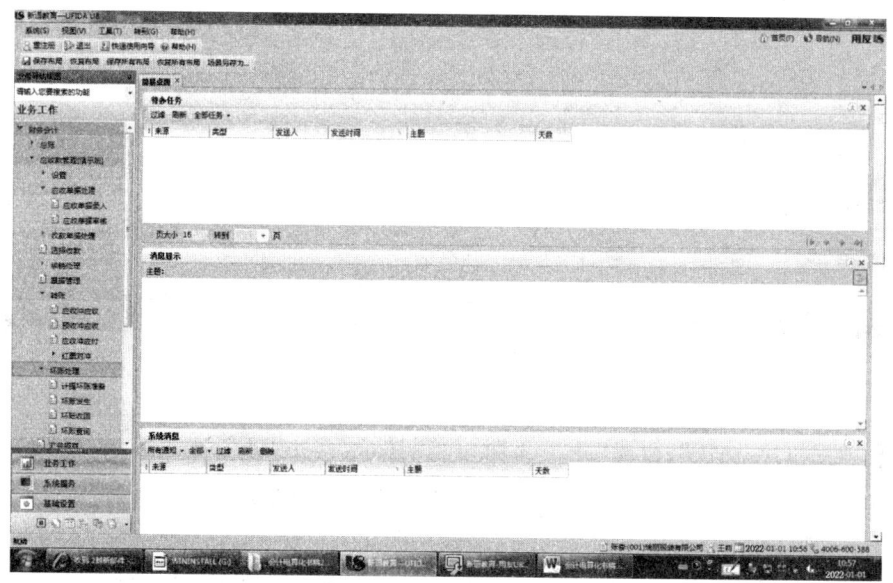

图 7-29 坏账处理

（一）坏账发生—天丽公司

【操作步骤】

👆 在应收账款管理系统中，执行"坏账处理"—"坏账发生"命令，打开"坏账发生"对话框。

👆 将日期修改为"2022-01-31"，在客户栏选择"天丽公司"，如图 7-30 所示。

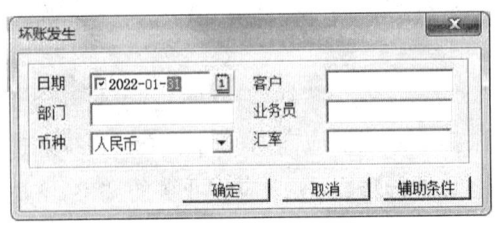

图 7-30 坏账发生对话框

👆 单击"确定"，进入"发生坏账损失"窗口，在"本次发生坏账金额"栏录入"30 000"，如图 7-31 所示。

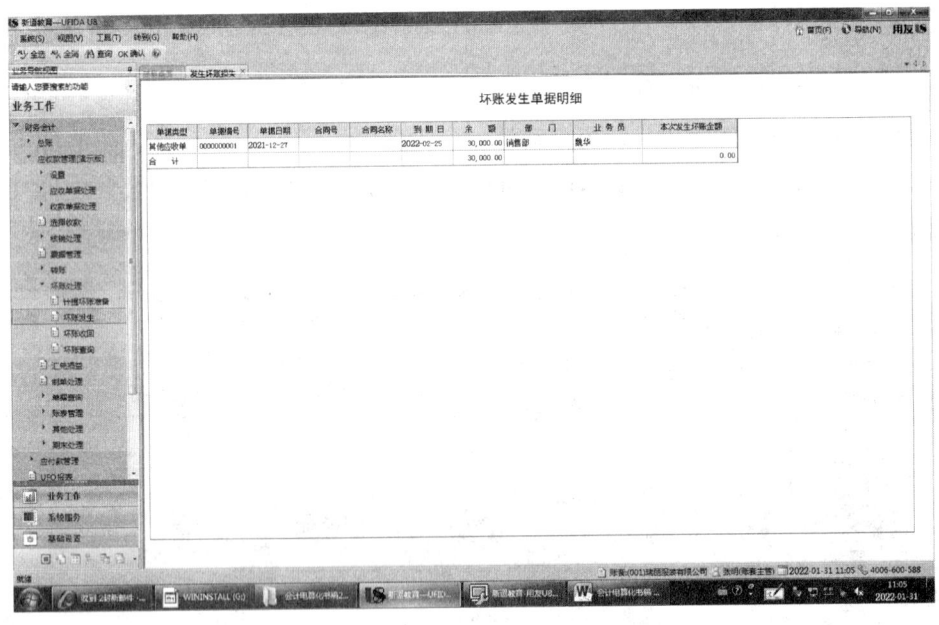

图 7-31 坏账发生损失明细

👆 单击"OK 确认"，出现"是否立即制单"提示，单击"是"，生成发生坏账的记账凭证。修改凭证类别为"转账凭证"，单击"保存"，如图 7-32 所示。

（二）坏账收回—名达公司

当收回一笔坏账时，应首先录入一张收款单，该收款单的金额即为收回的坏账的金额。然后再输入坏账收回的信息，选择该收款单，保存此次操作。

图 7-32 生成坏账发生凭证

【操作步骤】

✌ 在应收账款管理系统中,执行"收款单据处理"—"收款单据录入"命令,进入"收款单"窗口。单击"增加",录入收款单相应的信息,单击"保存",如图 7-33 所示。单击"退出"。

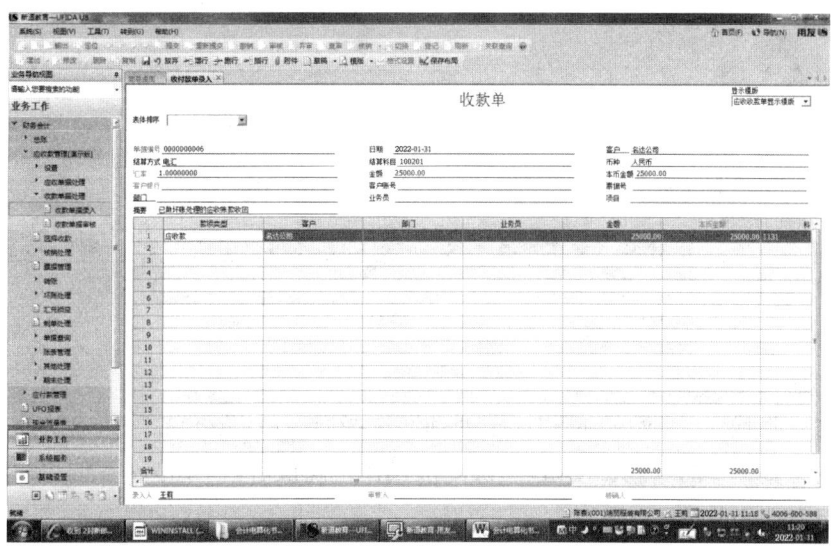

图 7-33 收款单

✌ 在应收账款管理系统中,执行"坏账处理"—"坏账收回"命令,打开"坏账收回"对话框。在"客户"栏选择"名达公司",日期栏录入"2022-01-31",金额栏录入"25 000",如图 7-34 所示。

✌ 单击"确定",系统提示"是否立即制单"提示,单击"是",生成发生坏账的记账凭证。修改凭证类别为"收款凭证",单击"保存",如图 7-35 所示。

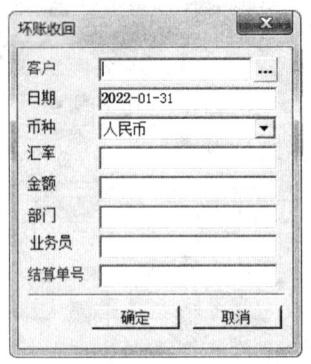

图 7-34　设置坏账收回信息

图 7-35　坏账收回凭证

（三）计提坏账准备

单击"应收款管理"菜单项下"坏账处理"，选择"计提坏账准备"，如确认此次计提成功，则点击工具栏中的"确认"按钮，确认此次操作。确认后，本年度将不能再次计提坏账准备，并且不能修改坏账参数。

（四）坏账查询

选择"坏账处理"菜单项下"坏账查询"项，屏幕会显示坏账的发生和坏账的收回综合情况。如果想了解详细的信息，可以按"详细"按钮，详细查看每一笔坏账发生的情况和收回的情况。

七、制单处理

制单即生成凭证，并将凭证传递至总账。应收账款管理系统在各个业务处理过程中都提供了实时制单的功能,除此之外,系统提供了一个统一的制单平台,可以在此快速、成批生成凭证,并可依据规则进行合并制单等处理。

【例 7-10】 对应收制单进行处理。

【操作步骤】

点击"应收款管理"—"制单处理",进入制单查询,输入过滤条件,则进入制单界面。如图 7-36 所示。选择完所有的条件后,点击"制单"按钮即可。

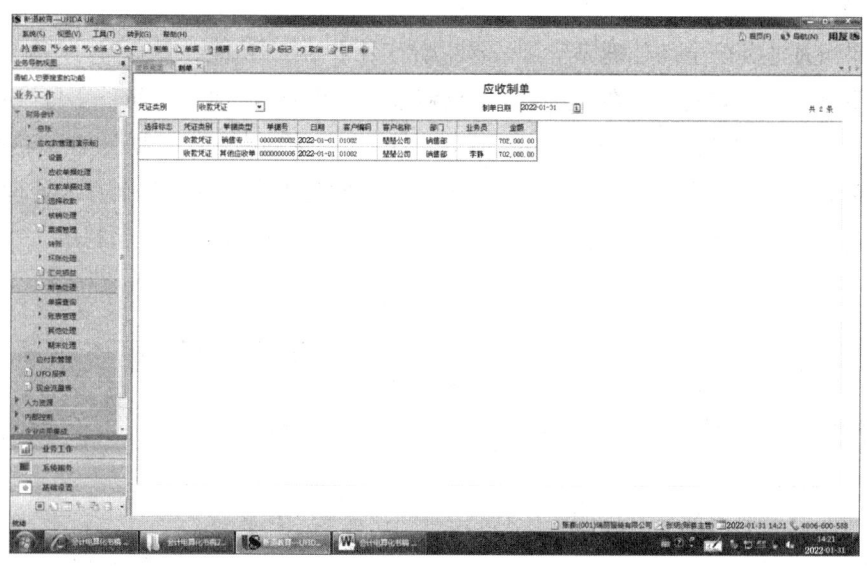

图 7-36　制单处理

进入凭证窗口,将缺少的内容补充完整,检查无误后,单击"保存"按钮,凭证左上角显示"已生成"字样,表示该凭证已传递到总账系统,如图 7-37 所示。

图 7-37　生成凭证

第四节　应收账款管理系统期末处理

一、期末处理

（一）月末结账

如果当月业务已全部处理完毕，就需要执行"月末结账"功能。只有当月结账后，才可以开始下月工作。进行月末处理时，一次只能选择一个月进行结账；前一个月没有结账，则本月不能结账；结算单还有未审核的，不能结账；如果选项中选择单据日期为审核日期，则应收单据在结账前应该全部审核；如果选项中选择"月末全部制单"，则月末处理前应该把所有业务生成凭证；年度末结账，应对所有核销、坏账、转账等处理全部制单。在执行月末结账功能后，该月将不能再进行任何处理。

【操作步骤】

点击"期末处理"—"月末结账"，如图 7-38 所示。单击"下一步"，单击"完成"。

（二）取消月结

本功能帮助取消最近月份的结账状态。

【操作步骤】

单击"期末处理"—"取消月结"，选择需要取消结账月份，双击结账标志一栏，点击"确认"按钮，执行取消结账功能。

二、账表管理

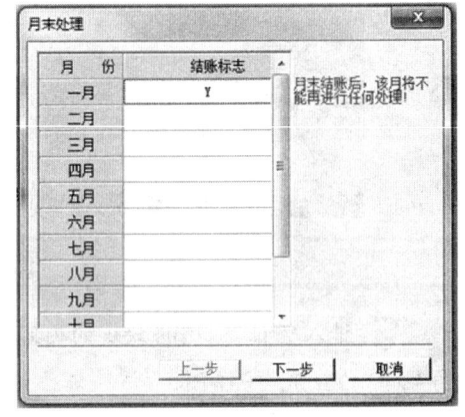

图 7-38　月末结账

（一）业务账表

通过业务账表的查询，可以及时地了解一定期间内期初应收账款结存汇总情况、应收账款发生、收款发生的汇总情况、累计情况及期末应收账款结存汇总情况；还可以了解各个客户期初应收账款结存明细情况、应收账款发生、收款发生的明细情况、累计情况及期末应收账款结存明细情况，及时发现问题，加强对往来款项的监督管理。

通过业务分析，可以按用户定义的账龄区间，进行一定期间内应收款账龄分析、收款账龄分析、往来账龄分析，了解各个客户应收款周转天数、周转率，了解各个账龄区间内应收账款、收款及往来情况，能及时发现问题，加强对往来款项动态的监督管理。

【操作步骤】

点击"账表管理"—"业务账表"，就可进行相应的查询和分析。如图 7-39 所示。

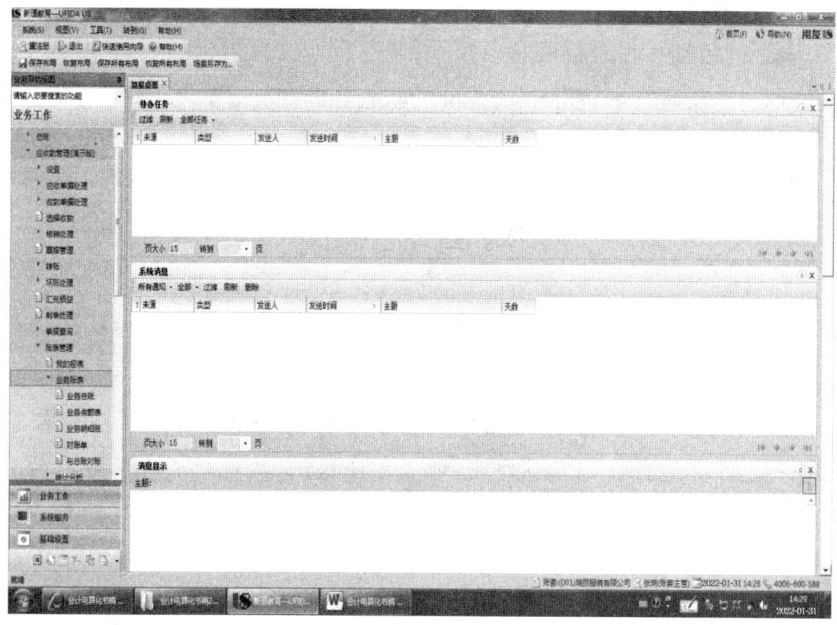

图 7-39 业务账表

（二）统计分析

应收账款管理系统提供的统计分析功能便于用户了解各个账龄区间内的收款情况，使用户及时发现问题，加强对往来款项动态的监督管理。统计分析功能主要包括应收账款账龄分析、收款账龄分析、收款预测、欠款分析等内容。

【操作步骤】

点击"账表管理"—"统计分析"，就可进行相应的操作。如图 7-40 所示。

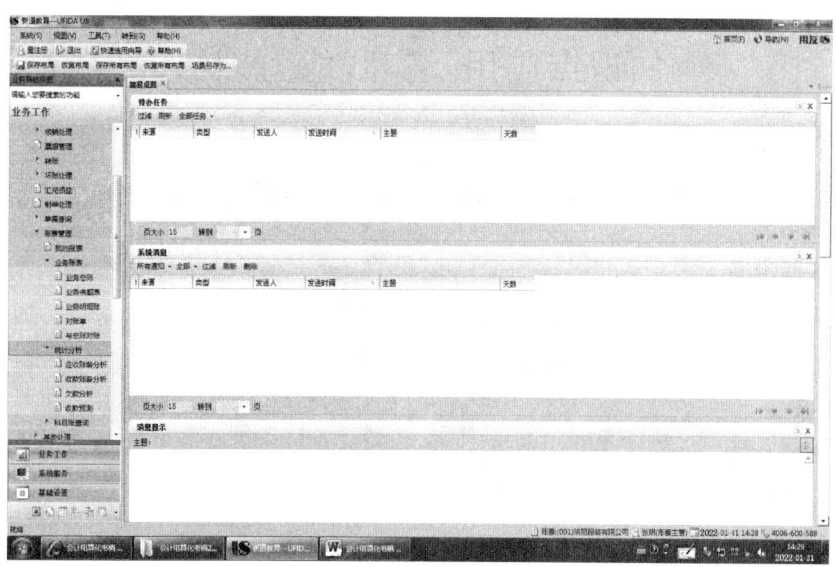

图 7-40 统计分析

（三）科目账表查询

科目账表查询包括科目余额表和科目明细表查询,并且可以通过一个"总账/明细"的切换按钮进行联查,实现总账、明细账、凭证的联查。

本 章 启 示

1. 财务人员要立足诚信,具有良好的诚信素养,在应收账款管理中各项数据录入要真实。

2. 通过实践教学,培养学生严谨踏实的工作作风,形成正确的职业观念与职业操守。

3. 对每一笔业务进行公允客观处理,增强责任意识,体现财务人员应有的科学性、谨慎性、规范性。

思 维 拓 展

1. 简述应收账款管理系统与其他子系统之间的数据联系。

2. 应收账款管理系统初始化工作主要包括哪些内容? 如何设置?

3. 应收账款管理系统的日常处理工作主要包括哪些内容?

4. 应收账款管理系统在期末时可以对哪些内容进行查询和分析?

知识点应用及实践能力训练

实验十一　应收账款管理系统基础设置

一、实验准备

完成第六章"实验十　固定资产系统业务处理"的操作。将计算机系统时间调整为实验账套的 2022 年 1 月份,将"实验三　总账系统初始化"的备份账套数据引入用友 ERP-U8V10.1 系统。

二、实验内容

（1）设置账套参数。

（2）进行初始设置。

（3）录入期初余额。

三、实验资料

1. 应收账款账套选项

（1）常规选项。需修改选项：坏账处理方式为应收余额百分比法；自动计算现金折扣；登记支票。其他采用系统默认设置。

（2）凭证选项。需修改选项：核销生成凭证。其他采用系统默认设置。

（3）权限与预警选项。无需修改，采用系统默认设置。

2. 应收账款初始设置

（1）基本科目设置。按表7-1所示内容对应收账款管理系统基本科目进行设置。

表7-1　　　　　　　　　　应收账款管理系统基本科目设置

科　　目	编　　码	科　　目	编　　码
应收科目(本币)	1131	商业承兑汇票	1111
预收科目(本币)	2131	现金折扣科目	5503
应交增值税科目	21710105	票据利息科目	5503
银行承兑科目	1111	票据费用科目	5503

（2）控制科目设置。不需设置。

（3）产品科目设置。不需设置。

（4）结算方式科目设置。现金结算科目：100101；其余各结算方式科目：均为100201。币种均为人民币。

（5）坏账准备设置。提取比率：0.5%；坏账准备期初余额：1 000；坏账准备科目：1141；对方科目：5901。

（6）账期内账龄区间设置。总天数分隔为30天、60天、90天、120天、121天以上。

（7）报警级别设置。总比率70%，五级；总比率80%，四级；总比率90%，三级；总比率100%，二级；总比率100%以上，一级。

3. 期初余额

应收账款管理系统期初余额的相关数据见表7-2至表7-4所示。

注意：以下各项日期设置是按账套启用月（2022年1月）为核算起点设置的。

表7-2　　　　　　　　　　应收账款(1131,正向)期初余额

单据名称	单据类型	开票日期	客户名称	金额(元)	销售部门	业务员	付款条件
应收单	其他应收款	2021-12-27	天丽公司	30 000	销售部	魏华	01
应收单	其他应收款	2021-12-14	清雅公司	50 000	销售部	李静	01

表 7-3   应收账款(1111,正向)期初余额

单据名称	单据类型	票据编号	开票单位	票据面值(元)	票面利率	科目	签发日和收到日	到期日	销售部门	业务员
应收票据	商业承兑汇票	12345	国香公司	100 000	0	1111	2021-12-01	2022-01-01	销售部	魏华

表 7-4   预收账款(2131,正向)期初余额

单据名称	单据类型	结算日期	业务员	结算方式	结算科目	金额(元)	客户名称	部门名称
预收款	收款单	2021-12-25	李静	银行汇票	100201	50 000	楚楚公司	销售部

四、实验步骤

以会计的身份注册登录应收账款管理系统,进行基础设置。

(1) 设置账套选项。

(2) 进行初始设置。

(3) 录入期初余额。

如果账套启用和业务操作采用 2022 年 1 月,请注意调整期初余额的相关时间。

(4) 以"admin"的身份登录系统管理备份账套。

实验十二   应收账款管理系统业务处理

一、实验准备

完成第七章"实验十一   应收账款管理系统基础设置"的操作。将计算机系统时间调整为实验账套的 2022 年 1 月份,将"实验十一   应收账款管理系统基础设置"的备份账套数据引入用友 ERP-U8 V10.1 系统。

二、实验内容

(1) 日常应收账款业务处理。

(2) 期末应收账款业务处理。

(3) 应收账款系统结账。

三、实验资料

(1) 月初(15 日前),收到清雅公司电汇款,金额 49 000 元,系上月该公司所欠货款。按规定可享受现金折扣 2%。系统自动生成的会计凭证如下:

```
凭证一:借:银行存款——中行人民币户                    49 000
            贷:应收账款——清雅公司                          49 000

凭证二:借:财务费用                                   1 000
            贷:应收账款——清雅公司                           1 000
```

操作提示：登录应收账款管理系统，时间调整为当前操作月 15 日之前。第一步，录入收款单据，并进行审核，暂不制单；第二步，进行核销，系统自动计算出现金折扣；第三步，制单处理，通过结算单制单，生成凭证一，通过核销制单，生成凭证二。

（2）销售部李静销售给楚楚公司 T 恤 001 共 6 000 件，不含税单价 100 元/件，增值税税率 13%，账款未收，不享受现金折扣。系统自动生成的会计凭证如下：

借：应收账款——楚楚公司　　　　　　　　　　　　　　　　　　678 000
　　贷：主营业务收入——T 恤 001　　　　　　　　　　　　　　　600 000
　　　　应交税费——应交增值税（销项税额）　　　　　　　　　　 78 000

操作提示：需录入应收单据，并进行审核和制单。

（3）销售部魏华销售给丽人公司 T 恤 002 共 8 000 件，单价 100 元/件，收到 2 个月无息商业承兑汇票一张，票据编号：13579，承兑单位：丽人公司，票据面值 936 000 元，签发日和收到日均为 2022 年 1 月 10 日（当前操作月），到期日为 2022 年 4 月 10 日（当前操作月顺延 3 个月）。系统自动生成的会计凭证如下：

凭证一：借：应收账款——丽人公司　　　　　　　　　　　　　　　904 000
　　　　　贷：主营业务收入——T 恤 002　　　　　　　　　　　　800 000
　　　　　　　应交税费——应交增值税（销项税额）　　　　　　　104 000

凭证二：借：应收票据——丽人公司　　　　　　　　　　　　　　　904 000
　　　　　贷：应收账款——丽人公司　　　　　　　　　　　　　　904 000

操作提示：第一步，先录入应收单据，并进行审核和制单，系统自动生成凭证一；第二步，登记商业承兑汇票，其中票据日期为当前操作月的操作日，到期日也请注意调整；第三步，进行收款单据审核并制单，系统自动生成凭证二。

（4）国香公司的商业承兑汇票款 100 000 元到期，款项已划入银行账户。会计凭证如下：

借：银行存款——中行人民币户　　　　　　　　　　　　　　　　100 000
　　贷：应收票据——国香公司　　　　　　　　　　　　　　　　100 000

操作提示：对到期票据进行结算处理并制单，需手动填制银行存款科目。结算方式：商业汇票；票号：12346。

（5）将楚楚公司的预收款和应收款 50 000 元相互冲销。系统自动生成的会计凭证如下：

借：预收账款——楚楚公司　　　　　　　　　　　　　　　　　　 50 000
　　贷：应收账款——楚楚公司　　　　　　　　　　　　　　　　 50 000

操作提示：先进行转账处理，然后制单生成凭证。

（6）天丽公司因经营不善破产清算，其所欠货款 30 000 元已无法收回，经批准作坏账处理。系统自动生成的会计凭证如下：

借：坏账准备 30 000

贷：应收账款——天丽公司 30 000

（7）名达公司前欠货款 25 000 元已作坏账处理，现该公司已电汇归还了所欠货款。系统自动生成的会计凭证如下：

借：银行存款——中行人民币户 25 000

应收账款——名达公司 25 000

贷：应收账款——名达公司 25 000

坏账准备 25 000

（8）在进行了上述业务处理后，计提坏账准备。系统自动生成的会计凭证如下：

借：资产减值损失 7 260

贷：坏账准备 7 260

四、实验步骤

以会计身份注册登录应收账款管理系统，进行日常应收账款业务和期末结账的操作。

（1）处理应收账款业务。

根据上述实验资料填制有关单据并生成凭证。

（2）进行期末结账。

（3）以"admin"的身份登录系统管理备份账套。

【实验中易出错问题】

（1）应收账款核销及转账。

（2）期末处理无法结账。

第八章　应付账款管理系统

重点提示

　　通过本章的学习,应重点掌握应付账款管理系统初始化设置,各种单据的录入、审核、修改、制单、核销、转账等日常处理方法及查询统计等内容;熟知应付账款管理系统期末处理的有关操作;了解应付账款管理系统的基本功能和主要模块结构及与其他子系统之间的数据联系。

第一节　应付账款管理系统概述

　　应付账款是企业负债的一个重要组成部分,是企业正常经营活动中,由于采购商品或接受劳务,而应向供货单位或提供劳务单位所支付的款项。应付账款是因为赊购业务产生的,因此入账时间的确认与物资采购的时间是一致的。而入账价值的确认,如果除发票外,还包括商业折扣、现金折扣等因素,应付账款入账价值的确认就变得比较复杂了。企业除了对应付账款进行核算外,还要加强对自身偿债能力的管理,应付票据的管理,预付账款及其他业务往来的交易记录。应付账款管理系统在应付账款管理方面提供了强大的功能,可供企业详尽记录应付账款的发生原由,有效掌握应付账款付款冲销状况,提供适时的查询依据,提高供应商对自身信用的管理,有效利用信用期内的浮游资金,提高资金利用率。

　　应付账款管理系统主要用于核算和管理企业与供应商之间的往来款项。该系统主要对采购业务转入的应付款项进行处理,记录采购及其他业务的往来交易。应付账款管理系统通过采购发票、其他应付单、付款单等单据的处理,对企业的供应商往来账款进行综合管理,及时、准确地提供供应商的往来账款的余额资料。此外,应付账款管理系统还提供各种分析报表,企业可以清楚地掌握自己的信用利用情况,据此调整支付政策,提高财务管理能力。

一、应付账款管理系统主要功能

(一)应付账款管理系统的应用方案

应付账款管理系统主要实现企业与供应商业务往来账款的核算与管理,在应付账款管理系统中,以采购发票、其他应付单等原始数据为单据,记录采购业务及其他业务所形成的应付款项,处理应付款项的支付、冲销等情况;提供票据处理的功能,实现对应付票据的管理。

系统根据对供应商往来款项和管理的程度不同,提供了以下两种不同的应用方案。不同的应用方案,其系统功能、产品接口等均不相同。

1. 在应付账款管理系统核算供应商往来款项

如果在企业采购业务中应付账款核算与管理内容比较复杂,需要追踪每一笔业务的应付账款、付款等情况,并希望对应付款项进行各种分析;或者需要将应付账款核算到产品一级;那么可以选择该方案。在此种应用模式下,应付账款管理系统主要功能如下:

(1)如果与采购管理系统集成使用,应付账款管理系统根据由采购管理系统传递过来的单据,记录应付账款的形成。非商品交易形成的应付项目在应付账款管理系统中记录;若应付账款管理系统不与采购管理系统集成使用,采购发票和应付单据都在应付账款管理系统中直接记录。

(2)处理应付项目的付款及转账业务。

(3)对应付票据进行记录和管理。

(4)在应付项目的处理过程中生成凭证,并向总账管理系统进行传递。

(5)对外币业务及汇兑损益进行处理。

(6)根据所提供的条件,提供各种查询及分析。

2. 在总账管理系统核算供应商往来款项

如果企业的采购业务中应付账款业务并不复杂,或者现购业务很多,则可以选择该种方案,在此方案中,应付账款管理系统只是连接总账与采购业务系统的一座桥梁,即只是对采购系统生成的发票进行审核并生成凭证传递到总账,而不能对发票进行其他的处理,也不能对往来明细进行实时查询、分析。此时,往来明细只能在总账中进行简单的查询。在此种应用模式下,其主要功能如下:

(1)接收采购管理系统的发票,对其进行审核。

(2)对采购发票进行制单处理。

具体选择哪一种方案,可以在应付账款管理系统中通过设置系统选项"应付账款核算模型"来设置。

(二)应付账款管理系统的主要功能

应付账款管理系统主要提供初始设置、日常处理、单据查询、账表管理、其他处理等功能。

1. 初始设置

(1) 提供系统参数的定义,用户结合企业管理要求进行的参数设置,是整个系统运行的基础。

(2) 提供单据类型设置、账龄区间的设置,为各种应付账款付款业务的日常处理及统计分析作准备。

(3) 提供期初余额的录入,保证数据的完整性与连续性。

2. 日常处理

提供应付单据、付款单据的录入、审核、核销、转账、汇兑损益、制单等处理。

3. 单据查询

提供单据查询的功能,包括各类单据、详细核销信息、报警信息、凭证等内容的查询。

4. 账表管理

(1) 提供总账表、余额表、明细账等多种账表查询功能。

(2) 提供应付账龄分析、付款账龄分析、欠款分析等丰富的统计分析功能。

5. 其他处理

(1) 其他处理提供用户进行远程数据传递的功能。

(2) 提供用户对核销、转账等处理进行恢复的功能,以便进行修改。

(3) 提供进行月末结账等处理。

二、应付账款管理系统操作流程

(一) 应付账款管理系统与其他子系统的主要关系

采购管理系统向应付账款管理系统提供已结算的采购发票,由应付账款管理系统生成凭证,并根据发票进行付款结算处理。应付账款管理系统为采购管理系统提供采购发票的付款结算情况。具体如下:

(1) 应付账款管理系统向总账管理系统传递凭证,并能够查询其所生成的凭证。

(2) 应付账款管理系统与应收账款管理系统之间可以进行转账处理,如应付冲应收;同时,对于既是客户又是供应商的往来业务对象,可以同时查询应收和应付往来明细。

(3) 应付账款管理系统向 UFO 报表提供应用函数。

(4) 应付账款管理系统与网上银行进行付款单的导入和导出。

(二) 应付账款管理系统的操作流程

应付账款管理系统的业务处理及操作流程如图 8-1 所示。

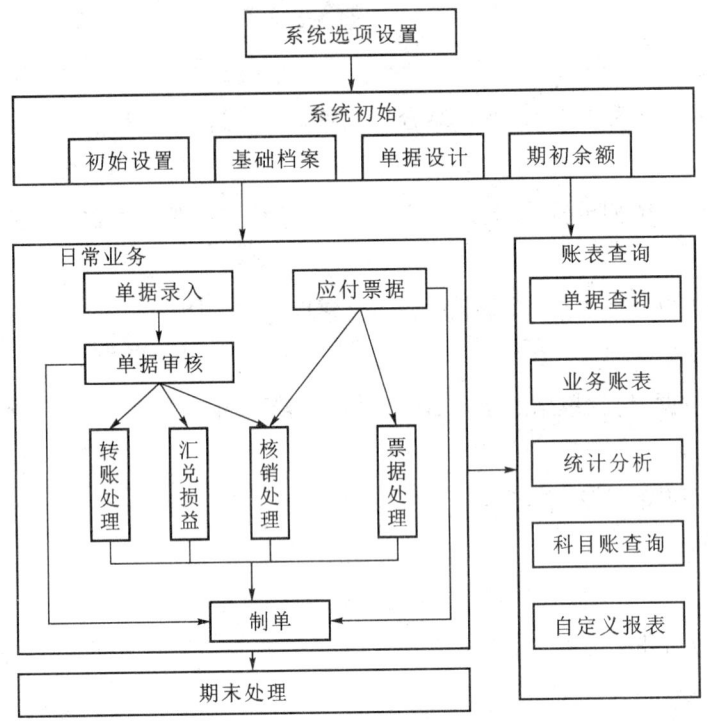

图 8-1　应付账款管理系统操作流程

第二节　应付账款管理系统的初始设置

一、应付账款管理系统的系统启用及注册

应付账款管理系统启用及注册方法与其他系统启用及注册方法一致。进入应付账款管理系统后,显示以下主界面如图 8-2 所示。

二、应付账款管理系统的初始设置

在启用应付账款管理系统后,进行正常应付业务处理前,企业应根据自身的核算要求和实际的业务情况进行的有关设置。主要包括账套参数设置、单据设置、初始设置、期初数据录入等内容。

(一)账套参数设置

系统参数是一个系统的灵魂,它将影响整个账套的使用效果,有些选项在系统使用后就不能修改,所以在选择时要结合企业实际情况,事先进行慎重选择。系统选项分为常规选项、凭证选项、权限和预警。参数设置在"设置"中的"选项"下进行。如图 8-3 所示。

1. 常规系统参数说明

(1)单据审核日期依据:系统提供两种确认单据审核日期的依据,即单据日期和业务

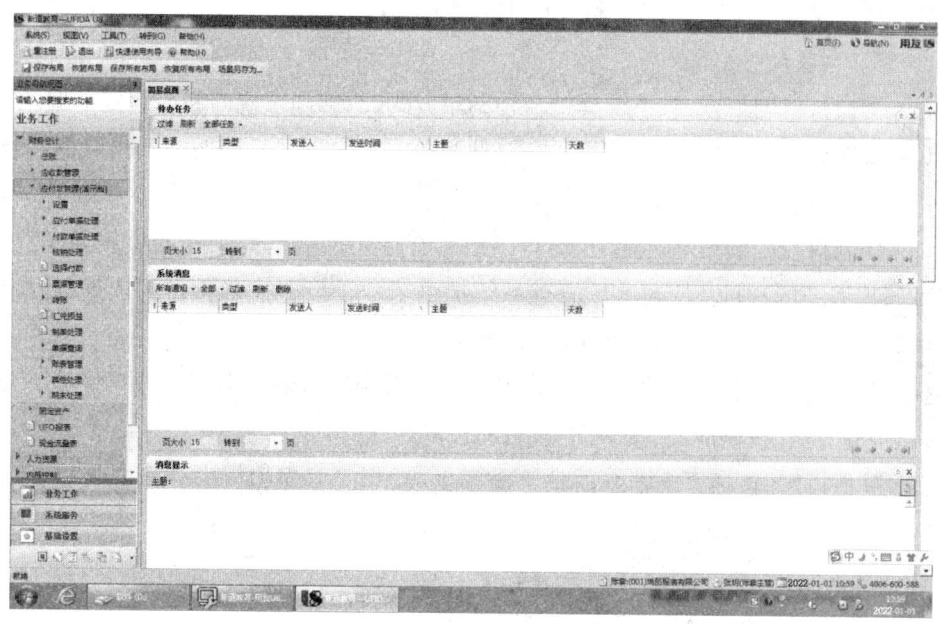

图 8-2 应付账款管理系统主界面

日期。

（2）汇兑损益方式：系统提供两种汇兑损益方式：外币结清和月末处理。

（3）应付账款核算模型：系统提供两种应付账款的核算模型，即简单核算和详细核算。

（4）是否自动计算现金折扣：为了享受到供应商在信用期间内提供的现金折扣政策，可选择自动计算现金折扣，在复选框前面进行选择即可。

（5）是否进行远程应用：如果选择了进行远程应用，则系统在后续处理中提供远程传输收付款单的功能。但必须在此填

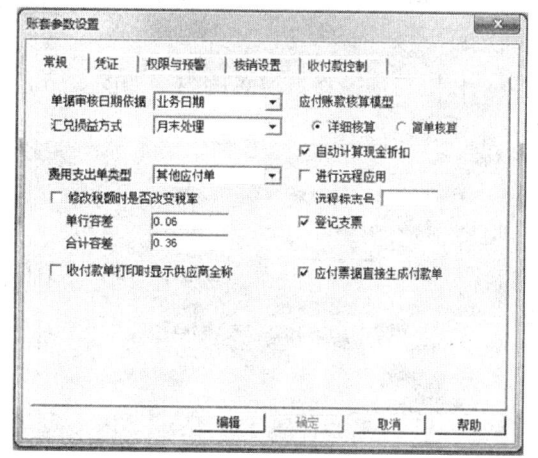

图 8-3 账套参数设置

上远程标志号，远程标志号必须为两位 01～99。如果企业在异地有应收业务，则可通过远程应用功能，在两地之间，进行收付款单等的传递。如果选择了不进行远程应用，则系统在后续处理中将不提供远程传输收付款单的功能，且也不需要填上远程标志号。在账套使用过程中可以修改该参数。

（6）是否登记支票："是否登记支票"是系统提供给用户付款时自动登记支票登记簿的功能。该选项可以随时修改。用户需要在结算方式定义中将需要登记支票簿的结算方式如转账支票等在"是否登记支票"中打勾表示进行支票管理。

常规系统参数设置的内容如上图 8-3 所示。

2. 凭证参数说明

(1)受控科目制单方式:系统提供两种制单方式,明细到供应商和明细到单据。

(2)非控科目制单方式:非控科目有三种制单方式供选择。即明细到供应商、明细到单据、汇总制单的方式。

(3)控制科目的依据:应付控制科目是指所有带来供应商往来辅助核算并受控于应付账款管理系统的科目。应付账款管理系统提供了六种设置控制科目的依据,即按供应商分类、按供应商、按地区、按采购类型、按存货分类、按存货六种依据。

(4)采购科目依据:系统提供了五种设置存货采购科目的依据。即按存货分类、按存货、按供应商分类、按供应商、按采购类型设置存货采购科目。

(5)其他设置:包括月末结账前是否全部生成凭证、方向相反的分录是否合并、核销是否生成凭证、预付冲应付是否生成凭证、红票对冲是否生成凭证等。

凭证参数设置的内容如图 8-4 所示。

3. 权限与预警参数说明

权限与预警参数包括是否启用供应商权限、是否启用部门权限、是否根据单据自动报警、是否信用额度控制、是否根据信用额度自动报警等内容,其设置要根据用户的需要确定。

权限与预警参数设置的内容如图 8-5 所示。

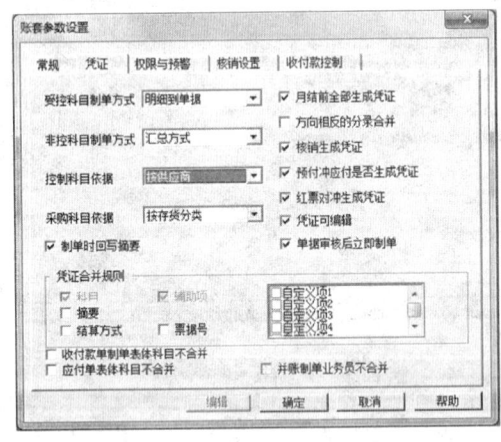

图 8-4 凭证参数设置

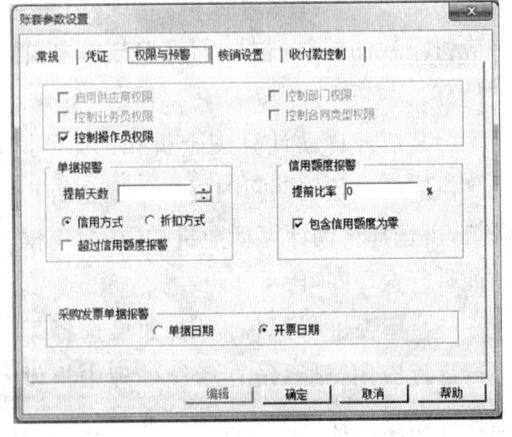

图 8-5 权限与预警参数设置

(二)初始设置

1. 设置科目

如果企业应付业务类型比较固定,生成的凭证科目也比较固定,则为了简化凭证生成操作,可在此处将各业务类型凭证中的常用科目预先设置好,生成凭证时,系统就会自动把相应科目带入。执行"应付款管理"—"设置"—"初始设置",进入初始设置主界面,如

图 8-6 所示。

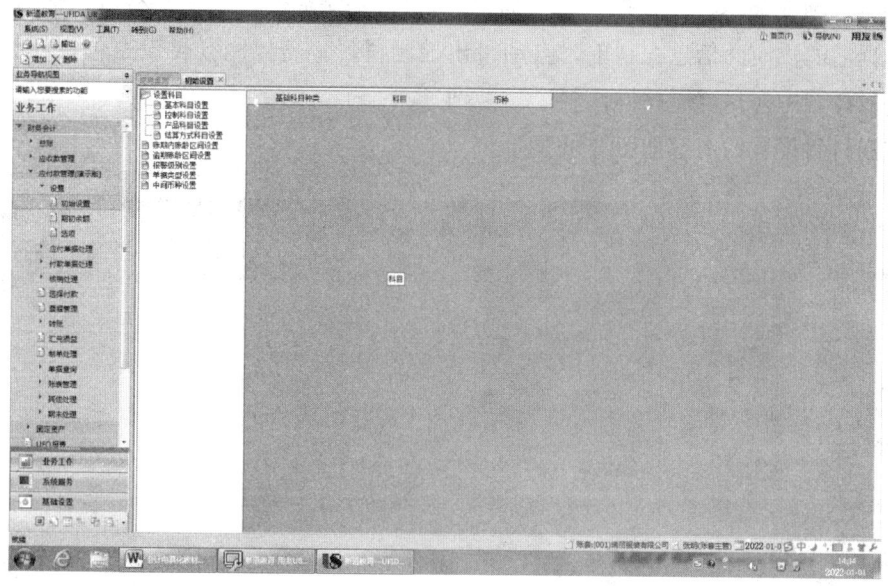

图 8-6　初始设置主界面

（1）基本科目设置：用户可以在此定义应付账款管理系统凭证制单所需要的基本科目。应付科目、预付科目、采购科目、税金科目等。若用户未在单据中指定科目，且控制科目设置与产品科目设置中没有明细科目的设置，则系统制单依据制单规则取基本科目设置中的科目设置。

基本科目设置的内容如图 8-7 所示。

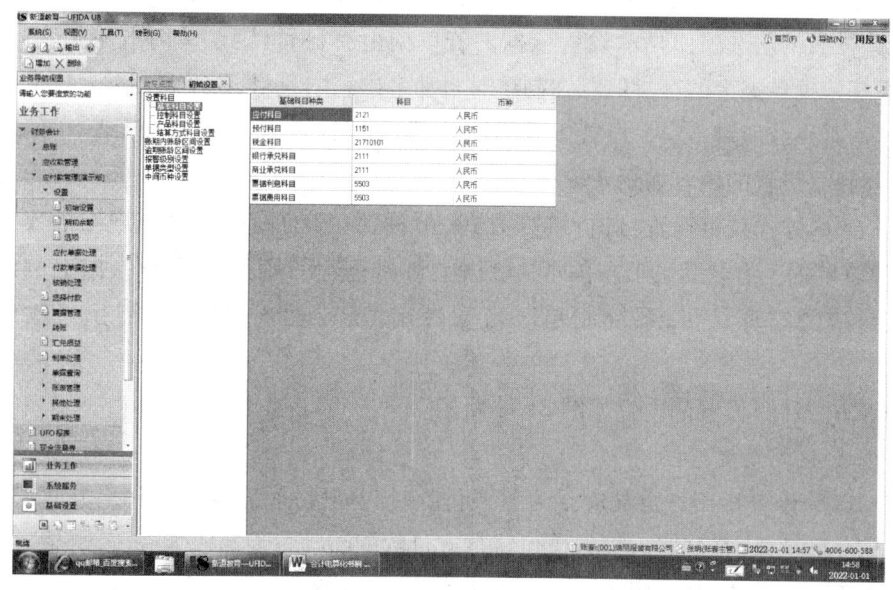

图 8-7　基本科目设置

（2）控制科目设置：进行应付科目、预付科目的设置。依据用户在系统初始设置中的控制科目选项而显示设置依据。若单据上有科目，则制单时取单据上科目；若无，则系统依据单据上的供应商信息在制单时自动带出控制科目。若控制科目没有输入，则系统取基本科目设置中应付、预付科目。

控制科目设置的内容如图 8-8 所示。

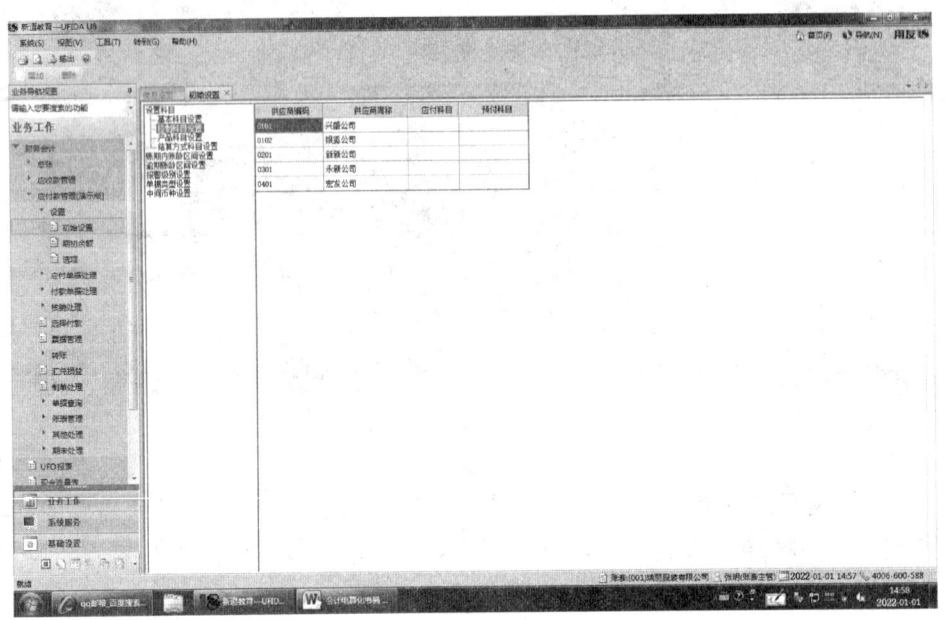

图 8-8　控制科目设置

（3）产品科目设置：进行采购科目、应交增值税科目设置。依据用户在系统初始设置中的采购科目依据选项而显示设置依据。若单据上有科目，则制单时取单据上科目；若无，则系统依据单据上的存货信息在制单时自动带出采购科目、税金科目等。若产品科目没有输入，则系统取基本科目设置中采购科目、税金科目。

产品科目设置的内容如图 8-9 所示。

（4）结算方式科目设置：进行结算方式、币种、科目的设置。对于现结的发票及收付款单，若单据上有科目，则制单时取单据上科目；若无，则系统依据单据上的结算方式查找对应的结算科目，系统制单时自动带出，若未输入，则用户需手工输入凭证科目。

结算方式科目设置的内容如图 8-10 所示。

2. 账龄区间设置

账龄区间设置指用户定义应付账款或付款时间间隔的功能，它的作用是便于用户根据自己定义的账款时间间隔，进行应付账款或付款的账龄查询和账龄分析，清楚了解在一定期间内所发生的应付款、付款情况。执行"设置"中的"初始设置"，进入初始设置主界面，点击"账龄区间设置"，如图 8-11 所示。

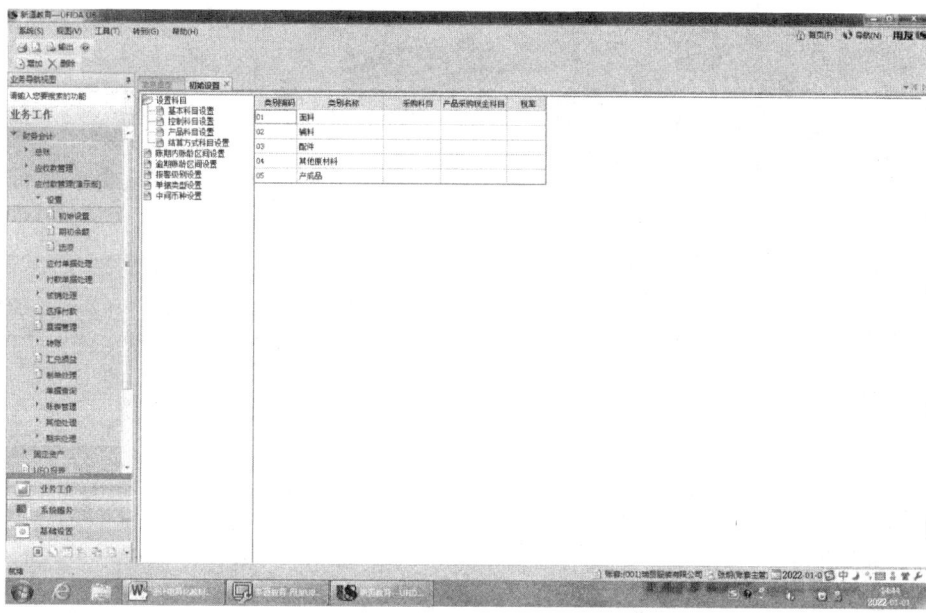

图 8-9 产品科目设置

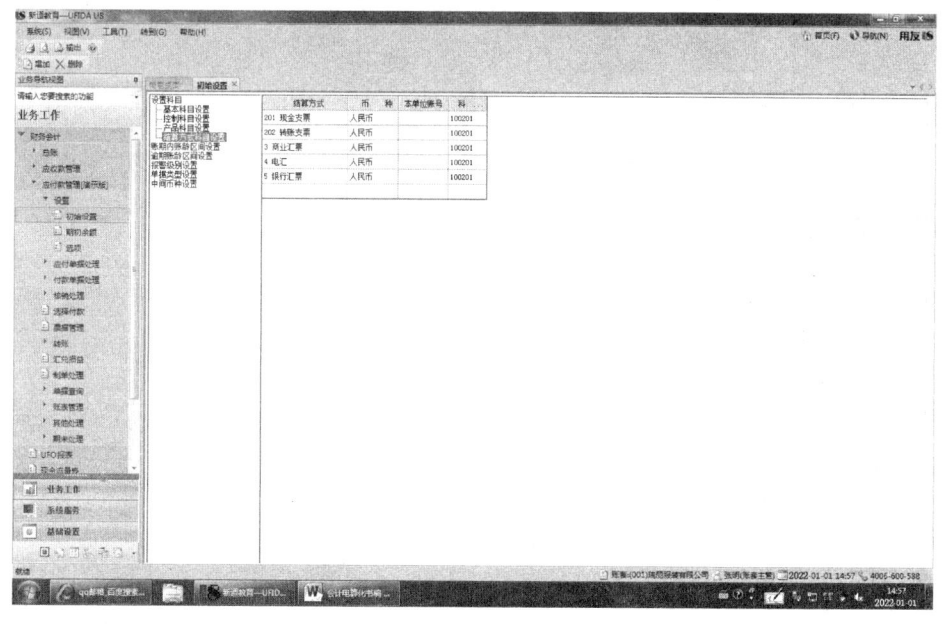

图 8-10 结算方式科目设置

3. 报警级别设置

通过对报警级别的设置,将供应商按照供应商欠款余额与其授信额度的比例分为不同的类型,以便于掌握各个供应商的信用情况。执行"设置"中的"初始设置",进入初始设置主界面,点击"报警级别设置",如图 8-12 所示。

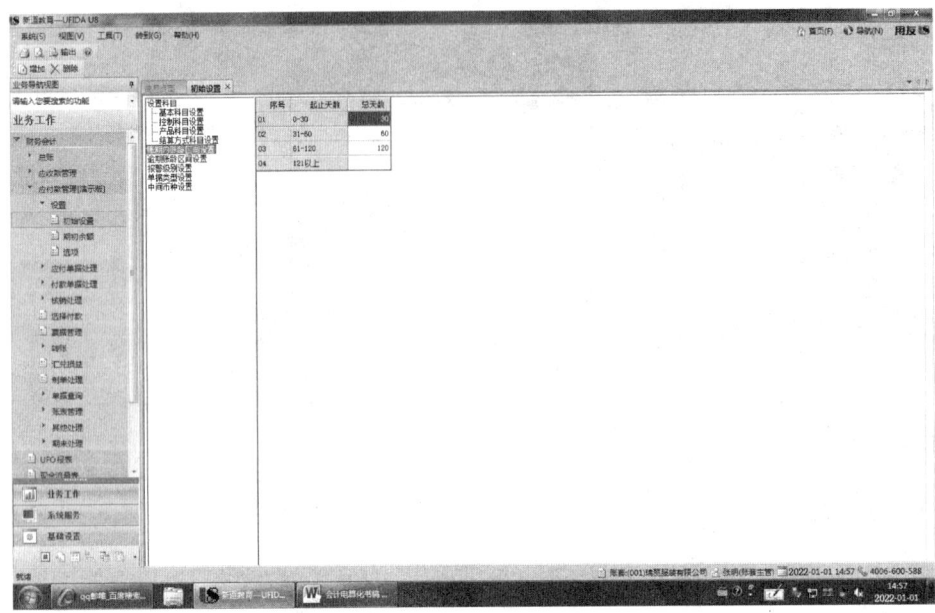

图 8-11 账龄区间设置

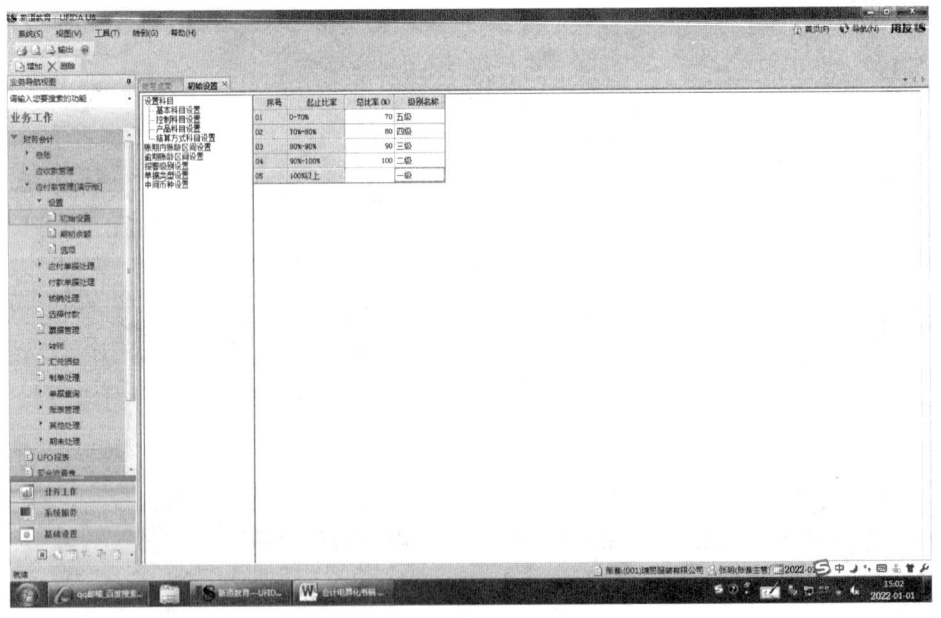

图 8-12 报警级别设置

（三）单据设置

系统提供了发票和应付单两大类型的单据。

如果同时使用采购管理系统，则发票的类型包括增值税专用发票、普通发票、运费发票和废旧物资收购凭证。如果单独使用应付账款管理系统，则发票的类型不包括后两种。

发票类型不能修改和删除。

　　应付单记录采购业务之外的应付款情况。应付单可划分为不同的类型,以区分应付货款之外的其他应付款。在本功能中,只能增加应付单的类型,例如,应付费用款、应付利息款、应付罚款、其他应付款等。

　　系统只能增加应付单的类型,而发票的类型是固定的,不能修改和删除。应付单中的"其他应付单"为系统默认类型,不能删除、修改,不能删除已经使用过的单据类型。如图 8-13 所示。

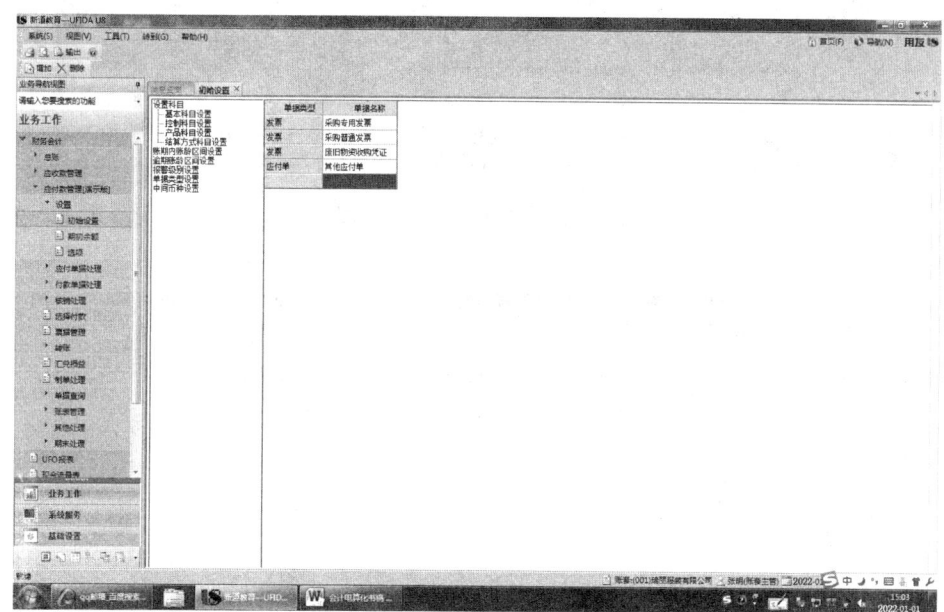

图 8-13　单据设置

（四）期初余额录入

　　初次使用本系统时,要将启用应付账款管理系统时未处理完的所有供应商的应付账款、预付账款、应付票据等数据录入到本系统,以便于以后的核销处理,并且作为期初建账的数据,这样既保证了数据的连续性又保证了数据的完整性。当进入第二年度处理时,系统自动将上年度未处理完的数据转为下一年度的期初余额。在下一年度的第一个会计期间里,可以进行期初余额的调整。其操作步骤与应收账款管理系统类同。

　　【操作步骤】

　　✌ 点击"设置"—"期初余额",打开"期初余额—查询"对话框,如图 8-14 所示,点击"确认"按钮,进入"期初余额明细表"窗口。

　　✌ 在期初余额明细表中,点击"增加"按钮,输入需要增加的单据类别后,点击"确认"按钮,如图 8-15 所示,系统会将出现空白单据,单击"增加"按钮,用户可进行录入。如图 8-16 采购专用发票期初余额录入窗口所示。

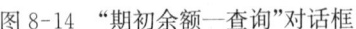

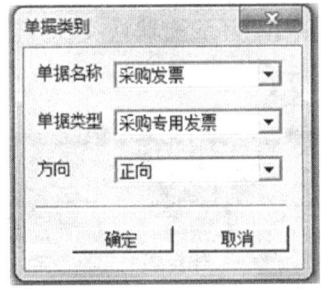

图 8-14 "期初余额—查询"对话框　　　图 8-15 期初余额录入窗口

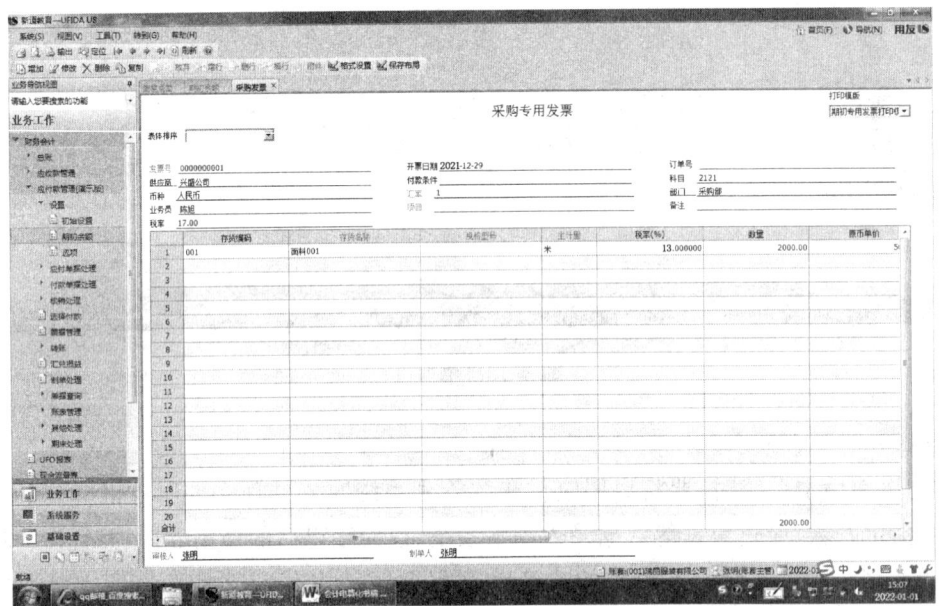

图 8-16 采购专用发票期初余额录入窗口

【提示】

🔔 录入期初余额，包括未结算完的发票和应付单、预付款单据、未结算完的应付票据。这些期初数据必须是账套启用会计期间前的数据。

🔔 期初余额录入后，可与总账系统对账。

🔔 在日常业务中，可对期初发票、应付单、预付款、票据进行后续的核销、转账处理。

🔔 可在应付业务账表中查询期初数据。

第三节　应付账款管理系统日常业务处理

日常业务处理是应付账款管理系统的重要组成部分,是经常性的应付业务处理工作。日常业务主要完成企业日常的应付款入账、付款业务录入、付款业务核销、应付并账、汇兑损益的处理,其目标是及时记录应付、付款业务的发生,为查询和分析往来业务提供完整、正确的资料,加强对往来款项的监督管理,提高工作效率。应付账款管理系统日常业务处理的主要内容如下。

一、应付单据处理

采购发票与应付单是应付账款管理系统日常核算的原始数据。如果应付账款管理系统与采购管理系统集成使用,采购发票在采购管理系统中录入,在应付账款管理系统中可以对这些单据进行查询、核销、制单等操作。此时应付账款管理系统需要录入的只限于应付单。如果没有使用采购管理系统,则所有的采购发票和应付单均需在应付账款管理系统中录入。

（一）采购发票录入

【例8-1】　录入一张采购发票,代垫单位为兴盛公司。

【操作步骤】

点击"应付款管理"—"应付单据处理"—"应付单据录入",选择新增单据的单据名称为采购发票,点击"增加"按钮,即可进行采购发票的录入。如图8-17所示。

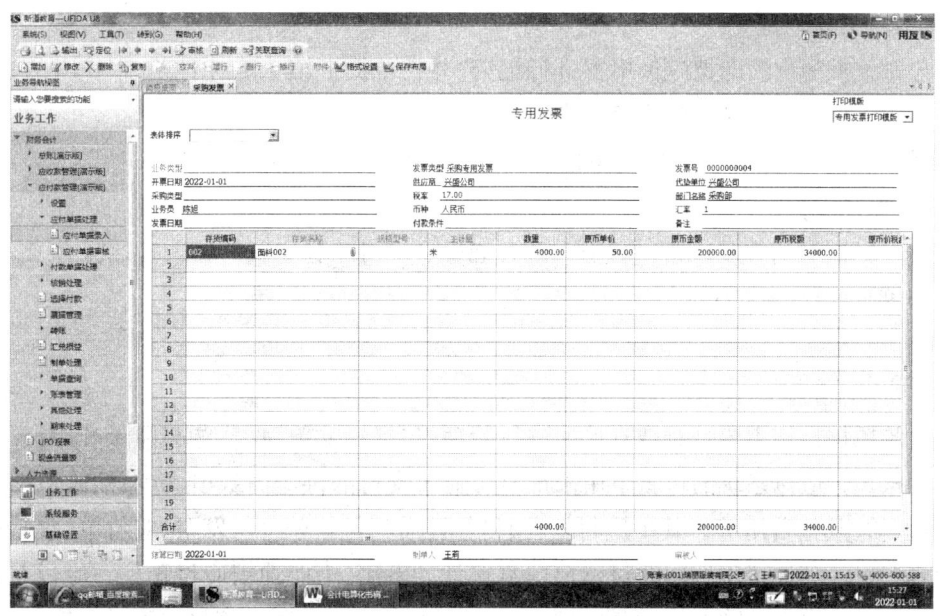

图8-17　采购发票录入

（二）应付单录入

【例 8-2】 录入一张供应商为兴盛公司的应付单。

【操作步骤】

点击"应付款管理"—"应付单据处理"—"应付单据录入"，选择新增单据的单据名称为应付单，点击"增加"按钮，即可录入应付单。如图 8-18 所示。

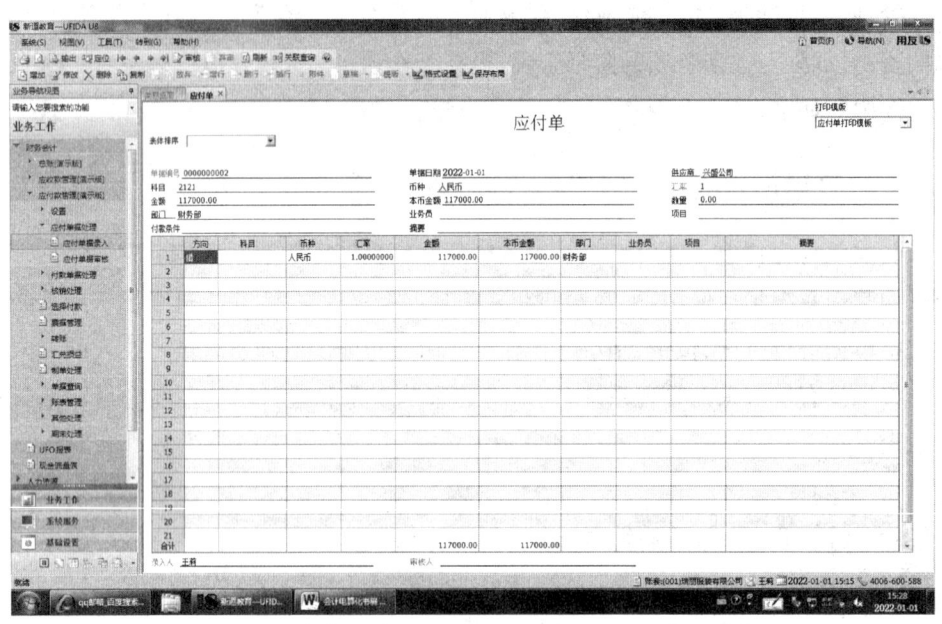

图 8-18 应付单录入

（三）应付单据审核

应付单据的审核即把应付单据进行记账，并在单据上填上审核日期、审核人的过程。已审核的应付单据不允许修改及删除。

【例 8-3】 审核录入的应付单据。

【操作步骤】

点击"应付款管理"—"应付单据处理"—"应付单据审核"，输入过滤条件后，系统显示如图 8-19 所示。

二、付款单据处理

付款单据处理主要是对结算单据进行管理，包括付款单、收款单的录入，以及单张结算单的核销。应付系统的付款单用来记录企业所支付的供应商款项，款项性质包括应付款、预付款、其他费用等。其中应付款、预付款性质的付款单将与发票、应付单、收款单进行核销勾对。其他费用性质的付款单则直接计入费用，不能冲销应付账款。应付系统付款单用来记录发生采购退货时，供应商给企业开具的退付款项。该付款单可与应付、预付性质的付款单、红字应付单、红字发票进行核销。

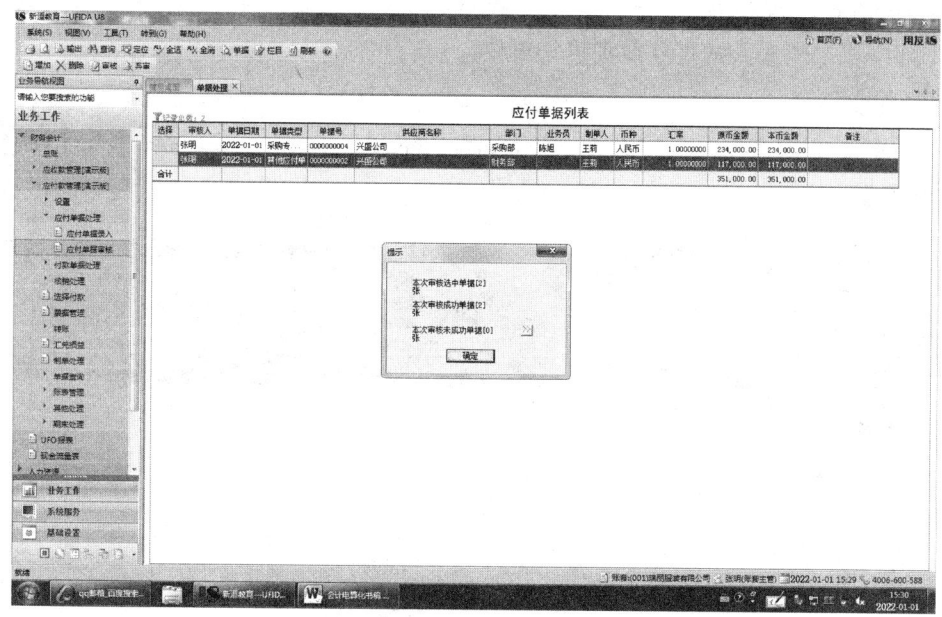

图 8-19 应付单据审核

（一）付款单录入

【例8-4】 录入一张供应商为兴盛公司的付款单据。

【操作步骤】

点击"应付款管理"—"付款单据处理"—"付款单据录入"，点击"增加"按钮，即可进行付款单的录入。如图 8-20 所示。

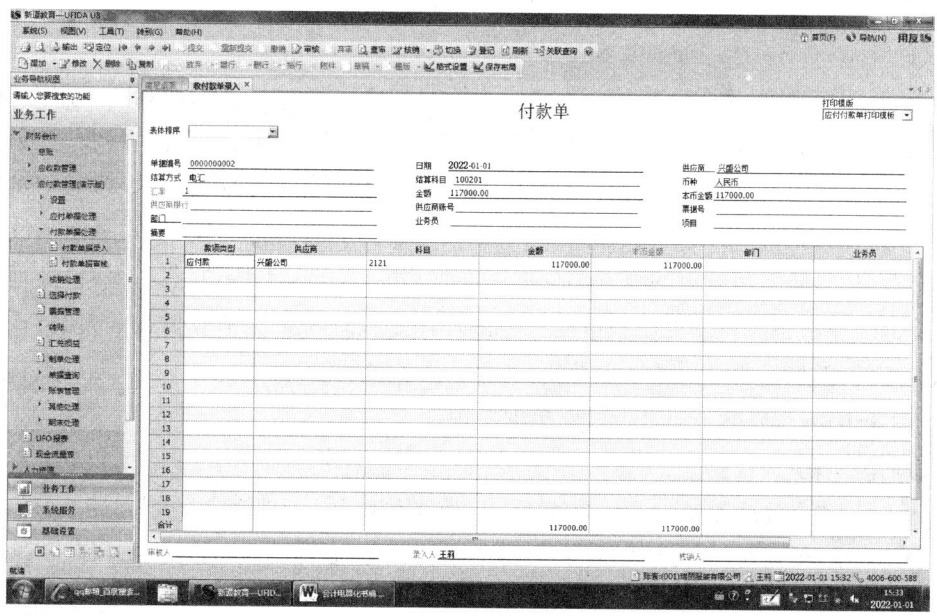

图 8-20 付款单录入

（二）付款单审核

【例 8-5】　对录入的付款单据进行审核。

【操作步骤】

点击"应付款管理"—"付款单据处理"—"付款单据审核"，输入过滤条件，系统显示如图 8-21。

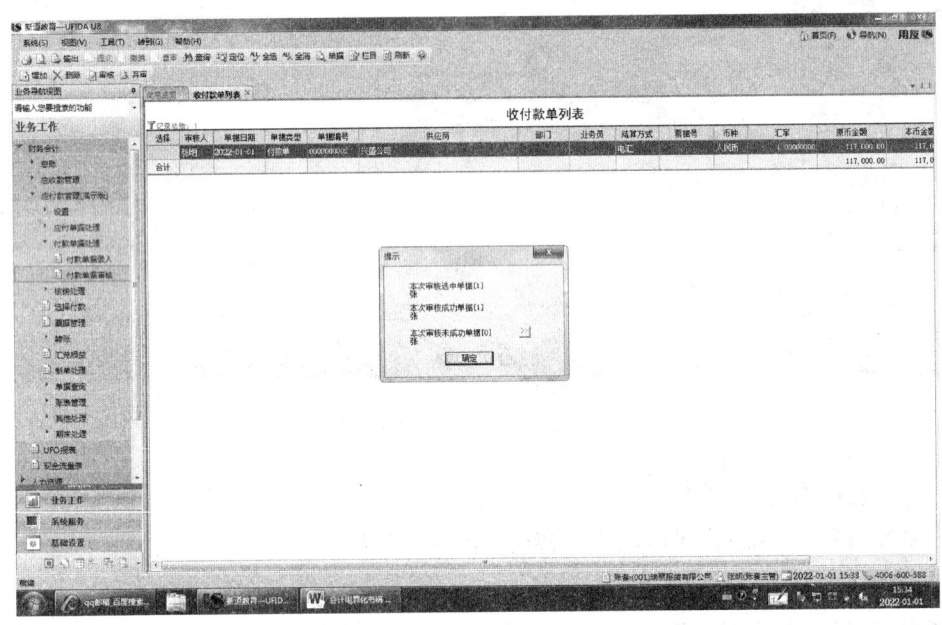

图 8-21　付款单审核

三、核销处理

核销就是确定付款单（或收款单）与原始的发票、应付单之间的对应结算关系的操作，即确定本次付款支付的是哪几笔采购业务的款项。在明确核销关系后，便可以对应付账款进行精确的账龄分析及管理。核销有以下几种情况：付款单与应付单据（即采购发票和应付单）完全核销，即付款单金额与应付单据的金额相等所进行的核销；同时使用付款单与预付款进行核销；付款单的金额部分核销以前的单据，部分形成预付款。核销处理指日常进行的付款核销应付款工作。单据核销的作用是处理付款核销应付款，建立付款与应付款的核销记录，监督应付款及时核销，加强往来款项的管理。

【例 8-6】　对兴盛公司进行付款单据核销。

【操作步骤】

点击"应付款管理"—"核销处理"—"手工核销"，打开"核销条件"对话框。

单击"供应商"栏的参照按钮，选择"兴盛公司"。单击"确定"按钮，打开"单据核销"窗口。在上半部分的"本次结算"栏录入"117000"，在下半部分的"本次结算"栏录入"117000"，如图 8-22 所示。

单击"保存"按钮，再单击"退出"按钮退出。

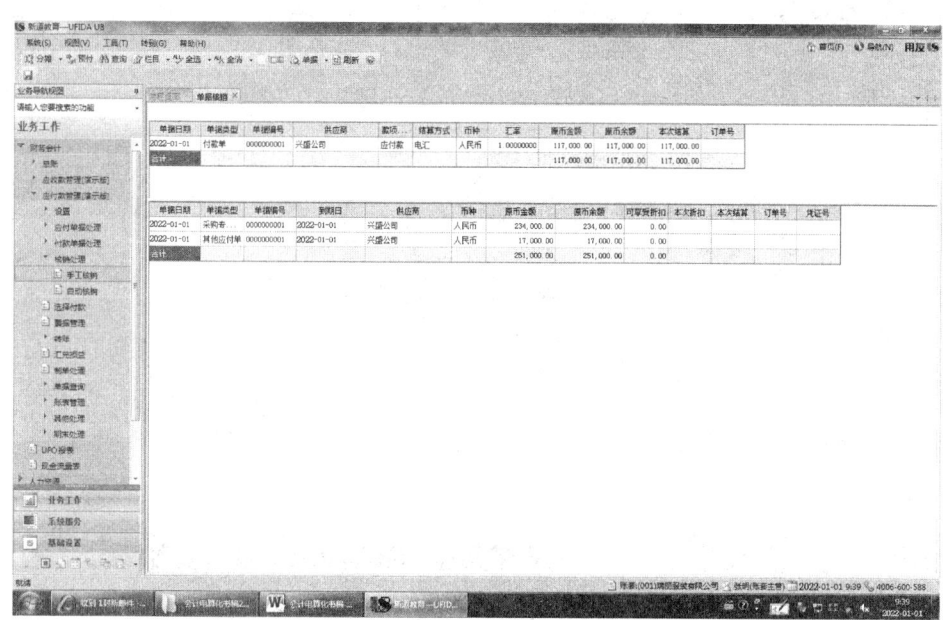

图 8-22　核销处理

四、选择付款

选择付款功能主要是进行一次支付多个供应商、多笔款项的业务处理，以简化企业日常付款操作，同时便于企业掌握和控制资金的流出。

【例 8-7】　选择付款——兴盛公司。

【操作步骤】

点击"应付款管理"菜单下的"选择付款"，屏幕出现"选择付款——条件"对话框，输入选择条件，如图 8-23 所示。

选择供应商、时间和其他条件后，点击"确认"按钮，这时界面中所列出的全部是满足条件的单据。可以在"付款金额"一栏里输入本次支付的金额。如图 8-24 所示。

五、票据管理

票据管理主要是对商业承兑汇票和银行承兑汇票进行日常的业务处理，所有涉及票据的开具、结算、转出、计息等处理都应该在票据管理中进行。

（一）票据录入

【例 8-8】　增加一张商业承兑汇票。

【操作步骤】

点击"应付款管理"—"票据管理"，打开"查询条件选择"对话框。

单击"确定"按钮，进入"票据管理"窗口，单击"增加"按钮，进入"应付票据"窗口。

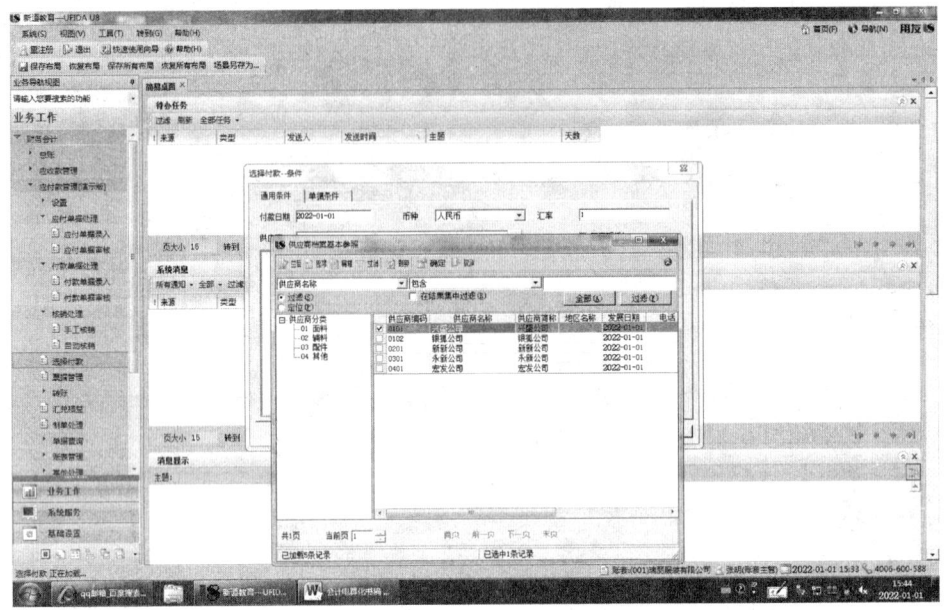

图 8-23　选择付款主界面

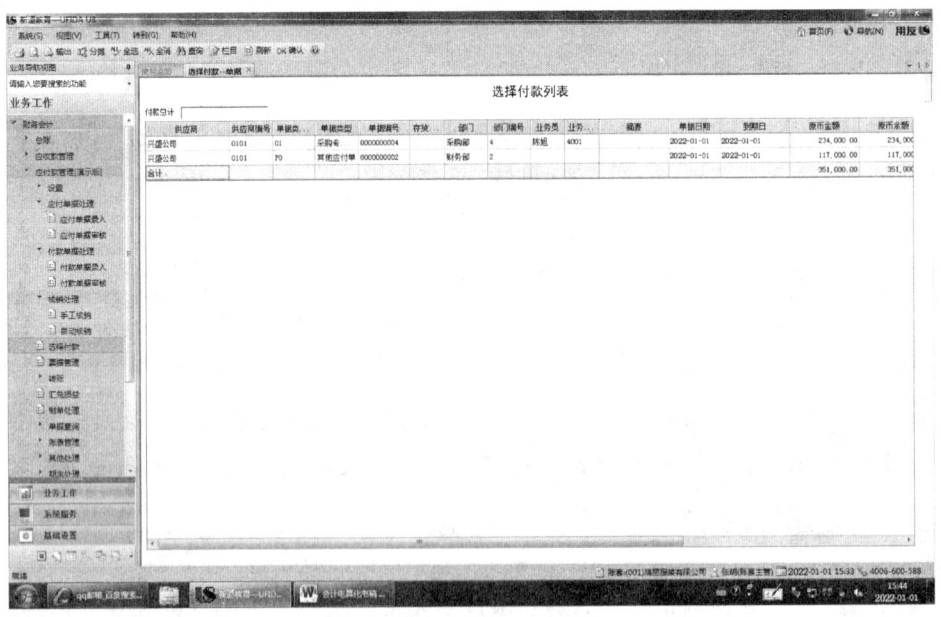

图 8-24　选择付款列表窗口

在应付票据界面录入相应的商业汇票信息,如图 8-25 所示,单击"保存"按钮,保存信息。

(二)商业承兑汇票的结算

【例 8-9】　结算兴盛公司的商业承兑汇票。

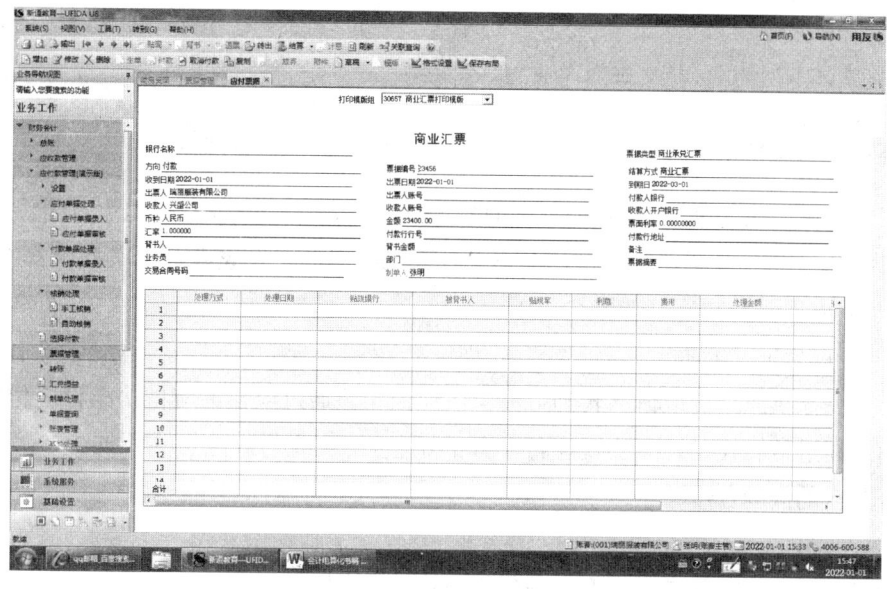

图 8-25　商业汇票增加

【操作步骤】

👣 点击"应付款管理"—"票据管理",打开"查询条件选择"对话框。

👣 单击"确定"按钮,进入"票据管理"窗口,单击选中兴盛公司签发并承兑的商业承兑汇票。

👣 单击"结算"按钮,打开"票据结算"对话框,修改结算日期为"2022-01-01",录入结算金额"23 400",单击"结算科目"栏的参照按钮,选择"100201 银行存款/中行人民币户",如图 8-26 所示。

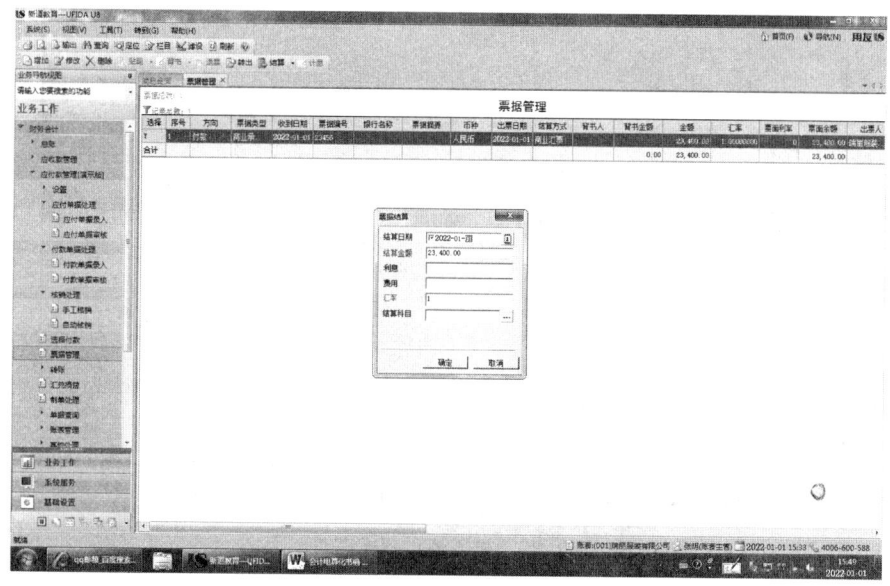

图 8-26　票据的结算

✋ 单击"确定"按钮，出现"是否立即制单"提示，单击"是"按钮，生成结算的记账凭证，修改凭证类别为"付款凭证"，单击"保存"按钮。

六、转账处理

系统提供转账处理来满足用户应付账款调整的需要。针对不同的业务类型进行调整，分为应付冲应付、预付冲应付、应付冲应收、红票对冲等调整业务。其操作都在"应付款管理"菜单项下"转账"中进行。

（一）应付冲应付

指将一家供应商的应付款转到另一家供应商中。通过应付冲应付功能将应付账款在供应商之间进行转让、转出，实现应付业务的调整，解决应付款业务在不同供应商间入错户或合并户的问题。

（二）预付冲应付

通过预付冲应付处理供应商的预付款（红字预付款）与该供应商应付款（红字应付）之间的核销业务。

【例 8-10】　将新新公司的预付款和应付款相互冲销。

【操作步骤】

✋ 在应付款管理系统中，执行"转账"—"预付冲应付"命令，打开"预付冲应付"对话框，单击"供应商"栏的参照按钮，选择"新新公司"。

✋ 单击"过滤"按钮，在"预付款"选项卡"转账金额"栏录入"20 000"，如图 8-27 所示。

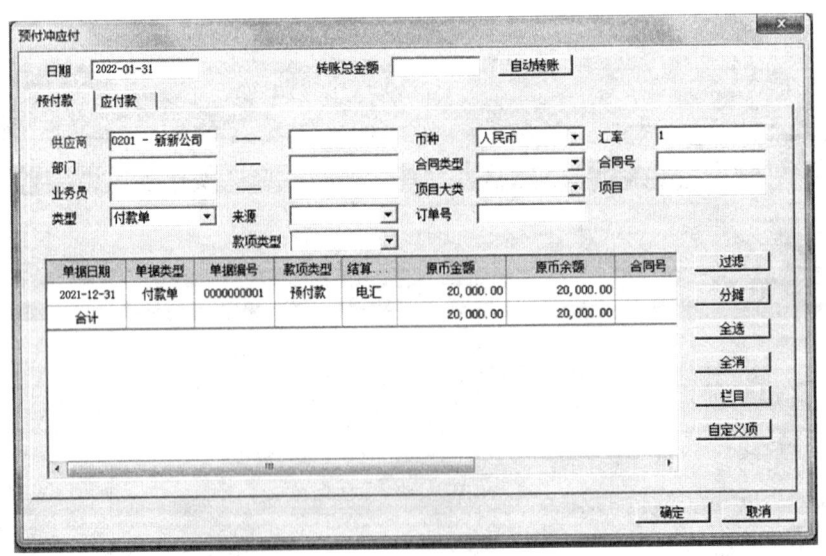

图 8-27　录入预付款转账金额

👣 打开"应付款"选项卡，单击"过滤"按钮，在"转账金额"栏录入"20 000"，如图8-28所示。

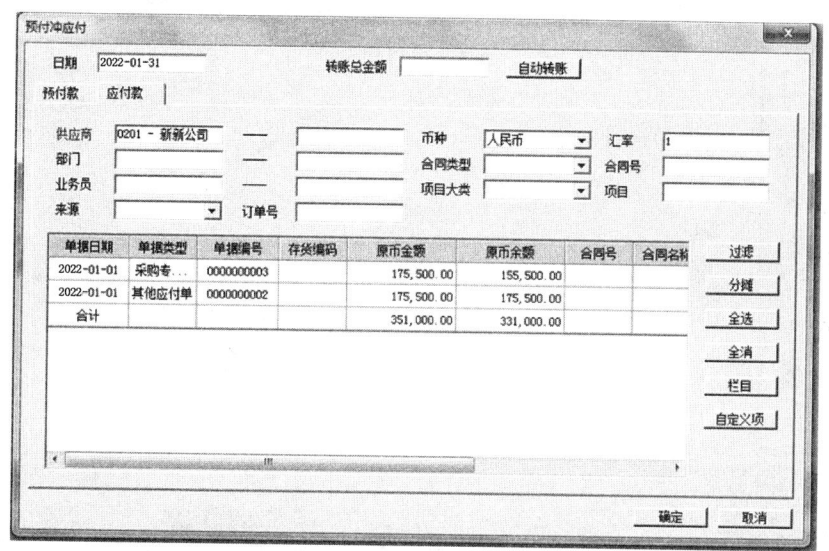

图8-28　录入应付款转账金额

👣 单击"确定"按钮，弹出"是否立即制单"信息提示框，单击"是"按钮，生产一张转账凭证，再单击"保存"按钮。

（三）应付冲应收

用供应商的应付账款来冲抵客户的应收款项。系统通过应付冲应收功能将应付款业务在供应商和客户之间进行转账，实现应付业务的调整，解决应收债权与应付债务的冲抵。

（四）红票对冲

红票对冲可实现供应商的红字应付单据与其蓝字应付单据、收款单与付款单之间进行冲抵的操作。系统提供两种处理方式：自动冲销和手工冲销。

七、制单处理

制单即生成凭证，并将凭证传递至总账记账。应付账款管理系统在各个业务处理过程中都提供了实时制单的功能，除此之外，系统提供了一个统一的制单平台，可以在此快速、成批生成凭证，并可依据规则进行合并制单等处理。

【例8-11】　进行制单处理。

【操作步骤】

👣 点击"应付款管理"—"制单处理"，进入制单查询，输入过滤条件，则进入制单界面。如图8-29所示。选择完所有的条件后，点击"制单"按钮即可。

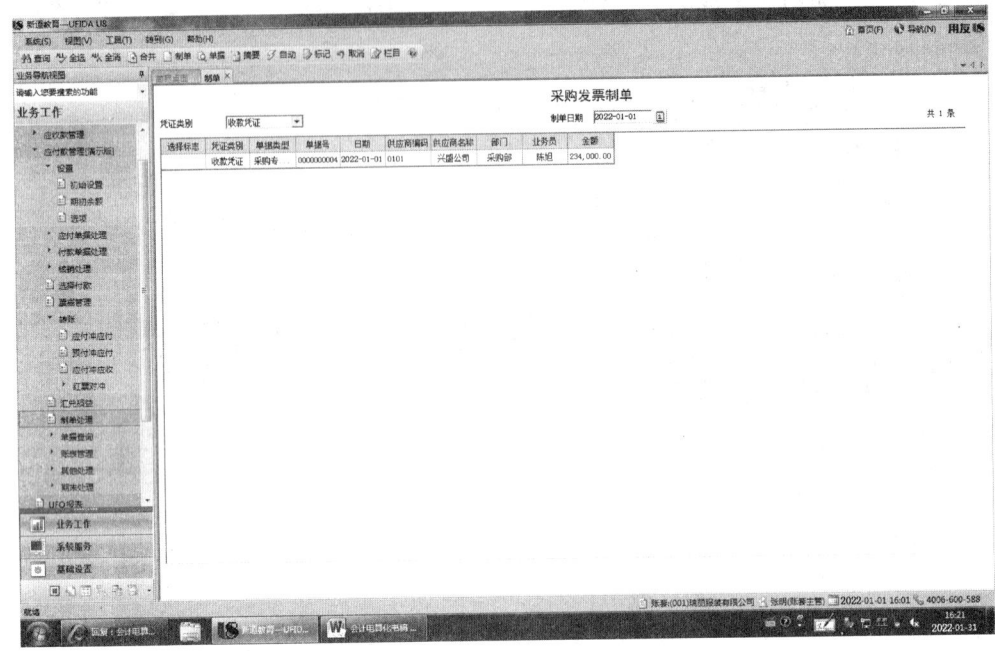

图 8-29　制单处理

第四节　应付账款管理系统期末处理

一、期末处理

（一）月末结账

如果当月业务已全部处理完毕,就需要执行"月末结账"功能。只有当月结账后,才可以开始下月工作。进行月末处理时,一次只能选择一个月进行结账;前一个月没有结账,则本月不能结账;结算单还有未审核的,不能结账;如果选项中选择单据日期为审核日期,则应付单据在结账前应该全部审核;如果选项中选择"月末全部制单",则月末处理前应该把所有业务生成凭证;年度末结账,应对所有核销、转账等处理全部制单。在执行月末结账功能后,该月将不能再进行任何处理。

【操作步骤】

点击"期末处理"—"月末结账",如图 8-30所示。

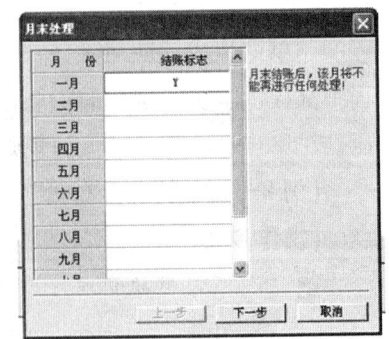

图 8-30　月末结账

（二）取消月结

本功能帮助取消最近月份的结账状态。

【操作步骤】

　单击"其他处理"—"期末处理"—"取消月结"，选择需要取消结账月份，双击结账标志一栏，点击"确认"按钮，执行取消结账功能。如上图 8-31 所示。

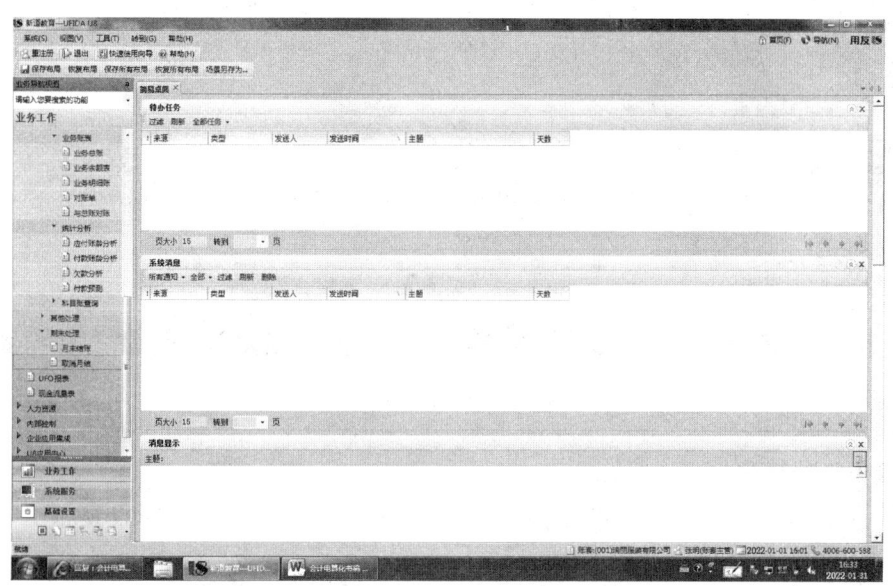

图 8-31　取消结账界面

二、账表管理

（一）业务账表

通过业务账表的查询，可以及时地了解一定期间内期初应付账款结存汇总情况、应付账款发生、付款发生的汇总情况、累计情况及期末应付账款结存汇总情况；还可以了解各个供应商期初应付账款结存明细情况、应付账款发生、付款发生的明细情况、累计情况及期末应付账款结存明细情况，及时发现问题，加强对往来款项的监督管理。

通过业务分析，可以按用户定义的账龄区间，进行一定期间内应付账款账龄分析、收款账龄分析、往来账龄分析，了解各个供应商应付账款周转天数、周转率，了解各个账龄区间内应付账款、收款及往来情况，能及时发现问题，加强对往来款项动态的监督管理。

【操作步骤】

　点击"账表管理"—"业务账表"，就可进行相应的查询和分析。如图 8-32 所示。

（二）统计分析

应付账款管理系统提供的统计分析功能便于用户了解各个账龄区间内的付款情况，使用户及时发现问题，加强对往来款项动态的监督管理。统计分析功能主要包括应付账款账龄分析、付款账龄分析、付款预测、欠款分析等内容。

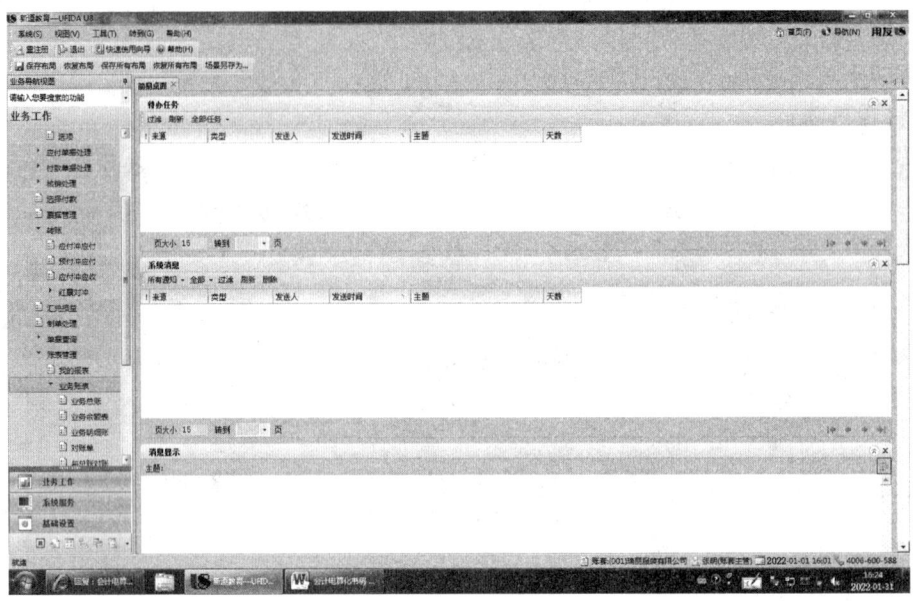

图 8-32 业务账表

【操作步骤】

点击"账表管理"—"统计分析",就可进行相应的操作。如图 8-33 所示。

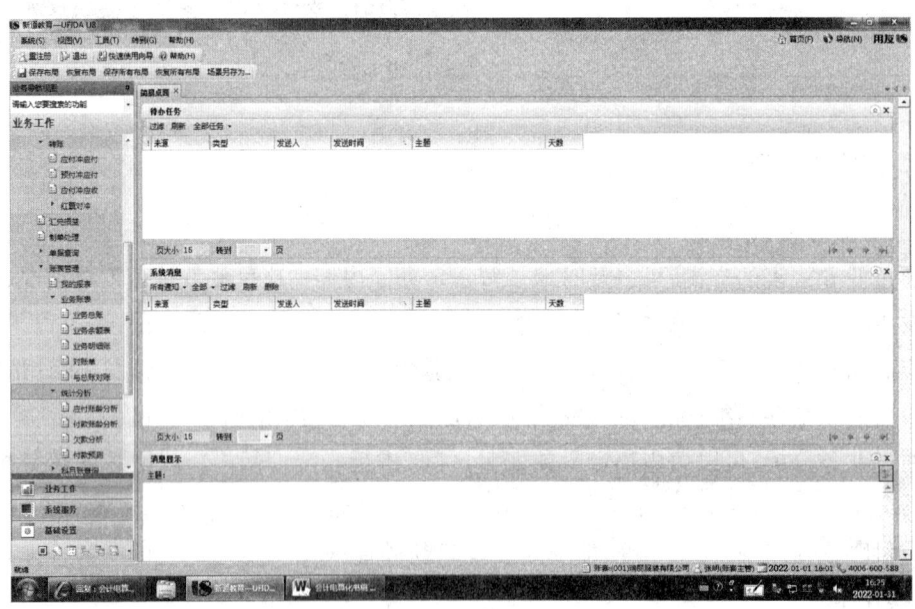

图 8-33 统计分析

(三)科目账表查询

科目账表查询包括科目余额表和科目明细表查询,并且可以通过一个"总账/明细"的切换按钮进行联查,实现总账、明细账、凭证的联查。

本 章 启 示

1. 信用是衡量企业的一个重要指标,在企业应付账款管理中要培养自身信用机制。

2. 学生在实践操作中要根据相关规定,选择正确的业务处理程序,培养规范操作意识和信息化职业素养。

思 维 拓 展

1. 简述应付账款管理系统与其他子系统之间的数据联系。

2. 应付账款管理系统初始化工作主要包括哪些内容? 如何设置?

3. 应付账款管理系统的日常处理工作主要包括哪些内容?

4. 应付账款管理系统在期末时可以对哪些内容进行查询和分析?

知识点应用及实践能力训练

实验十三　应付账款管理系统基础设置

一、实验准备

完成第七章"实验十二　应收账款管理系统业务处理"的操作。将计算机系统时间调整为实验账套的 2022 年 1 月份,将"实验十二　应收账款管理系统业务处理"的备份账套数据引入用友 ERP-U8V10.1 系统,并修改表 8-1 所示的往来科目的受控系统。

表 8-1　　　　　　　　　　　　瑞丽公司需修改往来科目表

科目编码	中文科目名称	核算类型
1111	应收票据	客户往来(受控系统:应收系统)
1131	应收账款	客户往来(受控系统:应收系统)
1141	预付账款	供应商往来(受控系统:应付系统)
2111	应付票据	供应商往来(受控系统:应付系统)
2121	应付账款	供应商往来(受控系统:应付系统)
2131	预收账款	客户往来(受控系统:应收系统)

说明:只需修改以上科目的受控系统,其他科目的设置与实验三资料相同。

操作步骤：

请参照修改会计科目的有关内容。在修改了受控系统后，在系统弹出的"此科目已使用，修改受控系统可能会造成数据错误！是否继续？"提示框中，单击"确定"按钮。

二、实验内容

（1）设置账套参数。

（2）进行初始设置。

（3）录入期初余额。

三、实验资料

1. 应付账款账套参数

（1）常规选项。需修改选项：自动计算现金折扣；登记支票。其他采用系统默认设置。

（2）凭证选项。需修改选项：核销生成凭证。其他采用系统默认设置。

（3）权限与预警选项。无需修改，采用系统默认设置。

2. 应付账款初始设置

按表 8-2 所示内容对应付账款管理系统基本科目进行设置。

表 8-2　　　　　　　　　　　应付账款管理系统基本科目设置

科目	编码	科目	编码
应付科目(本币)	2121	商业承兑汇票	2111
预付科目(本币)	1151	票据利息科目	5503
采购税金科目	21710101	票据费用科目	5503
银行承兑科目	2111		

（1）控制科目设置。不需设置。

（2）产品科目设置。不需设置。

（3）结算方式科目设置。现金结算科目：100101；其余各结算方式科目均为：100201。币种均为人民币。

（4）账龄区间设置。总天数为 30 天、60 天、120 天、121 天以上。

（5）报警级别设置。总比率 70%，五级；总比率 80%，四级；总比率 90%，三级；总比率 100%，二级；总比率 100% 以上，一级。

3. 期初余额

应付账款管理系统期初余额的相关数据见表 8-3 至表 8-5 所示。

注意：以下各项日期设置是的按账套启用月（2022 年 1 月）为核算起点设置的，操作时如采用操作的自然月份，请做相应调整。

表8-3 应付账款(2121,正向)期初余额

单据名称	单据类型	开票日期	供应商名称	部门	业务员	付款条件	货物名称	数量(米)	单价(元)	价税合计(元)
采购发票	专用发票	2021-12-29	兴盛公司	采购部	陈旭	无	面料001	2 000	50	113 000

表8-4 应付票据(2111,正向)期初余额

单据名称	单据类型	票据编号	收票单位	科目	票据面值(元)	票面利率	签发日	到期日	部门
应付票据	商业承兑汇票	54 321	银狐公司	2111	80 000	0	2021-10-01	2022-01-01	采购部

表8-5 预付账款(1151,正向)期初余额

单据名称	单据类型	结算日期	供应商	结算方式	金额(元)	部门名称	业务员
预付款	付款单	2021-12-31	新新公司	电汇	20 000	采购部	陈旭

四、实验步骤

以账套主管的身份注册登录应付账款管理系统,进行基础设置。

(1)设置账套选项。

(2)进行初始设置。

(3)录入期初余额。

如果账套启用和业务操作采用2022年1月份,请注意调整期初余额的相关时间。

(4)以"admin"的身份登录系统管理备份账套。

实验十四 应付账款管理系统业务处理

一、实验准备

完成第八章"实验十三 应付账款管理系统基础设置"的操作。将计算机系统时间调整为实验账套的2022年1月份,将"实验十三 应付账款管理系统基础设置"的备份账套数据引入用友ERP-U8V10.1系统。

二、实验内容

(1)日常应付账款业务处理。

(2)期末应付账款业务处理。

(3)应付账款管理系统结账。

三、实验资料

(1)以电汇方式,支付上月欠兴盛公司货款117 000元。系统自动生成的会计凭证如下:

借:应付账款——兴盛公司   113 000

  贷:银行存款——中行人民币户   113 000

操作提示:需录入付款单据,并进行核销和制单。

(2) 采购部业务员陈旭向新新公司购进辅料 002 共 10 000 套,单价 15 元/套,价款 150 000 元,增值税税率 13%,货款未付,不享受现金折扣。系统自动生成的会计凭证如下:

借:原材料——辅料——002   150 000

    应交税费——应交增值税(进项税额)   19 500

    贷:应付账款——新新公司   169 500

操作提示:需录入应付单据,并进行审核和制单。

(3) 向兴盛公司购进面料 002 共 4 000 米,单价 50 元/米,增值税税率 13%,开出 3 个月期无息商业承兑汇票一张。票据编号:23456;收票单位:兴盛公司;票据面值:234 000 元;签发日期:2022 年 1 月 1 日(当前操作月 1 日);到期日 2022 年 3 月 1 日(当前操作月顺延 2 个月)。系统自动生成的会计凭证如下:

凭证一:借:原材料——面料——002   200 000

        应交税费——应交增值税(进项税额)   26 000

        贷:应付账款——兴盛公司   226 000

凭证二:借:应付账款——兴盛公司   226 000

        贷:应付票据——兴盛公司   226 000

操作提示:第一步,先录入应付单据,并进行审核和制单,系统自动生成凭证一;第二步,登记商业承兑汇票,其中票据日期为当前操作月的 1 日,到期日也请注意调整;第三步,进行付款单据审核并制单,系统自动生成凭证二。

(4) 欠银狐公司的商业承兑汇票 80 000 元到期,用银行存款支付。会计凭证如下:

借:应付票据——银狐公司   80 000

    贷:银行存款——中行人民币户   80 000

操作提示:对到期票据进行结算处理并制单,需手动填制银行存款科目。结算方式:商业汇票;票号:54321。

(5) 将新新公司的预付款和应付款 20 000 元相互冲销。

操作提示:先进行转账处理,然后制单生成凭证。

四、实验步骤

以会计的身份注册登录应付账款管理系统,进行日常应付账款业务和期末结账的操作。

(1) 处理应付账款业务。

根据上述实验资料填制有关单据并生成凭证。

(2) 进行期末结账。

(3) 以"admin"的身份登录系统管理备份账套。

【实验中易出错问题】

(1) 应付账款核销及转账处理。

(2) 期末处理无法结账。

第九章 会计报表管理系统

重点提示

通过本章的学习,要求了解报表管理系统的基本概念;掌握报表的格式设计、公式设定、数据处理、图表分析的方法及处理过程;掌握资产负债表、利润表和现金流量表的编制方法及企业内部管理报表的设计方法。

第一节 会计报表管理系统概述

在会计核算中,无论手工会计还是使用财务软件,其会计流程没有变化,都是从会计凭证→会计账簿→会计报表。使用财务软件进行会计核算时,企业通过总账系统和其他子系统的记账、核算工作,把各项经济业务分类的登记在会计账簿中,但就某一会计期间的经济活动而言,其所能提供的仍然是分散的、部分的会计信息,不能集中的揭示和反映会计期间经营活动和财务收支全貌。会计报表管理系统所提供的会计报表是会计信息系统的最终输出结果。会计报表管理系统,不仅可以设计报表的格式和编制公式,还可以从总账系统或其他子系统中取得有关会计信息,自动编制会计报表,并对报表进行审核、生成各种分析图表,同时按预定程序输出各种会计报表。大大减少了手工会计下编制报表的工作量。

一、会计报表管理系统的主要功能

会计报表管理系统有二次开发文件管理、格式管理、数据处理、图表和打印的功能,并提供各行业报表模板。

（一）文件管理功能

会计报表管理系统可以对报表文件的创建、读取、保存的备份进行管理;会计报表管理系统数据文件还能够转换为不同的文件格式,如:文本文件、＊.MDB 文件、＊.DBF 文件、EXCEL 文件、LOTUS 文件等;支持多个窗口同时显示和处理,可同时打开 40 多个文件和图形窗口;提供标准财务数据的"导入"和"导出",可以实现和其他流行财务软件之间的数据交换。

（二）格式管理

会计报表格式管理功能可以设置报表尺寸、组合单元、画表格线、调整行高列宽,以及设置字体和颜色、显示比例等。同时,会计报表管理系统还内置各行业的标准财务报表模板,包括最新的现金流量表。对于用户单位内部常用的管理报表,会计报表管理系统提供了自定义模板功能。

（三）数据处理功能

会计报表管理系统数据处理功能能够以固定的格式管理大量数据不同的表页,能够将多达 99 999 张具有相同格式的报表资料统一在一个报表文件中管理,并在每张表页中建立有机联系。此外,还提供了排序、查询、审核、舍位平衡、汇总功能,提供了绝对单元公式和相对单元公式,可以方便、迅速地定义计算公式、审核公式、舍位平衡公式,可以从总账系统和其他子系统中提取数据,生成会计报表。

（四）图表功能

会计报表管理系统可以对数据进行图形组织和分析,能够制作包括直方图、立体图、圆饼图、折线图等分析图表,并能编辑图表的位置,大小、标题、字体、颜色、打印输出图表。

（五）二次开发功能

会计报表管理系统的二次开发功能为使用者提供了批命令和自定义菜单功能。自动记录命令窗口中输入的多个命令,可将有规律性的操作过程编织成批命令文件;自定义菜单可综合利用批命令,在短时间开发出适合本企业的专用系统。

二、会计报表管理系统的界面

确定某一数据位置的要素称为"维"。在一张有方格的纸上填写一个数,这个数的位置可通过行和列来描述,那么这个表就是二维表。表页是由若干行和若干列组成的一个二维表,每一张表页是由许多单元组成的。一个报表中的所有表页具有相同的格式,但其中的数据不同。表页在报表中的序号在表页的下方以标签的形式出现,称为"页标"。页标用"第 1 页"或"第 99 999 页"表示,当前表的第 2 页,可以表示为@2。

在实际工作中,经常需要将相同格式的多张报表作为一个整体来处理,如企业一年十二个月的资产负债表,这种叠放在一起的具有同一格式的报表就称为三维表。此时,要找到某一个数据的要素需增加一个表页号。如果将多个不同的三维表放在一起,要从这多个三维表中找到一个数据,则需要再增加一个要素,即表名,所以,三维表的表间操作即称为"四维运算"。

会计报表管理系统将报表制作分为两大部分来处理,即报表格式及公式设计工作与报表数据处理工作。这两部分的工作是在不同状态即格式状态或数据状态下进行的。

（一）格式状态

在报表格式设计状态下进行有关格式设计的操作，如表尺寸、行高列宽、单元属性、单元风格、组合单元、关键字，以及定义报表的单元公式（计算公式）、审核公示及舍位平衡公式。

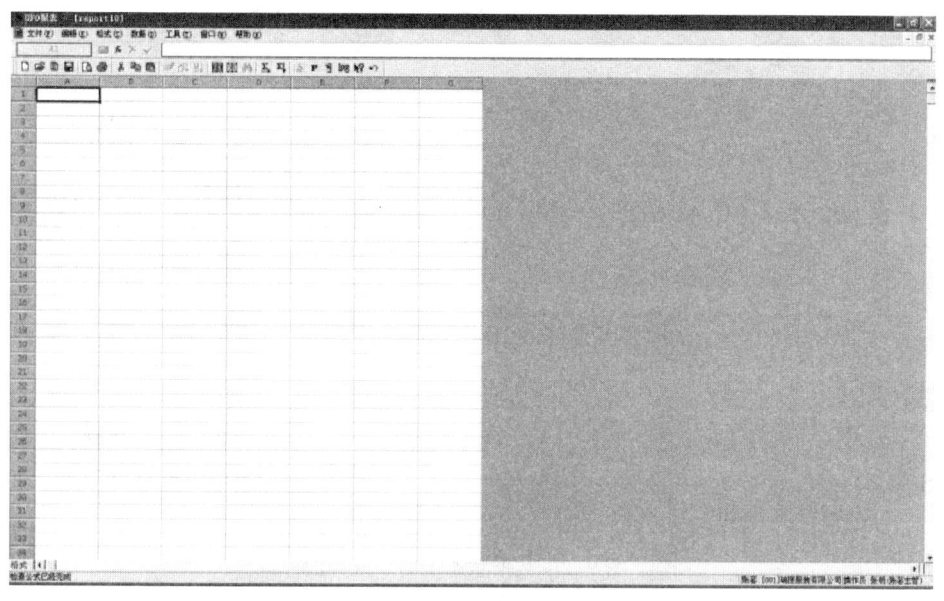

图 9-1　格式状态下的系统界面

在格式状态下所设计的报表格式和公式对本报表所有的表页都发生作用，但不能进行数据的录入、计算等操作。由于格式状态下只能设计报表格式和公式，因而在格式状态下只能看到报表的格式，看不到报表的数据。

（二）数据状态

在报表的数据状态下管理报表的数据，如输入数据、增加或删除表页、审核、舍位平衡、制作图形、汇总、合并报表等，但不能修改报表的格式，在数据状态下看到的是报表的全部内容，包括格式和数据。报表工作区的左下角有一个"格式/数据"按钮。单击这个按钮可以在"格式状态"和"数据状态"之间进行切换。

三、会计报表管理系统的操作流程

要完成一般的报表处理，一般应通过以下基本过程：第一步，启用 UFO，建立报表；第二步，设计报表的格式；第三步，定义各类公式；第四步，报表数据处理；第五步，报表图形处理；第六步，存储打印报表；第七步，退出 UFO。会计报表管理系统提供了两种编报方式供用户选择，有自定义报表和使用报表模板编制。在自定义报表方式下，首先需要设置报表格式，如报表尺寸、单元格式、关键字，然后设置报表单元公式、审核公式。设置好这些后，就完成了自定义报表的初始设置。使用报表模板的初始设置比较简单，只需调用系统中预置的报表模板，然后对模板进行格式及单元公式的调整，即完成了报表模板的初始

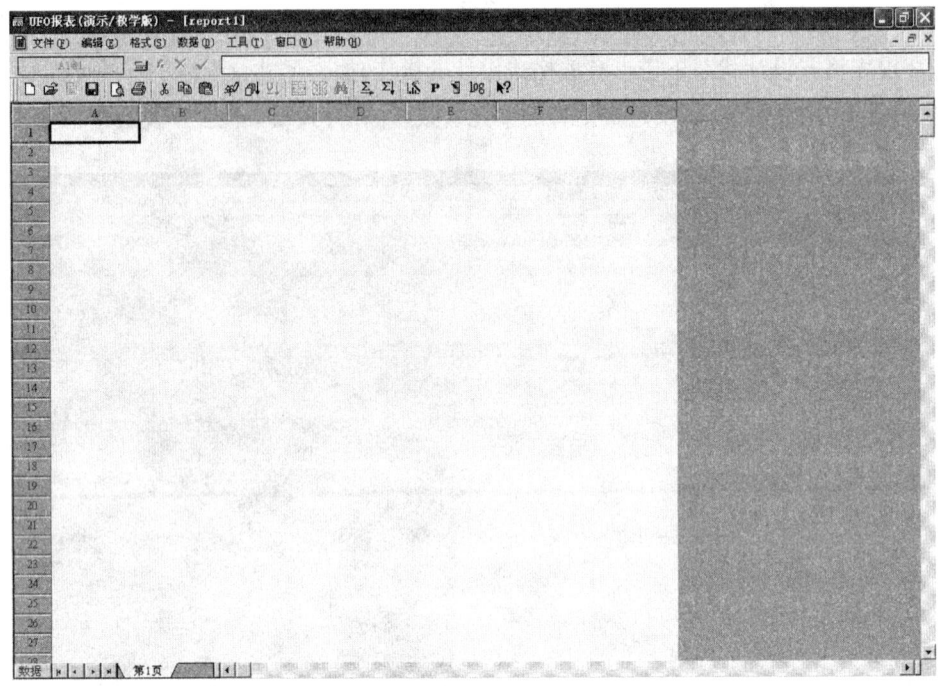

图 9-2　数据状态下的系统界面

设置。会计报表管理系统直接从总账及其他子系统中提取数据，生成会计报表。可以对会计报表进行审核、进行图表处理，最后输出报表。

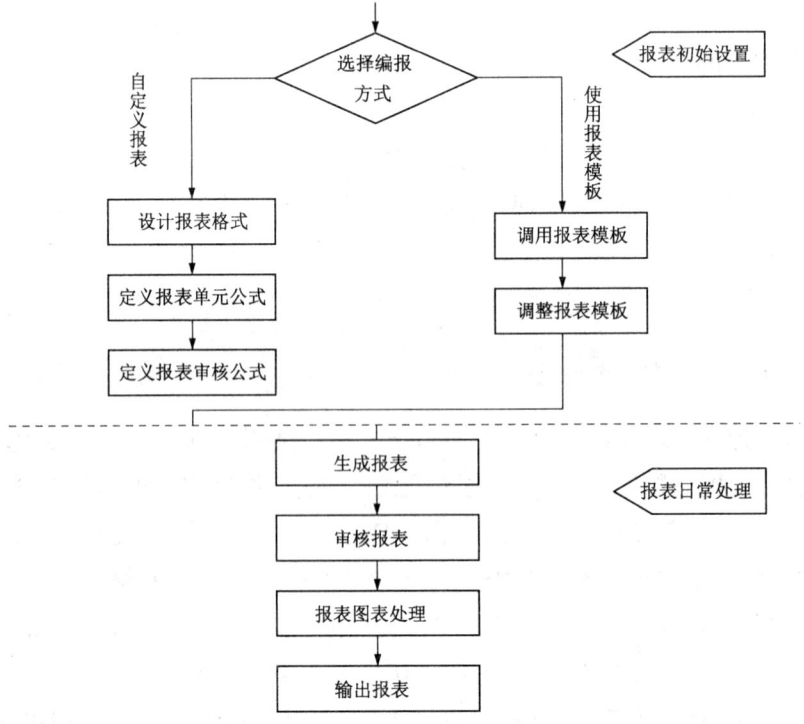

图 9-3　会计报表管理系统的业务流程

第二节 会计报表管理系统初始设置

会计报表管理系统的初始设置主要是报表格式与单元公式的设计工作。在报表管理系统中需要先设计报表格式,然后才能进行数据处理。

一、新建 UFO 报表

在使用会计报表系统处理之前,应首先启动报表系统,并建立一张空白的报表,然后在这张空白报表的基础之上设计报表的格式。创建的报表文件在没有被用户命名之前,系统提供的文件名一般为"report1. rep"。新建报表名将按照"report2. rep""report3. rep"……排列。新文件创建之后,自动进入格式状态,内容为空。

【操作步骤】

☞ 第一步,进入"企业门户"窗口,点击左侧"财务会计"类别,选择"UFO 报表"模块,进入"UFO 报表"窗口。

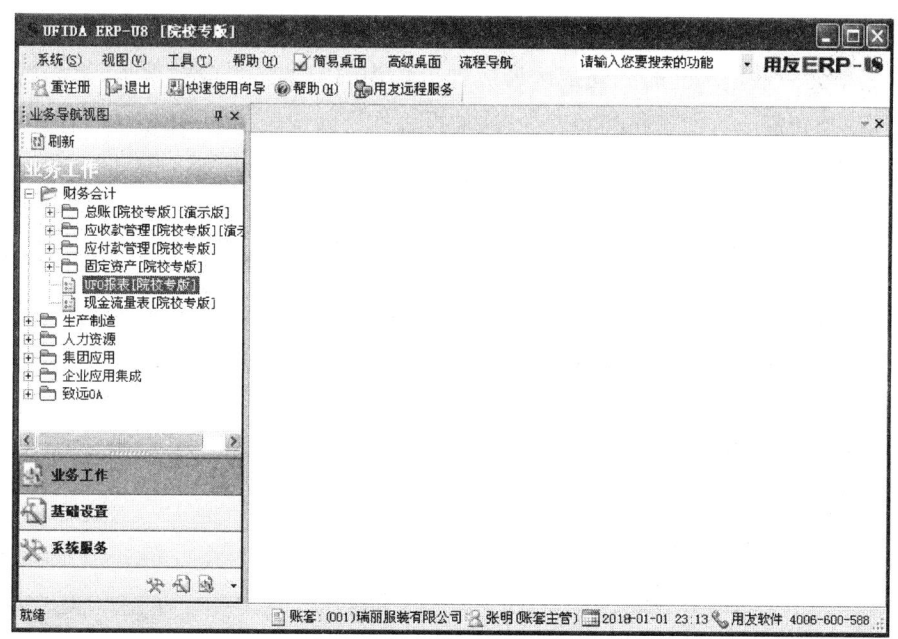

图 9-4 UFO 报表

☞ 第二步,选择"文件"菜单中的"新建"命令,即建立了一张空白的报表。

二、报表格式设计

定义一张报表,首先应该定义报表数据的载体——报表格式,格式对整个报表都有

图 9-5　新建报表

效。一般情况下,除可变报表需要设置可变区外,一般报表格式设置的内容都大致相同。报表格式设计主要包括设计报表尺寸、行高列宽、组合单元、表格线、单元属性、表间内容等。值得注意的是,报表的格式只能在格式状态下设计。

（一）固定表设计

固定区是组成一个区域的行数和列数的数量是固定的数目,一旦设定好以后,在固定区域内其单元总数是不变的。固定区形成的报表为固定表。一般情况下,报表的行和列都是固定的,如资产负债表和利润表等,这种报表称为固定表,其设计相对而言比较简单。下面以企业产品销售分析表为例,介绍固定报表的设计方法和步骤。

1. 设置表尺寸

表尺寸是报表的行数和列数。行数为 1～9 999 之间,缺省值为 50 行;列数为 1～255 之间,缺省值为 7 列。一个报表包括表头(标题、副标题、编制单位、日期等)、表体(报表主要数据内容)、表尾(辅助说明部分)三部分。表头为 2 行,表体为 5 行,表尾为 1 行,共 8 行,3 列。

【例 9-1】　编制瑞丽公司产品销售分析表。设置标尺寸"行数 8,列数 3"。

【操作步骤】

👣 第一步,点取"格式"下"数据"按钮,进入格式状态。

👣 第二步,单击"格式"菜单中的"表尺寸"命令,出现"表尺寸"对话框。

👣 第三步,在"表尺寸"对话框中输入行数 8,列数 3,如图 9-6 所示。

👣 第四步,单击"确认"按钮。

2. 定义行高和列宽

在报表的编制过程中,应根据单元的内容,选择合适的行高和列宽。

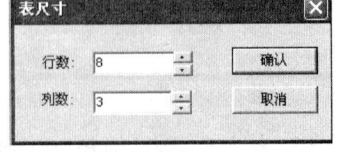

图 9-6　设置表尺寸

【例9-2】 定义瑞丽公司产品销售分析表行高和列宽,标题行高为15 mm,表头行高为5 mm,表体行高为6 mm,表尾行高为5mm。第一列宽45 mm,第二列和第三列列宽35 mm。

【操作步骤】

第一步,在格式状态下,选择要设置的行。

第二步,单击"格式"菜单中的"行高"命令,出现"行高"对话框,输入行高数:15,按"确认"按钮,如图9-7所示。

第三步,选择要设置的列,单击"格式"菜单中的"列宽"命令,出现"列宽"对话框,输入列宽数45,按"确认"按钮,如图9-8所示。

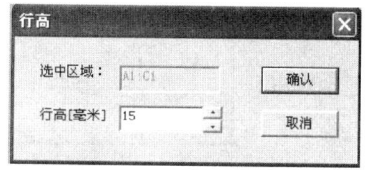

图9-7 调整行高

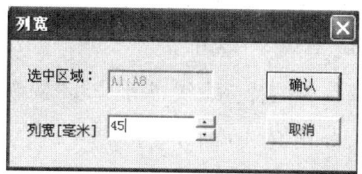

图9-8 调整列宽

3. 定义组合单元

单元是指表中由表行和表列确定的方格。单元是组成报表的最小单位。单元名称由所在行、列标识。行号用数字1~9 999表示,列标用字母A~IU表示。例如:C8表示第3列第8行的那个单元。

区域由一张表页上的相邻单元组成,自起点单元至终点单元是一个完整的长方形矩阵。在会计报表管理系统中,区域是二维的,最大的区域是一个二维表的所有单元(整个表页),最小的区域是一个单元。

组合单元是将相邻的两个或更多的单元组合在一起,构成一个较大的单元。可以将同一行或同一列中相邻的几个单元组合在一起,也可以把一个多行多列的区域组成一个组合单元。组合单元的名称可以用区域的名称或区域中任何一个单元的名称来表示。如前例中将A1到C1定义为一个组合单元,则这个组合单元可以用"A1""C1"或"A1:C1"表示。

【例9-3】 将瑞丽公司产品销售分析表中A1-C2的区域定义为组合单元。

【操作步骤】

第一步,在格式状态下,选择需合并的单元区域A1:C2。

第二步,单击"格式"菜单中的"组合单元"命令,出现"组合单元"对话框,如图9-9所示。

第三步,选择单元组合的方式即可按指定方式进行组合,本例选择"按行组合"的组合方式,区域A1:C2即组合成一个单元。

【提示】

在组合之前,组合单元中的各单元必须是同

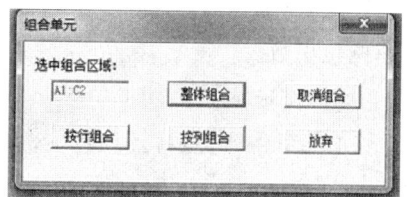

图9-9 组合单元

一种单元类型(表样、数值、字符)。

4. 画表格线

报表的尺寸设置完成之后,在数据状态下,该报表是没有任何表格线的,所以为了满足查询和打印的需要,还需要划上表格线。

【例9-4】【操作步骤】

对瑞丽公司产品销售分析表中 A3:C7 区域画网线。

第一步,在格式状态下,选中需划线的区域 A3:C7。

第二步,单击"格式"菜单中的"区域画线"命令,出现"区域画线"对话框。

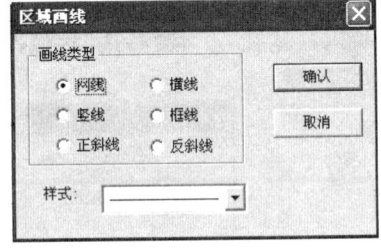

第三步,选择"画线类型"为"网线"类型,默认当前"样式",如图9-10所示。

第四步,按"确认"按钮。

图9-10 区域画线

5. 设置单元属性

单元属性主要指单元类型、字体图案、对齐方式、表格边框等内容的设置,单元属性是报表格式的重要部分,设置好每一个单元的属性才能保证报表的整齐美观、使用方便。

1)单元类型

单元类型是指单元存放的数据类型,包括数值单元、字符单元、表样单元三种类型。

数值单元是用于存放报表的数据,在数据状态下输入。数值单元必须是数字,可以直接输入或由单元中存放的单元公式运算而成。建立一个新表时,所有单元的类型缺省为数值型。

字符单元也是报表的数据,在数据的状态下输入。字符单元的内容可以是汉字、字母、数字及各种键盘可输入的符号组成的一串字符,一个单元中最多可输入 63 个字符或 31 个汉字。字符单元的内容可以直接输入,也可以由单元公式生成。

表样单元是报表的格式,是定义一个没有数据的空表所需的所有文字、符号或数字。是在格式状态下输入的。一旦单元被定义为表样,那么在其中输入的内容对所有表页都有效。表样单元只能在格式状态下输入和修改,在数据状态下可以显示但不能修改。一个单元中最多可输入 63 个字符或 31 个汉字。

【例9-5】 将瑞丽公司产品销售分析表中 B3:C6 区域均设置为数值单元,并要求不保留小数点,数值用千位分隔符表示;将毛利率所在的区域 B7:C7 设置为百分号格式,保留两位小数。

【操作步骤】

第一步,在格式状态下,选中要设置单元类型的区域 B3:C6。

第二步,单击"格式"菜单中的"单元属性"命令,出现"单元格属性"对话框。

第三步,单击"单元类型"选项卡,选择相应的单元类型为"数值",数字格式选择

"逗号",小数位数为"0",如图 9-11 所示。

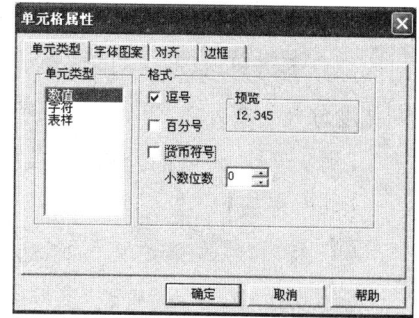

第四步,单击"确定"按钮。

第五步,同理,选中区域 B7:C7,打开"单元格属性"对话框,单击"单元类型"选项卡,选择单元类型为"数值",数字格式为"百分号",小数位数为"2",单击"确定"按钮。

【提示】

在格式状态下输入内容的单元均默认为表样单元,未输入数据的单元均默认为数值单元,在数

图 9-11 单元类型

据状态下只可输入数值,若想在数据状态下输入字符,应先定义其为字符单元。字符单元和数值单元输入后只对本表页有效,但表样单元输入后对所有表页有效。

2) 字体图案

字体图案主要指的是单元内容的字体、字号、字型、颜色图案等设置。其中颜色图案包括前景色、背景色等,前景色指单元内容的颜色;背景色指单元填充的颜色;图案指单元的背景图案,共有四种背景图案,缺省为空。

【例 9-6】 将瑞丽公司产品销售分析表中标题设置为黑体加粗,14 号字。

【操作步骤】

第一步,在格式状态下,选中要设置单元类型的区域 A1:C1。

第二步,单击"格式"菜单中的"单元属性"命令,出现"单元格属性"对话框。

第三步,单击"字体图案"选项卡,选择字体类型为"黑体",字型为"粗体",字号为"14",如图 9-12 所示。

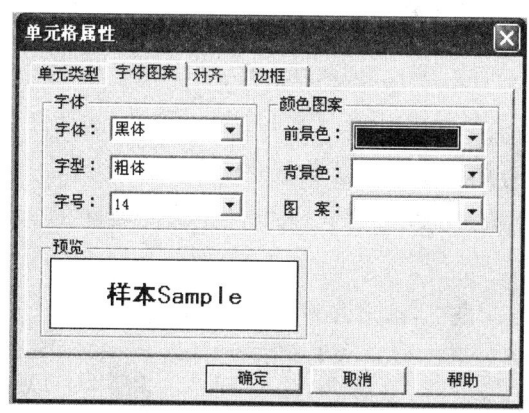

图 9-12 字体图案设置

第四步,单击"确定"按钮。

3) 对齐方式

对齐方式是指单元内容的水平方向和垂直方向调整及文字可以在单元内折行显示。

系统默认水平方向居右,垂直方向居下;折行显示指单元内容超过了单元的宽度以后,多出的部分不可见,这时,可以将单元的属性设置为折行显示,可使单元内容自动跟随单元的宽度分几行显示。

【例 9-7】 将瑞丽公司产品销售分析表中标题行设置为水平和垂直方向均为居中。

【操作步骤】

🐾 第一步,在格式状态下,选中要设置单元类型的区域 A1:C1。

🐾 第二步,单击"格式"菜单中的"单元属性"命令,出现"单元格属性"对话框。

🐾 第三步,单击"对齐"选项卡,水平方向和垂直方向均选择为"居中",如图 9-13 所示。

🐾 第四步,单击"确定"按钮。

4) 表格边框

表格边框是指设置单元格四周的边线,样式有空线、细实线、粗实线、虚线等八种,缺省线型为空,表示单元没有边框线,如图 9-14 所示。

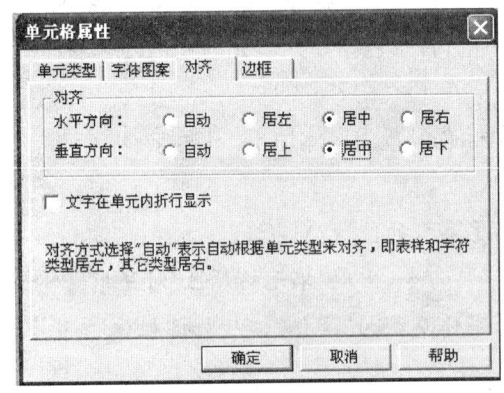

图 9-13 对齐方式设置

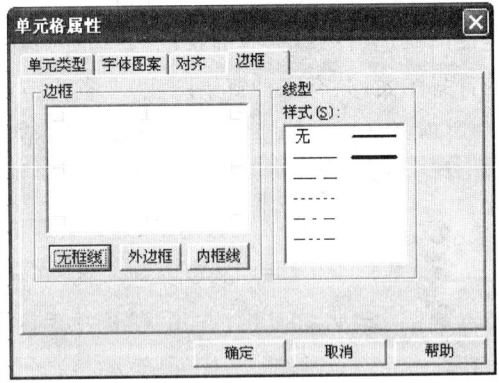

图 9-14 边框设置

6. 输入表间项目

报表表间项目指报表的文字内容,主要包括表头内容、表体项目和表尾项目等。单位名称、日期一般不能作为文字输入,而设置为关键字。

【例 9-8】 输入瑞丽公司产品销售分析表中的表间项目。

【操作步骤】

🐾 第一步,在格式状态下,选中需要输入内容的单元。

🐾 第二步,在该单元中输入相关文字内容,如图 9-15 所示,点击"保存"按钮。

【提示】

🔔 在输入报表项目时,编制单位、年、季、月、日一般不需要输入,报表管理系统往往将其单独设置为关键字。

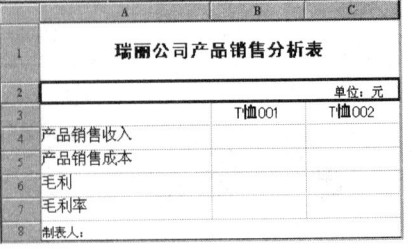

图 9-15 表间项目的输入

（二）可变表设计

有可变区的报表称为可变表。可变区是行数和列数是不固定的数字。可变区的最大行数或最大列数是在格式中设定的，且在一个报表中只能设置一个可变区，或是行可变区或是列可变区。行可变区是指可变区中的行是可变的；列可变区是指可变区中的列是可变的。

在实际工作中，为了业务统计工作与管理工作的需求，需要编制可改变报表格式的报表，这些报表的行数和列数可能会根据数据的增减而发生变化，例如：商品销售明细表、商品盘点表、产品成本分析表等，报表中的商品种类是可以变化，如果把报表的行数或列数设计为固定数，使用非常麻烦。这种情况下，可以将报表中的行或列设计为可变表，在数据处理状态下就可以随时对报表的行数进行增加或删除。例如，表9-1商品销售明细表就是一个可变表。

表 9-1　商品销售明细表

单位名称：　　　　　　　　　年　　月　　日　　　　　　　　　单位：万元

商品名称	销售收入	销售成本	销售利润
A商品	200	145	55
B商品	150	80	70
C商品	60	45	15
合计	410	270	140

1. 设置可变区

设置可变区就是确定可变区在表页上的位置和大小，应在格式设计状态下进行。下面以表9-1为例，说明可变区的设置方法。操作方法首先是按照固定报表的设置方法设计好一个报表，并设置好合计行，接下来确定可变区的行或列数量，并进行设置。

【操作步骤】

🐾 第一步，在格式状态下，选择要设置可变区的行或列。

🐾 第二步，单击"格式"菜单中的"可变区"，在"可变区"中选择"设置"命令，出现"设置可变区"对话框。

🐾 第三步，在"设置可变区"对话框中选择"行可变"或"列可变"，并输入可变行或列的数量。这里选择行可变，可变区数量为10，如图9-16所示。

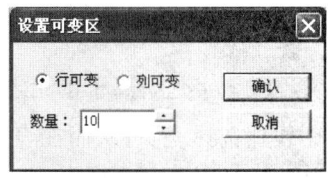

图 9-16　设置可变区

🐾 第四步，单击"确认"按钮。

【提示】

🔔 设置可变区后，在格式状态下屏幕只显示可变区的第一行或第一列。数据处理时，可以根据需要增加或减少。如图9-17所示，从第4行开始为行可变区，行号为红色，其余可变行隐藏在表体内。

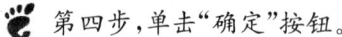

图 9-17　格式状态下的可变表

2. 修改可变区

实际操作中,可能会根据工作需要对可变区修改,如可变区的数量等,有时甚至需要取消可变区。

【操作步骤】

    第一步,在格式状态下,选择要设置可变区的行或列。

    第二步,单击"格式"菜单中的"可变区",在"可变区"中选择"重新设置"命令,出现"重新设置可变区"对话框。

    第三步,在"重新设置可变区"对话框中显示可变区当前的大小,在其中重新输入一个整数,如图 9-18 所示。

    第四步,单击"确定"按钮。

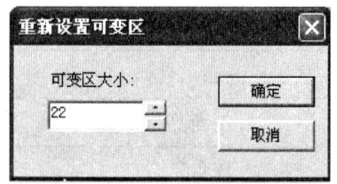

图 9-18　重新设置可变区

3. 取消可变区

如果要取消可变区,单击"格式"菜单中的"可变区",在"可变区"中选择"取消"命令,则可变区被取消。

【提示】

    可变区被取消后,其中的数据全部丢失;可变区和固定区数量相加超过表尺寸时,表尺寸会自动变大,但不能超过表最大尺寸:9 999 行、255 列;一个报表中只能设置一个可变区,如果想重新设置,首先取消现有的可变区,再进行设置。

三、关键字设置

关键字是游离于单元之外的特殊数据单元,可以唯一标识一个表页,用于在大量表页中快速选择表页,从而在表页之间建立关联,增强报表的管理功能。如:一个资产负债表的表文件可以放一年 12 月的资产负债表(甚至多年的多张表),为便于选择,要对每一张或某一张表页的数据进行定位,设置一些定位标志,这些定位在会计报表管理系统中称为关键字。

会计报表管理系统提供了六种关键字:"单位名称""单位编号""年""季""月""日"。除此之外,还可以"自定义关键字",自定义关键字的名字由用户自己设定,最多 10 个字符,例如"行业分类""报送属性"。当自定义关键字为"周"和"旬"时,它们有特殊的含义,代表业务函数中的取数日期,用于从用友其他系统中提取数据。

（一）关键字设置

关键字在格式状态下设置,关键字的值则在数据状态下录入。每个报表可以定义多个关键字:

单位名称:字符型(最大 28 个字符),为该报表表页编制单位的名称。

单位编号:字符型(最大 10 个字符),为该报表表页编制单位的编号。

年:数字型(1980～2099),该报表表页反映的年度。

季:数字型(1～4),该报表表页反映的季度。

月:数字型(1～12),该报表表页反映的月份。

日:数字型(1～31),该报表表页反映的日期。

【例 9-9】 将"年""月"设置为关键字,并将"年""月"放在表头中间位置,与"单位:元"同一行。

【操作步骤】

第一步,在格式状态下,选中需要输入关键字的单元。

第二步,单击"数据"菜单中的"关键字",在"关键字"中选择"设置"命令,出现"设置关键字"对话框。

第三步,在"设置关键字"对话框中选择一个关键字,如图 9-19 所示。

第四步,单击"确定"按钮。

第五步,执行与以上同样的步骤,设置其他关键字。

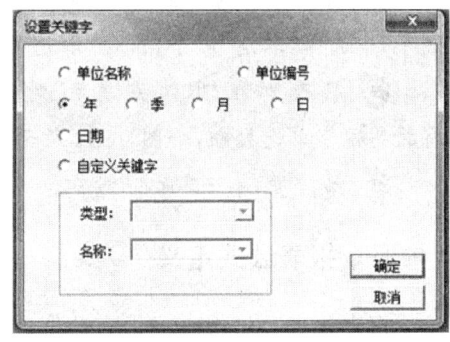

图 9-19 关键字设置

【提示】

每次打开设置关键字对话框只能设置一个关键字;每个报表可以同时定义多个关键字;关键字在一张报表中只能定义一次,即同一张报表中不能有重复的关键字。

（二）关键字偏移

如果关键字位置不够理想,可改变关键字在单元中的左右位置。

【例 9-10】 将瑞丽公司产品销售分析表中的关键字"年"向左偏移 120 mm,关键字"月"向左偏移 90 mm。

【操作步骤】

第一步,在格式状态下,选中需要调整关键字的单元。

第二步,单击"数据"菜单中的"关键字",在"关键字"中选择"偏移"命令,出现"定义关键字偏移"对话框。

第三步,在"定义关键字偏移"对话框中,对每个需要调整位置的关键字后面输入偏移的量,如图 9-20 所示。

第四步,单击"确定"按钮。

【提示】

🔔 关键字的位置可以用偏移量来表示。单位偏移量的范围是－300～300,负数值表示向左移,正数值表示向右移。即可以通过输入正或负的数值来调整关键字的位置。关键字偏移量为毫米。

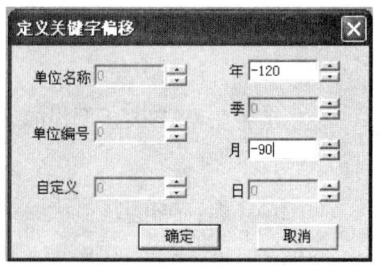

图 9-20　关键字偏移

(三) 关键字取消

如果要取消关键字,不能用删除的方法。

【例 9-11】　取消报表中已设置的关键字"单位名称"和"日"。

【操作步骤】

第一步,在格式状态下,选中需要取消关键字的单元。

第二步,单击"数据"菜单中的"关键字",在"关键字"中选择"取消"命令,出现"取消关键字"对话框。

第三步,在"取消关键字"对话框中,选择要取消的关键字单选按钮,如图 9-21 所示。

第四步,单击"确定"按钮。

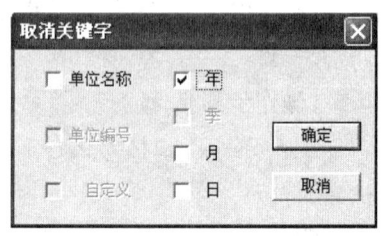

图 9-21　关键字取消

四、报表公式定义

报表公式是指报表或报表数据单元的计算规则,由于各种报表之间存在着密切的数据间的逻辑关系,所以报表中各种数据的采集、运算的勾稽关系的检测就用到了不同的公式,主要包括单元公式、审核公式和舍位公式三类公式,以增强系统的数据处理能力,提高数据处理效率。

报表内需要填制的数据可以分为两类:一类是常数,可以在定义报表格式时逐个直接输入;另一类是变动数据,通常从账(表)中获取数据,或将获取的数据进一步加工生成。通用报表软件通常用公式或函数来表示,通过公式定义报表的数据来源,说明从什么地方取数、取什么条件的数据、数据要经过什么样的处理,如何检查表间勾稽关系等。报表公式的定义在格式状态下进行。它既可以将数据单元赋值为数值,也可以赋值为字符。

(一) 单元公式

单元公式一般由目标单元、运算符、函数和运算符序列组成。目标单元是指用行号、列号表示的用于放置运算结果的单元;运算符序列是指采集数据并进行运算处理的次序;运算符包括"＋""－""＊""/""＝"等。

报表数据来源主要有以下几种途径:

(1) 从账务处理系统总账、明细账的发生额和余额取数。

（2）从同一报表文件不同报表的数据和其他报表文件数据取数。

（3）从本表取数。

（4）从除了账务处理系统以外的其他系统取数：应收、应付、工资、固定资产、资产管理等。

（5）从其他会计软件取数等。

一般来说，常用的报表数据有自总账系统取数、自本表其他表页取数、自其他报表的表页取数三种途径。

1. 自总账系统取数公式

自总账系统取数的公式又可以称之为账务函数。账务取数是会计报表数据的主要来源，报表系统从账簿、凭证中采集各种会计数据生成报表。账务取数公式是报表系统中使用最为频繁的一类公式，此类公式中的函数表达式最为复杂，公式中往往要使用多种取数函数，每个函数中还要说明诸如科目编码、会计期间、发生额或余额、方向、账套号等参数。账务函数的基本格式为：

函数名（"科目编码""会计期间""方向""账套号""会计年度""编码 1""编码 2"）。其中，科目编码也可以是科目名称，且必须用双引号括起来；会计期间可以是"年""季""月"等变量，也可以是具体表示年、季、月的数字；方向即"借"或"贷"，可以省略；账套号为数字，缺省时默认为当前账套；会计年度即数据取数的年度，可以省略；"编码 1"与"编码 2"与科目编码的核算账类有关，可以取科目的辅助账，如职员编码、部门编码等，如无辅助核算则可省略。

例如：

QC（"1001"，月，借，001，2022），表示提取 001 账套 2022 年当前月 1001 科目的期初借方余额。

QM（"1001"，月，借，001，2022），表示提取 001 账套 2022 年当前月 1001 科目的期末借方余额。

FS（"510101"，月，"贷"，"001"，2022），表示提取 001 账套 2022 年 510101 科目贷方当前月发生额。

FS（"540101"，月，"借"，"001"，2022），表示提取 001 账套 2022 年 540101 科目借方当前月发生额。

账务取数函数主要如表 9-2 所示：

表 9-2　　　　　　　　　　　　账务取数函数

总账函数	金额式	数量式	外币式
期初额函数	QC（　）	SQC（　）	WQC（　）
期末额函数	QM（　）	SQM（　）	WQM（　）
发生额函数	FS（　）	SFS（　）	WFS（　）

（续表）

总账函数	金额式	数量式	外币式
累计发生额函数	LFS( )	SLFS( )	WLFS( )
条件发生额函数	TFS( )	SLFS( )	WLFS( )
对方科目发生额函数	DFS( )	SLFS( )	WLFS( )
净额函数	JE( )	SJE( )	WJE( )
汇总函数	HL( )		

为了方便而又准确地编制会计报表，系统提供了直接输入公式和引导输入公式两种方式。直接输入公式是在定义公式对话框中直接输入函数公式；引导输入公式是根据对各自目标单元填列数据的要求，通过逐项设置函数及运算符，可以自动生成所需的单元公式。

1）定义单元公式——直接输入公式

直接输入公式就是在定义时，在"定义公式"对话框中直接输入计算公式。如前例，需对公司产品销售分析表中T恤001和T恤002两种产品的产品销售收入和产品销售成本分别进行单元公式的设置。

【例9-12】　按以下要求设置单元公式。

T恤001产品销售收入＝取510101科目贷方月发生额，账套号和年度为默认。

T恤002产品销售收入＝取510102科目贷方月发生额，账套号和年度为默认。

T恤001产品销售成本＝取540101科目借方月发生额，账套号和年度为默认。

T恤002产品销售成本＝取540102科目借方月发生额，账套号和年度为默认。

T恤001毛利＝T恤001产品销售收入－T恤001产品销售成本＝B4－B5。

T恤002毛利＝T恤002产品销售收入－T恤002产品销售成本＝C4－C5。

T恤001毛利率＝T恤001毛利/T恤001产品销售收入＝B6/B4＊100。

T恤002毛利率＝T恤001毛利/T恤002产品销售收入＝C6/C4＊100。

（说明：因为毛利率数值单元选择了百分号格式，需将小数换算为百分值，故公式中需乘以100。）

【操作步骤】

🐾 第一步，在格式状态下，选定需要定义公式的单元。

🐾 第二步，单击"数据"菜单中的"编辑公式"，在"编辑公式"中选择"单元公式"命令，出现"定义公式"对话框。

🐾 第三步，在"定义公式"对话框内直接输入函数公式：FS("510101",月,"贷","001",2018)，该公式表示提取当前账套中2018年510101科目当月贷方发生额，如图9-22所示。

图9-22　直接输入公式

🐾 第四步，单击"确认"按钮。

🐾 同理，选定相应的单元，在"定义公式"对话框内直接输入函数公式：FS("540102"，月，"借"，"001"，2018)，该公式表示提取当前账套中2018年540102科目当月借方发生额。

【提示】

🔔 单元公式在输入时，凡是涉及数学符号的均须输入英文半角字符。如：冒号（:）、引号（""）、逗号（,）、分号（;）等均应使用半角符号，不能使用全角符号，否则系统将认为公式输入错误而不能被保存；如果对会计报表管理系统不太了解的话，可以利用函数向导引导输入。

2）定义单元公式——引导输入公式

引导输入公式是通过函数向导一步步引导用户设置单元公式。

【例9-13】　对瑞丽公司产品销售分析表中T恤001的本月产品销售收入进行单元公式的设置。

【操作步骤】

🐾 第一步，在格式状态下，选定需要定义公式的单元。

🐾 第二步，单击"数据"菜单中的"编辑公式"，在"编辑公式"中选择"单元公式"命令，出现"定义公式"对话框。

🐾 第三步，在定义公式对话框内，单击"函数向导"按钮，出现"函数向导"对话框。

🐾 第四步，在函数分类列表框中选择函数分类"用友账务函数"，在右边的函数名列表中选择所用的函数名"发生(FS)"，如图9-23所示。单击"下一步"按钮，出现"用友账务函数"对话框。

🐾 第五步，单击"参照"按钮，出现"账务函数"对话框。

🐾 第六步，在"账务函数"对话框中，账套号、会计年度均为默认，科目选择为"510101"，期间为"月"，方向为"贷"方，如图9-24所示。

🐾 第七步，单击"确定"按钮。

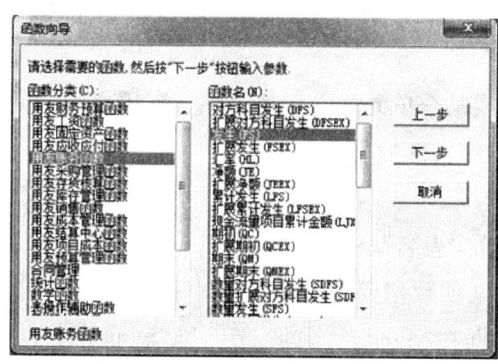

图9-23　函数向导

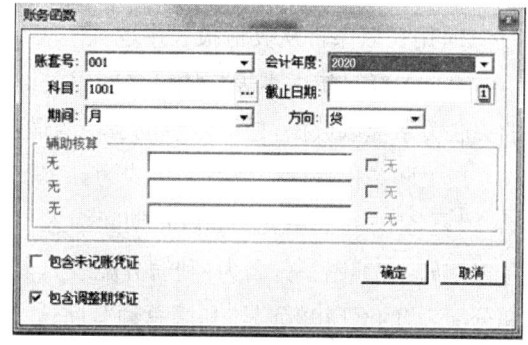

图9-24　账务函数参数设置

【提示】

缺省时系统默认为当前账套；如果未进行账套初始设置，那么账套号和会计年度需要直接输入。

2. 自本表其他表页取数的函数

报表可由多个表页组成，并且表页之间具有极其密切的联系，如一个表页可能代表同一单位但不同会计期间的同一报表。这类数据可以通过查询历史资料而取得，然而，类似数据可能会繁多而复杂，查询起来既不方便，又会由于抄写错误而引起数据的失真。而如果在计算公式中进行取数设定，数据的准确性就得到了保障。这就需要用到表页与表页间的计算公式。

1）已知页号取数

当所取数据所在的表页号已知时，用以下格式可以方便地取得本表他页的数据：

〈目标区域〉=〈数据源区域〉@〈页号〉

例如：公式"B2=C5@1"表示各页 B2 单元均取当前表第一页 C5 单元的值。

例如：公式"D6=C6@2"表示各页 D6 单元均取表页 2 第 C6 单元的值。

2）用 SELECT 函数从本表他页取数

SELECT()函数最常用在利润表中，求累计值。

例如：D=C+ SELECT(D，年@＝年 and 月@＝月+1)表示累计数=本月数+同年上月累计数。

3. 自其他报表取数的函数

报表之间取数公式也即他表取数公式，用于从另一报表某期间某页中某个或某些单元中取数。在进行报表与报表间的取数时，不仅要考虑取哪一个表、哪一个单元的数据，还要考虑数据源在哪一页。报表间与表页间的计算公式相似，其主要区别是要指定其他表的表名。

1）用以下格式可以方便地取得已知页号的他表表页数据

〈目标区域〉="〈他表表名〉"→〈数据源区域〉[@〈页号〉]

如：C5="ZCF"→C5@4，表示当前表页 C5 的值等于表"ZCF. REP"第四页 C5 的值。

2）用关联条件从其他报表中取数

表页关联是指由本表与他表之间以关键字或某个单元建立默契关系。利用报表之间的关联关系提取数据，是最复杂也是功能最强的一种取数方式。

用关联条件从他表取数的格式为：

"表名"→报表单元 relation 期间标志 1 with "表名"→期间标志 2

例如：要编制一张名为"利润分配表"，其中某项数据要从"利润表"中获取。如果"利润分配表"的 C10 单元是"利润总额"，而这一数据在"利润表"中是 D17，则"利润分配表"的 C10 数据来源公式可定义为：

C10="利润表"→D17 relation 月 with "利润表"→月。

【提示】

如果操作员没有被赋予相关的权限，即使在 UFO 报表中设置了单元公式进行取数，但在 UFO 报表中仍然无法看见相关数据。这样能够避免没有权限的操作员通过 UFO 报表进行公式设置，从其他功能模块中取数之后，看到本不应该属于自己权限范围内可以看到的内容，从而提高了企业数据的安全性。

（二）审核公式

审核公式用于审核报表内或报表之间的勾稽关系是否正确，审核公式的基本格式为：

〈区域〉＝〈算术表达式〉［FOR〈表页筛选条件〉］［RELATION〈表页关联条件〉］MESSAGE"〈提示信息〉"

其中，提示信息是当审核关系不满足时，显示的信息。

例如："资产负债表"中的"资产合计＝负债合计＋所有者权益合计"可以定义以下审核公式：

$$D39＝H39$$

MESS"资产总额的期末数〈〉负债及所有者权益总额的期末数！"

它表示报表 D39 单元的值必须等于 H39 单元的值。否则，在屏幕上显示出"资产总额的期末数和负债及所有者权益总额的期末数不相等！"的提示信息，操作步骤如下所示。

【操作步骤】

第一步，在格式状态下，单击"数据"菜单中的"编辑公式"，在"编辑公式"中选择"审核公式"命令，进入"审核公式"对话框。

第二步，在"审核公式"对话框中输入审核公式，如图 9-25 所示。

第三步，单击"确定"按钮。

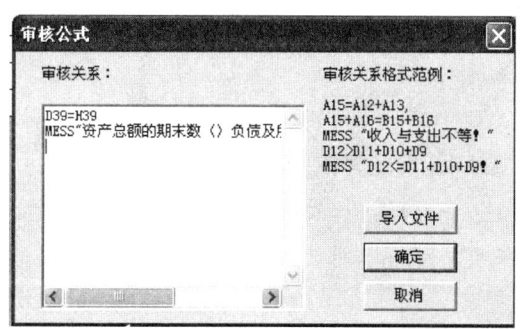

图 9-25　定义审核公式

（三）舍位公式

在报表汇总时，各个报表的数据计量单位有可能不一致，这时需要将报表的数据进行位数转换，由个位转换为百位、千位或万位，如将"元"单位转换为"千元"或"万元"单位，这种操作称为进位操作。进位操作以后，原来的平衡关系可能会因为小数位的四舍五入而破坏，因此还需要对进位后的数据平衡关系重新调整，使舍位后的数据符合指定的平衡公式。这种用于对报表数据舍位及重新调整报表舍位之后平衡关系的公式,称为舍位平衡公式。

定义舍位平衡公式需要指明需舍位的表名、舍位范围、舍位位数,并且必须输入平衡公式。舍位表名和当前文件名不能相同,默认在当前目录下;舍位范围为舍位数据的范围,应把所有要舍位的数据包括在内;舍位位数 1～8 位,位数为 1 时,区域中的数据除以10,位数为 2 时,区域中的数据除以 100;以此类推。

【例 9-14】 某表中有如下计算公式 C7=C5+C6,D7=D5+D6。现将该表中数据单位由"元"转换成"千元",并挤平数据,将舍位平衡后的舍位表存入表"舍位表.rep"。

【操作步骤】

🐾 第一步,在格式状态下,单击"数据"菜单中的"编辑公式",在"编辑公式"中选择"舍位公式"命令,进入"舍位平衡公式"对话框。

🐾 第二步,在"舍位平衡公式"对话框中输入舍位表名、范围位数及舍位平衡公式,如图 9-26 所示。

🐾 第三步,单击"完成"按钮。

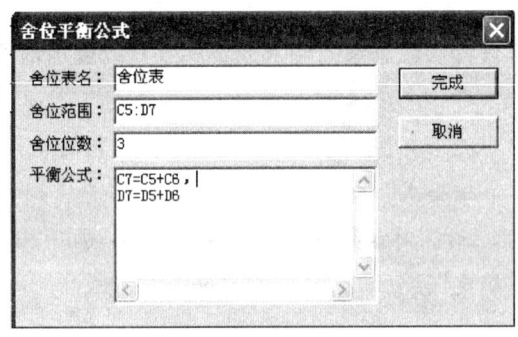

图 9-26 定义舍位平衡公式

【提示】

🔔 舍位公式要倒顺序写,首先写最终运算结果,然后一步一步向前推。每个公式一行,各公式之间用逗号","(半角)隔开,最后一条公式不用写逗号,否则公式无法执行。舍位公式中只能使用"+""一"符号,不能使用其他运算符及函数。等号左边只能为一个单元(不带页号和表名)。

五、保存报表

报表的格式及公式设置完成后,要将所设置的内容保存起来。

【例 9-15】 保存报表,报表文件名为"瑞丽公司产品销售分析表"。

【操作步骤】

🐾 第一步,在格式状态下,单击"文件"菜单中的"保存"命令,如果第一次保存,则单击"另存为"命令,打开"另存为"对话框,如图 9-27 所示。

👣 第二步，在"另存为"对话框中选择保存路径，输入报表文件名，选择保存类型"＊.REP"。

👣 第三步，单击"另存为"按钮。

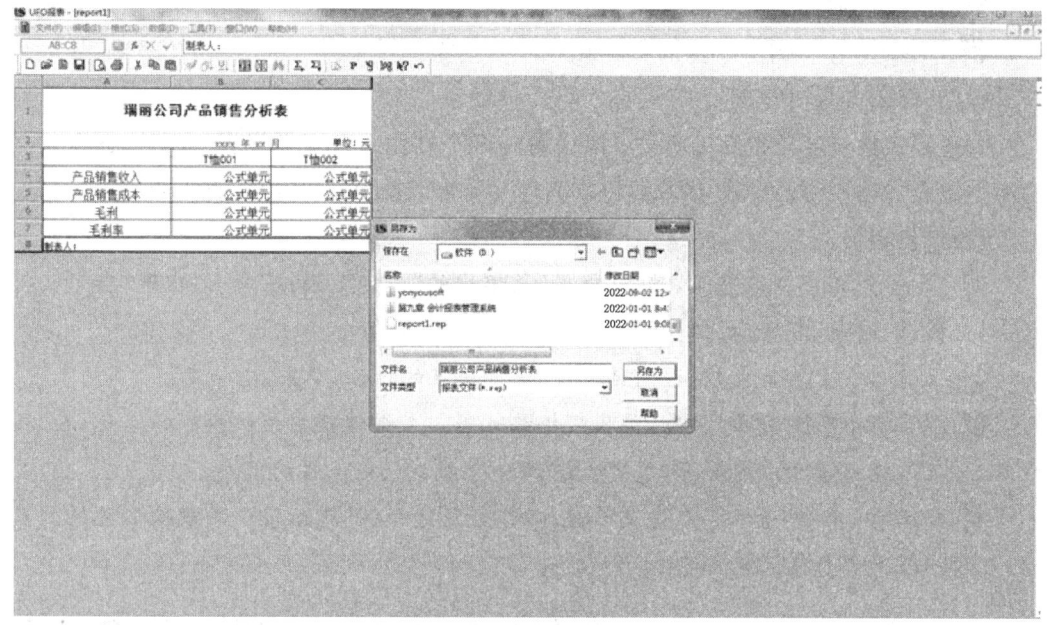

图 9-27　保存报表文件

【提示】

🔔 报表格式设置完以后要及时将这张报表格式保存下去，以便以后随时调用；如果没有保存就退出，系统会出现提示："是否保存报表？"，以防止误操作；"＊.REP"为用友报表文件专用扩展名。

六、定制报表模板

（一）利用报表模板编制报表

利用报表模板可以迅速建立一张符合用户需要的财务报表。UFO 提供的报表模板包括了 19 个行业的 70 多张标准财务报表（包括现金流量表），用户可以根据所在行业挑选相应的报表，然后调整其格式及计算公式。利用报表模版编制报表步骤如下所示。

【操作步骤】

👣 第一步，在格式状态下，单击"格式"菜单中的"报表模版"命令，出现"报表模版"对话框。

👣 第二步，在"报表模版"对话框中选择所在的行业和财务报表，如图 9-28 所示。

👣 第三步，单击"确认"按钮，弹出"模板格式将覆

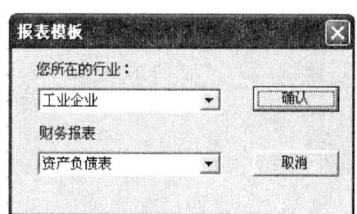

图 9-28　调用报表模板

盖本表格式！是否继续？"提示框。

　　第四步，单击"确定"按钮，即可打开一张空的标准财务报表。

　　第五步，单击"数据"菜单中的"格式"按钮，使当前报表处于格式状态。

　　第六步，根据本单位的实际情况，调整报表格式，修改报表单元公式。

　　第七步，保存调整后的报表模板。

（二）自定义报表模板

　　通过报表格式定义和公式定义可以设置一个个性化的自定义报表。而且，在自定义完这些报表的格式和公式后，用户可以将其定义为报表模板，以备以后直接调用。

【操作步骤】

　　第一步，在格式状态下，单击"格式"菜单中的"自定义模板"命令，出现"自定义模版"对话框，如图 9-29 所示。

　　第二步，在"自定义模版"对话框中，选择所在的行业，单击"下一步"。

　　第三步，单击"增加"按钮，弹出模板编辑框。在编辑框中录入模板的名称，在"模板路径"录入模板保存的路径，也可以单击"浏览"，找到模板保存的目录。

　　第四步，单击"确定"，自定义模板加入"自定义模板"对话框中的模板名称的列表框，在对话框下自动标记模板路径。

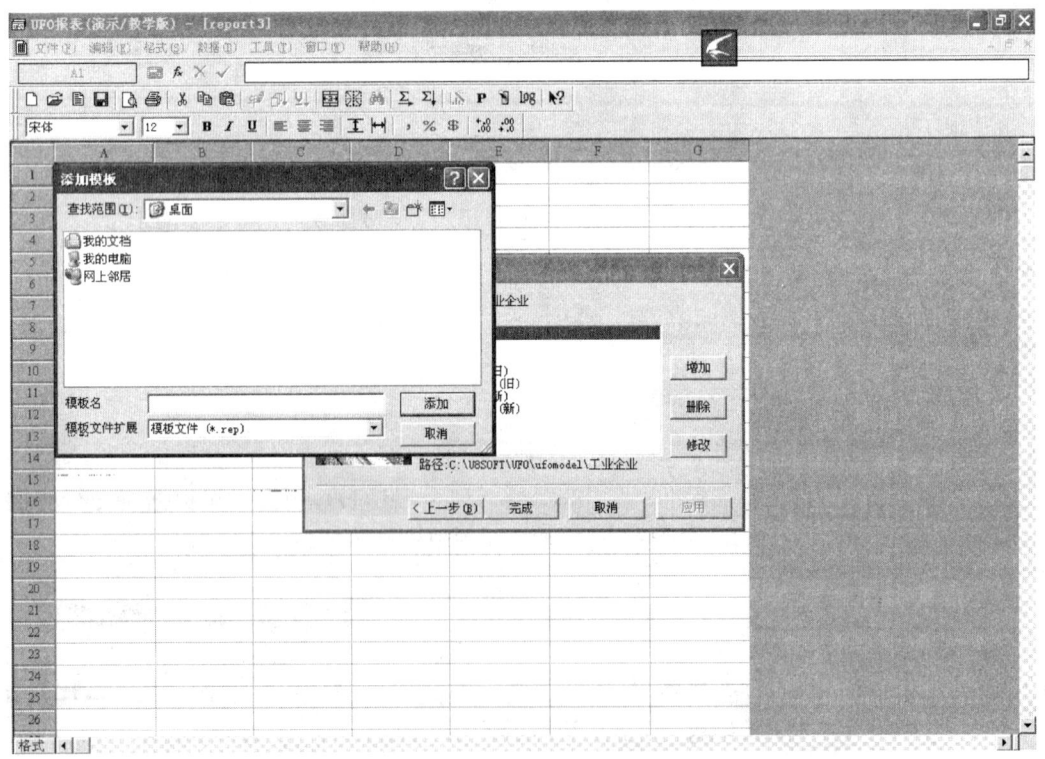

图 9-29　自定义模板

第三节 会计报表管理系统的管理

报表数据处理主要包括生成报表数据、审核报表数据和舍位平衡操作等工作,数据处理工作必须在数据状态下进行。处理时,计算机会根据已定义的单元公式、审核公式和舍位平衡公式自动进行取数、审核及舍位等操作。

一、报表生成

设置报表格式和报表公式只是定义了报表的结构,想要得到报表数据,还要进行报表的编制工作。报表的生成过程是在人工控制下由计算机自动完成的。报表数据处理必须在"数据"状态下进行。报表的生成过程如下:

（一）打开报表

【例9-16】 打开已保存的报表文件"瑞丽公司产品销售分析表.rep"。

【操作步骤】

🐾 第一步,启动 UFO 系统。

🐾 第二步,在 UFO 报表窗口中单击"文件"菜单中的"打开"命令,选择路径打开已保存的报表文件。

🐾 第三步,单击"格式"菜单中的"数据"命令,使当前状态为"数据"状态。

【提示】

🔔 报表关键字录入与报表生成必须在数据状态下进行。

（二）表页

1. 追加表页

追加表页是在最后一张表页的后面增加新的表页。

【操作步骤】

🐾 第一步,在数据状态下,单击"编辑"菜单中的"追加",在"追加"中选择"表页"命令,进入"追加表页"对话框。

🐾 第二步,在"追加表页"对话框中输入需要增加的表页数。

🐾 第三步,单击"确认"按钮。

2. 插入表页

插入表页是在当前表页的前面插入新的表页。

【操作步骤】

🐾 第一步,在数据状态下,单击"编辑"菜单中的"插入",在"插入"中选择"表页"命令,进入"插入表页"对话框。

🐾 第二步,在"插入表页"对话框中输入需要插入的表页数。

👣 第三步,单击"确认"按钮。

【提示】

🔔 追加表页是指在最后一张表页后追加 N 张空表页,插入表页是指在当前表页后面插入一张空表页。一张报表最多只能管理 99 999 张表页,演示版最多为 4 页。

(三)录入关键字值

关键字是表页定位的特定标识,在格式状态下设置完成关键字以后,只有在数据状态下对其实际赋值才能真正成为表页的鉴别标志,为表页间、报表间的取数提供依据。如前例,为公司产品销售分析表录入关键字操作步骤如下所示。

【例 9-17】 为瑞丽公司产品销售分析表录入关键字值。

【操作步骤】

👣 第一步,在数据状态下,选中要录入关键字的值的表页的页标,使它成为当前表页。

👣 第二步,单击"数据"菜单中的"关键字",在"关键字"中选择"录入"命令,进入"录入关键字"对话框。

👣 第三步,在已定义的关键字编辑框中录入关键字的值;未定义的关键字编辑框为灰色,不能输入内容,如图 9-30 所示。

👣 第四步,单击"确认"按钮,弹出"是否重算第一页?"对话框。

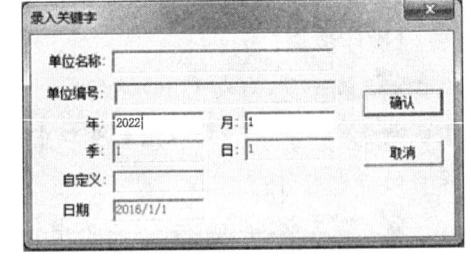

图 9-30 录入关键字

👣 第五步,单击"是"按钮,系统会自动根据单元公式计算该月份数据,单击"否"按钮系统不计算数据,以后可利用"表页重算"功能生成该月数据。

如果要修改关键字的值,重复以上步骤即可。

【提示】

🔔 关键字的设置必须在格式状态,而关键字的录入必须是在数据状态;每一张表页均对应不同的关键字值,输出时随同单元一起显示。日期关键字可以确认报表数据取数的时间范围,即确定数据生成的具体日期,否则报表数据会出现错误。

(四)生成报表

1. 表页重算

如果在格式状态下定义了单元公式,进入数据状态之后,当前表页的单元公式将自动运算并显示结果。当单元公式中引用单元的数据发生变化时,公式也随之自动运算并显示结果。

【操作步骤】

👣 第一步,在数据状态下,单击"数据"菜单中的"表页重算"命令,系统会弹出"是否重算第一页?"提示框。

第二步，单击"是"按钮，系统会自动在初始的账套和会计年度范围内根据单元公式计算生成数据。

2. 整表重算

要重新计算所有表页的单元公式，则执行整表重算。

操作步骤为：在数据状态下，单击"数据"菜单中的"整表重算"命令，系统会重新计算所有表页的单元公式。

【提示】

在计算过程中，按"Esc"键可以终止计算。如果本表页设置了"表页不计算"标志，则进行整表重算时。本表页中的公式不重新计算。

二、报表审核

在数据处理状态下，当报表数据录入完毕后，应对报表进行审核，以检查报表各项数据勾稽关系的准确性。系统按照审核公式逐条审核表内的关系，当报表数据不符合勾稽关系时，屏幕上出现提示信息，记录该提示信息后按任意键继续审核其余的公式。按照记录的提示信息修改报表数据，重新进行审核，直到不出现任何提示信息，表示该报表各项勾稽关系正确操作步骤为：在数据状态下，单击"数据"菜单中的"审核"命令，当报表数据不符合勾稽关系时屏幕上会出现提示信息。例如资产负债表中不满足审核公式：D39＝H39。

MESS"资产总额的期末数〈〉负债及所有者权益总额的期末数！"的审核提示如图9-31所示。

图9-31　审核报表提示

三、报表舍位操作

在报表的格式状态下，进行设为平衡公式的设置。当报表编辑完毕，需要对报表进行舍位操作。

操作步骤为：在数据状态下，单击"数据"菜单中的"舍位平衡"命令，即开始对报表进行舍位操作。

【提示】

执行舍位平衡后，系统按照所定义的舍位关系对指定区域的数据进行舍位，并按照平衡公式对舍位后的数据进行平衡调整，将舍位平衡后的数据存入指定的新表或他表中。打开舍位平衡公式指定的舍位表,可以看到调整后的报表。

四、报表数据汇总

报表汇总是每一个财务人员都熟悉的工作,通常比较复杂和繁琐,利用 UFO 提供的汇总功能就可以快速、简捷地完成报表汇总操作。UFO 提供了表页汇总和可变区汇总两种汇总方式。

(一)表页汇总

表页汇总是把整个报表的数据进行立体方向的叠加,汇总数据可以存放在本报表的最后一张表页或生成一个新的汇总报表,报表格式同原报表格式相同。汇总范围既可以是报表中所有的表页,也可是符合指定条件的部分表页,例如在 2018 年全年各月共 12 张表页中,可以只汇总上半年的表页;报表中的可变区既可按数据位置汇总,也可重新排列顺序,按各项内容汇总。

【操作步骤】

  第一步,在数据状态下,单击"数据"菜单中的"汇总",在"汇总"中选择"表页"命令,弹出"表页汇总——三步骤之一——汇总方向"对话框,此对话框用于指定汇总数据保存的位置,如图 9-32 所示。

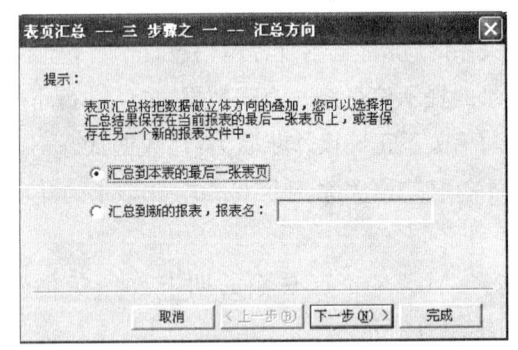

图 9-32　表页汇总(一)

  第二步,单击"下一步"按钮,将弹出"表页汇总——三步骤之二——汇总条件"对话框,此对话框用于指定汇总表页的范围,如图 9-33 所示。

  第三步,单击"下一步"按钮后,将弹出"表页汇总——三步骤之三——汇总位置"对话框,此对话框用于处理报表中的可变区,如图 9-34 所示。

  第四步,单击"完成"按钮后将生成汇总结果。

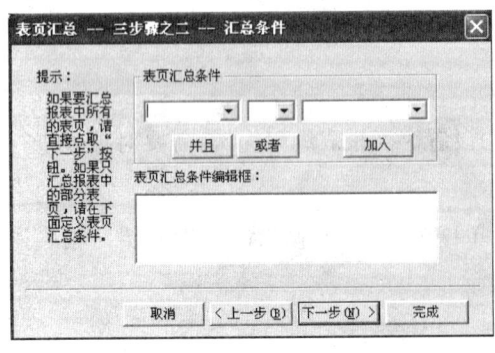

图 9-33　表页汇总(二)

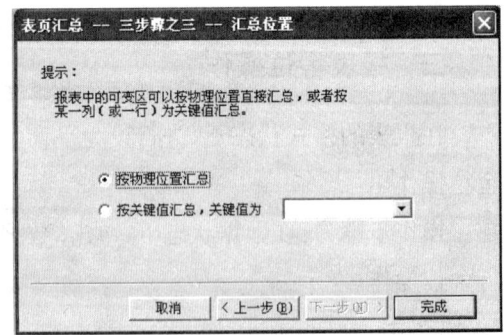

图 9-34　表页汇总(三)

1. 表页汇总——汇总方向

"表页汇总——三步骤之一——汇总方向"对话框用于指定汇总数据保存的位置。如果要把汇总结果保存在本报表中,单击"汇总到本表最后一张表页"单选钮。UFO将自动追加一张表页,并把汇总数据存在这张表页中。

如果要把汇总结果保存在一个新的报表中,单击"汇总到新的报表"单选钮,并且在编辑框中输入新的报表名。

2. 表页汇总——汇总条件

"表页汇总——三步骤之二——汇总条件"对话框用于汇总报表中的部分表页时定义条件。可以以单元值、关键字或者表页号为汇总条件。汇总条件可以有多个,它们之间是"并且"或"或者"的关系。单击"并且""或者""加入"按钮可以使汇总条件进入"汇总条件编辑框"。如果对UFO比较熟悉,也可直接在"汇总条件编辑框"输入和修改汇总条件。

1) 以单元的值为汇总条件

在左边编辑框中输入单元名称,在中间编辑框中选择关系运算符,在右边编辑框中输入单元的值。

注意:如果单元的值为字符时,应加上双引号""。

例如,"B10≥500"表示汇总B10单元的值大于等于500的表页,忽略B10单元的值小于500的表页。

2) 以关键字的值为汇总条件

在左边编辑框中选择已设置的关键字,在中间编辑框中选择关系运算符,在右边编辑框中选择关键字的值。

例如"年=2018 AND 月>5"表示汇总2018年下半年的表页。

3) 以表页号为汇总条件

在左边编辑框中输入表页号函数"MREC( )",在中间编辑框中选择关系运算符,在右边编辑框中输入表页号。

例如,"MREC( )>=5 AND MREC( )<=10"表示汇总第5页到第10页的表页。

3. 表页汇总——汇总位置

"表页汇总——三步骤之三——汇总位置"对话框用于处理报表中的可变区;输入相应的内容,单击"完成"按钮后将生成汇总结果。

单击"按物理位置汇总"后,UFO将忽略可变区数据的实际意义,直接把可变区数据按位置叠加。

单击"按关键值汇总"后,在关键值列表框中选择一个关键值,此关键值为行可变区的某一列或者列可变区的某一行。如果此关键值为字符型,则将按照关键值的顺序进行汇总;如果此关键值为数值型,则只对此关键值进行物理汇总,可变区中的其他数据不汇总。

（二）可变区汇总

可变区汇总是指定表页中可变区数据进行平面方向的叠加,把汇总数据存放在本页可变区的最后一行或一列。汇总范围既是所有表页的可变区,也可是部分表页的可变区,例如在 2018 年全年各月共 12 张表页中,汇总上半年的表页中的可变区数据;在进行可变区汇总的表页中,既可汇总整个可变区,也可只汇总部分可变区。

【操作步骤】

👣 第一步,在数据状态下,单击"数据"菜单中的"汇总",在"汇总"中选择"可变区"命令,将弹出"可变区汇总——二步骤之一——表页汇总条件"对话框,此对话框用于指定对报表中哪些表页进行可变区汇总。

👣 第二步,单击"下一步"按钮后,将弹出"可变区汇总——二步骤之二——可变区汇总条件"对话框,此对话框用于指定汇总可变区中的哪些可变行(列);输入相应的内容。

👣 第三步,单击"完成"按钮后生成可变区汇总的结果。

【提示】

🔔 如果某个表页中的可变区数量已超出设置的可变区大小,则该表页的可变区汇总结果将无法保存;对于字符型数据的汇总,如果字符串不同,则汇总结果为最后一个字符单元的内容。

五、报表图表处理

UFO 提供了很强的图形分析功能,可以非常方便地进行图形数据组织,制作图形,可以将报表数据所包含的经济意义用图表的方式直观地反映出来,是企业管理、数据分析的重要工具。

UFO 提供了直方图、圆饼图、折线图、面积图 4 大类共 10 种格式的图表。图表是利用报表文件中的数据生成的,图表与报表存在着紧密的联系,当报表中的源数据发生变化时,图表也随之变化。一个报表文件可以生成多个图表,最多可以保留 12 个图表。图表以图表窗口的形式存在。图表并不是独立的文件,它的存在依附于源数据所在的报表文件,只有打开报表文件后,才能打开有关的图表。报表文件被删除之后,由该报表文件中的数据生成的图表也同时删除。图表可以命名,可以选择图表名打开图表,可以修改图表,保存或删除图表。与报表文件一样,图表可以打印输出。

（一）插入图表对象

用户可以在 UFO 的报表文件的数据状态下,插入一个图表对象,使报表数据和图表同时存在于一个报表文件中。插入的图表对象与创建它的报表数据相链接。当报表数据改变时,图表对象也随之更新。

【例 9-18】 根据瑞丽公司产品销售分析表的数据插入直方图。

【操作步骤】

👣 第一步,在数据状态下,在表页中选取一个数据区域,区域不能少于 2 行 * 2 列。

系统把区域中的第一行和第一列默认为标注,其余为数据区。

👣 第二步,单击"工具"菜单中的"插入图表对象"命令,出现"区域作图"对话框。

👣 第三步,在对话框中定义以"行"或以"列"为X轴、数据操作范围、图表名称、标题内容、图表格式。

👣 第四步,单击"确定"按钮,则在报表数据附近,插入了相应的图表。

(二)编辑图表

图表生成后,可以根据需要对图表格式、标题等内容进行修改。

图表标题、X轴标题和Y标题可以在建立图表时的"区域作图"对话框中输入内容,也可以在图表建立以后进行编辑。

【操作步骤】

👣 第一步,单击"编辑"菜单中的"主标题""X轴标题"" Y轴标题",出现"编辑标题"对话框。

👣 第二步,在"编辑标题"对话框中输入标题内容、X轴标题、Y轴标题,如图9-35所示。

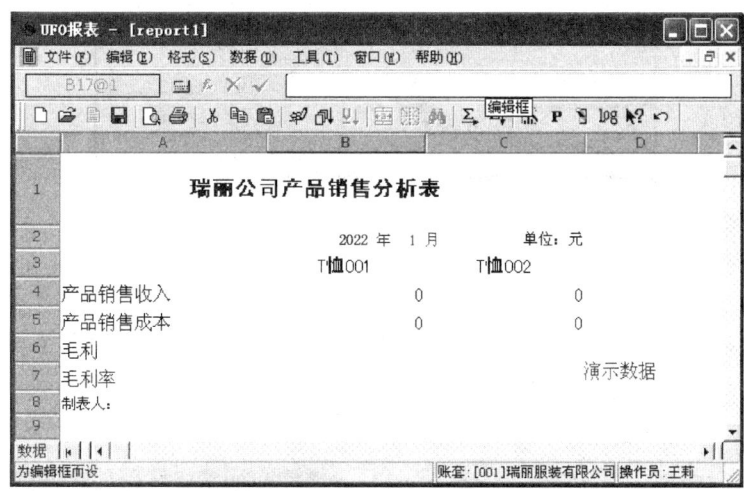

图9-35　图表编辑

【提示】

🔔 双击标题也可弹出"编辑标题"对话框。插入的图表对象实际上也属于报表的数据,因此有关图表对象的操作必须在数据状态下进行。

六、报表输出

报表的输出包括报表的屏幕输出和打印输出。输出时可以针对报表格式输出,也可以针对某一特定表页输出。输出报表格式须在格式状态下操作,而输出表页须在数据状态下操作,输出表页时,格式和报表数据一起输出。

输出表页数据时会涉及表页的相关操作,比如表页排序,查找,透视等,屏幕输出时可以对报表的显示风格、显示比例加以设置,打印报表之前可以在预览窗口预览,打印时还可以进行页面设置和打印设置等操作。

(一)表页排序

【操作步骤】

第一步,单击"数据"菜单中的"排序",在"排序"中选择"表页"命令,弹出"表页排序"对话框,如图 9-36 所示。

第二步,选择第一关键字,排序方向"递增"或"递减"。根据需要,第二关键字,排序方向"递增"或"递减",最多可设置三个关键字排序。

第三步,单击"确认"按钮。

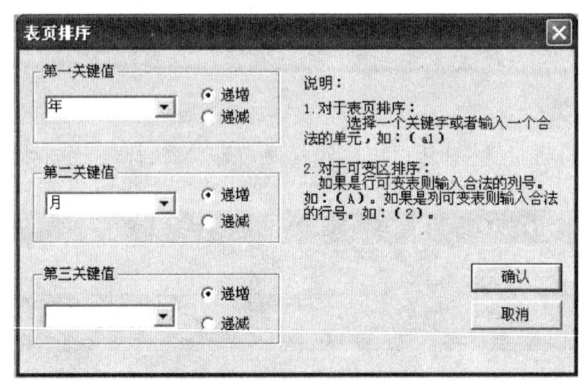

图 9-36　表页排序

【提示】

当做完以上操作后,系统会自动把表页按第一关键字以及所设置的排序方向排列,如果表页中第一关键字相同则按第二关键字及所设置的方向排序。以此类推第三关键字排序。

(二)表页查找

【操作步骤】

第一步,单击"编辑"菜单中的"查找"命令,出现"查找"对话框,如图 9-37 所示。

第二步,确定查找内容与查找条件。

第三步,单击"查找"按钮,查找到符合条件的表页作为当前表页。

图 9-37　表页查找

(三)报表删除

在实际工作中,每次编制报表都将生成一个存放数据报表的文件,这样,系统运行几年后报表的数据文件将很多,这些文件会占用大量的硬盘空间。为了系统的正常运行,需要定期(一般系统只需保留 1～2 年数据即可)从系统中删除以前的旧表。报表删除功能即为此目的而设置。

使用报表删除功能时需要注意,报表删除功能不光可以删除编制得到的数据表,也可以删除报表结构。报表结构一旦删除,再需要使用时必须重新设置,因此使用删除功能时一定请注意系统提示,以免误删报表结构。一般,即使不常使用,如果不是绝对必要,也不应删除报表结构。这样,一旦需要编制该报表,只要运行报表编制功能即可方便地生成。

本 章 启 示

通过本章报表编制的学习,同学们也明白了报表往往是牵一发而动全身的,这与做人一样,撒一个谎后,就要不停地撒其他谎去圆。所以做人要"以诚信为本",做一个合格的会计人,更要如此。

思 维 拓 展

1. 如何制作一个 UFO 报表?
2. 什么是报表的单元属性?
3. 设置关键字的作用有哪些?
4. 与传统手工报表编制方式相比,UFO 处理报表具有哪些优势?

知识点应用及实践能力训练

实验十五　UFO 会计报表的编制

一、实验准备

完成第八章"实验十四　应付款系统业务处理"的操作。将计算机系统时间调整为账套 2022 年 1 月份,将"实验六　总账系统期末处理"账套数据引入用友 ERP-U8V10.1 系统。

二、实验内容

(1)根据要求编制会计报表。

(2)利用会计报表模板生成资产负债和利润表。

三、实验资料

1. 编制产品销售分析表

编制一张如表 9-3 所示格式产品销售分析表,并生成瑞丽公司的 2022 年 1 月份产品销售分析表。

表 9-3　瑞丽公司产品销售分析表　　　　　　　　　　单位:元

	T恤001	T恤002
产品销售收入		
产品销售成本		
毛利		
毛利率		

具体要求如下:

(1) 标题行高为 15 mm,表头行高为 5 mm,表体行高为 6 mm,表尾行高为 5 mm。

(2) 第一列宽 45 mm,第二列和第三列列宽 35 mm。

(3) 将标题行所有单元进行合并。

(4) 将表格数值区域中除毛利率所属的 B7、C7 单元外的其他单元设置为数值单元,并要求不保留小数点,数值用千位分隔符表示;将毛利率所在数值单元 B7 和 C7 设置为百分号格式,保留两位小数。

(5) 按以下要求设置表格格式:

将表格标题"瑞丽公司产品销售分析表"设置为黑体加粗,14 号字,水平和垂直方向均为居中。

表头"单位:元"设置为宋体 10 号字,水平居右,垂直居下。

纵栏标题"T恤001"和"T恤002"设置为黑体 12 号字,水平居中。

横行标题"产品销售收入"等设置为宋体 12 号字,水平居左。

表尾"制表人:"设置为宋体 10 号字,水平居左。

(6) 将"年""月"设置为关键字,并将"年""月"放在表头中间位置,与"单位:元"同一行。

(7) 按以下要求设置单元公式。

T恤001 产品销售收入＝取 510101 科目贷方月发生额,账套号和年度为默认。

T恤002 产品销售收入＝取 510102 科目贷方月发生额,账套号和年度为默认。

T恤001 产品销售成本＝取 540101 科目借方月发生额,账套号和年度为默认。

T恤002 产品销售成本＝取 540102 科目借方月发生额,账套号和年度为默认。

T恤001 毛利＝T恤001 产品销售收入－T恤001 产品销售成本＝B4－B5。

T恤002 毛利＝T恤002 产品销售收入－T恤002 产品销售成本＝C4－C5。

T恤001 毛利率＝T恤001 毛利/T恤001 产品销售收入＝B6/B4 * 100。

T恤002 毛利率＝T恤001 毛利/T恤002 产品销售收入＝C6/C4 * 100。

说明:因为毛利率数值单元选择了百分号格式,需将小数换算为百分值,故公式中需乘以 100。

2. 根据会计报表模板,生成瑞丽公司资产负债表和利润表

其中资产负债表需做以下修改:

将 E17 单元"预提费用"修改为"应付利息"。

将 F17 和 G17 单元公式中的科目编码由原来的"2191"修改为"2231"。

四、操作步骤

1. 编制瑞丽公司产品销售分析表

（1）进行报表格式编辑。

（2）进行报表公式定义。

（3）生成报表数据。

（4）保存报表数据。

2. 分别编制瑞丽公司资产负债表和利润表

（1）引入报表模板。

（2）修改报表模板。

（3）生成报表数据。

（4）保存报表数据。

第十章　上机操作综合实验训练

第一节　综合实验一

【实验准备】

安装 Microsoft SQL Server2000 和用友 ERP-U8V10.1。

【实验内容】

(1) 建立账套、修改账套。

(2) 增加操作员并对操作员设置权限。

(3) 设置基础档案。

【实验步骤】

(1) 建立单位账套。

(2) 增加操作员。

(3) 设置操作员权限。

(4) 设置基础档案。

(5) 备份账套数据。

【实验资料】

一、系统管理

1. 建立新账套

账套号:900。

账套名称:西安春风空调厂。

启用日期:2022 年 1 月 1 日;会计期间设置:01 月 01 日至 12 月 31 日。

地址:西安市雁塔区雁塔路 5 号,法定代表人:张路,邮政编码:710000,联系电话及传真:82344567,电子邮件:xadf@163.com,纳税人登记号:112148725892314。开户银行:工商银行雁塔支行,账号:078-04518796(人民币户)。本币名称:人民币(代码:RMB);企业类型:工业;行业性质:新会计制度科目(建账时按行业性质预置科目)。

该企业有外币核算,需要对存货、客户、供应商进行分类。分类编码方案为:

科目编码级次:42222

客户分类编码级次:22

部门编码级次:122

地区分类编码级次:222

存货分类编码级次:1222

收发类别编码级次:12

结算方式编码级次:12

供应商分类编码级次:222

数据精度:该企业对存货数量、单价小数位定为 2

2. 财务分工

(1) 0001 赵明(口令:1)——账套主管。

负责财务软件运行环境的建立,以及各项初始设置工作;负责财务软件的日常运行管理工作,监督并保证系统的有效、安全、正常运行;负责总账系统的凭证审核、记账、账簿查询、月末结账工作;负责报表管理及其财务分析工作;具有系统所有模块的全部权限。

(2) 0002 王琳(口令:2)——出纳。

负责现金、银行存款管理工作。具有出纳签字权,现金、银行存款日记账和资金日报表的查询及打印权、支票登记权以及银行对账操作权限。

(3) 0003 马东(口令:3)——会计。

负责总账系统的凭证管理工作,具有总账系统的填制凭证、自动转账定义、自动转账生成、凭证查询、明细账查询操作权限;具有工资、固定资产、应收系统、应付系统的全部操作权限。

(4) 0004 白冰(口令:4)——库管员。

负责购销存业务。具有采购管理、销售管理、库存管理、存货核算的全部操作权限。

二、基础档案设置

1. 部门档案

春风空调厂部门档案如表 10-1 所示。

表 10-1　　　　　　　　　　　　春风空调厂部门档案

部门编码	部门名称	部门属性	部门编码	部门名称	部门属性
1	综合部	管理部门	202	销售二部	产品销售
101	总经理办公室	综合管理	3	供应部	采购供应
102	财务部	财务管理	4	产品研发	技术开发
2	销售部	市场营销	5	制造车间	生产制造
201	销售一部	产品销售			

2. 人员档案

春风空调厂人员档案如表 10-2 所示。

表 10-2　　　　　　　　　　　　　　春风空调厂人员档案

职员编码	职员名称	所属部门	人员属性
101	肖 桐	总经理办公室	总经理
102	赵 明	财务部	会计主管
103	王 琳	财务部	出纳
104	马 东	财务部	会计
201	张 斌	销售一部	部门经理
202	刘 飞	销售二部	销售人员
301	白 冰	供应部	部门经理
401	周 密	产品研发	部门经理
501	方 彤	制造车间	部门经理

3. 客户分类

春风空调厂客户分类如表 10-3 所示。

表 10-3　　　　　　　　　　　　　　春风空调厂客户分类

分类编码	分类名称	分类编码	分类名称
01	工业	03	事业
02	商业		

4. 供应商分类

春风空调厂供应商分类如表 10-4 所示。

表 10-4　　　　　　　　　　　　　　春风空调厂供应商分类

分类编码	分类名称	分类编码	分类名称
01	长期供应商	03	短期供应商
02	中期供应商		

5. 地区分类

春风空调厂地区分类如表 10-5 所示。

表 10-5　　　　　　　　　　　　　　春风空调厂地区分类

地区分类	分类名称	地区分类	分类名称
01	东南地区	04	华南地区
02	华北地区	05	西北地区
03	华中地区	06	西南地区

6. 客户档案

春风空调厂客户档案如表 10-6 所示。

表 10-6 　　　　　　　　　　春风空调厂客户档案

客户编码	客户名称	客户简称	所属分类	所属地区	税号	开户银行	银行账号	邮政编码	发展日期
01	开源商场	开源商场	02	05	245578965252586	工行	73853654	100077	2016-01-01
02	西安热电厂	西安热电	01	05	120008456732310	工行	69325581	300000	2016-12-01
03	河南商贸公司	河南商贸	02	02	310106548765432	工行	36542234	200032	2018-01-01
04	武汉电气公司	武汉电气	01	03	243756847866575	工行	59878256	610005	2022-11-01

7. 供应商档案

春风空调厂供应商档案如表 10-7 所示。

表 10-7 　　　　　　　　　　春风空调厂供应商档案

编码	供应商名称	供应商简称	所属分类	所属地区	税号	开户银行	银行账号	发展日期
01	太原机械公司	太原机械	01	05	242685422333456	工行	67555432	2015-01-01
02	武汉塑料厂	武汉塑料	02	03	654443322245557	工行	576837384	2016-01-01
03	西安电力公司	西安电力	02	05	5558294735748887	工行	778947365	2016-12-01
04	咸阳元件厂	咸阳元件	01	05	3858658475867432	工行	637577859	2022-12-01

8. 开户银行

编码:001,中国工商银行陕西省分行雁塔区支行,账号:82133656。

第二节　综合实验二

【实验准备】

完成系统管理与基础档案设置的操作,将相关账套数据引入用友 ERP-U8V10.1 系统。

【实验内容】

(1)总账系统初始设置。

(2)凭证管理。

(3)账簿管理。

【实验步骤】

(1)启用总账系统。

(2)总账初始设置。

(3)"马东"进行填制凭证。

(4)"王琳"进行出纳签字。

(5)"赵明"进行审核凭证。

(6)"赵明"进行记账。

(7)"王琳"进行银行对账。

(8)"马东"进行自动转账。

(9)对账。

(10)结账。

【实验资料】

一、总账系统初始设置

1. 总账控制参数(见表 10-8)

表 10-8 总账控制参数

选项卡	参数设置
凭证	制单序时控制 支票控制 不可修改他人填制的凭证 打印凭证页脚姓名 凭证审核控制到操作员 出纳凭证需经出纳签字 凭证编号由系统编号 外币核算采用固定汇率 进行预算控制
账簿	账簿打印位数每页打印行数按软件的标准设置 明细账查询权限控制到科目 明细账打印按年排页
会计日历	会计日历为 1 月 1 日—12 月 31 日
其他	数量小数位和单价小数位设为 2 位 部门、个人、项目按编码方式排序

2. 基础数据

(1)外币及汇率。

币符:USD;币名:美元;固定汇率:1:8.725。

（2）2022 年 3 月份会计科目及期初余额表如表 10-9 所示。

表 10-9　　　　　　　　　　　春风空调厂会计科目及期初余额表　　　　　　　　　　单位:元

科目名称	辅助核算	方向	币别计量	累计借方发生额	累计贷方发生额	期初余额
库存现金(1001)	日记	借		18 889.65	18 860.65	6 875.70
银行存款(1002)	银行日记	借		478 008.88	387 800.35	198 244.16
工行存款(100201)	银行日记	借		477 008.88	387 800.35	198 244.16
人民币户(10020121)	银行日记	借		469 251.88	370 000.35	193 829.16
美元户(10020122)	银行日记	借		8 757.00	17 800.00	4 415.00
		借	美元	1 000.00	2 000.00	500.00
应收票据(1111)	客户往来(受控系统为空)	借		70 000	50 000	32 760
银行承兑汇票(111101)	客户往来(受控系统为空)	借				
商业承兑汇票(111102)	客户往来(受控系统为空)	借		70 000	50 000	32 760
应收利息(1122)		借				
应收账款(1131)	客户往来(受控系统为空)	借		60 000.00	20 000.00	157 600.00
其他应收款(1133)	个人往来	借		4 200.00	5 410.27	3 800.00
坏账准备(1141)		贷		300.00	600.00	800.00
预付账款(1151)	供应商往来(受控系统为空)	借				
在途物资(1201)		借				
原材料(1211)		借		415 290.00	122 110.00	2 058 208.00
库存商品(1243)	项目核算	借				38 000.00
			台			13
长期股权投资(1401)		借				
固定资产(1501)		借				260 860.00
累计折旧(1502)		贷			39 511.89	47 762.91
在建工程(1603)		借				
固定资产清理(1701)		借				
无形资产(1801)		借			58 500.00	58 500.00
累计摊销(1802)		贷				
长期待摊费用(1901)		借				642.00
待处理财产损溢(1911)		借				

（续表）

科目名称	辅助核算	方向	币别计量	累计借方发生额	累计贷方发生额	期初余额
待处理流动财产损溢(191101)		借				
待处理固定财产损溢(191102)		借				
短期借款(2101)		贷				
应付票据(2111)	供应商往来(受控系统为空)	贷		50 000	70 000	32 760
银行承兑汇票(211101)	供应商往来(受控系统为空)	贷				
商业承兑汇票(211102)	供应商往来(受控系统为空)	贷		70 000	50 000	32 760
应付账款(2121)	供应商往来(受控系统为空)	贷		150 557.26	60 000.00	276 850.00
预收账款(2131)	客户往来(受控系统为空)	贷				
应付职工薪酬(2151)		贷			3 400.00	8 200.00
应付股利(2161)		贷				
应交税费(2171)		贷		36 781.37	15 581.73	−16 800.00
应交增值税(217101)		贷		36 781.37	15 581.73	−16 800.00
进项税额(21710101)		贷		36 781.37		−33 800.00
已交税金(21710102)		贷				
转出未交增值税(21710103)		贷				
销项税额(21710104)		贷			15 581.73	17 000.00
出口退税(21710105)		贷				
进项税额转出(21710106)		贷				
未交增值税(21710107)		贷				
其他应付款(2181)		贷				
预计负债(2211)		贷				
长期借款(2301)		贷				
应付债券(2311)		贷				
长期应付款(2321)		贷				
实收资本(3101)		贷				3 000 000.00
资本公积(3102)		贷				
资本溢价(310201)		贷				
其他资本公积(310202)		贷				
盈余公积(3121)		贷				
法定盈余公积(312101)		贷				
任意盈余公积(312102)		贷				
本年利润(3131)		贷				0.00

（续表）

科目名称	辅助核算	方向	币别计量	累计借方发生额	累计贷方发生额	期初余额
利润分配（3141）		贷		−422 921.72	9 330.55	−534 083.05
未分配利润（314115）		贷		−422 921.72	9 330.55	−534 083.05
生产成本（4101）		借				
直接材料（410101）		借				
直接人工（410102）		借				
制造费用（410103）		借				
折旧费（410104）		借				
其他（410105）		借				
制造费用（4105）		借				
工资（410501）		借				
折旧费（410502）		借				
修理费（410503）		借				
其他（410504）		借				
主营业务收入（5101）		贷				
半成品（510101）		贷				
产成品（510102）	项目核算	贷				
其他业务收入（5102）		贷				
投资收益（5201）		贷				
营业外收入（5301）		贷				
主营业务成本（5401）		借				
半成品（540101）		借				
产成品（540102）	项目核算	借				
销售费用（5501）		借				
管理费用（5502）	部门核算	借				
工资（550201）	部门核算	借				
福利费（550202）	部门核算	借				
办公费（550203）	部门核算	借				
差旅费（550204）	部门核算	借				
招待费（550205）	部门核算	借				
折旧费（550206）	部门核算	借				
其他（550207）	部门核算	借				
财务费用（5503）		借				
营业外支出（5601）		借				

（3）凭证类别如表 10-10 所示。

表 10-10 凭证分类

凭证类别	限制类型	限制科目
收款凭证	借方必有	1001,10020121,10020122
付款凭证	贷方必有	1001,10020121,10020122
转账凭证	凭证必无	1001,10020121,10020122

（4）结算方式如表 10-11 所示。

表 10-11 结算方式

结算方式编码	结算方式名称	票据管理
1	现金支票	是
2	转账支票	是
3	商业承兑汇票	否
4	银行承兑汇票	否
5	现金缴款	否

（5）项目目录如表 10-12 所示。

表 10-12 项目分类

项目设置步骤	设置内容
项目大类	库存商品
核算科目	库存商品(1243) 主营业务收入—产成品(510102) 主营业务成本—产成品(540102)
项目分类	柜式系列 壁挂系列
项目名称	101　2P 柜式空调　　　所属分类:1 102　3P 柜式空调　　　所属分类:1 103　1P 壁挂空调　　　所属分类:2 104　2P 壁挂空调　　　所属分类:2

（6）指定科目。

现金总账科目　　　1001

银行总账科目　　　1002

（7）辅助账期初余额表如表 10-13 至表 10-18 所示。

会计科目:1111 应收票据　　　　余额:借 32 760 元

表 10-13 春风空调厂应收票据期初余额

日期	凭证号	客户	摘要	方向	金额	业务员	票号	票据日期
2022-1-25	转－118	武汉电气	销售商品	借	32 760	刘飞	P036	2022-1-25

会计科目:1131 应收账款　　　　余额:借 157 600 元

表 10-14 春风空调厂应收账款期初余额

日期	凭证号	客户	摘要	方向	金额	业务员	票号	票据日期
2022-1-10	转-56	开源商场	销售商品	借	49 140	张斌	C011	2022-1-10
2022-2-21	转-110	西安热电	销售商品	借	108 460	张斌	P085	2022-2-21

会计科目:1133 其他应收款　　　　余额:借 3 800 元

表 10-15 春风空调厂其他应收款期初余额

日期	凭证号	部门	个人	摘要	方向	期初余额
2022-2-20	付-118	总经理办公室	肖桐	出差借款	借	2 000.00
2022-2-23	付-136	销售一部	张斌	出差借款	借	1 800.00

会计科目:2111 应付票据　　　　余额:贷 32 760 元

表 10-16 春风空调厂应付票据期初余额

日期	凭证号	供应商	摘要	方向	金额	业务员	票号	票据日期
2020-12-20	转-45	武汉塑料	购买材料	贷	32 760	白冰	J002	2020-12-20

会计科目:2121 应付账款　　　　余额:贷 276 850 元

表 10-17 春风空调厂应付账款期初余额

日期	凭证号	供应商	摘要	方向	金额	业务员	票号	票据日期
2016-12-12	转-30	太原机械	购买材料	贷	156070	白冰	Z001	2016-12-12
2022-2-20	转-58	西安电力	购买原料	贷	120780	白冰	Z008	2022-2-20

会计科目:1243 库存商品　　　　余额:借 38 000 元

表 10-18 春风空调厂库存商品期初余额

项目名称	方向	金额	数量
3P 柜式空调	借	24 000	6
1P 壁挂空调	借	14 000	7
合计		38 000	13

二、总账系统日常业务处理

2022 年 3 月份发生的经济业务如下：

（1）2 日，出纳王琳到工行提取现金 10 000 元，现金支票号 XJ001。

借：库存现金（1 001）　　　　　　　　　　　　　　　　　　　　　　　　10 000
　贷：银行存款——工行人民币户（10020121）　　　　　　　　　　　　　　10 000

（2）4 日，总经理办公室肖桐出差归来报销差旅费 1 800 元，余款 200 元退回。

借：管理费用——差旅费（550 204）　　　　　　　　　　　　　　　　　　1 800
　　库存现金（1001）　　　　　　　　　　　　　　　　　　　　　　　　　200
　贷：其他应收款——肖桐（1 133）　　　　　　　　　　　　　　　　　　　2 000

（3）7 日，销售二部刘飞向河南商贸公司销售 2P 柜式空调 3 台，款项 12 000 元，增值税销项税额 1 560 元，款项尚未收到。

借：应收账款——河南商贸（1131）　　　　　　　　　　　　　　　　　　13 560
　贷：主营业务收入——产成品（510102）　　　　　　　　　　　　　　　　1 200
　　　应交税费——应交增值税（销项税额）（21710104）　　　　　　　　　　1 560

（4）10 日，采购部白冰从咸阳元件厂购入 100 个电子元件，每个 40 元，增值税发票列示价款 4 000 元，增值税 520 元。材料已验收入库，货款暂欠。

借：原材料（1211）　　　　　　　　　　　　　　　　　　　　　　　　　4 000
　　应交税费——应交增值税（进项税额）（21710101）　　　　　　　　　　　520
　贷：应付账款——咸阳元件厂（2121）　　　　　　　　　　　　　　　　　4 520

（5）11 日，车间生产领用 60 个元件用于生产 1P 壁挂空调。

借：生产成本——直接材料（410101）　　　　　　　　　　　　　　　　　2 400
　贷：原材料（1 211）　　　　　　　　　　　　　　　　　　　　　　　　2 400

（6）14 日，一张应收票据到期，财务部王琳收到武汉电气公司转来的转账支票，支票号 ZZR002，金额 32 760 元。

借：银行存款——工行人民币户（10020121）　　　　　　　　　　　　　　32 760
　贷：应收票据——商业承兑汇票（111102）　　　　　　　　　　　　　　　32 760

（7）16 日，收到东方集团投资资金 10 000 美元，汇率 1∶8.725，转账支票号 ZZW00。

借：银行存款——工行美元户（10 020 122）　　　　　　　　　　　　　　87 250
　贷：实收资本（3101）　　　　　　　　　　　　　　　　　　　　　　　87 250

（8）20 日，销售二部刘飞购买了 200 元的办公用品，以现金支付，附单据一张。

借：销售费用（5501）　　　　　　　　　　　　　　　　　　　　　　　　200
　贷：库存现金（1001）　　　　　　　　　　　　　　　　　　　　　　　　200

（9）25日，总经理办公室肖桐支付业务招待费1 500元（转账支票号ZZR003）。

借：管理费用——招待费（550205）   1 500

    贷：银行存款——工行人民币户（10020121）   1 500

（10）28日，供应部白冰出差预借差旅费1 500元，以现金支付。

借：其他应收款——白冰（1133）   1 500

    贷：库存现金（1001）   1 500

三、总账系统期末处理

（一）银行对账

1. 银行对账期初

春风空调厂银行账的启用日期为2022/03/01，工行人民币户日记账调整前余额为193 829.16元，银行对账单调整前余额为233 829.16元，未达账项一笔，系银行已收企业未收款40 000元。

2. 银行对账单

春风空调厂2018年3月份银行对账单如表10-19所示。

表10-19   **春风空调厂2018年3月份银行对账单**   单位:元

日期	结算方式	票号	借方金额	贷方金额
2022.02.25			40 000	
2022.03.02	1	XJ001		10 000
2022.03.06			88 550	
2022.03.12	2	ZZR001		23 500
2022.03.18	2	ZZR002	32 760	

（二）自动转账定义

（1）自定义结转。

借：管理费用——其他（550207）   JG（   ）

    贷：长期待摊费用（1901）   642/24

（2）期间损益结转。

（3）自动转账生成。

（4）结账。

第三节 综合实验三

【实验准备】

完成总账系统的操作，将备份账套数据引入用友ERP-U8V10.1系统。

【实验内容】

(1) 工资系统初始设置。

(2) 工资系统日常业务处理。

(3) 工资分摊及月末处理。

【实验步骤】

(1) 启用工资管理系统。

(2) 建立工资账套并对工资系统进行初始设置。

(3) 对正式职工类别进行初始设置。

(4) 对正式职工类别进行日常业务处理。

(5) 对正式职工类别进行工资分摊。

(6) 对临时职工类别进行工资处理。

【实验资料】

一、工资管理系统初始设置

1. 设置工资账套信息

工资类别个数:多个;核算币种:人民币 RMB;要求代扣个人所得税;不进行扣零处理;人员编码长度:3 位;启用日期:2022 年 3 月。

2. 基础信息初始化设置

(1) 人员类别设置:经理人员、管理人员、销售人员、生产工人。

(2) 工资项目设置如表 10-20 所示。

表 10-20　　　　　　　　　　　　　　工资项目设置

工资项目	类型	长度	小数位数	增减项
基本工资	N	8	2	增项
岗位工资	N	8	2	增项
基础津贴	N	8	2	增项
奖金	N	8	2	增项
交补	N	8	2	增项
日工资	N	8	2	其他
物业管理费	N	8	2	减项
事假天数	N	4	0	其他
病假天数	N	4	0	其他
事假扣款	N	8	2	减项
病假扣款	N	8	2	减项
应发合计	N	10	2	增项
扣款合计	N	10	2	减项
实发合计	N	10	2	增项
代扣税	N	10	2	减项

（3）银行名称设置：工商银行。

（4）部门档案设置如表 10-21 所示。

表 10-21 部门档案设置

1	综合部	202	销售二部
101	总经理办公室	3	供应部
102	财务部	4	产品研发
2	销售部	5	制造车间
201	销售一部		

二、不同工资类别下的业务处理

1. 正式职工工资类别业务处理

（1）工资类别：正式职工类别。

（2）部门选择：①综合部；②销售部；③供应部；④产品研发；⑤制造车间。

（3）人员档案如表 10-22 所示。

表 10-22 人员档案

人员编码	姓名	部门名称	人员类别	账号	是否计税
101	肖桐	总经理办公室	经理人员	20130090001	是
102	赵明	财务部	管理人员	20130090002	是
103	王琳	财务部	管理人员	20130090003	是
104	马东	财务部	管理人员	20130090004	是
201	张斌	销售一部	销售人员	20130090005	是
202	刘飞	销售二部	销售人员	20130090006	是
203	朱涛	销售二部	销售人员	20130090007	是
301	白冰	供应部	管理人员	20130090008	是
401	周密	产品研发	管理人员	20130090009	是
501	方彤	制造车间	管理人员	20130090010	是
502	刘荣	制造车间	生产工人	20130090011	是
503	张迪	制造车间	生产工人	20130090012	是

（4）工资项目选择：基本工资、岗位工资、基础津贴、奖金、交补、日工资、物业管理费、事假天数、病假天数、事假扣款、病假扣款。

（5）公式设置。

交补＝ IFF（人员类别＝"销售人员"，150,100）

日工资＝基本工资/21

事假扣款＝事假天数 * 日工资

病假扣款＝病假天数 * 日工资

奖金＝ IFF（事假天数＞10,0,500－事假天数 * 20－病假天数 * 10）

2. 录入工资数据

工资数据如表 10-23 所示。

表 10-23 工资数据

姓名	基本工资	岗位工资	基础津贴	物业管理费	病假天数	事假天数
肖桐	2 000	1 000	500	50		
赵明	1 800	900	400	50		1
王琳	1 500	800	300	40		
马东	1 500	800	300	40		1
张斌	1 800	900	300	40		
刘飞	1 200	800	300	25		
朱涛	1 200	800	300	25	4	
白冰	1 800	900	400	40		
周密	1 800	900	400	40		
方彤	1 800	900	400	40		
刘荣	1 000	600	300	25	1	
张迪	1 000	600	300	25		

3. 计算个人所得税

按工资项目中的实发工资作为计算个人所得税的标准，扣税标准为 1 500 元。

4. 工资分摊

（1）分配职工工资：职工工资分配表如表 10-24 所示。

表 10-24 职工工资分配表

部门	人员类别	工资项目	分摊率	借方科目	贷方科目
总经理办公室	经理人员	工资总额	100%	管理费用	应付职工薪酬
财务部	管理人员	工资总额	100%	管理费用	应付职工薪酬
销售一部	销售人员	工资总额	100%	销售费用	应付职工薪酬
销售二部	销售人员	工资总额	100%	销售费用	应付职工薪酬
供应部	管理人员	工资总额	100%	管理费用	应付职工薪酬
产品研发	管理人员	工资总额	100%	管理费用	应付职工薪酬
制造车间	管理人员	工资总额	100%	制造费用	应付职工薪酬
制造车间	生产工人	工资总额	100%	生产成本	应付职工薪酬

（2）提取职工福利费：职工福利费用分配表如表 10-25 所示。

表 10-25　　　　　　　　　　　职工福利费用分配表

部门	人员类别	工资项目	分摊率	借方科目	贷方科目
总经理办公室	经理人员	工资总额	14%	管理费用	应付职工薪酬
财务部	管理人员	工资总额	14%	管理费用	应付职工薪酬
销售一部	销售人员	工资总额	14%	销售费用	应付职工薪酬
销售二部	销售人员	工资总额	14%	销售费用	应付职工薪酬
供应部	管理人员	工资总额	14%	管理费用	应付职工薪酬
产品研发	管理人员	工资总额	14%	管理费用	应付职工薪酬
制造车间	管理人员	工资总额	14%	制造费用	应付职工薪酬
制造车间	生产工人	工资总额	14%	生产成本	应付职工薪酬

（3）提取工会经费：工会经费分配表如表 10-26 所示。

表 10-26　　　　　　　　　　　工会经费分配表

部门	人员类别	工资项目	分摊率	借方科目	贷方科目
总经理办公室	经理人员	工资总额	2%	管理费用	应付职工薪酬
财务部	管理人员	工资总额	2%	管理费用	应付职工薪酬
销售一部	销售人员	工资总额	2%	销售费用	应付职工薪酬
销售二部	销售人员	工资总额	2%	销售费用	应付职工薪酬
供应部	管理人员	工资总额	2%	管理费用	应付职工薪酬
产品研发	管理人员	工资总额	2%	管理费用	应付职工薪酬
制造车间	管理人员	工资总额	2%	制造费用	应付职工薪酬
制造车间	生产工人	工资总额	2%	生产成本	应付职工薪酬

（4）提取职工教育经费：职工教育经费分配表如表 10-27 所示。

表 10-27　　　　　　　　　　　职工教育经费分配表

部门	人员类别	工资项目	分摊率	借方科目	贷方科目
总经理办公室	经理人员	工资总额	1.5%	管理费用	应付职工薪酬
财务部	管理人员	工资总额	1.5%	管理费用	应付职工薪酬
销售一部	销售人员	工资总额	1.5%	销售费用	应付职工薪酬
销售二部	销售人员	工资总额	1.5%	销售费用	应付职工薪酬
供应部	管理人员	工资总额	1.5%	管理费用	应付职工薪酬
产品研发	管理人员	工资总额	1.5%	管理费用	应付职工薪酬
制造车间	管理人员	工资总额	1.5%	制造费用	应付职工薪酬
制造车间	生产工人	工资总额	1.5%	生产成本	应付职工薪酬

5. 临时职工类别业务处理

（1）部门选择：制造车间。

(2) 工资项目:基本工资、基础津贴。

(3) 人员档案与工资数据如表 10-28 所示。

表 10-28 人员档案与工资数据

编码	人员姓名	部门名称	人员类别	账号	基本工资	基础津贴
504	刘青	制造车间	生产工人	20130090013	1 000	300
505	王海	制造车间	生产工人	20130090014	1 000	300

第四节 综合实验四

【实验准备】

完成工资系统的操作,将备份账套数据引入用友 ERP-U8V10.1 系统。

【实验内容】

(1) 固定资产系统参数设置、原始卡片输入。

(2) 固定资产日常业务处理。

【实验步骤】

(1) 启用固定资产管理系统。

(2) 对固定资产进行初始设置。

(3) 对固定资产进行资产增减、资产变动处理。

(4) 对固定资产进行计提折旧。

(5) "马东"对固定资产增加、减少、计提折旧生成凭证。

【实验资料】

一、固定资产系统初始设置

(1) 控制参数如表 10-29 所示。

表 10-29 控制参数

控制参数	参数设置
约定与说明	我同意
启用月份	2022.3
折旧信息	本账套计提折旧
	折旧方法:平均年限法
	折旧汇总分配周期:1 个月
	当(月初已计提月份=可使用月份−1)时,将剩余折旧全部计提

（续表）

控制参数	参数设置
编码方案	资产类别编码方式：2112
	固定资产编码方式：
	按"类别编码＋序号"自动编码
	卡片序号长度为 3
财务接口	与账务系统进行对账
	对账科目：
	固定资产对账科目：1501 固定资产
	累计折旧对账科目：1502 累计折旧
补充参数	业务发生后立即制单
	月末结账前一定要完成制单登账业务
	固定资产默认入账科目：1501
	累计折旧默认入账科目：1502

（2）部门及对应折旧科目如表 10-30 所示。

表 10-30　　　　　　　　　　　部门及对应折旧科目

部门	对应折旧科目
总经理办公室	管理费用/折旧费
销售部	销售费用
财务部	管理费用/折旧费
制造车间	制造费用/折旧费

（3）固定资产类别如表 10-31 所示。

表 10-31　　　　　　　　　　　固定资产类别

编码	类别名称	净残值率	单位	计提属性
01	房屋及建筑物	4%		正常计提
011	房屋	4%	栋	正常计提
012	建筑物	4%		正常计提
02	通用设备	4%		正常计提
021	生产用设备	4%	台	正常计提
022	非生产用设备	4%	台	正常计提
03	交通运输设备	4%		正常计提
031	生产用运输设备	4%	辆	正常计提
032	非生产用运输设备	4%	辆	正常计提
04	电子及通信设备	4%		正常计提
041	生产用设备	4%	台	正常计提
042	非生产用设备	4%	台	正常计提

（4）资产增减方式及对应入账科目如表 10-32 所示。

表 10-32　　　　　　　　　资产增减方式及对应入账科目

增加方式	对应入账科目	减少方式	对应入账科目
直接购入	银行存款/工行人民币户	出售	固定资产清理
投资者投入	实收资本	盘亏	待处理财产损溢
在建工程转入	在建工程	投资转出	长期股权投资
		报废	固定资产清理
		毁损	固定资产清理

（5）原始卡片录入,原始卡片如表 10-33 所示。

表 10-33　　　　　　　　　　　　原始卡片

固定资产名称	类别编码	所在部门	增加方式	使用年限(月)	开始使用日期	原值(元)	已计提月份	累计折旧
办公楼	011	总经理办公室	在建工程转入	120	2019-08-01	120 000	30	28 800
车床	021	制造车间	直接购入	120	2019-02-01	24 000	36	6 912
加工平台	021	制造车间	直接购入	120	2020-02-01	12 000	24	2 304
微机	042	财务部	直接购入	36	2019-12-01	3 600	26	2 496
汽车	032	销售一部	直接购入	120	2020-11-01	56 024.25	15	6 722.91
复印机	042	办公室	直接购入	60	2021-03-01	3 000	11	528

二、固定资产日常业务处理

（1）2022 年 3 月 5 日总经理办公室购入一辆轿车,作为办公设备,使用年限为 10 年,价值 180 000 元。

（2）2022 年 3 月 16 日购入一台打印机,作为办公设备,使用年限为 5 年,价值 4 000 元。使用部门为多部门:总经理办公室 40%;财务部 40%;产品研发 20%。

（3）2022 年 3 月 25 日,财务部毁损微机一台。

（4）计提本月折旧。

（5）通过批量制单生成固定资产增加、减少、计提折旧的凭证。

（6）查询"固定资产统计表"。

第五节　综合实验五

【实验准备】

完成固定资产系统的操作,将备份账套数据引入用友 ERP-U8V10.1 系统。

【实验内容】

（1）应收款系统初始化设置。

（2）应收款系统日常业务处理。

（3）应付款系统初始化设置。

（4）应付款系统日常业务处理。

【实验步骤】

（1）启用应收款系统。

（2）对应收款系统进行初始设置与期初余额录入。

（3）对应收款系统进行日常业务处理。

（4）对应付款系统进行初始设置与期初余额录入。

（5）对应付款系统进行日常业务处理。

【实验资料】

一、应收款管理系统

1. 应收款系统初始设置

（1）控制参数如表 10-34 所示。

表 10-34　　　　　　　　　　　　　　　　控制参数

控制参数	参数设置
应收款核销方式	按单据
控制科目依据	按客户
销售科目依据	按存货
预收款核销方式	按单据
制单方式	明细到客户
汇兑损益方式	月末处理
坏账处理方式	应收余额百分比
现金折扣是否显示	是
录入发票显示提示信息	是

（2）设置科目如表 10-35 所示。

表 10-35　　　　　　　　　　　　　　　　设置科目

科目类别	设置方式	
基本科目设置	应收科目(本币):1131	
	预收科目(本币):2131	
	销售收入科目:5101	

（续表）

科目类别	设置方式
基本科目设置	应交增值税科目:21710104
	商业承兑科目:111102
	银行承兑科目:111101
控制科目设置	应收科目:1131
	预收科目:2131
结算方式科目设置	结算方式:现金支票;币种:人民币;科目:10020121
	结算方式:转账支票;币种:人民币;科目:10020121

（3）坏账准备设置如表 10-36 所示。

表 10-36　　　　　　坏账准备设置

控制参数	参数设置
提取比例	0.5%
坏账准备期初余额	800
坏账准备科目	1 141
对方科目	550 207

（4）账龄区间如表 10-37 所示。

表 10-37　　　　　　账龄区间

序号	起止天数	总天数
01	1～30	30
02	31～60	60
03	61～90	90
04	91～38120	120
05	121 以上	

（5）存货分类如表 10-38 所示。

表 10-38　　　　　　存货分类

存货类别编码	存货类别名称
1	原材料
2	半成品
3	库存商品
4	应税劳务

（6）存货计量单位组如表 10-39 所示。

表 10-39　　　　　　　　　　　　存货计量单位组

计量单位组编码	计量单位组名称	计量单位组类别
001	重量计量	浮动换算率
002	实物计量	无换算率

（7）存货计量单位表如表 10-40 所示。

表 10-40　　　　　　　　　　　　存货计量单位表

计量单位编码	计量单位组名称	计量单位组编码
001	台	002
002	件	002
003	个	002
004	公里	002

（8）存货档案如表 10-41 所示。

表 10-41　　　　　　　　　　　　存货档案

存货编码	存货名称	计量单位	所属分类	税率	存货属性	批次管理
1	叶片	个	1	13%	外购、生产	有
2	压缩机	台	1	13%	外购、生产	有
3	塑料管	个	1	13%	外购、生产	有
4	2P 柜式空调	台	3	13%	自制、销售	有
5	3P 柜式空调	台	3	13%	自制、销售	有
6	1P 壁挂空调	台	3	13%	自制、销售	有
7	2P 壁挂空调	台	3	13%	自制、销售	有
8	运输费	公里	4	10%	应税劳务	

（9）应收款项期初余额如表 10-42 所示。

表 10-42　　　　　　　　　　　　应收款项期初余额

单据名称	单据类型	开票日期	发票号码	客户	税率	部门	业务员	货物名称	数量	价税合计	科目
销售发票	专用发票	2022-1-10	C011	开源商场	13%	销售一部	张斌	2P 壁挂空调	20	47 460	1131
销售发票	专用发票	2022-2-21	P085	西安热电	13%	销售一部	张斌	3P 柜式空调	18	104 752	1131
销售发票	专用发票	2022-1-25	P036	武汉电气	13%	销售二部	刘飞	1P 壁挂空调	14	31 640	1111

2. 应收款系统日常经济业务

（1）3 月 2 日，销售一部售给西安热电 2P 壁挂空调 10 台，单价 2 100 元，开出增值税发票，发票号 F003，货已发出。

(2)3 月 4 日,销售二部出售河南商贸 1P 壁挂空调 20 台,单价 2 000 元,开出增值税发票,发票号:F005,货已发出同时代垫运费 200 元。

(3)3 月 5 日,收到开源商场交来转账支票一张,金额 49 140 元,发票号 ZZ001,用以归还前欠货款。

(4)3 月 10 日,收到河南商贸交来转账支票一张,金额 50 000 元,发票号 ZZ002,用以归还前欠货款及代垫运费,剩余款转为预收账款。

(5)3 月 11 日,武汉电气交来转账支票一张,金额 20 000 元,票号 ZZ003,作为预购 2P 柜式空调的定金。

(6)3 月 14 日,将西安热电购买 3P 柜式空调的应收款 108 460 元转给河南商贸。

(7)3 月 18 日,用武汉电气交来的 20 000 元定金冲抵其期初应收款项。

(8)3 月 31 日,计提坏账准备。

二、应付款管理系统

1. 应付款系统初始设置

(1)控制参数如表 10-43 所示。

表 10-43 控制参数

控制参数	参数设置
应付款核销方式	按单据
控制科目依据	按供应商
采购科目依据	按存货
单据审核日期依据	单据日期
受控科目制单方式	明细到供应商
汇兑损益方式	月末处理

(2)设置科目如表 10-44 所示。

表 10-44 设置科目

科目类别	设置方式	
基本科目设置	应付科目:2121	
	预付科目:1151	
	采购科目:1201	
	应交增值税科目:21710101	
	商业承兑科目:211102	
	银行承兑科目:211101	
结算方式科目设置	结算方式:现金支票;科目:10020121	
	结算方式:转账支票;科目:10020121	
控制科目设置	应付科目　2121	
	预付科目　1151	

（3）应付款项期初余额如表 10-45 所示。

表 10-45　　　　　　　　　　应付款项期初余额

单据名称	单据类型	开票日期	发票号码	供应商	部门	业务员	货物名称	数量	价税合计	科目
采购发票	专用发票	2021-12-20	J002	武汉塑料	供应部	白冰	叶片	400	32 760	2111
采购发票	专用发票	2021-12-12	Z001	太原机械	供应部	白冰	压缩机	500	276 850	2121

2. 应付款系统日常经济业务

（1）3 月 5 日,供应部白冰从咸阳元件厂购买元件设备 500 个,每个 50 元,价款共计 29 250 元,款项尚未支付。

（2）3 月 10 日,偿还武汉塑料厂前欠货款 32 760 元。

（3）3 月 20 日,供应部白冰从武汉塑料厂购买塑料管 100 个,每个 20 元,价款共计 2 340 元,款项尚未支付。

第六节　综合实验六

【实验准备】

完成应收、应付系统的操作,将备份账套数据引入用友 ERP-U8V10.1 系统。

【实验内容】

（1）自定义一张货币资金表。

（2）利用报表模块生成报表。

【实验步骤】

（1）设置货币资金表格式。

（2）生成自定义货币资金表。

（3）对利润表模板进行修改。

（4）生成利润表。

【实验资料】

1. 自定义报表（见表 10-46）

表 10-46　货币资金表

填制单位：　　　　　　　　　　年　月　日　　　　　　　　　　单位:元

项目	行次	期初数	期末数
现金	1		
银行存款	2		
合　计	3		

制表人：

说明:编制单位和年、月、日应设为关键字。

具体要求如下:

(1) 标题行高为 15 mm,表头行高为 6 mm,表体行高为 7 mm,表尾行高为 5 mm。

(2) 第一列宽 50 mm,第二、三、四列列宽 40 mm。

(3) 将表格数值区域设置为数值单元,保留两位小数。

(4) 将报表标题"货币资金表"设置为黑体加粗,14 号字,水平和垂直方向均为居中;表头"单位:元"设置为宋体 10 号字,水平居右;表格中纵栏标题设置为黑体 12 号字,水平居中;横行标题设置为宋体 12 号字,水平居中;表尾"制表人:"设置为宋体 10 号字,水平居右。

(5) 将"编制单位""年""月""日"设置为关键字,并将"编制单位""年""月""日"放在表头中间位置,与"单位:元"同一行。

(6) 按以下要求设置单元公式:

现金期初数＝取 1001 科目期初余额,账套号和年度为默认。

现金期末数＝取 1001 科目期末余额,账套号和年度为默认。

银行存款期初数＝取 1002 科目期初余额,账套号和年度为默认。

银行存款期末数＝取 1002 科目期末余额,账套号和年度为默认。

期初数合计＝现金期初数＋银行存款期初数＝C4＋C5。

期末数合计＝现金期末数＋银行存款期末数＝D4＋D5。

2. 制作报表

利用报表模板制作利润表。

本 章 启 示

经过本章的练习,相信同学们已经掌握了相应的实操知识,作为新时代的"会计人",大家可以带着使命感、责任感走向未来的岗位,不望初心,努力前行!

参 考 文 献

［1］郭婉儿. 会计信息系统［M］. 成都：西南财经大学出版社，2018.

［2］史楠，崔国玲. 会计信息系统［M］. 北京：中国轻工业出版社，2017.

［3］韩庆兰. 会计信息系统（第3版）［M］. 北京：机械工业出版社，2016.

［4］彭飞. 会计信息系统［M］. 北京：清华大学出版社，2018.

［5］孙洁，毛卫东. 会计信息化事务［M］. 北京：北京大学出版社，2017.

［6］梁毅伟，李玉琪，宋建琦. 会计信息系统实训［M］. 北京：电子工业出版社，2017.

［7］李文宁，康莉莉. 会计信息系统理论与实践［M］. 北京：人民邮电出版社，2017.

［8］郝雅静，刘英. 会计信息系统项目教程［M］. 北京：清华大学出版社，2017.

［9］汪刚，王新玲，牛海霞. 会计信息系统［M］. 北京：清华大学出版社，2016.

［10］王海林，吴沁红，杜长任. 会计信息化事务［M］. 北京：电子工业出版社，2017.